ALEXANDRE LACASSAGNE

PRÉCIS

DE

MÉDECINE JUDICIAIRE

Elibron Classics
www.elibron.com

Elibron Classics series.

ISBN 0-543-94693-2 (paperback)
ISBN 0-543-94692-4 (hardcover)

This Elibron Classics Replica Edition is an unabridged facsimile of the edition published in 1886 by G. Masson, Paris.

PRÉCIS

DE

MÉDECINE JUDICIAIRE

PARIS. — IMPRIMERIE A. LAHURE
Rue de Fleurus, 9

PRÉCIS

DE

MÉDECINE JUDICIAIRE

PAR

A. LACASSAGNE

PROFESSEUR DE MÉDECINE LÉGALE A LA FACULTÉ DE LYON

OUVRAGE ACCOMPAGNÉ

de 47 figures dans le texte, de deux tableaux en couleur et de 4 planches en couleur

Dessinées par le Dr E. Charvot, professeur agrégé au Val-de-Grâce

DEUXIÈME ÉDITION

Remaniée et au courant des travaux récents de statistique criminelle

PARIS

G. MASSON, ÉDITEUR

LIBRAIRE DE L'ACADÉMIE DE MÉDECINE

Boulevard Saint-Germain et rue de l'Éperon

EN FACE DE L'ÉCOLE-DE-MÉDECINE

1886

A MON AMI ÉLISÉE DEANDREIS

AVERTISSEMENT DE LA SECONDE ÉDITION

La première édition de ce livre est épuisée depuis quelque temps. Nous avons voulu donner tous nos soins à la seconde apparition de cet ouvrage, qui devient ainsi le reflet de notre enseignement spécial et le résultat d'une expérience acquise par les fonctions d'expert des tribunaux dans une grande ville.

Aussi, cette deuxième édition, sauf pour la division des matériaux et les grandes lignes, est absolument différente de la précédente. Je puis dire que c'est un livre nouveau, spécialement écrit pour les étudiants, les jeunes médecins, les avocats, les magistrats instructeurs.

Nos leçons à la Faculté de médecine et des conférences à la Faculté de droit de Lyon nous ont mis à même de bien comprendre les difficultés que l'élève éprouve à apprendre les points spéciaux de la science ou les hésitations inquiètes du médecin et de l'avocat à l'entrée de leur carrière professionnelle.

Nous n'avons pas la prétention de résoudre tous les problèmes, de répondre à toutes les questions ; mais nous croyons que l'on trouvera dans ce livre un esprit de suite, une ligne de conduite qui permettront aux débutants d'affronter sans trop d'émotion et avec plus de sang-froid l'exercice de la médecine judiciaire. Si nous avions réussi à rendre moins pénible la mission de l'expert, nous aurions rendu service à l'administration de la Justice et fait une œuvre utile.

J'ai la satisfaction de dire que j'ai été aidé dans la confection de ce travail par mes deux préparateurs au laboratoire de médecine légale, MM. P. Bernard et F. Saint-Cyr. Nous avons reproduit les belles planches dont notre collègue Charvot avait orné la première édition. Que ces collaborateurs reçoivent ici mes affectueux remerciements.

Villerest-sur-Loire, 29 avril 1886.

A. L.

PRÉFACE DE LA PREMIÈRE ÉDITION

Après avoir tracé les droits et les obligations du médecin dans la société et devant la justice, nous avons exposé, dans une première partie, les questions qui se rencontrent dans toute procédure et qui sont relatives à la personne vivante ou au cadavre.

C'est pour ainsi dire la médecine judiciaire générale.

Dans une seconde partie, nous avons étudié les attentats contre la personne. Ils forment trois chapitres distincts, les coups et blessures, les asphyxies et empoisonnements, les questions relatives à l'instinct sexuel et aux fonctions de reproduction.

Pour chaque question, nous avons d'abord *défini* le sujet dont nous avons montré l'importance ; nous avons rappelé les articles du Code, les arrêts de la Cour de Cassation, les ordonnances ou règlements de police, etc., qui s'y rapportent directement. Il nous a semblé qu'il était utile de mettre sous les yeux du médecin le *texte même de la loi*, pour lui faire apprécier l'importance et le but de la mission qu'il remplit. Les magistrats, les avocats qui consulteront cet ouvrage, trouveront peut-être aussi quelque avantage à ce rapprochement.

Les *caractères scientifiques* sont ensuite exposés Nous nous sommes attaché à n'introduire que des notions scientifiques précises, afin de fournir à l'expert des preuves à l'abri de toute interprétation erronée.

Des considérations précédentes découlent alors les *conséquences médico-judiciaires* et les *règles de l'expertise.*

L'emploi d'un petit texte pour distinguer les matières de législation des développements scientifiques permet au lecteur, selon ses connaissances spéciales, de les consulter séparément. Nous avons cherché à éviter le défaut de quelques traités qui ont négligé cette précaution. Le médecin s'embarrasse dans les interprétations juridiques, le juriste est arrêté par les discussions techniques ou par un langage scientifique spécial.

Cette séparation si nette entre les matériaux du droit et ceux de la médecine nous a permis de donner complètement les documents administratifs ou autres qu'il est nécessaire d'avoir toujours sous la main. Les officiers de police judiciaire trouveront ainsi réunis les renseignements scientifiques qui les intéressent, tels que la constatation des décès, la levée des corps, les règlements sur les inhumations, les soins à donner aux blessés, aux asphyxiés, etc., etc.

On nous saura gré, sans doute, d'avoir introduit dans cet ouvrage des chapitres nouveaux et qui n'ont pas encore trouvé place dans les livres classiques. La mort par la chaleur et par le froid extérieur, par inanition, les accidents causés par les anesthésiques, etc., ont été particulièrement étudiés.

Nous nous sommes aussi fait un devoir de relever, dans les *Comptes rendus de l'administration de la justice criminelle*, les faits scientifiques qui nous ont paru de quelque importance, et on trouvera, à leur place, les statistiques qui méritent de fixer l'attention des médecins et des magistrats, celles, par exemple, qui concernent l'empoisonnement criminel, les suicides, les avortements, les attentats aux mœurs, les viols, les infanticides, etc.

Dans la rédaction de ce livre nous avons essayé de grouper toutes les connaissances médicales qui, à notre époque, peuvent être utilisées pour l'application de la loi. Le médecin, par ses études spéciales, permet souvent au magistrat d'arriver à la possession de la vérité. Les jurisconsultes, disait déjà Ambroise Paré, jugent selon qu'on leur rapporte. Nous serions récompensé de nos efforts, si nous avions pu mettre en lumière et faire ressortir l'importance du concours que la profession médicale apporte au fonctionnement de la justice, c'est-à-dire de la plus haute et de la plus indispensable institution du corps social.

A. L.

PRÉCIS

DE

MÉDECINE JUDICIAIRE

La médecine ne s'occupe pas seulement de l'étude et de la guérison des maladies auxquelles l'homme est sujet, elle peut encore être plus utile en mettant ses connaissances spéciales au service de l'organisation et du fonctionnement du corps social. C'est ainsi que les législateurs, les magistrats, les administrateurs publics font appel à ses lumières ou s'inspirent de ses conseils pour élaborer ou appliquer les lois, pour veiller au maintien de la santé publique.

Ce rôle social, ces rapports nombreux de la médecine avec les différentes législations constituent la médecine *politique*, à laquelle il faut exclusivement réserver le nom de *médecine légale*. Elle concourt ainsi à la santé publique et à la justice, qui sont les deux plus hautes expressions de l'ordre matériel et de l'ordre moral. Ce sont là deux buts bien différents : d'un côté l'*hygiène sociale* et la *police médicale*, de l'autre la *médecine judiciaire*. Ce caractère distinctif se trouve nettement indiqué dans l'origine, la marche et les progrès de ces sciences.

Tous les hommes réunis en société ont instinctivement lutté contre les causes de destruction ; et si dans les croyances primitives des anciens peuples on trouve des mesures d'hygiène sociale, on voit celle-ci se perfectionner peu à peu par un mouvement ascensionnel en rapport avec les progrès de l'esprit humain. Elle en est comme un reflet où l'on peut reconnaître l'influence des sociétés et de leur situation religieuse, politique et scientifique.

La médecine judiciaire n'a pas évolué avec l'hygiène sociale; sans doute elle a bénéficié peu à peu des progrès accomplis dans les sciences physiques, chimiques et biologiques, mais, plus intimement liée au développement moral de l'homme, elle a accompagné celui-ci dans son évolution psychique nécessairement fort lente. La moralité d'un peuple s'apprécie par ses idées d'équité et de justice, par l'état de sa législation, de même que sa santé est en rapport avec le perfectionnement de son hygiène.

Pour avoir une idée positive de la médecine judiciaire, il faut la suivre dans sa marche, dans ses transformations à travers les âges; nous apprécierons ainsi son domaine actuel, et par l'étude de son passé nous ferons entrevoir le rôle qu'elle jouera peut-être un jour dans les institutions publiques.

Pendant une *première période* ou *période fictive*, les peuples enfants, dépourvus de tous liens sociaux, ont une législation qui s'inspire de la barbarie de ces premiers âges. Les livres saints proclament la peine du talion. Dans la Genèse (ch. IX, v. 6) : à qui aura répandu le sang de l'homme, son sang sera répandu.

Dans l'Exode (ch. xxi) : celui qui en maltraite un autre, rendra vie pour vie, œil pour œil, dent pour dent, main pour main, pied pour pied, brûlure pour brûlure, plaie pour plaie, meurtrissure pour meurtrissure. De même dans le Lévitique. En Grèce, Solon, dans son code, condamnait à perdre les deux yeux celui qui avait crevé l'œil d'un borgne.

Pendant ce temps il n'y a pas traces d'une médecine judiciaire; on ne peut que citer les lois mosaïques relatives à la virginité, au viol, à l'homicide, les lois primitives de Rome dont l'une, attribuée à Numa, prescrivait l'hystérotomie des femmes enceintes décédées. Les prêtres, spécialement, — tous les pontifes étaient jurisconsultes, — les anciens, le premier venu même se livraient à ces pratiques judiciaires qui n'exigeaient pas de connaissances spéciales.

A Rome, tout citoyen avait le droit de visiter le cadavre des individus ayant succombé à une mort violente; on l'exposait publiquement et chacun donnait son avis sur le genre de mort. C'est ainsi que le médecin Antistius se rendit, d'après Suétone, auprès du corps de Jules César; que Scipion l'Africain, mort subitement, fut exposé, et que le corps de Germanicus qu'on supposait avoir été empoisonné par Pison, fut porté sur la place publique d'Antioche. D'ailleurs les autopsies n'étaient pas permises et la physiologie et l'anatomie restaient dans l'enfance.

Mais si la médecine est insuffisante chez ces différents peuples, la législation ne va pas tarder à se perfectionner. Solon reçoit des citoyens l'autorisation de faire des lois; à Rome, le peuple donne le même pouvoir aux Décemvirs, qui rédigent la loi des Douze-Tables : au droit primitif succède le droit prétorien, les *questiones perpetuæ*, établissant que les personnes lésées feraient procéder à l'estimation du mal.

Telles sont les premières manifestations d'un besoin d'examen et de contrôle qui tôt ou tard devait se formuler en loi.

En résumé, pendant cette période, la loi a d'abord fait partie de la religion; elle a été la religion elle-même appliquée aux rapports des hommes entre eux. Si dans cette première période la législation est théologique, nous allons voir ses efforts pour devenir métaphysique.

Par des changements lents et progressifs, par des transformations successives, la loi arrive à ne plus être une manifestation des dieux, mais bien un effet de la volonté du peuple. Elle va avoir dorénavant pour principe et pour but l'intérêt des hommes.

D'ailleurs, grâce au christianisme, une grande réforme, véritable révolution religieuse et politique, se préparait : « Vous avez entendu ce que l'on vous a dit : œil pour œil, dent pour dent; mais moi je vous dis de ne point vous défendre du mal qu'on veut vous faire, et si quelqu'un vous frappe sur la joue droite tendez-lui la gauche. » (Saint Matthieu, ch. v.)

La loi nouvelle s'occupait du devoir des hommes et non de leurs intérêts.

Le droit allait donc pouvoir s'émanciper et se plier de plus en plus aux besoins de chaque génération dont il allait reproduire les idées morales.

Nous sommes arrivés à la *seconde période*. Les empereurs Adrien, Antonin, Marc-Aurèle, Septime-Sévère basent plusieurs décisions légales relatives à l'état civil ou aux délits sur la doctrine d'Hippocrate (*propter auctoritatem doctissimi Hippocratis*) et sur les écrits d'Aristote. Après avoir consulté des médecins, Adrien décide que l'accouchement peut avoir lieu au onzième mois.

Les jurisconsultes romains sentent le besoin de réunir en un corps de droit les matériaux de la législation épars de tous côtés. Justinien y parvient en quelques années (530-534), avec l'aide de son ministre, le jurisconsulte Tribonien. C'est ainsi que paraissent successivement le *Code*, les *Institutes*, les *Novelles*. Le rôle des médecins en justice y était apprécié. Le *Digeste* s'exprime ainsi : *Medici non sunt proprie testes, sed magis est judicium quam testimonium.* La loi Aquilia[1] ordonnait de déterminer la léthalité des blessures. On devait reconnaître l'avortement ; on voyait présentées les questions de survie, de suppositions de part, de la démence à propos de l'interdiction et même les maladies simulées que Gallien allait étudier.

La législation romaine n'a eu aucune influence dans l'Orient, qui ne pouvait la comprendre et n'était pas préparé à la recevoir, mais elle eut un immense retentissement en Occident.

Les lois romaines furent adoptées, avec les changements qu'exigeait leur état social, par les peuples barbares. Pour eux, le pouvoir législatif n'appartient plus à l'empereur, mais à des assemblées populaires. Les preuves écrites et testimoniales sont remplacées par les épreuves ou ordalie, le duel judiciaire, etc. Si la loi des Wisigoths et celle des Bourguignons se sont

[1] Cette loi proposée par le tribun Aquilius, en l'an 572, s'occupait de la conservation des propriétés. Un de ses articles est ainsi conçu : Si un esclave a été blessé sans que la blessure soit mortelle et que cependant il soit mort par l'effet de la négligence, il n'y a d'action à intenter que celle de la blessure et non de la mort.

inspirées de la législation romaine, celles des Francs Ripuaires et celles des Francs Saliens sont au contraire empreintes d'un caractère âpre et sauvage. Toutes admettent le *Wergeld*, ou indemnité pécuniaire pour les crimes et délits. On lit dans la loi salique : Si quelqu'un frappe un autre à la tête et que des os sortent, il payera quarante-cinq sous; pour chaque coup de bâton ou de poing sans effusion de sang, trois sous.... Ces lois se ressentent toutes de leur origine germanique, car l'on trouve dans la *lex Alamanorum* de nombreux détails sur les blessures, leur siège et leur importance.

Charlemagne fit de grands efforts pour s'opposer à cette tendance germanique. Dans ses *Capitulaires*, il dit que les juges doivent s'appuyer de l'avis des médecins. Mais les bouleversements qui suivirent le partage de son empire détruisirent toute centralisation et favorisèrent l'installation d'un régime féodal.

Nous allons voir dominer les traditions et les coutumes. La marche du droit sera ralentie sans doute, mais cependant il se perfectionnera en perdant peu à peu le caractère symbolique ou mystérieux dont l'avaient revêtu les habitudes barbares.

Les pratiques coutumières de quelques provinces signalent les visitations et expertises de médecins. Ainsi dans le *Grand Coustumier du pays et duché de Normandie*[1], il est dit que de leaux hommes ou de preudes femmes procédaient à diverses sortes de vues, c'est-à-dire de visites et vérifications : « Veue d'homme en langueur, veue de mesfaits, veue d'homme occis et veue de femme despucelée. » Il est probable cependant

[1] Consulter : Ortolan, *Débuts de la médecine légale en Europe* (*Revue de législation française et étrangère*, 1872).

que ces expertises ne devaient pas être fréquentes. L'esprit public était tourné vers des pratiques absurdes et barbares, et l'épreuve de l'eau, du feu, la cruentation des cadavres étaient regardées comme le *jugement de Dieu*. On s'instruisait en astrologie et en magie, et cette tendance mystique se reflétait dans l'exercice de la médecine et de la justice.

Certaine procédure exigeait cependant toutes les forces physiques, c'était le *duel judiciaire*. Celui qui évitait le combat était déshonoré et perdait sa cause. De là la grande importance de l'*exoine* ou excuse tirée d'une maladie. *Dans les Assises et bons Usages du Royaume de Jérusalem*, il est dit que le Seigneur fait constater cette excuse par trois de ses hommes plus un *fisicien* ou *miège* et un *sérorgien*; si le cas est médical, le miège doit voir le malade « et taster son pos et veir son orine »; si le cas est chirurgical, il faut « mostrer la blessure au sérorgien ».

Dans la coutume de Paris ou *Établissement de saint Louis* (1260), les mêmes pratiques se montrent, mais le roi supprime le duel judiciaire, « combat n'étant pas voie de droit », et remplace les épreuves par les preuves testimoniales.

Dans la *Coutume du Maine*, article 462, on exige pour visites : Prudes gens, non suspects, avec jurés savans et connoisseurs en telles choses.

Dans leurs ordonnances, Philippe le Bel (novembre 1311), Jean II (avril 1352) parlent de leur bien-aimé chirurgien juré[1] au Chastelet de Paris. Sans doute, c'était « ung des grands auditoires du royaume »,

[1] Il était ainsi nommé parce qu'il prêtait serment en prenant possession de sa charge. Il avait le droit de présider les Assemblées des chirurgiens de Saint-Côme dits de *Robe-Longue*.

mais il en était de même dans certaines villes, auprès d'autres présidiaux, près des cours de justice importantes où commençaient à se distinguer les légistes et les chevaliers ès lois.

C'est au quatorzième siècle que l'on voit se manifester d'une manière complète l'influence toute-puissante du catholicisme dans la législation et dans l'administration de la justice. Les moines avaient d'ailleurs conservé la tradition du code romain, et le droit canonique ne pouvait que perfectionner l'expertise médicale reconnue indispensable par les jurisconsultes anciens. La législation se transformait avec la société et de profondes modifications changeaient le droit criminel et le droit civil. L'Église protège l'enfant et proclame le mariage indissoluble. C'est toute une jurisprudence nouvelle sortie des décisions des papes et des conciles et réunie en un corps sous le nom de *Décrétales* par Grégoire IX (1234). Le pape, y est-il dit, peut réformer les décisions rendues par un tribunal ecclésiastique ou civil, en quelque cause que ce soit. On y trouve réglées et indiquées toutes les conditions essentielles à l'union matrimoniale. De là l'examen des causes d'impuissance et, par conséquent, l'épreuve indécente du congrès.

Innocent III et Grégoire IX (1233) installaient l'inquisition, et si la question préparatoire ou préalable était indispensable, pour obtenir l'aveu de l'accusé dans toute affaire capitale, des hommes de l'art indiquaient le moment où les tortures devaient être interrompues. Cette façon de procéder des tribunaux ecclésiastiques fut bientôt imitée par les autres tribunaux.

Pendant cette sombre période du moyen âge et avec de pareilles formes de procédure, la législation et la médecine judiciaire ne pouvaient progresser. Cependant vers le quinzième siècle, et comme signes précurseurs de la Renaissance, on peut constater un commencement d'activité. En 1374, la Faculté de Montpellier obtient la permission d'ouvrir des cadavres humains, et un des professeurs de cette école, Arnaud de Villeneuve, étudie les poisons ; à Venise, il paraît deux traités volumineux sur le même sujet en 1492 ; en Espagne et en Angleterre se montrent les premiers travaux sur la folie et les maladies mentales.

Au seizième siècle, l'activité est générale ; on s'occupe des âges, de toutes les questions qui se rapportent à la génération, aux maladies simulées, aux influences surnaturelles. Il y a un amour du merveilleux qui est marqué dans les travaux de ces médecins ; ils étudient les obsessions, les possessions ou conventions démoniaques, les maléfices, les incubes et les succubes, les philtres.

C'est en même temps une soif et un besoin d'apprendre qui se manifestent dans toutes les branches des connaissances humaines et favorisent leurs progrès. L'anatomie se constitue grâce aux travaux de Vésale, d'Ingrassias, d'Eustache, de Fallope, de Varole, d'Arantius, et toutes les sciences semblent entrer dans une voie nouvelle.

Cette agitation de la pensée humaine devait aussi se manifester du côté de la législation. Charles-Quint fait voter la *Constitution criminelle* par la diète de Ratisbonne en 1532. La *Caroline* est le premier document portant organisation de la médecine judiciaire. D'après les articles 147 et 149, celle-ci est regardée comme indispensable à la justice ; dans d'autres articles, il est dit que les peines doivent être proportionnées aux effets physiques et constatés des crimes et des délits.

La France attendra encore longtemps un code de procédure criminelle. Cependant la médecine judiciaire y existe.

En 1575, Ambroise Paré réunit en un corps de doctrine la science des rapports. Le vingt-huitième livre de ses œuvres porte ce titre : *Traitant des rapports et du moyen d'embaumer les corps morts*. C'est l'œuvre d'un chirurgien et non un traité complet sur la matière. Des ouvrages spéciaux cependant vont être publiés; à ce point de vue, l'Italie est à la tête du mouvement, la France vient ensuite, l'Allemagne ne produira qu'un siècle plus tard.

Baptiste Codronchi, médecin à Imola, présente : *Une méthode de donner témoignage en justice, dans certains cas déférés aux médecins*. Ce livre ne précède que de quelques années l'important ouvrage du médecin de Palerme, Fortunato-Fedeli (1598) : *Quatre livres sur les rapports médicaux, dans lesquels sont pleinement exposées toutes les choses qui pour les causes publiques ou judiciaires ont coutume d'être rapportées par les médecins*. C'est à la fois un traité d'hygiène et de médecine légale.

A Rome, le médecin du tribunal supérieur de la Santa-Rota, P. Zacchias, publie de 1621 à 1658 ses dix livres de *Questiones médico-légales*. Subtil et casuiste pour ce qui concerne les questions du droit canonique, il soulève cependant et éclaire presque tous les problèmes de la médecine judiciaire.

En France, l'état des mœurs publiques et de la législation, l'influence des coutumes provinciales rendaient très insuffisante et bien compliquée l'administration de la justice. Nous avons vu la plupart de nos rois reconnaître et faciliter l'intervention médicale. En 1603, Henri IV autorisa son premier médecin Jean de la Rivière à nommer par commission, dans toutes les bonnes villes et juridictions du royaume, deux personnes de l'art, de médecine et de chirurgie, de la meilleure réputation, probité et expérience, pour faire les visites et rapports en justice.

Toutes ces réformes royales étaient utiles par ces temps de superstition et de fanatisme, et cependant elles n'eurent pas pour effet de changer l'esprit des cours de justice et des officialités dont les arrêts sanguinaires méritent le blâme sévère de l'histoire.

Le parlement de Toulouse condamnait en l'année 1577 plus de 400 sorciers, les uns au bûcher, les autres à divers supplices. Pigray[1] raconte que le parlement de Paris, le chargea, en 1589, avec quelques médecins du roi Henri III, de « voir et visiter quatorze personnes, tant hommes que femmes, qui étaient appelantes de la mort, pour être accusées de sorcellerie.... Nous n'y reconnûmes que des pauvres gens stupides, les uns qui ne se souciaient de mourir, les autres qui le désiraient. Notre avis fut de leur bailler plutôt de l'hellébore pour les purger, qu'autre remède pour les punir. La cour les renvoya suivant notre rapport[2]. »

En Lorraine, dans l'espace de quinze ans, au seizième siècle, près de cent hommes sont condamnés à mort comme sorciers. Le conseiller d'État du duc de

[1] Chirurgie, livre VII, chapitre x, p. 445.

[2] Au même moment, Jean Bodin, favori de Henri III, procureur du roi à Laon, homme d'une grande érudition, publie un livre sur la *Démonomanie* (Basil., 1581), où il prouve que les loups ne sont que des hommes, ordinairement des magiciens et des sorciers, qui ont pris la forme d'un animal.

Lorraine, Nicolas Remigines, s'en vante comme d'actions louables et utiles à la société, dans son *Traité sur la démonolatrie*. Le P. Spée, jésuite, les accompagnait au supplice : « Je jure sur la foi du serment, dit-il, que de toutes les personnes que j'ai été chargé de disposer à la mort, pas une ne m'a paru coupable des crimes qu'on lui imputait. » — En 1617, le cadavre de Concini, maréchal d'Ancre, est traîné dans les rues de Paris par la populace qui l'accusait de sortilèges. Son épouse Léonora Galigaï est jetée à la Bastille sous la même prévention, puis décapitée et brûlée.

En 1634, le chanoine Urbain Grandier, curé de Loudun, est accusé d'adultère, d'inceste, de sacrilége, de maléfice, et, après consultation de l'Université de Montpellier, montrant que ces prétendues possessions n'étaient que convulsions factices et simulées, il est condamné à être brûlé vif. Le prêtre qui l'accompagne au supplice lui donne à baiser un crucifix de fer chauffé au rouge, le malheureux recule épouvanté, et la foule y voit une preuve certaine de possession diabolique. — Cent ans plus tard, des scènes extravagantes se passèrent sur le tombeau du diacre Pâris. Des femmes hystériques, présentant avec des convulsions, des symptômes remarquables d'anesthésie, classées en sauteuses, aboyeuses, miauleuses, prophétisaient et faisaient prodiges ou miracles, ainsi que l'atteste Carré de Mongeron, conseiller au Parlement. Mais le scandale devint tel, qu'après un examen médical fait par Sauveur-Morand et autres membres de la Faculté, l'autorité fit fermer le cimetière Saint-Médard (1732)[1].

La divinité était introduite dans toutes les causes,

[1] Procès-verbaux de plusieurs médecins et chirurgiens, dressés par ordre de S. M., in-8, 1732; et la correspondance de Grimm.

et elle servait à couvrir toutes les injustices; peuple et juges avaient même ignorance et mêmes passions, comme si les hommes ne pouvaient qu'être méchants quand ils ne sont pas instruits.

On peut dire à l'honneur de notre profession que ce sont les travaux des médecins et non les écrits des législateurs ou les décisions des tribunaux de justice qui ont dissipé ces grossières erreurs. Après Pigray, Gabriel Naudé s'éleva contre ces superstitions, dans sa célèbre apologie des grands personnages faussement soupçonnés de magie (1625). C'est le commencement de la lutte que continueront les médecins et les philosophes du dix-huitième siècle : la fonction de ces grands esprits étant plutôt de détruire l'erreur que de rechercher la vérité.

Toutefois la législation se perfectionnait de plus en plus, grâce aux travaux d'éminents jurisconsultes tels que Dumoulin, Cujas, Lhôpital, Antoine Loisel. Sous Louis XIV une grande réforme législative allait se produire. Plusieurs ordonnances importantes [1] préparèrent *les Ordonnances civiles* ou *Code Louis* (la première le 20 avril 1667), qui constituent certainement le travail législatif le plus important entre le code de Justinien et celui de Napoléon. Une organisation judiciaire uniforme allait s'étendre à tout le pays, selon le principe que toute justice émane du roi.

Dans toutes ces réformes, le rôle de la médecine en justice n'était pas négligé; malheureusement Louis XIV transforma les emplois, dont Henri IV avait fait un privilège, en objet de finance.

[1] Celles d'Orléans (1561), de Roussillon (1564), de Moulins (1566), de Blois (1579), celle de Michel de Marillac ou code Michaud en 1630.

Dans l'ordonnance de 1670, titre 5, l'article 3 s'exprime ainsi : « Voulons qu'à tous les rapports qui seront ordonnés en justice assiste au moins un des chirurgiens commis par notre premier Médecin, ès lieux où il y en a, à peine de nullité des rapports[1]. » Mais les abus continuant à être très nombreux, il fut créé en 1692 des offices héréditaires de médecins et chirurgiens royaux, deux dans chaque ville importante sous le nom de conseillers médecins ordinaires du roi et un dans chaque petite ville du royaume avec le titre de chirurgien juré. Ils devaient faire, exclusivement à tous autres, les rapports de visitation, dénonciation de corps morts, blessés, frappés, mutilés, prisonniers ou autrement.

Toutes ces charges étaient héréditaires et vénales; les héritiers en trafiquaient. Plus tard elles purent être rachetées par les collèges des médecins et des chirurgiens des villes, qui les possédaient en commun et les faisaient exercer par quelques-uns d'entre eux choisis annuellement. Il faut encore constater que l'édit de 1692 et un arrêt du parlement de Paris (10 mars 1728) maintiennent à ceux qui n'étaient ni médecins ni chirurgiens royaux le droit de faire « des rapports dénonciatifs à la requête des parties qui n'ont point formé d'action ».

Il ne nous reste plus qu'à signaler les dernières réformes dues à la monarchie. Louis XVI abolit le servage (8 août 1775), la question préparatoire, puis la torture le 1er mai 1780. C'étaient les signes précur-

[1] Dans les titres XI, XIII, XXV, il est question des excuses ou exoines des accusés, Des prisons, Des sentences, Jugements et Arrêts, dans lesquels le médecin intervient pour visiter les prisonniers ou voir si une femme condamnée à mort est enceinte.

seurs de la grande révolution sociale qui allait se produire à la fin du dix-huitième siècle.

Nous nous sommes spécialement attachés à montrer jusqu'à cette époque la marche de la médecine judiciaire en France, d'après l'état de la législation, les idées scientifiques et philosophiques. La même évolution se retrouve dans les progrès de cette science en Allemagne; on y reconnaîtra facilement l'influence et l'empreinte de l'esprit germanique avec ses qualités et ses défauts.

La constitution Caroline en rendant nécessaire l'intervention du médecin dans certains cas déterminés avait créé une organisation médicale judiciaire satisfaisante. Les jurés-experts (*viri probatæ artis*) furent choisis parmi des hommes compétents et d'une moralité reconnue; leurs rapports pouvaient être contrôlés par des collèges supérieurs; et au dix-huitième siècle de nombreuses publications ou des traités spéciaux rendaient compte des décisions des universités, des arrêts des tribunaux civils ou ecclésiastiques.

La médecine judiciaire germanique, naturellement mystique, fut le dernier refuge des idées superstitieuses, dont l'esprit philosophique des encyclopédistes et savants français devait montrer le ridicule ou le danger. C'est ainsi qu'en 1599, l'Allemand André Libavius publiait un livre : *De cruentatione cadaverum*, pour expliquer comment les blessures saignent en présence de l'assassin, et cette opinion eut cours dans ce pays jusqu'au dix-huitième siècle. Quelques années avant, Jean Wier avait fait un long récit de toutes les influences surnaturelles : *De præstigiis dæmonum* [1]. Au dix-huitième siècle, en 1711, Va-

[1] Homme d'un grand jugement, ce médecin s'élève avec force

lentinus dans ses *Pandectes médico-légales* s'occupe des signes de sorcellerie, décrit le sabbat et montre tout ce que le diable a le pouvoir d'y faire. Frédéric Hoffmann étudie des questions semblables: *De potentia diaboli in corpore.* La science était en rapport avec les idées du pays. De 1730 à 1735, il y eut en Allemagne une véritable épidémie de vampirisme. En 1762, la ville de Glaris offrit le triste spectacle d'une sorcière condamnée au bûcher.

En 1781, Plenck, dans ses *Elementa medicinæ et chirurgiæ forensis,* donne les signes médico-légaux de la démonie et de la magie, et ce livre a eu une troisième édition en 1802.

En résumé, pendant cette seconde période, période métaphysique ou de transition, la législation s'est de plus en plus perfectionnée. L'administration de la justice a toujours été sous la dépendance des idées philosophiques du temps. Féroce avec les barbares, mystique et naïvement cruelle avec le droit canonique, elle est humanisée peu à peu par la monarchie jusqu'au moment de la proclamation des droits de l'homme et de l'égalité de tous devant la loi. La médecine judiciaire a suivi cette évolution; son intervention a été reconnue de plus en plus nécessaire. Les jurisconsultes

contre quelques-uns des préjugés de son époque; il dédie son livre à l'Empereur et le supplie de ne pas immoler les sorciers innocents des crimes qu'on leur reproche. — L'Allemagne était alors la terre privilégiée de la magie et de la sorcellerie. On croit rêver à la lecture de cette lugubre histoire. En 1484 Innocent VIII lança une bulle contre les diableries des pays germaniques, et deux moines furent nommés inquisiteurs. Dans le seul électorat de Trèves, en quelques années, six mille cinq cents sorciers furent mis à mort. Un siècle plus tard, le mal est encore tel, que des prières publiques sont ordonnées dans toutes les églises pour l'expulsion de l'esprit malin.

d'alors avaient une instruction littéraire aussi complète que leur religion était sincère et leur foi profonde, mais ils manquaient absolument de toute étude scientifique, dont les éloignait d'ailleurs la tendance même de leur esprit. C'est ce qui explique l'ardeur et le succès qu'ils ont apportés dans l'étude du droit civil, et l'abandon qu'a eu à subir le droit criminel. La médecine judiciaire s'en est ressentie et les experts médicaux de cette époque n'ont été remarquables ni par leur talent ni par leur honorabilité.

Nous voici à la troisième période, à la période *positive*. Tous les travaux qui vont se produire sont marqués au coin du nouvel esprit scientifique : on ne s'occupe pas des causes d'un phénomène, mais on recherche les lois suivant lesquelles il se produit. Ce mouvement se passe entièrement en France.

En 1750, Lecat fait des recherches sur la combustion spontanée, Lorry discute les questions de survie. En 1765, les naissances tardives sont étudiées par Bertin, Lebas, Astruc, Bouvard. Louis prouve l'indulgence coupable des tribunaux déclarant légitimes les naissances de douze et même treize mois. En même temps Bruhier et Louis montrent l'incertitude des signes de la mort et leurs études causent une émotion générale. Les travaux de Louis surtout eurent un grand retentissement; par les caractères qu'il donne de la pendaison il contribue à réhabiliter la mémoire de Calas, et ses importants rapports relèvent des erreurs judiciaires dans les causes de Monbailly, Syrven, Baronnet. Il enseigne d'ailleurs la science dans son cours public de Saint-Côme.

En 1770, Lafosse étudie les phénomènes cadavériques, et en 1783, Chaussier, dans un mémoire resté célèbre, montre toute l'importance de la médecine légale.

En même temps l'Assemblée constituante changeait la législation criminelle, et proclamait indispensable l'appréciation de tous les faits matériels. La médecine judiciaire allait être appelée à rendre de grands services. Cependant les événements politiques devaient arrêter celle-ci dans son développement. En 1792, on abolit les universités et les grades qu'elles conféraient, la liberté de la médecine devint complète. Les écoles de médecine furent désorganisées, il n'existait plus de corporations ni de privilèges pour ceux qui se livraient à l'art de guérir. On vit, dit Marc (Manuel d'autopsie cadavérique de Rose, 1808, préface), des individus absolument ignorants, sans aucune instruction, suivre les armées et les hôpitaux, y prendre une teinte des opérations les plus routinières de la petite chirurgie, puis rentrer dans leurs foyers avec le titre atrocement ironique d'officiers de santé. Ce sont eux que les tribunaux employèrent de préférence pendant le cours de la Révolution. On comprend quel discrédit ils durent jeter sur notre profession. Quand le calme fut rétabli, les codes nouveaux ne tardèrent pas à paraître. La médecine judiciaire ne fut pas créée, mais le principe de l'expertise se trouvait posé par l'article 43 du code d'instruction criminelle, et par l'article 27 de la loi du 19 ventôse an XI qui réservait aux médecins régulièrement reçus les fonctions d'experts devant les tribunaux.

L'enseignement de la médecine légale fut installé dans les nouvelles facultés. Mahon à Paris, Prunelle à Montpellier, Fodéré à Strasbourg développèrent avec éclat cette science dans leurs cours ou dans leurs publications.

Les ouvrages se succédèrent alors et formèrent bientôt un véritable corps de doctrine, grâce aux travaux ou expériences de Sue, Chaussier, Marc, Orfila, Devergié, Adelon..., de Tardieu et de notre excellent maître M. G. Tourdes. Les travaux de ces savants ont fait de la médecine légale, cette science du bon sens pratique, une science toute française. On peut en donner comme preuve l'opinion de nos voisins, que l'on ne peut guère suspecter de bienveillance ou d'impartialité à notre égard. L'allemand Krahmer(*Handbuck der gericht medizin*, 1850, p. 15, cité par Tourdes) « déclare que notre méthode d'observation lui paraît plus scientifique ; beaucoup d'états du corps humain, qui ont de l'intérêt en médecine légale, ont été mieux étudiés dans ces derniers temps par les médecins de cette nation ; ils ont enrichi le domaine de la pratique ; les signes de la mort, la marche de la putréfaction, les caractères de l'identité, les effets des instruments vulnérants, les causes de la mort, l'appréciation des lésions de l'intelligence, tels sont les points qui ont surtout été éclairés par les médecins français ». Cette opinion émise en 1850 est toujours vraie, mais nous ne pouvons dire si elle est actuellement partagée par les médecins allemands.

Avant de terminer cette introduction nous désirons montrer ce qu'est de nos jours l'ADMINISTRATION DE LA JUSTICE EN FRANCE.

La hiérarchie des tribunaux est devenue très simple; elle doit être connue du médecin. La justice civile est rendue dans les cantons par les juges de paix, dans les arrondissements par les tribunaux de première instance, dans les circonscriptions renfermant plusieurs départements, désignées sous le nom de ressorts, par les cours d'appel; la justice commerciale est rendue, en première instance, par les tribunaux de commerce et, en appel, par les cours d'appel ; les contraventions, délits et crimes tombent sous la juridiction des tribunaux de simple police, des tribunaux correctionnels et des cours d'assises. Au-dessus de tous ces tribunaux, se trouve placée la cour de cassation, dont la mission est de maintenir l'uniformité de la jurisprudence. Elle ne juge pas la question de fait, mais seulement la question de droit, et elle peut casser tous les jugements où elle rencontre un excès de pouvoir, ou une fausse application de la loi.

C'est devant ces divers tribunaux que se produiront les *actions judiciaires* qui peuvent être civiles ou criminelles, et le médecin a constamment à intervenir dans ces actions.

L'action civile a pour but le plus souvent la demande de la réparation d'un dommage. L'action criminelle a pour objet de faire appliquer les peines encourues pour un crime ou un délit. Elle n'est poursuivie que par le ministère public, qui est auprès de chaque tribunal le représentant du gouvernement et des intérêts de la société.

Au dernier rang de la hiérarchie judiciaire se trouvent les *tribunaux de paix* ou de *simple police*, qui s'occupent des contestations civiles de minime importance, des contraventions aux règlements de police, punies au plus d'une amende de quinze francs et de cinq jours de prison ; ces tribunaux sont présidés par un juge de paix ; les fonctions de ministère public y sont remplies par un commissaire de police. Viennent ensuite les *tribunaux de première instance*, qui connaissent des affaires civiles et correctionnelles et parfois même des affaires commerciales[1]. D'après le nombre de juges dont ils sont composés ils forment une ou plusieurs chambres. Près de chaque tribunal se trouve chargé des fonctions de ministère public un procureur de la République assisté d'un ou de plusieurs substituts : ils constituent le parquet. Au-dessus de ces diverses juridictions sont les *cours d'appel*, qui doivent statuer sur les appels des affaires civiles et commerciales ; chaque cour se compose de une ou plusieurs chambres civiles, d'une chambre de mise en accusation, d'une chambre d'appels de police correctionnelle. Elle a à sa tête un premier président, autant de présidents qu'il y a de chambres, puis des conseillers. Le ministère public est exercé par un procureur général, des avocats généraux et des substituts.

L'*instruction criminelle* a une procédure spéciale que nous allons rapidement exposer.

Le ministère public adresse un réquisitoire au *juge d'instruction* pour qu'il soit informé (art. 47, I. C.). Ce magistrat s'efforce de connaître la vérité par l'in-

[1] Ces tribunaux correctionnels, au nombre de 359 en France, jugent les infractions aux lois du second degré ; les faits qualifiés *délits* par le § 2 de l'article 1er du Code pénal. Sous ce titre se classent la plupart des contraventions fiscales et d'autres contraventions spéciales qui sont punies de peines correctionnelles (l'emprisonnement ou l'amende) supérieures à celles de simple police. Les mêmes tribunaux jugent les crimes commis par les enfants âgés de moins de 16 ans, quand ceux-ci n'ont pas de complice d'un âge plus avancé et que les peines à prononcer ne sont pas la mort, les travaux forcés à perpétuité, la déportation ou la détention. (Article 68 du Code pénal.)

terrogatoire de l'accusé, des témoins, la saisie des pièces, les perquisitions, etc. : l'information faite est adressée au procureur de la République, qui alors adresse au juge d'instruction un nouveau réquisitoire (art. 127, I, C.). Quand la procédure d'information est terminée, elle est communiquée au procureur de la République; celui-ci adresse alors un réquisitoire définitif au juge d'instruction. Ce dernier, d'après la loi du 17 juillet 1856, est seul juge de la question de savoir s'il doit renvoyer l'accusé devant le tribunal correctionnel, devant la *Chambre des mises en accusation*, par une ordonnance de renvoi, ou s'il doit déclarer qu'il n'y a pas lieu de donner suite. Il rend alors une *ordonnance de non-lieu*. En vertu de l'ordonnance de renvoi devant la chambre des mises en accusation, celle-ci est investie et examine s'il y a des indices suffisants pour renvoyer devant la *Cour d'assises*, sinon elle rend un arrêt de non-lieu. La cour d'assises se compose de trois juges délégués et de douze jurés [1]. Ceux-ci prononcent sur le fait et les juges appliquent la loi. Le président, qui est toujours un conseiller à

[1] Il y a en France une Cour d'assises par département; elle siège ordinairement au chef-lieu, et tient quatre sessions par année, un chaque trimestre; il est tenu des sessions extraordinaires.

En 1878, les Cours d'assises des 86 départements ont tenu 358 sessions, qui ont embrassé 2498 jours. Il y a eu 24 sessions dans le département de la Seine, deux sessions extraordinaires dans les Bouches-du-Rhône, et une session extraordinaire dans le Nord, le Rhône, la Charente-Inférieure et le Puy-de-Dôme. Dans les Basses-Alpes, la Savoie, la Lozère et les Deux-Sèvres il n'y a eu que trois sessions; dans les Hautes-Pyrénées, il n'y en a eu que deux.

Les Cours d'assises statuent sur les infractions à la loi qualifiées crimes par l'article 1er du Code pénal : elles jugent, avec l'assistance du jury, les accusations contradictoires, et, sans la cour d'appel, dirige les débats. Au début de chaque affaire le greffier donne lecture de l'arrêt de la chambre des mises en accusation et de l'acte d'accusation rédigé par le procureur général. L'accusé est ensuite interrogé, puis on procède à l'audition des témoins à charge et à décharge. Les débats sont publics à moins que, pour des raisons spéciales, le président n'ait ordonné le huis clos. Le ministère public soutient l'accusation; l'avocat de l'accusé présente la défense. Le président pose au jury les questions sur lesquelles il devra se prononcer. D'après sa réponse, l'accusé est condamné ou mis en liberté. L'arrêt est toujours rendu publiquement.

l'assistance du jury, les accusations par contumace. Les Cours d'assises connaissent également de certains délits commis par la voie de la presse.

A chaque session, la Cour d'assises est composée d'un membre de la Cour d'appel (président ou conseiller) désigné par le Garde des sceaux, et de deux assesseurs, qui sont pris parmi les conseillers, dans les chefs-lieux où siègent les Cours d'appel, et parmi les membres du tribunal dans les autres chefs-lieux du département. Les assesseurs sont désignés par l'ordonnance du premier président de la Cour, fixant l'époque d'ouverture de la session.

Les jurés sont au nombre de douze. Ils sont tirés au sort, pour chaque affaire, sur une liste de 36 noms, extraite, aussi par la voie du sort, d'une liste composée annuellement dans chaque département pour le service des assises, et qui comprend un juré par 500 habitants, sans que le nombre des jurés puisse excéder 600 ni être inférieur à 400; pour le département de la Seine, la liste annuelle est de 3000 jurés. Six jurés suppléants, pris sur une liste spéciale des jurés de la ville où se tiennent les assises, sont tirés également au sort pour remplacer les jurés ordinaires manquants, le tableau de jugement ne pouvant être tiré au sort que sur une liste de 30 noms au moins.

Les fonctions du ministère public près de chaque Cour d'assises sont remplies, dans les chefs-lieux où siègent les Cours d'appel, par un membre du parquet de la Cour, et dans les autres chefs-lieux, par un membre du parquet du tribunal.

Nous en avons dit assez pour montrer au médecin la marche ordinaire des procès dans lesquels il peut avoir à intervenir. Ces détails auront en même temps fait connaître les véritables garanties et les nombreuses formalités dont la loi entoure tout accusé.

Le fonctionnement de la justice connu, tâchons d'établir le rôle du médecin expert. C'est montrer le domaine de la médecine judiciaire et faire voir les qualités de celui qui la pratique.

Les opinions de l'expert doivent être indépendantes des lois et de l'arbitraire et n'avoir pour base que la nature des faits[1]. Ce sont des faits qu'il a mission de rechercher et d'exposer au magistrat chargé de les interpréter dans le sens de la loi.

D'après Malle, le corps du délit trouvé, on peut ne pas borner là ses recherches, mais aller au delà ou de côté, profiter des faits inattendus pour susciter à la justice des présomptions différentes de celles qui ont motivé le mandat en vertu duquel le médecin opère. Ce sont là des conseils dangereux à donner aux jeunes médecins. Il faut être fort habile pour ne pas, avec une pareille méthode, empiéter sur le terrain exclusivement réservé aux magistrats, et il est toujours pénible pour le médecin de se le faire rappeler. Nous nous contentons pour la médecine du rôle subalterne d'auxiliaire de la justice. *Medicina ancilla justitiæ*, dirons-nous volontiers en cette circonstance. C'est d'ailleurs le rôle qui lui est indiqué par la loi, et jusqu'à ce que celle-ci soit changée, il faut l'exécuter. En un mot, le médecin n'est ni juge ni juré et on ne saurait assez

[1] *L'exercice de la médecine judiciaire en France*, etc., par Henry Coutagne. (*Archives de l'anthropologie criminelle*, n° 1, 1886.)

méditer ces sages réflexions de Chaussier : « Au lieu de s'attacher à l'objet simple de sa mission, c'est-à-dire au lieu de déterminer, d'après l'observation et les principes de son art, la nature des blessures, les causes positives de la mort, les conséquences directes du fait soumis à son examen, sur les demandes que peut lui adresser le magistrat, on verrait le médecin, qui, pour se livrer à l'étude des lois humaines, négligerait la pratique et l'exercice de son art, s'ériger en juge, en avocat ou même en législateur. On le verrait guidé par son âme sensible et généreuse, toujours altéré d'amour et de justice, interpréter les faits à sa manière, les commenter, les discuter, les obscurcir par ses raisonnements, ses suppositions, ses distinctions, ses subtilités. Plus occupé de l'étude des codes que des procédés de l'art et des phénomènes des maladies, il serait, malgré sa vaste érudition et ses idées sublimes de perfectionnement, fort embarrassé sur les moyens d'examiner, de constater les diverses altérations et d'en tirer des conséquences précises. Sans doute, il convient à tout homme sage de connaître les lois de son pays, et surtout celles qui concernent son état, ses fonctions; mais il faut laisser aux jurisconsultes le soin de les étudier, de les interpréter. Qui trop embrasse mal étreint. Sachons donc nous borner; ne cherchons point à étendre notre science au delà de ses véritables limites et rappelons-nous que, dans l'état actuel de notre législation, les fonctions du médecin expert se bornent et doivent se borner à constater un point ou une circonstance de fait, à prononcer sur une question d'art et de science; elles n'ont donc qu'un rapport fort indirect à l'application, à l'exécution des lois, à la question de droit; aussi la qualification de *légiste* dont on veut gratifier le médecin ne lui convient pas plus qu'à tout autre expert chargé par le magistrat d'un objet litigieux. D'ailleurs le vrai médecin est assez grand, assez recommandable par ses qualités, par l'étendue de ses connaissances, par les services journaliers qu'il rend à la société, pour n'avoir point besoin d'aucun titre étranger à son art. »

Le domaine de la médecine judiciaire bien limité, il s'agit de classer les nombreux problèmes qui peuvent se présenter dans la pratique. Beaucoup de classifications ont été proposées par les médecins. Les uns ont étudié séparément chaque question ; d'autres ont adopté l'ordre alphabétique ; on a admis les divisions du droit ; on a séparé d'après les différentes branches de la médecine ou encore d'après les âges et les sexes. Toutes ces divisions fragmentent la science et lui enlèvent tout esprit d'unité. M. le professeur Tourdes a été bien mieux inspiré en adoptant une division méthodique. La médecine légale est divisée en deux parties : une générale, l'autre spéciale. Dans la première, se trouvent les généralités et la législation concernant l'organisation de la médecine légale et les lois professionnelles ; dans la partie spéciale, trois sections : la génération, la mort avec les attentats contre la vie, les droits et les devoirs.

Il nous a semblé qu'il était peut-être possible de trouver un meilleur partage des matériaux, et nous n'avons pas adopté la classification de notre savant maître, M. Tourdes ; mais, comme dit Montaigne : « Qui vit jamais médecin se servir de la recepte de son compagnon, sans y retrancher ou adjouter quelque chose? »

Nous divisons la médecine judiciaire en deux parties ; une générale, une spéciale.

La PREMIÈRE PARTIE s'occupe des questions générales qui peuvent se montrer dans tous les cas; elle contient trois chapitres distincts :

Dans le chapitre premier nous nous occupons des *droits et des devoirs du médecin* en général, *responsabilité médicale, secret médical*, etc.), et des droits et des devoirs du médecin comme expert, accomplissant des actes médico-judiciaires (*rapports, dépositions, consultations, certificats*).

Dans le deuxième chapitre nous nous occupons, d'après la marche de la procédure, de l'*inculpé* en général et de toutes les questions qui y sont relatives (*identité, âge, sexe, état civil, responsabilité criminelle, aliénation mentale*, etc.).

Dans le troisième chapitre nous exposons les problèmes médico-judiciaires relatifs au cadavre, aux objets ou substances privées de vie (*de la mort, du cadavre, des taches, des empreintes*, etc.).

La DEUXIÈME PARTIE consacrée aux questions spéciales, traite des *attentats contre la personne* dans les cas particuliers qui peuvent se présenter. Les moyens ou les procédés employés varient sans doute beaucoup. Toutefois, et afin d'éviter des répétitions, nous exposerons successivement et par ordre de généralité décroissante, les problèmes ou questions qui se présentent le plus ordinairement à l'examen du médecin expert. Nous étudierons ainsi les *coups et blessures*, les *asphyxies*, les *empoisonnements*, le *suicide*, le *duel*, les *attentats à la pudeur*, la *femme enceinte* et *son produit*.

Cette classification a l'avantage de rapprocher les faits qui peuvent l'être, et tout en suivant la marche ordinaire de la procédure, de séparer nettement les questions qui sont du domaine propre de la médecine judiciaire et les matières qu'elle emprunte aux autres branches des sciences médicales.

Nous dirons en terminant que si la médecine légale peut être considérée avec M. Tourdes comme l'application des connaissances médicales aux questions qui concernent les droits et les devoirs des hommes réunis en société, nous définissons la médecine judiciaire : *l'art de mettre les connaissances médicales au service de l'administration de la justice.*

I

DES DROITS
ET DES OBLIGATIONS DU MÉDECIN
DANS LA SOCIÉTÉ ET DEVANT LA JUSTICE

La déontologie médicale s'occupe des droits et des devoirs du médecin. Il est indispensable de les faire connaître, de bien montrer les conditions que devront présenter ceux qui exercent la profession médicale, pour apprécier exactement le rôle qu'ils sont appelés à jouer dans la société et devant la justice.

Il faut exposer d'abord les conditions que notre société actuelle exige de tout médecin, les conséquences inévitables à l'exercice de cette profession, telles que la responsabilité médicale et le secret médical, etc., nous arriverons ainsi à mieux définir le rôle du médecin comme expert et les actes médico-judiciaires qui sont de sa compétence.

I. ORGANISATION DE LA MÉDECINE.

Quelques années avant la Révolution, il existait des centres universitaires, derniers reflets des célèbres

2.

universités, avec leurs écoles de médecine et des collèges ou « agrégations » qui s'étaient arrogé le droit de donner des degrés. L'Assemblée législative, le 18 août 1792, supprima les universités, les facultés de droit, de médecine et les corporations savantes. La science même ne devait pas avoir de privilèges.

Mais les dangers de la situation montrèrent la nécessité d'avoir des médecins pour les armées de terre et de mer, et le 14 frimaire an III (4 décembre 1794), un décret réorganisa les *Écoles de santé* à Paris, à Montpellier, à Strasbourg. On y instruisit à la hâte des médecins capables de donner les premiers soins aux blessés.

L'enseignement et la profession médicale se trouvaient donc dans un état peu satisfaisant et tout à fait provisoire, lorsque le 10 mars 1803, Bonaparte, premier consul, promulgua la loi relative à l'exercice de la médecine (19 ventôse an XI).

Voici les articles les plus importants de cette loi fondamentale :

TITRE Ier. — *Dispositions générales.*

Art. 1. A compter du 1er Vendémiaire an XII (24 septembre 1803), nul ne pourra embrasser la profession de médecin, de chirurgien ou d'officier de santé, sans être examiné et reçu comme il sera prescrit par la présente loi.

Art. 2. Tous ceux qui obtiendront, à partir du commencement de l'an XII, le droit d'exercer l'art de guérir, porteront le titre de *docteurs en médecine* ou *en chirurgie* lorsqu'ils auront été examinés et reçus dans l'une des écoles spéciales de médecine, ou celui d'*officier de santé* quand ils seront reçus par les jurys.

Art. 4. Le gouvernement pourra, s'il le juge convenable, accorder à un médecin ou à un chirurgien étranger et gradué dans les universités étrangères le droit d'exercer la médecine ou la chirurgie sur le territoire de la République.

TITRE II. — *Examen et réception des docteurs*[1].

TITRE III. — *Études et réception des officiers de santé.*

TITRE IV. — *Enregistrement et liste des docteurs et des officiers de santé.*

Art. 24. Les docteurs ou officiers de santé seront tenus de présenter dans le délai d'un mois, après la fixation de leur domicile, les diplômes qu'ils auront obtenus, au greffe du tribunal de première instance et au bureau de la sous-préfecture de l'arrondissement dans lequel ils voudront s'établir.

Art. 25. Les commissaires du gouvernement procureurs de la République, près les tribunaux de première instance, dres-

[1] Le *Journal officiel* a publié, le 24 juin 1878, un décret relatif aux conditions à remplir pour obtenir le diplôme de docteur en médecine.

Les conditions principales établies par un décret sont :

1° Quatre années d'études, faites pendant les trois premières années, soit dans les facultés, soit dans les écoles de plein exercice, soit dans les écoles préparatoires de médecine et de pharmacie. Les études de la quatrième année ne pourront être faites que dans une faculté ou une école de plein exercice.

2° Diplômes préalables exigés : bachelier ès lettres et ès sciences restreint ou complet.

3° Cinq examens et une thèse. Les deuxième, troisième et cinquième examens divisés en deux parties.

Les examens de fin d'année sont supprimés.

4° Le premier examen est subi après la quatrième inscription et avant la cinquième : la première partie du deuxième examen après la dixième inscription et avant la douzième, et la seconde partie de cet examen après la douzième et avant la quatorzième inscription. Le troisième examen ne peut être passé qu'après l'expiration du seizième trimestre d'études. Tout candidat qui n'aura pas subi avec succès le premier examen en novembre au plus tard, sera ajourné à la fin de l'année scolaire et ne pourra prendre aucune inscription pendant le cours de cette année.

Le stage pour les hôpitaux ne peut durer moins de deux ans.

Le montant total des droits d'inscriptions d'examens et de diplômes s'élève à 1,360 francs.

Ce décret a reçu son exécution à partir du 1er novembre 1879, et il a été mis en vigueur en novembre 1885.

seront les listes des médecins et chirurgiens anciennement reçus, et des docteurs et officiers de santé nouvellement reçus et enregistrés aux greffes des tribunaux; ils adresseront, en fructidor (août) de chaque année, copie certifiée de ces listes au ministre de la justice.

Art. 26. Les sous-préfets adresseront l'extrait de l'enregistrement des anciennes lettres de réception, des anciens certificats et des nouveaux diplômes dont il vient d'être parlé, aux préfets, qui dresseront et publieront les listes de tous les médecins anciennement reçus, des docteurs et officiers de santé domiciliés dans l'étendue de leur département, les listes seront adressées par les préfets au ministre de l'intérieur, dans le dernier mois de chaque année.

Une décision ministérielle du 22 mars 1812 a autorisé les préfets à ne réimprimer la liste complète que tous les cinq ans. Des listes annuelles indiquent les modifications survenues. C'est aux préfets et sous-préfets, dans les départements, et à Paris, au préfet de police, que les diplômes doivent être adressés pour l'enregistrement.

Art. 27. A compter de la publication de la présente loi, les fonctions de médecins et chirurgiens jurés appelés par les tribunaux, celle de médecins et chirurgiens en chef dans les hospices civils, ou chargés par les autorités administratives de divers objets de salubrité publique, ne pourront être remplies que par des médecins ou des chirurgiens reçus selon les formes anciennes, ou par des docteurs reçus suivant celles de la présente loi.

Art. 28. Les docteurs reçus dans les Écoles de médecine pourront exercer leur profession dans toutes les communes de la République, en remplissant les formalités prescrites par les articles précédents.

Art. 29. Les officiers de santé ne pourront s'établir que dans le département où ils auront été examinés par le jury, après s'être fait enregistrer comme il vient d'être prescrit. — Ils ne pourront pratiquer les grandes opérations chirurgicales que sous la surveillance et l'inspection d'un docteur, dans les lieux où celui-ci sera établi. Dans le cas d'accidents graves arrivés à la suite d'une opération exécutée hors de la surveillance et de l'inspection prescrites ci-dessus, il y aura recours à indemnité contre l'officier de santé qui s'en sera rendu coupable.

La loi ne définit pas ce qu'il faut entendre par *grande opération*, cependant il est admis que l'on doit considérer comme telle : toute opération exigeant de la délicatesse ou de la dextérité, pratiquée sur un organe important et pouvant mettre en danger les jours du malade. Telles sont les amputations et résections, la hernie étranglée, la taille et la lithotritie, la trachéotomie, la cataracte, l'hystérotomie, l'application du forceps, l'administration des anesthésiques. Il est à noter que s'il y a *urgence*, la grande opération est permise, même en l'absence d'un docteur. Les officiers de santé ne peuvent pas diriger un établissement d'aliénés, ni être nommés médecins en chef des hospices, sauf le cas où il n'existe pas de docteurs dans les localités où les hospices sont situés.

Si des accidents graves sont survenus, il y a recours à une indemnité contre l'officier de santé, et sa responsabilité est engagée par suite d'infraction à la loi. L'article 319 du Code pénal lui est même applicable.

Des arrêts de la Cour de cassation ont établi que la défense, faite aux officiers de santé, de s'établir dans un autre département, emporte celle d'exercer dans un autre département, même lorsqu'ils y sont appelés. L'officier de santé qui veut changer de département doit obtenir un nouveau diplôme pour celui où il veut se fixer.

Tout ce que nous venons de dire démontre suffisamment l'inconvénient de ces deux titres médicaux, qui provoquent nécessairement des jugements difficiles et une jurisprudence variable. D'ailleurs il semble que le corps social élimine lui-même les rouages compliqués qui gênent son fonctionnement.

A notre époque les officiers de santé ne vont pas

donner leurs soins aux paysans. Ils s'établissent dans les départements riches, dans les villes; ce ne sont ni le dévouement aux classes pauvres ou laborieuses ni l'abnégation qui ont distingué jusqu'à ce jour les médecins de seconde catégorie. Ce titre d'ailleurs est recherché par des industriels ou des pharmaciens qui essayent, par des procédés quelconques et généralement peu avouables à exploiter la clientèle médicale.

TITRE V. — *Instruction et réception des sages-femmes.*

Art. 30. Outre l'instruction donnée dans les Ecoles de médecine, il sera établi dans l'hospice le plus fréquenté de chaque département un cours annuel et gratuit d'accouchement théorique et pratique, destiné particulièrement à l'instruction des sages-femmes.

Art. 33. Les sages-femmes ne pourront employer les instruments, dans les cas d'accouchements laborieux, sans appeler un docteur ou un médecin ou chirurgien anciennement reçu.

Art. 34. Les sages-femmes feront enregistrer leur diplôme au tribunal de première instance et à la sous-préfecture de l'arrondissement où elles s'établiront et où elles auront été reçues.

La liste des sages-femmes reçues pour chaque département sera dressée dans les tribunaux de première instance et par les préfets, suivant les formes indiquées aux articles 25 et 26 ci-dessus.

TITRE VI. — *Dispositions pénales.*

Art. 35. Six mois après la publication de la présente loi, tout individu qui continuerait d'exercer la médecine ou la chirurgie, ou de pratiquer l'art des accouchements sans être sur les listes dont il est parlé aux articles 25, 26 et 34, et sans avoir de diplôme, sera poursuivi et condamné à une amende pécuniaire envers les hospices.

Art. 36. Ce délit sera dénoncé aux tribunaux de police correctionnelle, à la diligence du commissaire du gouvernement près ces tribunaux.

L'amende pourra être portée jusqu'à 1000 francs pour ceux qui prendraient le titre et exerceraient la profession de docteurs; à 500 francs pour ceux qui se qualifieraient d'officiers de santé et qui verraient des malades en cette qualité; à

100 francs pour les femmes qui pratiqueraient illicitement l'art des accouchements.

L'amende sera double en cas de récidive, et les délinquants pourront en outre être condamnés à un emprisonnement qui n'excédera pas six mois.

Ces règles s'appliquent aux sages-femmes de première et de deuxième classe. Les premières peuvent exercer partout, les secondes seulement dans la circonscription pour laquelle elles ont été reçues. Les unes et les autres ne peuvent prescrire de substances vénéneuses; toutefois un décret du 23 juin 1873 a autorisé les pharmaciens à délivrer du seigle ergoté sur la prescription des sages-femmes.

Il n'est pas nécessaire qu'il y ait exercice habituel de la médecine pour constituer le délit d'exercice illégal : une seule opération suffit. La Cour de cassation a jugé que la réduction des luxations ou des fractures des membres était un exercice de la chirurgie ; de même à l'égard de l'*oculiste* qui doit avoir un des deux diplômes.

Pour le *dentiste*, la jurisprudence a varié. Mais il est admis qu'il doit exercer exclusivement sa profession et ne pas pratiquer d'opérations chirurgicales. Le *pédicure* ne tombe pas sous l'application de la loi.

Si un médecin a le droit d'employer le *magnétisme animal* comme procédé thérapeutique, son usage constitue pour une autre personne l'exercice illégal de la médecine. D'ailleurs le médecin lui-même ou toute personne peut être poursuivie et condamnée pour escroqueries, si l'on démontre qu'à ces méthodes de traitement s'ajoutent des manœuvres frauduleuses. L'emploi du magnétisme peut tomber sous l'application des articles 479, 480 du C. P. qui punissent « les gens qui font métier de deviner et pronostiquer, ou d'expliquer les songes ».

Les médecins ont le droit de poursuivre la répression des faits d'exercice illégal de la médecine devant les tribunaux correctionnels et même devant le tribunal civil. La première juridiction est préférable et plus prompte. Dans ce cas, ils informent le ministère public et agissent par intervention aux débats, ou bien ils citent directement les contrevenants. Dans ces poursuites, les médecins agissant collectivement ou en leur nom personnel doivent alléguer un préjudice appréciable et certain.

II. LA PROFESSION MÉDICALE.

A. RESPONSABILITÉ MÉDICALE.

Nous nous occuperons, dans ce chapitre, de la pratique médicale et de la responsabilité résultant des fautes commises dans l'exercice de la profession.

Cette responsabilité a toujours existé. En Égypte, d'après Aristote, tout médecin qui ne purgeait pas son malade le troisième jour était passible d'une peine. Le droit romain demandait compte au médecin de sa négligence et de son impéritie. Une décision de la cour des bourgeois et rapportée au tome II, p. 164, des assises de Jérusalem (éd. de M. Beugnot), montre qu'au treizième siècle le médecin était considéré comme responsable.

Dans le *Médecin malgré lui*, Sganarelle se moque de la responsabilité : « Je trouve que c'est le métier le meilleur de tous. Car soit qu'on fasse bien ou qu'on fasse mal on est toujours payé de la même sorte. La besogne ne retombe jamais sur notre dos; et nous taillons comme il nous plaît sur l'étoffe où nous travaillons. Un cordonnier, en faisant des souliers, ne saurait gâter un morceau de cuir qu'il n'en paye les pots cassés, mais ici l'on peut gâter un homme sans qu'il en coûte rien. Les bévues ne sont point pour nous, et c'est toujours la faute de celui qui meurt. Enfin le bon de cette profession est qu'il y a parmi les morts une honnesteté, une discrétion la plus grande du monde, et jamais on n'en voit se plaindre du médecin qui l'a tué. » A notre époque, la responsabilité n'est pas inscrite dans les lois, mais la jurisprudence s'appuyant sur les règles du droit commun, fait application des articles suivants :

Art. 1382. C. C. Tout fait quelconque de l'homme qui cause à autrui un dommage oblige celui par la faute duquel il est arrivé à le réparer.

Art. 1383. Chacun est responsable du dommage qu'il a causé, non seulement par son fait, mais encore par sa négligence ou par son imprudence.

Art. 319. C. P. Quiconque, par maladresse, imprudence, inattention, négligence ou inobservation des règlements, aura commis involontairement un homicide, ou en aura été involontairement la cause, sera puni d'un emprisonnement de trois mois à deux ans et d'une amende de 50 à 600 francs.

Art. 320. S'il n'est résulté du défaut d'adresse ou de précaution que des blessures ou coups, le coupable sera puni de six jours à deux mois d'emprisonnement et d'une amende de 16 à 100 francs, ou de l'une des deux peines seulement.

Il y a action civile et action pénale. La personne lésée ou les plaignants citent le médecin en police correctionnelle ou l'assignent devant la juridiction civile en lui demandant des dommages et intérêts. Le ministère public a seul qualité pour requérir l'application d'une peine.

La justice peut demander compte au médecin d'un

faute qui entraîne une responsabilité, si elle a été commise dans une de ces trois circonstances : état d'ivresse, négligence ou abandon du malade, erreur grossière dans une ordonnance.

Le médecin n'est pas obligé de voir les malades qui le demandent. Mais si, promettant sa visite et, par suite, son concours, il manque à cet engagement, il est responsable des conséquences fâcheuses qui pourront être imputées à son absence.

M. Paul Andral, à la Société de médecine légale de Paris, a parfaitement indiqué les *conditions dans lesquelles un médecin peut être tenu d'obtempérer aux réquisitions de l'autorité publique :*

« En principe, l'exercice de la médecine est entièrement libre. Le médecin peut refuser de prêter son ministère lorsqu'il en est sollicité, et son refus péremptoire n'a pas besoin d'être justifié par des motifs graves et légitimes. Si le philosophe qui a la main pleine de vérités, comme disait Fontenelle, n'est point tenu de l'ouvrir pour répandre ce trésor sur le genre humain, il est évident que le médecin ne saurait être obligé de prodiguer ses soins. Outre qu'il serait arbitraire de contraindre un médecin, dont la profession est pleinement indépendante, et qui n'a accepté aucune fonction publique, quel fondement faudrait-il faire sur la valeur et la nature des soins imposés d'autorité? Et d'ailleurs, ne peut-il pas se faire qu'un praticien, consciencieux, scrupuleux peut-être, se défiant de sa capacité ou de ses aptitudes, refuse d'assumer la responsabilité d'un examen difficile ou d'une opération délicate? Qui oserait l'en blâmer et, à plus forte raison, l'en punir, surtout si l'on songe à la responsabilité que certains arrêts feraient, en cas d'erreur, peser sur lui? Au reste la doctrine et la jurisprudence sont d'accord à cet égard. L'exercice de la médecine est, en général, purement volontaire. » Nous verrons plus tard, à propos de la réquisition, les exceptions à cette règle.

B. DU SECRET MÉDICAL

Il se trouve dans le serment d'Hippocrate, que prêtent encore, à Montpellier, les docteurs en médecine le jour de soutenance de leur thèse : « Admis dans l'intérieur des maisons, mes yeux ne verront pas ce qui s'y passe; ma langue taira les secrets qui me seront confiés, et mon état ne servira pas à corrompre les mœurs ni à favoriser le crime. »

L'article 378 du Code pénal le prescrit expressément.

« Les médecins et autres officiers de santé, ainsi que les pharmaciens, les sages-femmes et toutes autres personnes dépositaires, par état ou profession, des secrets qu'on leur confie, qui, hors le cas où la loi les oblige à se porter dénonciateurs, auront révélé ces secrets, seront punis d'un emprisonnement d'un mois à six mois, et d'une amende de 100 à 500 francs. »

La loi du 28 avril 1832, qui abrogeait les articles 103, 104, 105, 106, 107 du Code pénal, disait dans son *exposé de motifs* : « La loi a dû infliger des peines à ceux qui, indiscrètement ou méchamment, divulguent les faits dont leur profession les a rendus dépositaires; à ceux, par exemple, qui, sacrifiant leurs devoirs à leur causticité, se jouent des sujets les plus graves, alimentent la malignité par des révélations indécentes, des anecdotes scandaleuses, et déversent ainsi la honte sur les individus et la désolation dans les familles. »

Deux arrêts des cours de Montpellier (24 septembre 1827) et de Grenoble (23 août 1828) ont établi que « l'obligation du secret continue d'exister dans le cas même où celui que les faits concernent et qui les a confiés en demande la révélation; car l'obligation prescrite par l'article 378 est établie dans un intérêt général, et ce n'est qu'à ce prix que des professions, dont l'exercice importe à la société tout entière, peuvent jouir de la confiance et de la considération nécessaires. »

Par un jugement du tribunal de la Seine, en date du 11 mars 1885, confirmé en appel et en Cour de cassation, le Dr Watelet a été condamné à 100 francs d'amende. Voici quelques considérants de ce jugement : « Attendu que les termes généraux et absolus de l'article 378 ne comportent de restrictions d'aucune sorte, que nulle disposition particulière ou exceptionnelle de la loi ne fait de l'intention de nuire ou de dénigrer l'élément essentiel ou constitutif de ce délit ; que le dommage pour l'ordre public ou la personne dont le secret est trahi peut, en effet, résulter au même degré d'une simple indiscrétion que d'une révélation volontairement malveillante. »

En résumé, le médecin ne peut se dispenser du témoignage, il ne peut se refuser à déposer sur un fait connu dans sa pratique, à moins qu'il ne déclare sous la foi du serment, qu'il considère ce fait comme secrètement et confidentiellement connu.

Quant aux crimes connus dans l'exercice de la profession, la situation est fort délicate, mais le médecin ne doit rien dire, s'il s'est engagé à garder le silence.

De nos jours ont surgi les questions d'*assurances sur la vie*, et à ce propos, les médecins ont discuté les rapports de ce problème médico-judiciaire avec le secret professionnel. L'assurance sur la vie est un contrat par lequel l'assureur entreprend pour une somme d'argent appelée *prime*, de payer à une personne au bénéfice de laquelle l'assurance est faite une certaine somme, lors de la mort de l'individu dont la vie est assurée. L'acte qui constate le contrat s'appelle *police d'assurance*.

Il est donc très important pour les compagnies d'avoir des renseignements exacts sur l'*état général de la santé* de celui qui veut s'assurer. Aussi quelques compagnies s'adressent-elles au médecin ordinaire de l'assuré et lui posent certaines questions dont les réponses servent de base à la rédaction du contrat. Ce questionnaire prend même souvent les allures d'une enquête de police. On comprend combien tous ces détails ou ces particularités sur la santé d'un de leurs clients peuvent embarrasser les médecins et leur causer d'ennuis divers. D'ailleurs, l'article 378 du Code pénal ne ne leur impose-t-il pas le secret?

Il est difficile pour les médecins de se refuser toujours à délivrer de pareils certificats. Chacun est libre et juge de ses actes, et il peut se présenter telles circonstances dans lesquelles le médecin croit devoir intervenir dans l'intérêt de son client.

Quoique spéciaux, ces contrats sont régis par les principes généraux du droit sur les obligations : les parties doivent y apporter une bonne foi réciproque.

Celui qui s'assure pour éviter aux siens les chances d'une mort prématurée a tout intérêt à empêcher les contestations judiciaires qui naîtraient évidemment de la dissimulation de maladies ou d'infirmités. Or il est convenu et stipulé dans toutes les polices qu'une déclaration fausse ou restrictive de la part de l'assuré entraîne nécessairement la résiliation et la nullité de l'assurance. Toutefois l'assuré n'est pas obligé de donner à la compagnie des renseignements sur des symptômes dont l'interprétation lui semble douteuse. Il y a des renseignements que la compagnie doit prendre elle-même, et lorsqu'elle les néglige, c'est à ses risques et périls. « Il ne peut exister en France, dit Legrand du Saulle, de responsabilité civile, pour le médecin, à propos d'un certificat en matière d'assurance. L'état actuel de la jurisprudence ne permet pas de prouver, en effet, que l'on ait pu agir sans bonne foi. »

Il est préférable, puisque les compagnies ont tout intérêt à se garder elles-mêmes, que le médecin particulier de l'assuré ne soit pas consulté, et que l'on se contente de l'examen et de l'opinion du médecin spécial de la compagnie.

Tardieu résume ainsi l'intervention des médecins dans les contrats d'assurance sur la vie : « Le médecin de l'assuré doit rester libre d'accepter ou de refuser la proposition qu'on lui fait de répondre à des questions relatives à la santé d'un de ses clients, que c'est là affaire entre lui et son client, entre lui et sa conscience; que le médecin d'une compagnie a, au contraire, le devoir étroit de recueillir et de donner tous les renseignements qui sont de nature à éclairer les conditions de l'assurance, et qu'il ne doit se laisser guider que par la vérité et par les intérêts de la compagnie; que celle-ci, par conséquent, a tout avantage à s'en rapporter exclusivement au jugement de son propre médecin, sans exiger de celui de l'assuré des attestations confidentielles, quelquefois impossibles à obtenir, souvent incomplètes ou inexactes, toujours inutiles, qui ne lui offrent ni garantie ni recours. »

Ajoutons que le contrat est annulé dans ces trois cas : l'assuré s'est suicidé; il a été tué en duel; il a été exécuté judiciairement.

Ce sont là des clauses stipulées dans les polices; mais dans les cas douteux sur le genre de mort, les compagnies peuvent demander à la famille de faire procéder à l'autopsie. Si cette autorisation leur est refusée par les héritiers, les compagnies peuvent solliciter du président du tribunal une ordonnance de référé. Les maladies dont la dissimulation occasionne le plus souvent des procès sont la goutte, l'hydropisie, la paralysie, l'épilepsie, l'hémoptysie, la phthisie au début, le délirium tremens. Tardieu y ajoute l'ivrognerie, l'intempérance et les habitudes irrégulières.

C. DES HONORAIRES, DE LA PATENTE

Nous nous occuperons dans le chapitre suivant des honoraires de l'expert. En ce moment nous voulons dire quelques mots des privilèges que la loi accorde aux médecins pour leur créance et du délai de la prescription.

Zacchias dit que l'ingratitude des hommes a porté les jurisconsultes à appeler les médecins *trifontes*, hommes aux trois visages, parce qu'ils ont la figure d'un homme dans la société, celle d'un ange auprès des malades qu'ils soignent, celle d'un diable auprès des malades guéris, qui se refusent à les satisfaire.

Presque toujours, cette ténacité du médecin n'est que la conséquence de l'ingratitude du malade.

Art. 2101, C. civ. Les créances privilégiées sur la généralité des meubles sont celles ci-après exprimées, et s'exercent dans l'ordre suivant : 1° les frais de justice ; 2° les frais funéraires ; 3° les frais quelconques de la dernière maladie, concurremment entre ceux à qui ils sont dus ; etc.

Art. 2104. Les privilèges qui s'étendent sur les meubles et les immeubles sont ceux énoncés en l'article 2101.

Art. 2105. Lorsque, à défaut de mobilier, les privilèges énoncés en l'article précédent se présentent pour être payés sur le prix d'un immeuble en concurrence avec les créanciers privilégiés sur l'immeuble, les payements se font dans l'ordre qui suit : 1° les frais de justice et autres énoncés en l'article 2101 ; 2° les créances désignées en l'article 2103.

Art. 2219. La prescription est un moyen d'acquérir ou de se libérer par un certain laps de temps, et sous les conditions déterminées par la loi.

Art. 2272. L'action des médecins, des chirurgiens et apothicaires, pour leurs visites, opérations et médicaments, se prescrit par un an.

Art. 2274. La prescription, dans les cas ci-dessus, a lieu quoiqu'il y ait eu continuation de fournitures, livraisons, services et travaux. — Elle ne cesse de courir que lorsqu'il y a eu compte arrêté, cédule ou obligation, ou citation en justice non périmée.

Art. 2275. Néanmoins ceux auxquels ces prescriptions seront opposées, peuvent déférer le serment à ceux qui les opposent, sur la question de savoir si la chose a été réellement payée. — Le serment pourra être déféré aux veuves et héritiers, ou aux tuteurs de ces derniers, s'ils sont mineurs, pour qu'ils aient à déclarer s'ils ne savent pas que la chose soit due.

La Cour de cassation (11 juillet 1820) a jugé « que la lettre par laquelle une personne avait répondu à l'invitation de son médecin de lui payer ses honoraires, qu'elle passerait chez lui pour le remercier de ses soins, pouvait être considérée comme constituant une obligation de payer faisant obstacle à la prescription. »

L'action du médecin contre son client en payement d'honoraires sera portée devant le juge de paix si la créance est inférieure à 200 francs; ce magistrat statue sans appel jusqu'à la valeur de 100 francs. Quand la somme dépasse plus de 200 francs, la demande doit être portée devant le Tribunal civil de première instance.

Un arrêt de la Cour de cassation en date du 25 janvier 1881 a décidé que celui à qui l'on oppose la prescription d'un an n'a d'autre ressource que la délation du serment; que le juge ne peut ordonner ni la comparution personnelle des parties ni l'interrogation sur faits et articles du défendeur. C'est le serment appelé en jurisprudence décisoire.

Nous pensons que par frais quelconques de la dernière maladie, le législateur a voulu indiquer la dernière maladie, quelle qu'elle soit et qui a demandé des soins, et non la maladie dernière ou ultime, celle à laquelle l'individu a succombé.

Briand et Chaudé résument ainsi la question si controversée de savoir quel est le point de départ de la prescription d'un an à laquelle la loi taxe l'action des médecins pour le payement de leurs visites : « La jurisprudence et les auteurs semblent donc s'accorder aujourd'hui pour reconnaître que l'article 2274 ne s'applique pas à la prescription des honoraires des médecins; que la prescription d'un an édictée par l'article 2272 ne commence pas à courir après chaque visite; qu'elle ne part pour les maladies aiguës que de l'époque où les soins ont cessé; et pour les maladies chroniques que de l'époque où le médecin aurait dû ou pu se faire payer d'après les usages. »

Sous le titre général d'officiers de santé, tous les médecins furent assujettis à la *patente* par les lois du 2 et du 17 mars 1791 et du 1er brumaire au VI; ils en furent exemptés par l'article 13 de la loi du 25 avril 1844; puis furent et sont depuis imposés par la loi du 18 mai 1850.

Cet impôt est fixé au quinzième du taux des loyers. Il n'est pas dû quand la profession n'est pas exercée. D'après la jurisprudence actuelle, il est admis que tout médecin ayant une fonction publique (médecin militaire, médecin directeur d'un asile public d'aliénés, etc.) et se consacrant absolument à celle-ci, sans exercice au dehors, n'est pas soumis à la patente, mais qu'il y est soumis dès qu'il exerce et alors même que les soins donnés sont complètement gratuits. Les médecins d'eaux minérales qui ont une seconde résidence dans une autre commune sont astreints à deux patentes.

La clientèle d'un médecin peut être vendue. — La jurisprudence reconnaît aujourd'hui la validité de cette convention (Cour de cassation, 13 mai 1861). C'est un contrat. Le cédant s'engage à présenter son successeur à ses clients en lui donnant les renseignements nécessaires, et à ne plus exercer dans cette localité. Ce contrat est licite et tombe sous l'application des articles 1126, 1127, 1129, 1134, 1135, 1142 du Code civil.

D. DES DONATIONS, DES DISPOSITIONS FAITES EN FAVEUR D'UN MÉDECIN

Notre législation reconnaît, dans l'article 902 du Code civil, que « toutes personnes peuvent disposer et recevoir, soit par donation entre vifs, soit par testament, excepté celles que la loi en déclare incapables. » C'est ainsi que la loi exige que pour faire une donation ou un testament, on soit sain d'esprit. Elle ne veut pas que le médecin, le ministre du culte, profitant de l'influence incontestable qu'ils ont sur l'esprit du malade, détournent à leur profit une succession ou des bénéfices qui doivent aller à leurs possesseurs naturels. Mais tout en sauvegardant les intérêts, et en mettant une barrière aux mauvaises passions, elle n'a pas voulu par cela même empêcher ou la reconnaissance de se produire ou la juste rémunération des services rendus. La loi a donc reconnu l'incapacité 1° quand le médecin avait traité la personne pendant la maladie dont elle meurt, et 2° quand les dispositions ont été faites pendant le cours de cette dernière maladie.

Art. 909, C. civ. Les docteurs en médecine ou en chirurgie, les officiers de santé et les pharmaciens qui auront traité une personne pendant la maladie dont elle meurt, ne pourront profiter des dispositions entre vifs ou testamentaires qu'elle aurait faites en leur faveur pendant le cours de cette maladie. — Son exceptées : 1° les dispositions rémunératoires faites à titre particulier, eu égard aux facultés du disposant et aux services rendus; 2° les dispositions universelles, dans le cas de parent jusqu'au quatrième degré inclusivement, pourvu toutefois que le décédé n'ait pas d'héritiers en ligne directe; à moins que celui au profit de qui la disposition a été faite ne soit lui-même du nombre de ces héritiers. — Les mêmes règles seront observées à l'égard du ministre du culte.

Art. 911. Toute disposition au profit d'un incapable sera nulle, soit qu'on la déguise sous la forme d'un contrat onéreux, soit qu'on la fasse sous le nom de personnes interposées. — Sont réputées personnes interposées les père et mère, les enfants et descendants, et l'époux de la personne incapable.

Les donations ou libéralités faites par une personne à son médecin sont valables dans le cours d'une maladie si le malade revient à la santé, et si elles sont antérieures à la dernière maladie. L'article 909 n'empêche ni la reconnaissance du malade, ni les sentiments de famille. Il est incontestable que le médecin qui soigne sa femme dans une maladie dont elle meurt, peut en recevoir une donation pendant cette dernière maladie.

Mais comme la loi ne pouvait autoriser que l'on violât par un détour ce qu'elle défendait directement, elle a admis contre certains individus une présomption d'interposition de personnes, à cause de leur parenté avec l'incapable. C'est ainsi qu'il ne peut être fait de dispositions au profit des parents du médecin, énoncés dans l'article 911.

III. LE MÉDECIN DEVANT LA JUSTICE

1° DU MÉDECIN COMME EXPERT

Nous avons déjà dit quels devaient être le rôle et le caractère du médecin dans ses rapports avec la justice. Il peut se présenter devant elle 1° comme expert et 2° comme témoin.

Une instruction ministérielle, en date du 30 septembre 1826, a donné aux parquets de sages recommandations que le médecin doit connaître et qu'il serait heureux de voir toujours appliquer :

« Les magistrats et officiers de police judiciaire ne sauraient apporter trop de soin dans le choix des gens de l'art dont ils peuvent se faire assister en vertu des articles 43 et 44 pour constater le corps du délit. Les opérations de médecine légale surtout exigent cette précaution; elles sont souvent difficiles et délicates; elles ont une grande influence sur le jugement des affaires les plus graves; c'est un double motif de ne les confier qu'à des hommes instruits, expérimentés, et capables de les bien faire. Les erreurs et les méprises qui se commettent au moment du flagrant délit sont souvent irréparables; et quand il serait toujours possible de recommencer avec succès ce qui a été mal fait dans le principe, il en résulterait toujours un surcroît de dépenses qu'on aurait prévenu par un choix plus éclairé.

Pour guider dans ce choix important les officiers de police inférieurs, chaque procureur du roi pourrait choisir à l'avance les médecins véritablement dignes de sa confiance dans chaque commune ou dans chaque canton et en envoyer la liste à ses auxiliaires, en leur recommandant de les appeler exclusivement pour les opérations qu'ils seraient dans le cas de requérir avant d'avoir pu en référer au procureur du roi. Ces médecins, jaloux de répondre dignement à ce témoignage d'une honorable confiance, se livreraient d'une manière spéciale à des études médico-légales, et l'on aurait ainsi assuré la régularité des opérations qui servent souvent de base aux procédures criminelles.

Au surplus, entre plusieurs médecins, experts, etc., également capables, on doit choisir ceux qui se trouvent sur les lieux où l'opération doit se faire, ou qui en sont les moins éloignés; on ne doit les appeler que par un simple avertissement, sans citation; ou, lorsque c'est le procureur du roi qui les requiert pour procéder hors de sa présence, l'intérêt de la justice exige qu'il leur adresse, en même temps que l'avertissement, des instructions suffisamment détaillées sur les points qu'ils ont à constater. J'ajoute que pour prévenir tout refus ou tout mauvais prétexte de la part des personnes ainsi appelées, chaque cour, chaque tribunal peut faire choix à l'avance, comme je viens de le dire pour les médecins, d'hommes expérimentés dans telle ou telle partie, et se les attacher de manière qu'on soit assuré de les trouver au besoin, ou qu'ils puissent se suppléer réciproquement. »

De l'autorité requérante.

I. *Constatations et poursuites des crimes et des délits.* — L'article 8 du Code d'instruction criminelle s'exprime ainsi : « La police judiciaire recherche les crimes, les délits et les contraventions, en rassemble les preuves et en livre les auteurs aux tribunaux chargés de les punir. »

La loi distingue entre les délits ordinaires et ceux qu'elle appelle flagrants.

Le procureur de la République poursuit les crimes ou délits ordinaires, il transmet tous les renseignements au juge d'instruction et le requiert d'informer. S'il y a flagrant délit[1], si le fait est de nature à entraîner une peine afflictive ou infamante, tout en avertissant le juge d'instruction, il se transporte sur les lieux et commence l'instruction (Code instr. crim., art. 32 à 46, 60).

Dans les mêmes circonstances de flagrant délit, quand il est indispensable ou de ne pas laisser disparaître les preuves d'un fait ou d'en relater les différentes particularités (examen du corps du délit, son état et l'état des lieux), lorsqu'il faut agir sans délai (par exemple dans le cas de réquisition de la part d'un chef de maison[2]) (art. 46 et 49), tous les officiers de police qui exercent la police judiciaire doivent

[1] Code instr. crim., art. 41. Le délit qui se commet actuellement, ou qui vient de se commettre, est un flagrant délit. Seront aussi réputés flagrants délits le cas où le prévenu est poursuivi par la clameur publique, et celui où le prévenu est trouvé saisi d'effets, armes, instruments ou papiers faisant présumer qu'il est auteur ou complice, pourvu que ce soit dans un temps voisin du délit.

[2] Par chef de maison, il faut entendre un chef de famille : de telle sorte que, si une maison était habitée par plusieurs familles ou plusieurs locataires particuliers, chacun des chefs de ces familles différentes, ou de ces locataires, aurait le droit de requérir la descente des magistrats dans le local occupé par lui. (Arr. roy. du 29 oct. 1820, art. 17. Décret du 1er mars 1854, art. 263, 264.)

procéder aux mêmes constatations. Ce sont les commissaires de police, les maires, adjoints de maire, les juges de paix, les officiers de gendarmerie, les préfets des départements et le préfet de police à Paris (C. instr. crim., art. 8 à 11, 48 à 52)[1]. Les maréchaux des logis et les brigadiers de gendarmerie, les gardiens de la paix ou sergents de ville, les gardes champêtres n'ont pas le droit de requérir un médecin.

Après la constatation du flagrant délit par le procureur de la République ou par un de ses officiers auxiliaires, le juge d'instruction est saisi. Ainsi que le dit l'article 60, celui-ci peut refaire les actes ou ceux des actes qui ne lui paraissent pas complets; l'instruction de l'affaire se poursuit comme pour les affaires ordinaires, par les soins de ce magistrat, et ni le procureur de la République ni ses auxiliaires n'ont plus à intervenir directement dans l'instruction.

Les autorités requérantes auxquelles la loi donne le droit de réclamer le concours des hommes de l'art[2] seront donc :

1° En cas de flagrant délit, le juge d'instruction, le procureur de la République et ses auxiliaires.

Après la constatation du flagrant délit l'affaire est

[1] Il n'est pas nécessaire que ceux-ci soient revêtus de leur costume ou de leurs insignes. (Cass., 6 juin 1807; 10 mars 1815; 11 novembre 1826.)

[2] Code instr. crim., art. 43. Le procureur de la République se fera accompagner, au besoin, d'une ou de deux personnes présumées, par leur art ou profession, capables d'apprécier la nature et les circonstances du crime ou délit.

Art. 44. S'il s'agit d'une mort violente, ou d'une mort dont la cause soit inconnue et suspecte, le procureur de la République se fera assister d'un ou de deux officiers de santé qui feront leur rapport sur les causes de la mort et sur l'état du cadavre. Les personnes appelées, dans le cas du présent article et de l'article précédent, prêteront devant le Procureur de la République le remise aux mains du juge d'instruction, et ce magistrat devient la seule autorité requérante.

2° Quand il s'agit de l'instruction d'un crime ou d'un délit ordinaire, le juge d'instruction.

Quand l'instruction est terminée, le droit de requérir passe au président du tribunal devant lequel l'affaire est portée[1].

serment de faire leur rapport et de donner leur avis en leur honneur et conscience.

Art. 49. Dans le cas de flagrant délit, ou dans le cas de réquisition de la part d'un chef de maison, les officiers de police auxiliaires du procureur de la République dresseront des procès-verbaux, recevront les déclarations des témoins, feront les visites et les autres actes qui sont, auxdits cas, de la compétence des Procureurs de la République, le tout dans les formes et suivant les règles établies au chapitre des Procureurs de la République.

Art. 50. Les maires, adjoints de maire, et les commissaires de police, recevront également les dénonciations et feront les actes énoncés en l'article précédent en se conformant aux mêmes règles.

Code civil., art. 81. Lorsqu'il y aura des signes ou des indices de mort violente, ou d'autres circonstances qui donneront lieu de la soupçonner, on ne pourra faire l'inhumation qu'après qu'un officier de police, assisté d'un docteur en médecine ou en chirurgie aura dressé procès-verbal de l'état du cadavre et des circonstances y relatives, ainsi que des renseignements qu'il aura pu recueillir sur les nom, prénoms, âge, profession, lieu de naissance et domicile de la personne décédée.

[1] Code instr. crim., art. 268. Le président est investi d'un pouvoir discrétionnaire en vertu duquel il pourra prendre sur lui tout ce qu'il croira utile pour découvrir la vérité, et la loi charge son honneur et sa conscience d'employer tous ses efforts pour en favoriser la manifestation.

Art. 269. Il pourra, dans le cours des débats, appeler, même par mandat d'amener, et entendre toutes personnes, ou se faire apporter toutes nouvelles pièces qui lui paraîtraient, d'après les nouveaux développements donnés à l'audience, soit par les accusés, soit par les témoins, pouvoir répandre un jour utile sur le fait contesté. Les témoins ainsi appelés ne prêteront point serment et leurs déclarations ne seront considérée que comme renseignements.

II. *Du moment et de la forme de la réquisition.* — D'après ce que nous venons de dire, il est évident que le moment de la réquisition est variable. C'est au moment d'un flagrant délit, pendant le cours d'une instruction, ou même pendant les débats devant un tribunal.

La réquisition peut être verbale, mais ordinairement elle est écrite. C'est un avertissement ou une simple lettre remise sans frais par un agent de police, un garde champêtre ou un gendarme. (Circulaire du ministre de la justice, 23 septembre et 30 décembre 1812. Instruction du 30 septembre 1826, p. 37.)

Voici la marche à suivre et les conseils donnés par M. Duverger dans son *Manuel des juges d'instruction :*

L'avertissement est généralement conçu en forme de réquisitoire; il doit énoncer la qualité du magistrat qui le fait donner, les noms, profession et demeure de celui à qui il est adressé, le lieu où ce dernier devra se transporter, la nature de l'opération, la date; ces renseignements peuvent être nécessaires lors de la vérification de l'état de frais ou mémoire, auquel l'avertissement devra être ultérieurement annexé, pour en motiver le payement. Dans le même but, le juge d'instruction doit inscrire au bas de l'avertissement les opérations qui ont été faites par l'expert, et le temps qu'il a employé, ou ce qu'a fait l'officier de santé, lorsque son ministère est épuisé.

Avant d'opérer, quand l'expert accepte la mission, il prête entre les mains du juge d'instruction, serment de faire son rapport et de donner son avis en honneur et conscience[1]. L'accomplissement de cette formalité

[1] La formule de l'art. 44 du C. inst. crim. n'est pas sacramentelle. La loi ne détermine aucune forme spéciale de serment.

est écrite au procès-verbal, sous peine de voir le rapport perdre son caractère et n'avoir plus la valeur que d'un simple renseignement. La loi ajoute une telle importance à cette condition que des arrêts de la Cour de cassation (27 novembre et 27 décembre 1828) ont établi que les parties, pas plus que les magistrats, ne pouvaient dispenser les experts du serment,

Ce serment une fois prêté, il n'est plus nécessaire de le réitérer, si l'expert, dans la même cause, a à procéder à de nouvelles visites ou rapports, mais ceux-ci doivent mentionner le serment prêté antérieurement.

Dans certains cas particuliers, quand il faut provoquer une consultation d'experts ou avoir un avis sur un rapport joint à la procédure, le juge d'instruction peut rendre une ordonnance pour préciser les points à éclaircir, les questions qui demandent un examen spécial et attendent une solution.

III. *Du refus du mandat.* — C'est là une grave question. Les traités de médecine légale et de déontologie médicale, les ouvrages spéciaux sur notre législation l'ont tous abordée. Et aujourd'hui, malgré une longue discussion à la Société de médecine légale, de nombreux arrêts de la Cour de cassation qui en ont établi la jurisprudence, il ne paraît pas que la conviction soit faite dans tous les esprits. Magistrats ou médecins, se plaçant à un point de vue différent, ne parviennent pas à s'entendre, parce qu'ils confon-

Un arrêt de la Cour de cassation du 16 avril 1807 a établi qu'il suffit que le procès-verbal montre que l'expert a fait le serment de remplir les fonctions qui lui sont confiées. Ainsi chaque expert peut être admis à prêter serment suivant les rites de sa religion. (Arr. Cass., 28 mars et 10 juillet 1810.)

dent la question des principes et celle des applications. On oppose la liberté de la profession du médecin au droit de réquisition du juge, l'indépendance d'esprit nécessaire à l'expert et la responsabilité qui peut lui incomber en cas d'erreur, le fonctionnement ordinaire de la justice et les cas tout à fait exceptionnels.

Ce n'est point ainsi qu'il faut envisager le problème. Cette opposition d'arguments peut donner lieu à une discussion brillante mais n'amène pas à un résultat pratique et acceptable par tous.

Nous étudierons successivement le côté théorique et le côté pratique de la question.

Si nous admettons en principe que toute personne du titre de docteur en médecine ou de pharmacien n'est pas tenue d'offrir ses soins à des malades, ou ses services à la justice, nous reconnaissons aussi que la société ne peut se trouver désarmée quand les fonctionnaires commis par elle ont besoin du secours des hommes de l'art pour accomplir leur mission publique : *Salus populi suprema lex esto*. L'État n'aurait-il pas le droit de demander exceptionnellement certaines obligations aux possesseurs des titres scientifiques donnés en son nom ! Comme tous les citoyens, le médecin est obligé de prêter son concours à la chose commune, concours physique et moral, et dans ce cas il intervient avec son instruction spéciale.

Donc le médecin est indépendant. Il peut, si cela lui convient, ne pas exercer sa profession, refuser ses soins aux malades et son concours aux magistrats. Du jour où il est muni d'un diplôme, le médecin n'a pas besoin d'en justifier la possession par des épreuves périodiques ou des certificats renouvelables. Possession vaut titre, mais titre ne veut pas dire compétence. Le diplôme constate les connaissances à un moment donné, mais n'en assure par la durée, et le renoncement à la pratique de l'art serait à lui seul une raison suffisante pour légitimer le refus de venir en aide à la justice.

Presque toujours, lorsque celle-ci fait appel aux lumières d'un expert et lui demande son avis, elle entend qu'il fasse œuvre d'intelligence et donne, sur le point spécial, une appréciation qui souvent est un jugement. « Le rapport, disait Devergie, est un acte dont les conclusions sont acceptées par les magistrats à l'instar d'un jugement porté sur les faits qu'ils ne peuvent apprécier. »

Quand le juge, désireux d'arriver à la connaissance de la vérité, s'adresse à l'expert, il sait bien que l'intervention de celui-ci ne sera efficace qu'à la condition de lui laisser l'entière indépendance d'esprit indispensable à la mise en œuvre de ses connaissances spéciales.

Ces principes posés, étudions ce qui se passe dans la pratique.

Nous avons vu que la loi a établi une procédure différente pour l'instruction des délits et crimes ordinaires et ceux qu'elle a appelés flagrants. Cette distinction peut servir à séparer nettement les cas qui autorisent le médecin à refuser ou à accepter le mandat. Dans le cours d'une instruction ordinaire le médecin a toujours le droit de ne pas accepter les fonctions d'expert. Quelquefois même, c'est pour lui une obligation, et l'on comprend que pour des investigations d'histoire naturelle, de chimie, des questions obstétricales, d'aliénation mentale ou autres, l'homme consciencieux se refuse toujours à entreprendre des recherches auxquelles il n'est pas préparé par ses études antérieures.

La justice sait bien qu'elle ne peut tirer parti que du concours volontaire des médecins. « Pour prévenir tout refus ou mauvais prétexte, de la part des personnes qui seront ainsi appelées par un simple avertissement, chaque cour, chaque tribunal, peut faire choix à l'avance, comme on vient de le dire pour les médecins, d'hommes expérimentés dans telle ou telle partie, et se les attacher de manière qu'on soit plus assuré de les trouver au besoin, ou qu'ils puissent se suppléer réciproquement, et, s'il y a lieu de leur accorder des taxes comme témoins, elles pourront être délivrées au bas de l'avertissement visé par l'officier du ministère public[1]. » « Ainsi, dit Duverger[2], quelque inconvénient qui puisse résulter d'un expert ou d'un officier de santé, le juge d'instruction ne pourrait opposer à ce refus que des moyens de persuasion, l'obligation morale où ils sont de prêter leurs secours, réclamés au nom de la société, n'étant pas sanctionnée par une loi pénale, et n'ayant pas dû l'être; et s'il ne pouvait vaincre la résistance qu'il rencontrerait, il devrait aviser à se pourvoir d'autres personnes propres à bien remplir l'objet des réquisitions. »

Il n'en est plus ainsi pour les cas de flagrant délit. La loi dit expressément que toute personne, quelle que soit sa qualité, requise en cas d'événements calamiteux, ou en cas de flagrant délit, doit, à moins d'impossibilité reconnue, prêter ses secours ou ses services. Cette obligation concerne certainement les médecins ou pharmaciens comme tous les autres

[1] Instruction relative à l'article 6 du décret du 18 juin 1881.
[2] *Loc. cit*, p. 501.

citoyens. La Cour de cassation l'a établi par de nombreux arrêts[1], et aujourd'hui cette jurisprudence est acceptée par la Société de médecine légale.

M. Paul Andral, et le savant doyen de la Faculté de Nancy, notre vénéré maître M. Tourdes, l'ont soutenue dans leurs écrits.

Nous admettons que l'article 475, § 12 du Code pénal[2] s'applique au médecin qui, légalement requis de prêter son concours dans les cas prévus par cet article, refuse, pouvant le faire, d'obtempérer à la réquisition.

D'après MM. Andral et Tourdes, le médecin doit déférer aux injonctions de l'autorité dans les trois cas suivants : 1° en cas d'accident, non d'accident intéressant un individu, mais dans le cas d'accident grave, portant atteinte à la sécurité générale ou à l'ordre public; 2° quand il y a flagrant délit ou clameur publique; 3° lorsqu'il s'agit d'une exécution judiciaire, c'est-à-dire de l'exécution d'un jugement rendu.

IV. *L'expert et le témoin.* — Si l'expert a accepté une mission, il doit la remplir complètement et faire

[1] Arrêts de la Cour de cassation : 6 août 1836; deux arrêts du 20 février 1837; arrêt prononcé en chambre civile en 1838; février 1876.

[2] Code pén., art. 475. Seront punis d'amende depuis 6 francs jusqu'à 10 francs inclusivement.... 12° Ceux qui, le pouvant, auront refusé ou négligé de faire les travaux, le service, ou de prêter le secours dont ils auront été requis dans les circonstances d'accidents, tumultes, naufrages, inondation, incendie ou autres calamités, ainsi que dans le cas de brigandages, pillages, flagrant délit, clameur publique ou d'exécution judiciaire.

Code pén., art. 478. La peine de l'emprisonnement pendant cinq jours au plus sera toujours prononcée, en cas de récidive, contre toutes les personnes mentionnées dans l'article 475.

tous les actes prescrits. Sinon il peut être condamné à des frais frustratoires et même à des dommages et intérêts. Cité comme témoin pour les débats, il doit se rendre à cette injonction, ainsi que nous allons le voir dans le paragraphe suivant. Ajoutons que le médecin qui a été témoin du fait ou a soigné le blessé peut refuser s'il a promis le secret. Dans le cas contraire, il fournira des renseignements comme témoin.

Lorsque les médecins ou pharmaciens viennent devant la cour d'assises pour rendre compte de leur mission, l'expertise est terminée; ils sont alors cités comme témoins et prêtent ce dernier serment. Le médecin cité comme témoin ne peut se dispenser de comparaître[1]; on ne remplace pas un témoin comme

[1] Code inst. crim., art. 80. Toute personne citée pour être entendue en témoignage sera tenue de comparaître et de satisfaire la citation, sinon elle pourra y être contrainte par le juge d'instruction qui, à cet effet, sur les conclusions du procureur de la République, sans autre formalité ni délai, et sans appel, prononcera une amende qui n'excédera pas 100 francs, et pourra ordonner que la personne citée sera contrainte par corps à venir donner son témoignage.

Art. 269. Le président des assises pourra, dans le cours des débats, appeler, même par mandat d'amener, et entendre toutes personnes, ou se faire apporter toutes nouvelles pièces qui lui paraîtraient, d'après les nouveaux développements donnés à l'audience, soit par les accusés, soit par les témoins, pouvoir répandre un jour utile sur le fait contesté. Les témoins ainsi appelés ne prêteront point serment et leurs déclarations ne seront considérées que comme renseignements.

Art. 304. Les témoins qui n'auront pas comparu sur la citation du président ou du juge commis par lui, et qui n'auront pas justifié qu'ils en étaient légitimement empêchés, ou qui refuseront de faire leurs dépositions, seront jugés par la Cour d'assises et punis conformément à l'article 80.

Art. 355. Si, en raison de la non-comparution du témoin, l'affaire est renvoyée à la session suivante, tous les frais de citation, actes, voyages de témoins et autres ayant pour objet de faire juger l'affaire, sont à la charge de ce témoin, et il y sera un expert. S'il n'obéit pas à cette citation, il est puni d'après le droit commun. Il est entendu qu'il peut ne pas répondre aux faits qui lui paraissent engager le secret de sa profession.

La loi a formellement consacré les différences qui existent entre l'expert et le témoin.

Le témoin dépose sur un fait, l'expert émet une opinion.

Le témoin d'un fait, d'un acte, d'un crime est le seul capable de dire ce qui s'est passé, ce qu'il a vu et entendu : on ne peut donc le remplacer. L'expert peut être suppléé et tout autre expert est capable de remplir la même mission que lui et d'éclairer la justice.

Certains témoins, parents de l'accusé, peuvent ne pas être entendus ou récusés. On ne récuse pas un expert. Le témoin convaincu de n'avoir pas dit la vérité est puni par la loi. L'expert ne peut être poursuivi pour avoir émis un avis parfois contradictoire de celui d'un autre expert. Il reste seul maître et juge de ses déclarations ou opinions[1].

contraint, même par corps, sur la réquisition du procureur général, par l'arrêt qui renverra les débats à la session suivante. Le même arrêt ordonnera, de plus, que ce témoin sera amené par la force publique devant la Cour pour y être entendu. Et néanmoins, dans tous les cas, le témoin qui ne comparaîtra pas, ou qui refusera soit de prêter serment, soit de faire sa déposition, sera condamné à la peine portée en l'article 80.

[1] *Législation.* Le médecin accepte une mission qui lui donne le caractère d'un fonctionnaire public, et il rend compte de cette mission. Il doit donc connaître les articles du Code pénal qui punissent la corruption des fonctionnaires publics et le faux témoignage.

Code pén., art. 177. Tout fonctionnaire public de l'ordre administratif ou judiciaire, tout agent ou préposé d'une administration publique, qui aura agréé des offres ou promesses ou reçu

Les fonctions de témoin ne peuvent jamais être éludées. Celles d'expert ne peuvent être obligatoires que dans les cas spécifiés par le paragraphe 12 de l'article 475, et même les poursuites n'ont pas lieu, s'il y a impossibilité reconnue. En matière civile (Code de proc, civ., art. 316) il est loisible à chacun de refuser les fonctions d'expert.

des dons en présent, pour faire un acte de sa fonction ou de son emploi, même juste, mais non sujet à salaire, sera puni de la dégradation civique, et condamné à une amende double de la valeur des promesses agréées ou des choses reçues, sans que ladite amende puisse être inférieure à 200 francs. La présente disposition est applicable à tout fonctionnaire, agent ou préposé de la qualité ci-dessus exprimée qui, par offres ou promesses agréées, dons ou présents reçus, se sera abstenu de faire un acte qui entrait dans l'ordre de ses devoirs. Sera puni de la même peine tout arbitre ou expert nommé soit par le tribunal, soit par les parties, qui aura agréé des offres ou promesses, ou reçu des dons ou présents pour rendre une décision ou donner une opinion favorable à l'une des parties.

Art. 178. Dans le cas où la corruption aurait pour objet un fait criminel emportant une peine plus forte que celle de la dégradation civique, cette peine plus forte sera appliquée aux coupables.

Art. 179. Quiconque aura contraint ou tenté de contraindre par voies de faits ou menaces, corrompu ou tenté de corrompre par promesses, offres, dons ou présents, l'une des personnes de la qualité exprimée en l'article 177, pour obtenir soit une opinion favorable, soit des procès-verbaux, états, certificats ou estimation contraire à la vérité, soit des places, emplois, adjudication, entreprises ou autres bénéfices quelconques, soit tout autre acte du ministère du fonctionnaire, agent ou préposé, soit enfin l'abstention d'un acte qui entrait dans l'exercice de ses devoirs, sera puni des mêmes peines que la personne corrompue. Toutefois, si les tentatives de contrainte ou corruption n'ont eu aucun effet, les auteurs de ces tentatives seront simplement punis de trois mois au moins et six mois au plus et d'une amende de 100 francs à 300 francs.

Art. 361. Quiconque sera coupable de faux témoignage en matière criminelle, soit contre l'accusé, soit en sa faveur, sera puni de la peine de la réclusion ; si néanmoins l'accusé a été

La formule du serment n'est pas la même : le témoin jure de parler sans haine et sans crainte, de dire toute la vérité; l'expert jure de donner son avis en honneur et conscience. Le témoin, qu'il soit un savant ou un ignorant, peut renseigner la justice, il lui suffit d'avoir de la mémoire. L'expert doit, au

condamné à une peine plus forte que celle de la reclusion, le faux témoin qui a déposé contre lui subira la même peine.

Art. 362. Quiconque sera coupable de faux témoignage en matière correctionnelle, soit contre le prévenu, soit en sa faveur, sera puni d'un emprisonnement de deux ans au moins et de cinq ans au plus, et d'une amende de 50 francs à 2000 francs. Si néanmoins le prévenu a été condamné à plus de cinq années d'emprisonnement, le faux témoin qui a déposé contre lui subira la même peine. Quiconque sera coupable de faux témoignage en matières de police, soit contre le prévenu, soit en sa faveur, sera puni d'un an au moins et de trois ans au plus, et d'une amende de 16 francs à 500 francs. Dans ces deux cas, les coupables pourront, en outre, être privés des droits mentionnés en l'article 42 du présent Code pendant cinq ans au moins et dix ans au plus, à compter du jour où ils auront subi leur peine, et être placés sous la surveillance de la haute police pendant le même nombre d'années.

Art. 363. Le coupable de faux témoignage en matière civile sera puni d'un emprisonnement de deux à cinq ans et d'une amende de 50 francs à 2000 francs. Il pourra l'être aussi des peines accessoires mentionnées dans l'article précédent.

Art. 364. — Le faux témoin en matière criminelle qui aura reçu de l'argent, une récompense quelconque ou des promesses, sera puni des travaux forcés à temps, sans préjudice de l'application du deuxième paragraphe de l'article 391. Le faux témoin en matière correctionnelle ou civile, qui aura reçu de l'argent, une récompense quelconque ou des promesses, sera puni de la reclusion. Le faux témoin en matière de police, qui aura reçu de l'argent, une récompense quelconque ou des promesses, sera puni d'un emprisonnement de deux à cinq ans et d'une amende de 50 francs à 2000 francs. Il pourra l'être aussi des peines accessoires mentionnées en l'article 362. Dans tous les cas ce que le faux témoin aura reçu sera confisqué. Les experts ont aussi leur responsabilité, mais pour cela il faut qu'ils commettent une faute lourde, une erreur grossière et évidente.

contraire, avoir fait des études spéciales et surtout montrer de l'intelligence et du jugement. Il peut seul apprécier la faiblesse de ses connaissances et l'opposer aux exigences d'une expertise. Et souvent les motifs qui lui imposent l'abstention sont des plus légitimes. La justice elle-même est mieux servie par une prudente réserve que par une ridicule présomption. Disons enfin, pour terminer, que la loi, dans les honoraires dus aux médecins requis par l'autorité judiciaire, a fait une différence entre l'expert et le témoin. Les tarifs ne sont pas les mêmes. L'expert a des honoraires spéciaux pour visites, rapports, vacations, etc. Mais quand le médecin ou pharmacien est appelé devant le juge d'instruction ou aux débats à cause de ses déclarations, visites ou rapports, il est alors fait abstraction de sa qualité ou profession, et le médecin ou le pharmacien n'est plus considéré que comme un témoin et taxé à ce seul titre.

2° DES EXPERTISES EN GÉNÉRAL

Toute expertise est la constatation d'un fait, par ordre de justice ou sur la demande d'une personne intéressée, et son appréciation au point de vue des connaissances médicales. Il y a en effet deux sortes d'expertises : civiles et criminelles. Nous ne nous occuperons maintenant que de celles-ci.

On peut classer dans cinq chapitres assez distincts la plupart des expertises criminelles, à propos desquelles le magistrat fait appel aux connaissances scientifiques du médecin :

1° Ce sont des *individus vivants;* il y a à fixer l'âge, parfois le sexe, la profession, tout ce qui sert à préciser l'identité d'une personne; d'autres fois, on est consulté sur l'état mental d'un individu, et il faut dire s'il est dangereux pour la sécurité publique, s'il y a lieu de l'interner immédiatement, s'il est responsable ou non du crime ou du délit qu'il a commis; dans d'autres expertises, on examine les suites d'une rixe, d'une querelle, d'une blessure faite volontairement ou par imprudence, d'un traumatisme accidentel, etc., afin d'indiquer l'incapacité de travail et l'étendue du dommage causé. Souvent, c'est un enfant qui se plaint d'être la victime d'odieux attentats; il faut de suite vérifier ce qu'il y a de fondé dans ses assertions et examiner même l'auteur présumé du crime.

2° C'est un *cadavre;* il y a eu mort subite, le corps a été trouvé sur la voix publique, il a été retiré de l'eau: c'est un suicidé, tel qu'un pendu; le cadavre d'un enfant nouveau-né est trouvé : y a-t-il eu infanticide? ou encore il y a mort violente, est-ce le résultat d'un accident, d'un meurtre ou d'un assassinat? Dans ces cas, on procède ou à une levée de corps ou à une autopsie.

3° Ce sont des *taches*, et dans ces expertises l'examen est presque toujours complémentaire d'un premier examen médical. Ces taches se trouvent sur du linge, des vêtements, sur les instruments qui ont servi à commettre le crime, sur les meubles, sur le parquet de la chambre où le meurtre a eu lieu.

4° Parfois ce sont des *substances ou objets quelconques;* ainsi, dans une descente de justice, à propos d'un crime d'avortement ou d'empoisonnement, le magistrat instructeur saisit des fioles, des paquets de poudre, des drogues qui ont pu être administrées à la victime, ou, d'autres fois, par exemple, dans les affaires d'état mental ou de validation de testament, on soumet à l'expert des papiers ou écrits qui peuvent donner une idée de l'équilibre cérébral du sujet étudié. Ou bien on lui présente une arme, un bâton, un pavé, etc., et il faut dire si cet instrument a servi à faire telle blessure et non telle autre, à quelle distance le coup a été porté, quelle était la position réciproque de l'assassin et de la victime.

5° Enfin, et plus rarement, l'expertise porte sur des *animaux ;* ceux-ci ont pu faire des blessures, les lésions observées ont-elles pu être produites par tel animal ou par tel autre? Il peut même être utile de connaître les empreintes qu'ils laissent sur le sol.

Pour les expertises délictueuses ou criminelles simples, l'expert est payé d'après le tarif criminel des frais de 1811 ; s'il n'est pas l'auxiliaire habituel de la justice, il est taxé d'urgence et payé sur son mémoire, fait en double expédition, par les soins du receveur de l'enregistrement. Si l'expert est assermenté, les frais sont réglés tous les semestres.

Dans les expertises de longue durée, celles qui exigent des examens répétés, des expériences variées, l'expert présente un mémoire de vacations de jour et de nuit ; ces vacations ne pouvant pas dépasser par jour plus de deux vacations de jour et une de nuit. De plus, il peut obtenir le remboursement des substances fournies en présentant une note acquittée des substances employées,

Des expertises en matière civile.

Les médecins sont parfois appelés à remplir les fonctions d'expert dans les affaires civiles. Il s'agit le plus souvent de déterminer l'étendue du dommage causé, de fixer la durée d'incapacité de travail, ou encore de dire s'il y a ou non infirmité de travail, si celle-ci est passagère ou définitive. Les règles fixées par la loi pour ces expertises se trouvent indiquées dans les articles 302 à 323 du Code de procédure civile. Ces experts sont au nombre de trois, à moins que du consentement des parties il n'y ait qu'un seul expert. Ils prêtent serment, à moins d'en être dispensés par les parties. Celles-ci sont prévenues par acte d'avoué de se trouver aux lieu et heure que les experts ont indiqués pour procéder aux opérations. Le rapport est rédigé en commun et signé par les trois experts : ils ne formeront qu'un seul avis à la pluralité des voix. Ils indiquent néanmoins, en cas de divergence, les motifs des différents avis, sans faire connaître quel a été l'avis personnel de chacun d'eux. Le rapport est écrit sur papier timbré et déposé soit chez l'avoué, soit au greffe et soumis aux droits d'enregistrement et de dépôt, qui s'élèvent à la somme de 13 fr. 75, que l'expert est obligé d'avancer. Les vacations sont taxées par le président au bas du rapport. Il en est délivré exécutoire contre la partie qui a requis l'expertise, et c'est ordinairement l'avoué de cette partie qui règle les frais.

Honoraires du médecin requis par la justice.

Le médecin est taxé, suivant les circonstances, comme expert ou comme témoin, d'après les décrets du 18 juin 1811, du 7 avril 1813, l'ordonnance du 28 novembre 1838 et la circulaire du 7 décembre 1861. Dans cette dernière, le garde des sceaux reconnaissait

TABLEAU

DES DROITS ET HONORAIRES DUS AUX MÉDECINS, CHIMISTES ET SAGES-FEMMES, EN MATIÈRE CRIMINELLE, CORRECTIONNELLE ET DE POLICE

DÉTAIL DES DROITS, INDEMNITÉS ET HONORAIRES	A PARIS	Dans les villes de 40 000 habitants et au-dessus.	Dans les villes de moins de 40 000 habitants.	LOIS et DÉCRETS
	fr. c.	fr. c.	fr. c.	
Pour chaque visite et rapport, y compris le premier pansement.	6 »	5 »	3 »	18 juin 1811 Art. 17
Pour les ouvertures de cadavre et autres opérations plus difficiles que la simple visite et en sus des droits ci-dessus. . . .	9 »	7 »	5 »	Id. Art. 17
Pour chaque visite de sage-femme	3 »	2 »	2 »	Id. Art. 18
Pour chaque vacation de 3 heures de jour.	5 »	4 »	3 »	Id. Art. 22
Pour chaque vacation de 3 heures de nuit	7 50	6 »	4 50	Id. Id.
On n'alloue par journée que deux vacations de jour et une de nuit.				
Pour indemnité de voyage au delà de 2 kilomètres de la résidence de l'expert, savoir : par chaque myriamètre parcouru, tant en allant qu'en revenant, aux médecins.	2 50	2 50	2 50	Id. Art. 91
Pour indemnité de voyage au delà de 2 kilomètres de la résidence de l'expert, savoir : par chaque myriamètre parcouru, tant en allant qu'en revenant, aux sages-femmes	1 50	1 50	1 50	Id. Id.
Pour indemnité de séjour forcé, quand l'expert est arrêté en route par un cas de force majeure, aux médecins.	2 »	2 »	2 »	Id. Art. 95
Aux sages-femmes.	1 50	1 50	1 50	Id. Id.
Pour indemnité de séjour au lieu où se fait l'instruction, savoir : aux médecins	4 »	2 50	2 »	Id. Art. 96
Aux sages-femmes.	3 »	2 »	1 50	Id Id.

TABLEAU

DES DROITS, HONORAIRES ET INDEMNITÉS DUS AUX EXPERTS EN MATIÈRE CIVILE

(Art. 159 et suivants du décret du 16 février 1807.)

	DROITS DANS LES Cours d'app.		Tribun. de 1re inst.			ARTICLES du TARIF
	Paris.	Autres cours.	Paris, Lyon, Bordeaux, Rouen.	Ville où siège une cour. Popul. de 30 000 h.	Autres villes.	
	fr. c.	fr. c.	fr. c.	fr. c.	fr. c.	
Prestation de serment. — Vacation pour prêter serment.	8 »	6 »	8 »	6 »	6 »	159 162, § 1er
Frais de transport et de nourriture si les experts sont domiciliés à plus de 2 myriamètres du lieu où siège le tribunal. .						161, § 1er
Par myriamètre.	6 40	4 80	6 40	4 80	4 80	161, § 1er
Opérations.—Vacations aux opérations dont ils sont chargés quand ils opèrent au lieu de leur domicile ou dans un rayon de 2 myriamètres. Par vacation de 3 heures	8 »	6 »	8 »	6 »	6 »	159
Frais de transport et de nourriture quand ils se transportent à plus de 2 myriamètres de leur domicile.						160
Par chaque myriamètre. . . .	6 »	4 50	6 »	4 50	4 50	161, § 3
Et, pour le retour.	6 »	4 50	6 »	4 50	4 50	Id.
Journée de campagne ou honoraires des experts pendant le temps de leur séjour, à la charge par eux de faire 4 vacations par jour.	32 »	24 »	32 »	24 »	24 »	161, § 1 et 2
Dépôt du rapport. — Vacation pour déposer le rapport.	8 »	6 »	8 »	6 »	6 »	162, § 1er
Frais de voyage si les experts sont domiciliés à plus de 2 myriamètres du lieu où siège le tribunal						161, § 1er
Par chaque myriamètre. . . .	6 40	4 80	6 40	4 80	4 80	162, § 1er

que les magistrats faisant appel aux praticiens que leur mérite met le plus en évidence, « il est convenable de ne plus leur contester le caractère de médecin et d'expert dans les circonstances où ils le revendiquent, et il fait cesser une assimilation qui, en lésant leurs intérêts, blesse en même temps leur dignité. » D'un avis général, cette rémunération peu équitable est l'une des causes de l'abandon de la médecine judiciaire. Le magistrat demande au médecin de l'instruction, des travaux pénibles ou dangereux, de longues heures à passer dans des recherches ou dans le prétoire. Pourquoi ne pas le dédommager de ses peines ? Est-il convenable de lui appliquer à plus de cinquante ans de distance le même tarif? Le médecin a bien le droit de trouver auprès de la justice de son pays la considération et les égards qu'il rencontre auprès de ses clients ordinaires.

Nous allons emprunter au tarif des frais, en matière criminelle, les honoraires que la loi accorde à l'expert d'après le nombre de *vacations* ou espace de trois heures, comme frais de déplacement ou *indemnité*, etc. Les médecins experts assermentés près des tribunaux subissent certains délais (art. 3 de l'ordonn. de 1838) et ne peuvent exiger leur payement qu'après quelques formalités. Il n'y a *urgence*, c'est-à-dire mandat du juge mis au bas de la réquisition, que pour l'expert *accidentellement* requis. Nous ferons suivre ces renseignements des indications spéciales pour le mode de payement.

TITRE III. — CHAPITRE I. — *Mode de payement.*

ART. 132. Le mode de payement des frais diffère suivant leur nature et leur urgence ; il est réglé ainsi qu'il suit :

ART. 133 et 134. — Les frais urgents (au nombre desquels sont compris les indemnités de témoins, les frais d'expertises et d'opérations faites par les médecins et chirurgiens, etc., *non habituellement employés* par le tribunal ou par la cour) seront acquittés par le *receveur de l'enregistrement*, sur simple taxe et mandat du juge mis au bas des réquisitions, états ou mémoires des parties.

Art. 5. (Ordonnance du 28 novembre 1838.) Les *frais* réputés *non urgents* seront payés sur les états ou mémoires des parties prenantes; ils seront taxés article par article par les présidents et juges des cours et tribunaux, et ils seront payables aussitôt qu'ils auront été revêtus de l'ordonnance du magistrat taxateur. — Cette ordonnance sera toujours décernée sur le réquisitoire de l'officier du ministère public, qui devra, préalablement, procéder à la vérification des mémoires. — La taxe de chaque article devra rappeler la disposition législative ou réglementaire sur laquelle elle sera fondée.

Art. 144 du tarif. Les états ou mémoires seront dressés de manière que le juge puisse y apposer sa taxe et son exécutoire : sinon ils seront rejetés (voy. le tableau ci-après, p. 70 et 71).

Art. 145. Il sera fait de chaque état ou mémoire deux expéditions, l'une sur papier timbré, l'autre sur papier libre. — Chacune sera revêtue de la taxe et de l'exécutoire du juge. La première sera remise au payeur, avec les pièces au soutien des articles susceptibles d'être ainsi justifiés. L'expédition sur papier libre sera transmise au ministère de la justice. Le prix du timbre, tant du mémoire que des pièces à l'appui, est à la charge de la partie prenante.

Art. 146. Les états ou mémoires qui ne s'élèveront pas à plus de 10 francs ne seront pas sujets à la formalité du timbre.

Art. 147. Aucun état ou mémoire fait au nom de deux ou plusieurs parties prenantes ne sera rendu exécutoire s'il n'est signé de chacune d'elles : le payement ne pourra être fait que sur leur acquit individuel, ou sur celui de la personne qu'elles auront autorisée spécialement, et par écrit, à toucher le montant de l'état ou mémoire. Cette autorisation et l'acquit seront mis au bas de l'état et ne donneront lieu à la perception d'aucun droit.

Art. 148. Les états ou mémoires qui comprendraient des dépenses autres que celles qui, d'après le présent décret, doivent être payées sur les fonds généraux des frais de justice, seront rejetés de la taxe, sauf aux parties réclamantes à diviser leurs mémoires par nature de dépenses, pour le montant en être acquitté par qui de droit.

Art. 5 (Ordonnance du 28 novembre 1838). Les mémoires qui

FRAIS DE JUSTICE CRIMINELLE

JANVIER 188

N. . . . ., médecin.

MÉMOIRE *des honoraires dus à N....., médecin à ...., canton de ...., arrondissement de ......, pendant le mois de janvier de 188...*

NUMÉROS D'ORDRE.	DATES DES OPÉRATIONS.	ESPÈCES DES CRIMES OU DÉLITS.	AUTORITÉ REQUÉRANTE.	OBJETS DES OPÉRATIONS.	NOMBRE DE VISITES.	NOMBRE D'OPÉRATIONS PLUS DIFFICILES QUE LA SIMPLE VISITE.	NOMBRE DE MYRIAMÈTRES PARCOURUS.	NOMBRE DE JOURS DE SÉJOUR.
1	1er janv. .	Empoisonnement (affaire N...).	M. le Procureur de la République.	Ouverture du cadavre de N. . . ., présumé avoir été empoisonné par O.		1		
2	Id.	Id. (affaire B...).	Id.	Visite et rapport sur l'état du cadavre	1			
3	Id	Id. (affaire L...).	Id.	Parcours pour cette opération 56 kilomètres, savoir, 28 pour me transporter à . . . . et 28 pour le retour; de plus, un jour de séjour.			5 1/2	1
4	19 dudit. .	Blessure (affaire B...).	M. le juge de paix du canton de...	Visite, rapport et premier pansement de B. . . ., blessé par N. . . Nota. — Si l'on avait fourni des médicaments, on en inscrirait ici la note (1).	1			
				Total.	2	1	5 1/2	1

RÉCAPITULATION.	NOMBRE.	PRIX.	MONTANT.	ARTICLE DU RÈGLEMENT.	TAXE DU JUGE.	OBSERVATIONS.
		fr. c.	fr. c.		fr. c.	
Visites.	2	3 »	6 »	17, n° 1.	6 »	Le juge doit remplir la dernière colonne, même lorsqu'il n'y a aucune réduction à faire. Il doit indiquer ici les articles de mémoire sur lesquels porteraient les réductions et les motifs de ces réductions.
Opérations plus difficiles.	1	5 »	5 »	17, n° 2.	5 »	
Myriamètres parcourus	5 1/2	3 »	16 50	91, n° 1, et 94	16 50	
Jours de séjour.	1	2 »	2 »	96, n° 1.	2 »	
Médicaments fournis suivant la note ci-dessus (1).	. . . .	. . . .	2 50	19	2 50	
			32 »		32 »	

Je soussigné, docteur en médecine (ou officier de santé), certifie le présent mémoire pour la somme de trente-deux francs.

A. . . . . le. . . . . .

n'auront pas été présentés à la taxe du juge dans le délai d'une année, à compter de l'époque à laquelle les frais auront été faits, ou dont le payement n'aura pas été réclamé dans les six mois de leur date, ne pourront être acquittés qu'autant qu'il sera justifié que les retards ne sont point imputables à la partie dénommée dans l'exécutoire. Cette justification ne pourra être admise que par le ministre de la justice, après avoir pris l'avis des procureurs généraux, s'il y a lieu.

ART. 153. Le secrétaire général de l'enregistrement à Paris, et les directeurs de cette administration dans les départements, ne pourront refuser leur visa sur les mandats ou exécutoires qui auront été délivrés conformément aux dispositions ci-dessus, si ce n'est dans les cas suivants : 1° s'il existe des saisies ou oppositions au préjudice des parties prenantes; 2° si ces mandats ou exécutoires comprennent des dépenses autres que celles dont l'administration de l'enregistrement est chargée. Dans ces deux cas, il sera fait mention, en marge et au bas des mandats ou exécutoires, des motifs du refus.

ART. 154. Les mandats et exécutoires délivrés pour les causes et dans les formes ci-dessus déterminées seront payables chez les receveurs établis près le tribunal de qui ils émaneront.

3° DES ACTES MÉDICO-JUDICIAIRES

Les actes du médecin en justice se réduisent aux suivants :

1° *Le rapport judiciaire.*
2° *Le certificat.*
3° *La consultation médico-légale.*
4° *La déposition orale.*
5° *Le rapport d'estimation.*

A. Du rapport.

Nous dirons, avec M Tourdes, que le rapport est la relation d un fait médical et de ses conséquences, sur la réquisition d'un magistrat, et sous la sanction du serment.

Législation. — Le médecin accepte une mission qui lui donne le caractère d'un fonctionnaire public, et il doit rendre compte de cette mission. Il doit donc se rappeler les articles du code pénal qui punissent la corruption des fonctionnaires publics et le faux témoignage (voir page 59).

Les experts ont aussi leur responsabilité ; mais pour cela, il faut qu'ils commettent une faute lourde, une erreur grossière et évidente.

De la forme du rapport. — On peut le diviser en cinq parties que nous allons successivement étudier : préambule, commémoratif, visum et repertum, discussion, conclusions.

I. *Préambule ou protocole.* — Il renferme toutes les formalités et est le même pour tous les rapports.

1° Nom, prénoms, qualité de l'expert.

2° Indication de l'autorité requérante.

3° Date de la réquisition.

4° Mention de la prestation du serment.

5° Date, jour, heure, lieu de l'opération.

6° Nature de l'expertise (visite, autopsie, analyse chimique) en reproduisant *textuellement* les questions adressées par le magistrat.

7° Les noms et qualités des personnes présentes et notamment ceux du magistrat commis à cet effet.

Voilà, par exemple, l'en-tête imprimé dans nos rapports :

Je soussigné, Jean-Alexandre-Eugène Lacassagne, professeur de médecine légale à la Faculté de médecine de Lyon, demeurant dans cette ville, rue Victor-Hugo, 8, sur la réquisition de M. . . . . en date du. . . . . Serment préalablement prêté.

II. *Le commémoratif.*

C'est l'historique, les anamnestiques ou antécédents du fait.

III. *Le visum et repertum* ou *description de faits.*

C'est ici qu'il faut de l'ordre, et nous ne pouvons que conseiller la méthode et les annotations de M. le professeur Tourdes.

Examen extérieur	. . . .	A.
Examen intérieur	. . . .	B.
Ouverture du crâne	. . . .	I
— du thorax	. . . .	II
— de l'abdomen	. . . . .	III

Et nous ajoutons :

Examen de l'estomac[1] IV

Chaque chapitre ayant des subdivisions marquées par des chiffres arabes.

En procédant ainsi, tous les rapports médico-légaux ont une certaine uniformité, ils se lisent mieux, et pour chaque conclusion on peut renvoyer aux faits qui leur servent de base.

IV. *Discussion des faits.*

Cette partie n'est pas indispensable.

V. *Conclusions.*

Il faut répondre à chacune des questions posées par le magistrat. Mais on doit aussi ajouter tout ce qui, dans la conviction du médecin, peut éclairer la justice.

Chaque conclusion a un numéro d'ordre : 1°, 2°, 3°.

[1] De l'estomac au point de vue médico-légal, les cas d'empoisonnement non compris, par le Dr Mallen (thèse du laboratoire de médecine légale de Lyon, 1885).

Ces conclusions devant servir à des juges et à des jurés, doivent être exprimées en langage ordinaire et parfaitement intelligibles.

Autrefois on terminait par une phrase attestant que le rapport avait été fait en âme et conscience et conformément aux principes de l'art. Cette formule est aujourd'hui surannée.

Il faut ajouter au rapport les pièces à conviction, dessins, photographies, etc., etc., qui ont été nécessaires pour établir les conclusions.

B. Du certificat.

C'est la simple attestation d'un fait médical et de ses conséquences, sans réquisition ni prestation du serment.

Le plus souvent c'est la constatation d'une maladie, de ses effets et de ses causes. Autrefois on appelait *exoine* le certificat qui dispensait une personne malade d'un service public.

Législation. — ART. 83 du C. I. C. Lorsqu'il sera constaté par le certificat d'un officier de santé, que des témoins se trouvent dans l'impossibilité de comparaître sur la citation qui leur aura été donnée, le juge d'instruction se transportera en leur demeure, quand ils habiteront dans le canton de la justice de paix du domicile du juge d'instruction. Si les témoins habitent hors du canton, le juge d'instruction pourra commettre le juge de paix de leur habitation à l'effet de recevoir leur déposition, et il enverra au juge de paix des notes et instructions qui feront connaître les faits dans lesquels les témoins devront déposer.

ART. 86. Si le témoin auprès duquel le juge se sera transporté dans les cas prévus par les trois articles précédents, n'était pas dans l'impossibilité de comparaître sur la citation qui lui avait été donnée, le juge décernera un mandat de dépôt contre le témoin et l'officier de santé qui aura délivré le certificat ci-dessus mentionné. La peine portée en pareil cas sera prononcée par le juge d'instruction du même lieu, et sur la réquisition du procureur de la République, en la forme prescrite par l'article 80.

ART. 159, C. P. Toute personne qui, pour se rédimer elle-même ou affranchir une autre d'un service public quelconque, fabriquera, sous le nom d'un médecin, chirurgien ou autre officier de santé, un certificat de maladie ou d'infirmité, sera punie d'un emprisonnement d'une année au moins et de trois au plus.

ART. 160. Tout médecin, chirurgien ou autre officier de santé qui, pour favoriser quelqu'un, certifiera faussement des maladies ou infirmités propres à dispenser d'un service public, sera puni d'un emprisonnement d'une année au moins et de trois ans au plus. S'il a été mû par dons ou promesses, la peine de l'emprisonnement sera d'une année au moins et de quatre ans au plus. Dans les deux cas le coupable pourra, en outre, être privé des droits mentionnés en l'article 42 du présent Code pendant cinq ans au moins et dix ans au plus, à compter du jour où il aura subi sa peine. Dans le deuxième cas, les corrupteurs seront punis des mêmes peines que le médecin, chirurgien ou officier de santé qui aura délivré le faux certificat.

La Cour de cassation (31 mars 1854) a jugé qu'il y avait délit d'escroquerie de la part du médecin qui, dans des annonces mensongères par lesquelles il vante sa méthode de traitement des maladies, publie des certificats qu'il s'est fait délivrer à l'aide de moyens frauduleux, et attestant aussi mensongèrement des guérisons déclarées incurables par d'autres médecins.

Comme règle de conduite, avoir toujours présents à l'esprit ces judicieux conseils de Fodéré : ni complaisance, ni concession coupable, ni crainte de l'autorité, ni sévérité inspirée par la peur.

Les faux certificats peuvent se classer sous trois chefs différents, d'après leurs conséquences judiciaires.

a. — Certificats de complaisance. Le fait établi peut être utile à l'individu. Il n'y a ni poursuite ni punition du médecin, mais celui-ci y perd toute considération.

b. — Certificats pour dispenser d'un service public : Service militaire, juré, témoin, fonction de tuteur. Le médecin est alors poursuivi et atteint par l'article 160 du C. P. Il peut d'ailleurs avoir à affirmer devant le juge de paix les motifs qui ont fait établir les certificats dispensant d'un service public.

c. — *Faux certificats pour détourner de la trace d'un crime.* Le médecin devient complice. — Alors travaux forcés à temps, c'est-à-dire la peine que l'on aurait eue si l'on avait commis le crime.

Forme des certificats. Ils ont trois parties.

1° Préambule : noms et prénoms, qualités du médecin et du demandeur, date et but de l'opération.

2° Constatations du fait et ses preuves.

3° Conclusions brèves et nettement formulées.

Voici la rédaction d'un certificat constatant une blessure consécutive à un accident dans une usine et devant être présenté à une compagnie d'assurances :

1° Relater les anamnestiques, d'après le blessé.

2° Spécifier les lésions constatées, s'il en existe.

3° Lorsque celles-ci existent, dire :

a. — Si ces lésions sont évidemment et nécessairement curables.

b. — Si elles sont très probablement curables.

c. — Si, ces lésions étant reconnues incurables, elles entraînent une incapacité de travail professionnel et peuvent être assimilées à la perte de l'usage d'un membre, ou seulement à la diminution de l'aptitude professionnelle.

Le plus grand nombre des certificats doivent *toujours être écrits sur papier timbré*[1]. On fait *légaliser* la

[1] Voici la liste des certificats soumis ou non au timbre :

Certificats exempts du timbre.

1° Aux nourrices pour obtenir un nourrisson (des enfants assistés).

signature, en matière civile, par le maire et le président du tribunal. Pour les certificats produits au delà du ressort, en matière administrative, il faut faire légaliser la signature par le préfet ou le sous-préfet. La signature des médecins militaires est légalisée par le sous-intendant.

C. Consultation médico-légale.

Elle est comprise dans l'expression générale de rapport, la loi n'en parle nulle part.

Verbale ou écrite, la consultation médico-légale est produite par un ou plusieurs médecins sur la demande

2° De vaccine.

3° De naissance ou de décès.

4° Certificat ou rapport médical pour coups et blessures, etc., sur réquisition.

5° Certificat sur réquisition d'un maire pour constater le décès d'une personne trouvée sur la voie publique, par suite de maladie, d'accident, meurtre ou suicide.

6° Certificat pour des aliénés, sur l'état d'un malade; ce certificat ayant un caractère purement administratif.

7° Certificat de maladie ou d'infirmités pour l'admission dans les hôpitaux ou hospices de vieillesse.

8° Certificat d'infirmités pour secours annuels du département en cas d'indigence.

9° Certificat de maladie pour justifier l'absence d'un enfant à l'école (loi du 28 mars 1882).

Remarque importante. Un médecin n'est pas passible d'amende quand un certificat non timbré, délivré administrativement et *avec mention de la destination*, est plus tard produit en justice. Les médecins feront donc prudemment d'indiquer la destination de tout certificat délivré sur papier non timbré.

Certificats soumis au timbre.

1° Certificat pour les aliénés délivré à des particuliers ou employé dans un intérêt privé.

2° Certificat de santé pour des compagnies d'assurances sur la vie.

3° Certificat de décès pour. . . . .

des autorités judiciaires ou des parties intéressées, pour apprécier un rapport déjà fait.

Elle comprend quatre parties :

1° *Le protocole* — comme dans le rapport.

2° *L'historique des faits*, leur description.

3° *Leur discussion.*

4° *Les conclusions.*

Ces consultations comportent tous les développements scientifiques que le médecin croit devoir leur donner. Ainsi que l'a dit M. Devergie, « il n'y a pas de bornes tracées, pas de limites posées ».

D. La déposition orale.

Les rapports, consultations et même certificats

4° Certificat de maladie ou d'infirmités à l'époque de la revision.

5° Certificat de maladie, dans le cas d'impossibilité de se présenter lors du tirage au sort ou de la revision.

6° Certificat pour obtenir une prolongation de congé de convalescence (militaire ou civil).

7° Certificat de maladie délivré à un militaire ou un ecclésiastique pour obtenir une saison aux eaux thermales.

8° Certificat d'infirmités pour obtenir une retraite avant l'âge voulu (prêtres, instituteurs, postes, ponts et chaussées, etc.).

9° Certificat d'aptitude pour obtenir l'admission dans certaines écoles ou administrations de l'Etat.

10° Certificat de maladie pour obtenir une indemnité pour traitement médical des administrations ou des Sociétés de secours mutuels (instituteurs, ponts et chaussées, Sociétés de patronage, etc.). Exempt, si le certificat du médecin est rédigé à la suite d'un certificat d'indigence.

11° Certificat de maladie pour être dispensé de faire acte de présence en cas d'arbitrage, de juré ou de témoignage devant les tribunaux.

12° Certificat de demande par une veuve d'employé à l'effet d'obtenir une pension de l'administration.

13° Tous les certificats produits par des particuliers à titre de justification, demande ou défense (art. 12 de la loi du 13 brumaire an VII).

peuvent aboutir à une déposition devant un tribunal. Nous avons déjà dit que le médecin prêtait alors serment comme témoin. Il est donc à la fois expert et témoin, et cependant que de différences entre ces deux qualités! Le témoin, qui est en nombre limité, fait connaître la vérité en racontant les circonstances du fait où il s'est trouvé. L'expert ne sait pas de source certaine, il donne une interprétation qui peut être plus ou moins proche de la vérité, et en outre il est en nombre illimité, puisque la justice peut avoir autant d'experts qu'elle le désire. L'office des médecins est plutôt jugement que témoignage. Le médecin doit préparer sa déposition, et pour cela avoir soin de garder une copie du rapport, dont, il est vrai, il ne devra jamais se servir devant les magistrats. Appelé alors comme témoin, il raconte les faits et expose ses conclusions[1].

E. Rapport d'estimation.

C'est un rapport : il y a réquisition et serment prêté, dans le but d'avoir l'avis motivé d'un ou plusieurs experts sur une réclamation d'honoraires.

Il se compose du *préambule*, de l'*exposé* et de la *discussion* des faits, des *conclusions*.

On doit faire entrer en ligne de compte : la gravité de la maladie, sa durée, le nombre et l'importance des opérations, les visites de nuit et de jour, la distance parcourue, la situation du malade, celle du médecin et le taux habituel des honoraires dans la localité.

Pour les conclusions : elles sont sous la forme d'un

[1] Consulter sur ce sujet notre leçon : *Le médecin devant les Cours d'assises* (*Rev. scient.* 1884).

compte, qui présente en deux colonnes correspondantes les prix demandés pour visites, opérations, déplacements, etc., et les prix alloués par l'expert.

Dans la dernière conclusion, en regard du chiffre demandé, l'expert relate en toutes lettres le chiffre total.

II

QUESTIONS GÉNÉRALES

POUVANT SE PRÉSENTER DANS TOUTE PROCÉDURE

I. RELATIVES A LA PERSONNE VIVANTE.

Cette deuxième partie est consacrée aux questions générales. Elle constitue à elle seule la médecine judiciaire proprement dite. Celle-ci a en effet son domaine propre, des problèmes qui lui sont spéciaux, des questions qui peuvent se montrer dans toutes les procédures. C'est ainsi que le médecin intervient pour aider à fixer ou à reconnaître l'âge, le sexe, l'identité d'une personne. Il intervient aussi dans la déclaration des naissances et dans certains procès en nullité de mariage, c'est-à-dire dans les actes les plus importants de l'état civil. On le consulte pour savoir si un inculpé est responsable du crime qu'il a commis, si un testament a été fait dans des conditions convenables, si une personne doit être interdite. Enfin, des individus, pour un motif quelconque, cachent des maladies, ou bien les font naître, les exagèrent, les simulent, et la justice a encore intérêt à connaître la vérité. Ces différents problèmes peuvent se présenter isolés ou combinés. Ce sont les plus fréquents de la médecine judiciaire, ceux qui méritent de fixer spécialement l'attention du praticien.

Pour l'étude de chaque question, nous avons adopté un plan uniforme qui a l'avantage de bien mettre à sa place chacun des éléments du problème. Voici cette division :

1° *Définition de la question;*

2° *Législation, jurisprudence;*

3° *Caractères scientifiques;*

4° *Conséquences médico-judiciaires et règles de l'expertise.*

Le lecteur trouvera ainsi exposé successivement, pour toute question posée par un magistrat : le texte de la loi, les données de la science contemporaine, les règles de l'expertise.

1. DE L'AGE.

I. Définition.

L'âge a une telle importance qu'on a voulu le faire servir de base à la division de la médecine légale elle-même. En effet, aux âges divers correspondent des aptitudes, des passions, et par conséquent des crimes différents; pour chaque âge, le législateur a tracé des droits et des devoirs.

C'est ainsi qu'en *droit civil*, il faut savoir à quelle époque l'homme peut disposer de sa personne et de ses biens (questions de minorité, autorité paternelle, faculté de tester, émancipation, mariage, majorité, adoption, tutelle); — en *droit criminel*, c'est un enfant non déclaré que l'on a fait disparaître. Cet âge est sans résistance, la loi doit le protéger. Pour les crimes commis par de jeunes enfants, des vieillards, il faut savoir s'il y a eu discernement et responsabilité; — *en droit administratif*, on doit apprécier l'aptitude à certains travaux ou à des professions, les lois sur le recrutement, le travail des enfants dans les manufactures.

II. Législation, jurisprudence.

Dans la législation française, si de nombreux âges de la vie sont énoncés, la vie elle-même n'est pas divisée en périodes et la loi ne fait qu'indiquer le nombre même des années.

On peut ainsi relever dans les Codes les mentions suivantes :

Vie intra-utérine. Code civil, article 312 à 315, 340, 725, 906.

Nouveau-né. Code civil, article 58; Code pénal, 300, 345.

Deux ans. Loi sur la protection des enfants du premier âge et en particulier des nourrissons (23 décembre 1874).

Sept ans. Code pénal, article 348 à 383. — Loi du 19 mai 1874, sur le travail des enfants dans les manufactures.

Treize ans. Code pénal, article 331.

Quinze ans. Code pénal, article 332; Code civil, 144, 477, 721, 722; Code de procédure civile, 285; 79 (Instr. crim.).

Seize ans. Code civil, articles 903, 904. Article 377; Code instruction criminelle, 34; Code pénal, 66 à 69, 333. — Loi du 37 juillet 1872.

Dix-huit ans. Code civil, articles 144, 384, 478. — Loi du 27 juillet 1872.

Vingt ans. Code pénal, article 66. — Loi du 27 juillet 1872.

Vingt et un ans. Code civil, articles 37, 488; Code pénal, 334.

Vingt-cinq ans. Code civil, articles 148, 173, 275.

Trente ans. Code civil, article 152.

Trente-cinq ans. Loi du 13 avril 1861.

Quarante ans. Minimum d'âge des sénateurs.

Quarante-cinq ans. Code civil, article 277.

Cinquante ans. Code civil, articles 343, 361.

Soixante ans. Code civil, articles 721, 722. — Loi du 1er juin 1854, sur l'exécution de la peine des travaux forcés.

Soixante-cinq ans. Code civil, article 433.

Soixante-dix ans. Procédure civile, article 800; code pénal, 70, 72.

Cent ans. Code civil, article 129.

III. Caractères scientifiques.

Dans notre *Précis d'hygiène privée et sociale*, nous avons défini les âges : des périodes de la vie pendant lesquelles l'organisme éprouve certains changements qui entraînent des modifications physiologiques ou pathologiques spéciales à chacune de ces périodes.

Nous avons adopté la classification suivante, qui trouve de nouveau son application en médecine judiciaire :

1° *Vie fœtale.*
2° *Première enfance*, jusqu'à 7 mois.
3° *Deuxième enfance*, de 7 mois à 2 ans.
4° *Troisième enfance*, de 2 à 7 ans.
5° *Adolescence*, de 7 à 15 ans.
6° *Puberté*, de 15 à 20 ans.
7° *Age adulte*, de 20 à 30 ans.
8° *Virilité*, de 30 à 40 ans.
9° *Age de retour*, de 40 à 60 ans.
10° *Vieillesse*, de 60 ans à la mort.

Nous verrons plus tard, à propos de l'infanticide, les conditions normales présentées par l'embryon, le fœtus et la première enfance. Ces questions ne doivent pas être séparées, car elles permettent de mieux apprécier la viabilité, la légitimité de naissance, les attentats contre le produit de la conception.

Pour les différents caractères des autres âges et leur distinction, nous renvoyons aux traités de physiologie ou d'hygiène.

Ne voulant prendre de la question que les conséquences réellement pratiques et qui peuvent trouver leur application en médecine judiciaire, nous apprécierons en ce chapitre les deux points importants que le médecin doit connaître : le système dentaire et le système osseux. L'un et l'autre fournissent les éléments les plus importants à la solution.

Système dentaire. — Le Dr Magitot[1] a montré que l'on pouvait déterminer l'âge de l'embryon humain par l'examen de l'évolution du système dentaire. Le tableau qu'a donné ce savant médecin permet d'affirmer l'âge d'un embryon, alors même que la tête seule est l'unique pièce de l'expertise. On pourrait arriver à ce résultat, alors que cette tête aurait macéré dans un liquide, dans les latrines, par exemple; ou même si l'embryon avait été en partie carbonisé dans un foyer : le *chapeau de dentine* résiste au plus grand nombre des agents destructeurs. Chez le nouveau-né à terme on constate presque toujours sur le maxillaire inférieur, de chaque côté de la ligne médiane, quatre alvéoles dentaires distinctes complètement cloisonnées. Une cinquième alvéole se montre sous l'aspect d'une loge dans laquelle se développeront les autres dents et qui présente des cloisons incomplètes. Cette disposition est mise en évidence en détachant cet os et en incisant le bord gingival de la mâchoire avec un scalpel, les chapeaux de dentine étant enlevés, les cloisons apparaissent distinctes.

Rappelons l'évolution dentaire, après la naissance. Vers la fin du premier semestre, apparition des incisives moyennes; dans le deuxième semestre, les incisives latérales; dans le troisième, les quatre premières molaires et deux incisives latérales inférieures; dans le quatrième, les quatre canines; dans le cinquième (vers 30 mois), les quatre molaires : au total vingt dents. A cet âge, voici la formule dentaire :

$$\text{Inc.}\,\frac{2-2}{2-2}\quad \text{Can.}\,\frac{1-1}{1-1}\quad \text{Prémol.}\,\frac{1-1}{1-1}\quad \text{Mol.}\,\frac{1-1}{1-1}=20.$$

[1] Comptes rendus de l'Académie des sciences, 27 avril 1874.

Puis vient la *deuxième dentition* : les premières grosses molaires à 7 ans ; les incisives moyennes à 8 ans ; les incisives latérales à 9 ans ; les premières petites molaires à 10 ans ; les deuxièmes petites molaires à 11 ans ; les canines à 12 ans ; les deux grosses molaires à 13 ans ; les dents de sagesse de 18 à 25 ans. Voici la formule dentaire de l'homme adulte :

$$\text{Inc.}\ \frac{2-2}{2-2}\quad \text{Can.}\ \frac{1-1}{1-1}\quad \text{Prémol.}\ \frac{2-2}{2-2}\quad \text{Mol.}\ \frac{3-3}{3-3}=32.$$

Quand la dentition est terminée, l'âge s'apprécie par l'usure des dents. L'émail se détruit, la couleur blanche

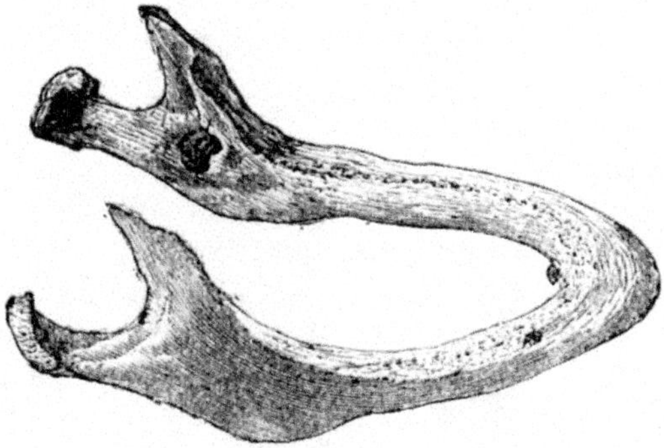

Fig. 1. — Maxillaire du vieillard.

s'efface et elles deviennent jaunes et noirâtres. Le bulbe s'atrophiant, il y a ébranlement et chute des dents et alors les alvéoles se rétrécissent et disparaissent. Le maxillaire, dont les branches et le corps formaient avant la dentition un angle très ouvert, présente ensuite un angle droit, puis un angle qui redevient obtus quand les dents sont tombées, d'après la loi d'horizontalité des maxillaires. Le rebord alvéolaire, qui était primitivement épais, redevient mince et tranchant. Toutes ces modifications expliquent les changements qui se passent du côté des joues, et l'expresion faciale qui en résulte. Ajoutons une donnée importante et qui peut trouver son application dans les questions d'identité. On constate parfois sur une ou plusieurs dents une ligne transversale, désignée sous le nom d'*érosion*. Celle-ci est indestructible et indélébile ; elle est produite probablement par un trouble trophique, car on la rencontre spécialement chez les individus qui ont eu dans leur enfance des maladies des centres nerveux, convulsions, etc.

Nous croyons utile de donner ici les conclusions du Dr Albert Dumur, dans sa thèse faite au laboratoire de médecine légale de la Faculté de Lyon et intitulée : *Des dents, leur importance et leur signification dans les questions médico-légales*, 1882.

I. Il est possible à l'aide d'une formule dentaire d'indiquer le nombre et la place des dents sur les mâchoires d'un individu ou d'un squelette.

Les dents de l'homme ont des caractères spéciaux qui les différencient assez bien de celles des autres animaux. Il faut noter cependant leur analogie avec celles des singes anthropoïdes.

II. Le développement et l'évolution des dents donnent lieu à des constatations importantes et permettent d'apprécier la vie intra-utérine, l'état de maturité du fœtus, puis les périodes les plus importantes de la vie qui sont fixées par les dents de lait, l'apparition des dents permanentes et des dents de sagesse. On a aussi à tenir compte de l'usure et de la chute spontanée des dents.

III. L'examen des dents et la direction des maxillaires fournit des caractères ethniques dont le médecin légiste peut avoir à tenir parti.

IV. Les anomalies des dents se distinguent d'après la forme, le volume, le nombre, le siège, la direction, l'éruption, la nutrition, la disposition et la structure. De nouvelles preuves peuvent aussi être tirées de la constatation des érosions dentaires et de certains états tels que la carie et le tartre.

Nous appelons l'attention sur les dents des criminels et sur la dimension exagérée des canines que nous avons retrouvées sur quelques-unes des seize têtes de décapités que possède le laboratoire de médecine légale de Lyon.

V. L'étude des dents des animaux est d'une grande importance et par l'examen attentif de leur forme et de leur disposition, il sera parfois possible de reconnaître l'animal qui a fait une blessure.

VI. C'est surtout dans les questions d'identité qu'il devra être procédé à un examen minutieux des dents. Il y a des signes tirés des caractères soit physiologiques, soit pathologiques et anormaux. C'est ainsi que l'état de la dentition est un des meilleurs éléments pour résoudre les questions d'âge surtout pendant les premières périodes de la vie.

Il faut insister sur les questions d'identité professionnelles et rechercher les altérations et colorations des dents et des gencives propres à certaines professions.

L'usure produite par l'usage du tuyau de pipe doit être spécialement mentionnée. On peut tirer des signes d'identité de la thérapeutique et de la prothèse dentaire; de semblables constatations ont permis à plusieurs reprises de remonter jusqu'à l'individualité d'un cadavre ou d'un squelette.

VII. Lorsqu'il s'agira d'apprécier les conséquences d'un traumatisme ayant entraîné la perte des dents, l'on devra considérer chaque cas en particulier et tenir compte du dommage causé plutôt que du dommage possible.

VIII. Il faut distinguer les morsures faites par l'homme de celles qui sont produites par les animaux. Les premières sont en général des plaies contuses : les secondes varient d'aspect avec l'animal dont elles proviennent et dans tous les cas le pronostic doit être très réservé.

IX. Les dents peuvent inoculer un certain nombre de maladies contagieuses ou être la cause indirecte d'accidents variés.

Système osseux. — Il fournit des signes d'une très grande importance. Pendant l'âge adulte, les os sont volumineux, les têtes articulaires arrondies et le canal médullaire étroit. Pendant la vieillesse, les surfaces articulaires s'aplatissent. L'âge est encore indiqué par le degré d'ossification, le volume et l'aspect des os, leur poids et même leur composition chimique. On a divisé leur développement en trois périodes : 1° ossification du corps des os ; 2° points osseux dans les os courts et plats, dans les épiphyses des os longs ; 3° soudure des épiphyses au corps des os.

Voici l'apparition des points d'ossification les plus importants :

1 an (après la naissance).	Un point dans la tête du fémur.
2 ans	Dans l'extrémité inférieure du tibia, du radius et du péroné.
3 ans	Grand trochanter. Soudure du corps de l'axis avec l'apophyse odontoïde.
6 ans	Rapprochement de la branche ascendante de l'ischion et descendante du pubis.
7 ans	Ossification de l'épitrochlée humérale.
9 ans	Ossification commençante du fond de la cavité cotyloïde.
12 ans	Soudure des trois pièces de cette cavité. — Point osseux au bord interne de la trochlée humérale.
15 ans.	Soudure de l'acromion et de l'apophyse coracoïde. — Soudure des vertèbres sacrées.
18 ans.	Soudure des trois épiphyses du fémur.
20 ans.	Ossification de la quatrième vertèbre coccygienne.
21 ans.	Soudure de l'extrémité inférieure du fémur.
25 ans.	Soudure de la crête de l'os iliaque à l'os pelvien.
De 25 à 30 ans	Soudure de la première vertèbre sacrée avec les autres.
De 30 à 60 ans.	Soudure du sacrum avec le coccyx.

D'après Morselli, la plus importante divergence sexuelle se trouverait dans le poids moindre de la mandibule chez la femme. (Voir Dally, article *Femme* du Dict. de Dechambre; et Dureau, Des caractères sexuels du crâne humain, *Rev. d'Anthrop.*, 1873, et surtout les articles *Crâne* du même dictionnaire par Pozzi et *Age* par Tourdes.)

IV. Conséquences médico-judiciaires et règles de l'expertise.

On a à donner la preuve de l'âge, ou à le déterminer à propos de l'identité d'une personne vivante, d'un cadavre, d'ossements, de fragments d'os, ou bien encore on a à apprécier l'influence de l'âge dans certaines questions de responsabilité (discernement; responsabilité précoce). Les signes de l'âge se constatent sur le vivant et sur le squelette.

1° *Pendant la vie :* Il faut tenir compte de l'aspect extérieur et du fonctionnement des appareils. C'est ainsi qu'on remarquera l'aspect général, la démarche surtout, les gestes, la voix, l'expression de la physionomie, les yeux (arc sénile), l'*état de la peau* et du *système pileux* (alopécie, canitie, ongles), puis la taille et le poids (dont nous parlerons à propos de l'identité), enfin l'état des dents.

2° *Age du cadavre et du squelette :* On tiendra compte en même temps des données fournies par l'état du système dentaire et par l'examen du système osseux. Le cadavre entier sera étudié à part. On notera la classification de certains cartilages et l'état des organes, c'est-à-dire les modifications éprouvées sous l'influence des progrès de l'âge.

II. DU SEXE.

I. Définition.

Le *sexe* (*sexus*, de *secare*, diviser) distingue ou sépare le mâle de la femelle.

Nous aurons à traiter dans ce paragraphe les questions que soulève le diagnostic du sexe et les erreurs commises dans cette appréciation (*hermaphrodisme*), l'aptitude à accomplir les fonctions sexuelles (*impuissance*).

II. Législation.

ART. 57. Code civil. L'acte de naissance énoncera le jour, l'heure et le lieu de la naissance, le *sexe* de l'enfant, et les prénoms qui lui seront donnés, les prénoms, noms, profession et domicile des père et mère, et ceux des témoins.

Même mention à l'art. 58 pour les enfants trouvés.

ART. 144. L'homme avant dix-huit ans révolus, la femme avant quinze ans révolus, ne peuvent contracter mariage.

ART. 180. Le mariage qui a été contracté sans le consentement libre des deux époux, ou de l'un d'eux, ne peut être attaqué que par les époux, ou par celui des deux dont le consentement n'a pas été libre. — Lorsqu'il y a eu erreur dans la personne, le mariage ne peut être attaqué que par celui des deux époux qui a été induit en erreur.

ART. 181. Dans le cas de l'article précédent, la demande en nullité n'est plus recevable, toutes les fois qu'il y a eu cohabitation continuée pendant six mois depuis que l'époux a acquis sa pleine liberté ou que l'erreur a été par lui reconnue.

ART. 331. Code pénal. Tout attentat à la pudeur consommé ou tenté sans violence sur la personne d'un enfant de l'un ou de l'autre sexe, âgé de moins de treize ans, sera puni de réclusion.

ART. 332. Quiconque aura commis le crime de viol sera puni des travaux forcés à temps. Si le crime a été commis sur la personne d'un enfant au-dessous de l'âge de quinze ans accomplis, le coupable subira le maximum de la peine des travaux forcés à temps. Quiconque aura commis un attentat à la pudeur, consommé ou tenté avec violence contre des individus de l'un ou de l'autre sexe, sera puni de la réclusion. Si le crime a été commis sur la personne d'un enfant au-dessous de l'âge de quinze ans accomplis, le coupable subira la peine des travaux forcés à temps.

Art. 334. Quiconque aura attenté aux mœurs, en excitant, favorisant ou facilitant habituellement la débauche ou la corruption de la jeunesse de l'un ou de l'autre sexe, au-dessous de l'âge de vingt et un ans, sera puni d'un emprisonnement de six mois à deux ans, et d'une amende de 50 à 500 francs.

Art. 980. Les témoins appelés pour être présents aux testaments devront être mâles, majeurs, sujets du roi, jouissant des droits civils.

La loi française ne fait pas mention des hermaphrodites. C'est une lacune, puisque, ainsi que nous le montrerons, il existe des hermaphrodites vrais.

Voici ce que dit le Code prussien :

Art. 19. Si un enfant naît hermaphrodite, les parents décident à quel sexe ils veulent que l'enfant appartienne.

Art. 20. A l'âge de dix-huit ans révolus, l'hermaphrodite a le droit de choisir son sexe.

Art. 21. D'après ce choix, ses droits sont fixés à l'avenir.

Art. 22. Si les droits d'un tiers dépendent du sexe du prétendu hermaphrodite,. celui-là peut réclamer l'examen d'un expert.

Art. 23. Le résultat de l'examen de l'expert décide aussi bien contre le choix de l'hermaphrodite que contre le choix des parents.

III. Caractères scientifiques.

Nous ne nous occuperons que des cas d'*hermaphrodisme* qui peuvent seuls donner lieu à des méprises et à des expertises médicales.

On sait que l'hermaphrodisme est fréquent dans le règne végétal, où se présentent l'androgynie et la gynandrie. De même chez les animaux inférieurs : ainsi il y a accouplement et fécondation doubles chez les sangsues, les limaçons. Le mot même d'hermaphrodisme prouve que cet état est connu depuis longtemps[1]. Les Athéniens jetaient à la mer et les Romains dans le Tibre les enfants soupçonnés d'hermaphrodisme. Au moyen âge ces êtres deviennent des productions sataniques.

La théorie de l'hermaphrodisme est basée sur le développement des organes génitaux. Vers la sixième semaine, sur les côtes du rachis, on voit apparaître les *corps de Wolff*. A leur côté externe se trouve un organe qui, plus tard, se creuse en canal, c'est le *conduit de Muller*. Le corps de Wolff est le rudiment des canaux excréteurs de l'ovaire et du testicule. Le canal de Muller et le conduit excréteur du corps de Wolff se développent ou s'atrophient selon que le fœtus devient mâle ou femelle.

Au point de vue de la conformation apparente des organes génitaux externes, tout homme a été femme dans le principe. Aussi un arrêt de développement dans les organes externes peut faire d'un mâle effectif une femelle apparente. Le contraire peut aussi se produire. C'est I. G. Saint-Hilaire qui a expliqué ces faits, en montrant que les organes générateurs externes sont tout à fait indépendants des organes génitaux internes, au point de vue de leur nutrition.

Les deux plans interne et moyen se forment avant le plan externe, et la formation de deux segments correspondants et symétriques est indépendante l'une de l'autre. Ajoutons encore que dans un même segment il peut y avoir apparition d'un organe mâle ou femelle, selon que telle ou telle partie embryonnaire se développe ou s'atrophie. Tous ces différents cas permettront de comprendre l'hermaphrodisme apparent et l'hermaphrodisme vrai.

[1] Mercurio puerum diva Cythereide natum
Naïades idæis enutrivere sub antris,
Cujus erat facies, in quâ materque paterque
Cognosci possent : nomen quoque traxit ab illis.
(Ovide, *Métam.* 4.)

COMPARAISON DES ORGANES GÉNITAUX DES DEUX SEXES.

ÉTAT INDIFFÉRENT.		FEMME.	HOMME.
Plan interne (Artère spermatique ou utéro-ovarienne venant de l'aorte.			
Corps de Wolff	Glande génitale	Ovaire	Testicule.
	Canalicules	Organe de Rosenmüller	Canalicules efférents et séminifères.
	Canal excréteur	rudimentaire	Tête et corps de l'épididyme. Vas aberrans.
		existe chez quelques animaux :	Canal déférent.
		canal de Gærtner	Corps inominé de Giraldès.
Conduit de Müller	Partie périphérique	Trompe	Hydatide pédiculé de Morgagni
Plan moyen (Artères utérines, prostatiques, honteuse interne, etc., venant de l'artère hypogastrique).			
Conduit de Müller	Partie centrale	Utérus	Utricule prostatique.
		Vagin	Col de l'utricule.
		Hymen	Ouverture de l'utricule au niveau du veru montanum.
		Vestibule	Portion membraneuse de l'urèthre.
Plan externe (Réseau vasculaire venant de l'iliaque externe ou de la fémorale, par les honteuses externes.			
Sinus uro-génital	Tubercule génital	Clitoris	Pénis.
	Sillon génital	Petites lèvres	Partie spongieuse de l'urèthre.
	Replis génitaux	Grandes lèvres	Scrotum.

Nous pouvons distinguer l'hermaphrodisme masculin, l'hermaphrodisme féminin, le vrai ou neutre.

A. *Hermaphrodisme masculin :* c'est le type le plus fréquent. Il faut distinguer des phénomènes généraux et locaux.

Localement, la verge est petite, souvent il y a hypospadias, fente ou même dépression en infundibulum. comme dans le cas décrit par Mathias Duval (*Soc. de Biologie*, juin 1881). Cryptorchidie démontrée par le toucher rectal.

Comme signes généraux : extériorité féminine, habitudes du sexe, taille petite, embonpoint, peu de poils, voix faible et de timbre élevé, seins développés.

B. *Hermaphrodisme féminin.* Le vagin n'est qu'une fente, le clitoris volumineux, les grandes lèvres sont petites et peuvent renfermer les ovaires.

Il y a l'extériorité du mâle, des goûts virils, la voix forte, de la barbe. Ce sont des viragos. Béclard a décrit le cas intéressant de Marie-Madeleine Lefort.

C. *Hermaphrodisme vrai ou neutre.* Tardieu a eu tort de ne pas l'admettre. Des cas authentiques ont été publiés par Mayer (de Zurich), Heypner, par Poppesco (thèse de Paris 1874). Citons le cas de Catherine Hohmann, qui s'est montrée dans les universités allemandes et a été étudiée par Schulze et Virchow. Elle était réglée et avait du sperme. Un cas a été publié dans le *Lyon-Médical*, 21 juin 1874, sous le nom d'hermaphrodisme bisexuel, par M. Odin, et examiné par le professeur Bondet. Cet hermaphrodite était également mâle et femelle, impuissant comme mâle et femelle, incapable de se reproduire avec l'un ou l'autre sexe.

Dans la *Gazette hebdomadaire* 1876, n° 51, on trouvera l'observation d'un autre cas d'hermaphrodisme vrai.

En supposant un plan vertical antéro-postérieur, il y a *hermaphrodisme latéral*, si l'un des côtés de ce plan contient des organes mâles, et l'autre des organes femelles.

IV. Conséquences médico-judiciaires et règles de l'expertise.

On peut avoir à reconnaître le sexe d'un squelette ou d'une personne vivante.

1° Le *squelette d'une femme* se reconnaît aux caractères suivants : les os sont plus petits, les attaches musculaires faibles, les clavicules presque droites, le sternum court, le bassin est différent (fig. 2 et 3).

Verneau, dans une thèse remarquable (*Le bassin suivant les sexes et les races*, Paris, 1875), a donné les caractères distinctifs suivants du bassin dans les deux sexes. Chez la femme, le bassin a un aspect particulier, il est moins haut et évasé à la partie inférieure. C'est surtout dans le petit bassin (à cause de la présence de l'utérus) que les différences s'accusent. Le diamètre transverse maximum du détroit inférieur l'emporte de près de 15 millimètres sur celui de l'homme. Chez la femme, le sacrum et le coccyx sont moins élevés et plus aplatis. « Le trou sous-pubien est ovalaire chez l'homme, triangulaire chez la femme. Il est relativement plus large

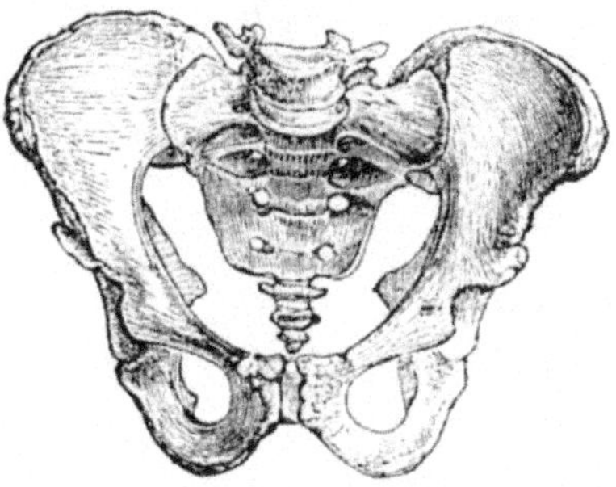
Fig. 2. — Bassin d'homme.

chez cette dernière et plus oblique en dehors et en bas. » Le bassin des races inférieures est plus large chez les hommes, moins large chez les femmes, qu'il ne l'est dans les races supérieures. Le bassin peut ne pas toujours donner d'indications précises. L'hermaphrodite de Crecchio et celui d'Hofmann, qui étaient des femmes, avaient un bassin d'homme. Ceci confirmerait ce que dit Schröder que le bassin de la femme ne prendrait ses attributs féminins que pour le développement des organes dans le petit bassin. Dans un cas d'hermaphrodite masculin décrit par Léopold, il y avait un bassin de femme.

Pour Bacarisse (*Le sacrum suivant les races*), d'une manière générale dans toutes les races, le sacrum de l'homme est plus fortement courbé que celui de la femme. C'est dans les races nègres qu'on rencontre les sacrums les plus aplatis.

2° *Le sexe d'une personne vivante* doit être connu dans la déclaration de naissance, dans le mariage (erreur dans la personne), dans les questions relatives aux attentats à la pudeur.

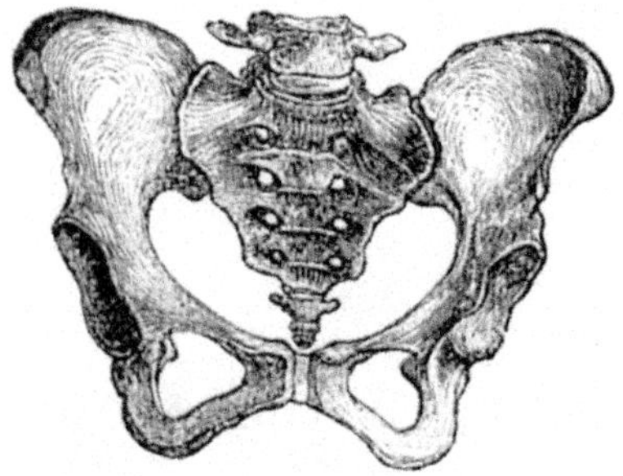

Fig. 5. — Bassin de femme.

Le mariage ne peut être contracté qu'entre deux personnes de sexe différent. Si l'épouse est mal conformée et impropre à l'union sexuelle, il ne peut y avoir nullité. Mais si, avec les apparences du sexe féminin, c'est un homme, alors le mariage est radicalement vicié.

Si l'individu a réellement des organes des deux sexes, il ne peut se marier, car quel que soit le sexe avec lequel il s'unira, il aura toujours avec lui identité du sexe. C'est donc un cas de nullité de mariage.

Dans la plupart des cas de fausses inscriptions sur les *registres de l'état civil*, ce sont des *individus du* sexe masculin qui sont inscrits comme appartenant au sexe féminin.

Mais on pourrait peut-être avoir à intervenir pour rendre son véritable sexe à un individu considéré comme homme et marié comme tel. Tous les auteurs racontent l'histoire de Valmont. Nos chroniques parlent d'un moine du couvent d'Issoire en Auvergne, qui, sous le règne de Louis XI, conçut et se trouva mère, Bauhin fit sur lui ce vers :

Mas, mulier, monachus, mundi mirabile monstrum.

Diderot, dans ses Éléments de physiologie, rapporte d'autres exemples semblables.

Comment se fait l'expertise? L'examen est local et général [1].

1° *Local*. On examine le clitoris ou le pénis (la perforation est un indice du sexe masculin), puis les petites lèvres, les grandes lèvres, le scrotum. On recherche le méat urinaire. On examine la conformation du bassin.

2° *Général*. Comment s'exécutent les fonctions génitales? Y a-t-il menstrues ou hémorrhagies supplémentaires? Quels sont les penchants et les habitudes? Mais se méfier des perversions du goût; Meckel en a fait un premier degré de l'hermaphrodisme. — Examiner la conformation générale de l'individu.

[1] Consulter : l'affaire Granjean, 1765, mentionnée par Merlin dans son Répertoire sous le nom d'hermaphrodite; l'affaire Lelasseur (*Gaz. des trib.*, 5, 12, 26 avril 1834) ; Mémoire de Tardieu (*Ann. d'hyg.*, 1872) ; *Médecine légale d'Hofmann*, p. 657 ; l'affaire San-Antonio, fils du maréchal Serrano, marié avec Mlle Martinez de Campos (*Gaz. des trib.*, 21 décembre 1881).

De l'impuissance.

I. *Définition.* — C'est l'impossibilité pour l'un ou l'autre sexe d'accomplir l'acte générateur. On a voulu distinguer l'impuissance et la stérilité (*impotentia coeundi, impotentia generandi*). Les Décrétales disaient *frigidi* et *maleficiati*.

II. *Législation.* — Art. 312. Code civil. L'enfant conçu pendant le mariage a pour père le mari. — Néanmoins celui-ci pourra désavouer l'enfant, s'il prouve que pendant le temps qui a couru depuis le trois centième jusqu'au cent quatre-vingtième jour avant la naissance de cet enfant, il était, soit pour cause d'éloignement, soit par l'effet de quelque accident, dans l'impossibilité physique de cohabiter avec sa femme.

Art. 313. Le mari ne pourra, en alléguant son impuissance naturelle, désavouer l'enfant; il ne pourra le désavouer même pour cause d'adultère, à moins que la naissance ne lui ait été cachée, auquel cas il sera admis à proposer tous les faits propres à justifier qu'il n'en est pas le père.

D'ailleurs cette question peut être soulevée à propos du désaveu de paternité ou de maternité. On peut aussi la faire intervenir lors des attentats à la pudeur.

L'article 316 sur le crime de castration (voir à la législation des blessures).

III. *Caractères scientifiques.* — On a dit que pour que le coït fût complet, il fallait du côté de l'homme érection, intromission et éjaculation avec sensation voluptueuse; du côté de la femme, excitation des parties génitales, réception et sensation voluptueuse. Cette dernière sensation ne semble pas indispensable.

On a fait de nombreuses divisions de l'impuissance. Toutes ont l'inconvénient de mettre d'un côté les faits certains et incontestables, et de faire une seconde classe pour les cas douteux, c'est-à-dire ceux qui donnent toujours lieu à des discussions. C'est ainsi que l'on a vu une impuissance physique et nerveuse, congéniale et acquise (le législateur s'en occupe), absolue et relative (il y a disproportion entre les organes. Autrefois on en tenait compte dans les question de dissolution de mariage).

Étudions successivement l'impuissance chez les deux sexes.

1° *De l'impuissance chez l'homme.* — Nous pouvons faire les deux divisions dont nous avons parlé, et étudier les causes qui empêchent le coït ou la fécondation.

A. *Impotentia coeundi.* — Il y a *absence* de verge, cette absence est congéniale ou acquise (opérations, blessures).

La verge est *diminuée* de volume : parfois le coït est possible, mais souvent il s'y joint d'autres anomalies : épispadias, absence de corps caverneux, atrophie de la vessie.

La verge est *augmentée :* il y a sans doute des limites. On ne peut condamner une femme au martyre.

La verge est *mal faite :* elle se bifurque, elle s'incurve pendant l'érection, il y a dilatation anévrysmale des corps caverneux.

B. *Impotentia generandi.* — L'impossibilité du coït n'entraîne pas l'impuissance à féconder. On a beaucoup parlé dans ces derniers temps des générations artificielles. Le sperme doit être lancé dans une certaine direction (phimosis, épispadias, hypospadias). Il doit y en avoir une certaine quantité et il doit être de qualité convenable. Les spermatozoïdes manquent chez les enfants, les vieillards et quelques individus.

Mais la condition certaine de l'impuissance à féconder est l'absence de sperme. Cette condition se rencontre 1° dans l'absence congéniale des testicules. C'est assez rare. S'il y a arrêt de développement, on trouve tous les caractères de l'hermaphrodisme. Chez les cryptorchides, les testicules sont dans l'abdomen; le coït est fécond, on les a même dit plus ardents, à cause de la chaleur continuelle dont leurs testicules sont pénétrés. De même les animaux à tempérament très porté à l'amour et chez lesquels ces glandes sont près des reins : les coqs, les moineaux, les rongeurs (rats et lapins), par exemple.

2° Dans l'absence acquise et prouvée des testicules. L'examen local le démontre, il y a cicatrice. L'examen général donne les caractères de l'eunuque.

On distingue plusieurs variétés d'*eunuques*, ce troisième sexe, comme l'appelait Balzac. C'est ainsi que les Romains distinguaient les *Spadones*, privés d'un seul testicule : ils coïtaient, engendraient et pouvaient d'ailleurs se marier. Puis les *Thadiai* ou *Thasiai*, dont les testicules étaient atrophiés par le bistournage; parfois des vaisseaux séminifères échappent à la distorsion et la fécondation est possible. Puis les eunuques auxquels on a enlevé les testicules, mais laissé le pénis : ils étaient très recherchés des dames romaines, d'après Juvénal. Il y a enfin les vrais eunuques auxquels on a enlevé tous les organes extérieurs. Ce sont ceux qui gardent les femmes dans les harems; ils ont des désirs vénériens. Il faut mentionner aussi une secte russe, les Skoptzy, c'est-à-dire les Châtrés. D'après les chiffres officiels (de 1805 à 1871), la police aurait découvert 5,444 skoptzy (3,979 hommes et 1,465 femmes).

Notons enfin que l'impuissance peut aussi tenir à une anaphrodisie physiologique ou pathologique. Cette dernière se montre après les abus de l'acte vénérien, les affections de l'encéphale, de la moelle et surtout le diabète.

2° *De l'impuissance chez la femme.*

A. *Impotentia coeundi.* — On ne peut admettre la laideur ou certaines maladies, telles que l'ozène, les convulsions.

Parmi les causes locales, il peut y avoir absence des parties génitales externes, soit congéniale, soit consécutive à un traumatisme ou accident qui a fusionné tous les organes.

Il y a rétrécissement du vagin et de la vulve; on peut essayer une dilatation artificielle. Il peut y avoir des obstacles à l'entrée de la verge par le clitoris ou des végétations.

Enfin il y a déviation du vagin; il s'ouvre dans la vessie, dans le rectum, les trois ouvertures n'en font qu'une. Malgré tout cela, on a vu des grossesses.

B. *Impotentia concipiendi.* — Il y a des *causes générales :* syphilis, constitution affaiblie, causes agissant sur les ovaires.

Des *causes locales* qui empêchent l'arrivée du sperme, ainsi l'hymen; le col de l'utérus est plein ou imperforé ou trop étroit; des modifications à peu près semblables peuvent se montrer du côté de la trompe. Ajoutons que les déplacements de l'utérus donnent une mauvaise direction au col, et que les maladies de l'ovaire (ordinairement un seul est atteint) peuvent être la cause de la stérilité.

IV. *Conséquences médico-judiciaires et règles de l'expertise.* — Les peuples anciens admettaient la répudiation et le divorce. D'après Justinien, la femme pouvait réclamer la dissolution du mariage quand le mari était impuissant.

Au divorce l'Église substitua la nullité du mariage, d'après la maxime : *Quod Deus conjunxit homo non separat*. Les époux pouvaient convoler à d'autres noces.

Au quinzième siècle, le droit canonique admit que l'impuissance devait être constatée par l'examen direct ou par le *Congrès*. Tallemant des Réaux en a laissé une narration célèbre. On accordait deux heures; alors les experts s'assuraient s'il y avait eu intromission, *et an fuisset emissio ubi, quid et quale emissum*. L'épreuve du congrès ne fut abolie que le 18 janvier 1677, et Boileau l'a flétrie dans ses vers [1].

Dans le Code civil, les questions d'impuissance sont présentées sous trois faces différentes :

1° Au point de vue de la nullité du mariage;

2° De la séparation de corps ;

3° Du désaveu des enfants nés pendant le mariage.

Nous avons dit aussi que cette question pouvait appartenir au Code pénal, dans les affaires d'attentats à la pudeur.

Les règles de l'expertise sont les mêmes que dans l'hermaphrodisme.

L'examen sera local et général.

3. DE L'ÉTAT CIVIL.

L'état civil est la condition faite à un individu par les différents actes sociaux qui constatent ses rapports de parenté, de mariage, etc.

[1] Jamais la biche en rut n'a, pour fait d'impuissance,
Traîné du fond des bois un cerf à l'audience ;
Et jamais juge, entre eux ordonnant le congrès,
De ce burlesque mot n'a sali ses arrêts.

Faisons remarquer que les actes de naissance ou de décès constatent l'état civil des personnes, mais à la différence de l'acte de mariage, ils sont le résultat d'un *fait* presque toujours réalisé en l'absence de l'officier de l'état civil et non d'un *contrat* passé devant lui : de là, la difficulté de constater directement et sûrement la naissance et le décès autrement que par la vue de l'enfant ou du cadavre ou par des témoignages. Ces actes cependant sont de la plus grande importance, d'eux découlent tous les droits et une grande partie des devoirs des personnes et leurs capacités.

Le titre deuxième du livre I du Code civil s'occupe des *actes de l'état civil* (art. 34-102). Après un chapitre consacré aux dispositions générales, il traite successivement des *actes de naissance*, *de mariage*, *de décès*, etc.

De nombreuses questions se rapportent à la naissance. Nous ne traiterons ici que de la *paternité*, de la *maternité* et de la *déclaration des naissances*. Nous reviendrons plus tard, à propos du fœtus, sur les questions si importantes de viabilité, de naissances précoces et tardives, de superfétation. L'exposition, la supposition, la suppression et la substitution d'enfant seront en même temps exposées. Tous les éléments de l'étude de l'enfant au début de la vie seront aussi réunis. Quant aux actes de décès, ils trouveront naturellement place dans le chapitre consacré à la mort et au cadavre.

A. Paternité et maternité.

C'est le jurisconsulte Paul qui a le premier proclamé la maxime bien connue : *Pater is est quem nuptiæ demonstrant*. (L. 5, ff. *De in jus vocando*.)

Le titre septième du livre I du Code civil s'occupe de la Paternité et de la Filiation.

Rappelons les articles 312, 313.

ART. 340. La recherche de la paternité est interdite. Dans le cas d'enlèvement, lorsque l'époque de cet enlèvement se rapportera à celle de la conception, le ravisseur pourra être, sur la demande des parties intéressées, déclaré père de l'enfant.

ART. 341. La recherche de la maternité est admise. — L'enfant qui réclamera sa mère sera tenu de prouver qu'il est identiquement le même que l'enfant dont elle est accouchée. Il ne sera reçu à faire cette preuve par témoins que lorsqu'il aura déjà un commencement de preuve par écrit.

Le médecin peut donc intervenir dans les questions d'adultère, de grossesse, d'impuissance. Dans le cas de l'art. 340, il doit montrer si l'époque de l'enlèvement coïncide avec la conception de l'enfant. Il peut y avoir à ce propos, comme dans le cas de l'art. 341, une question d'identité.

B. Déclaration des naissances.

La société a le plus grand intérêt à connaître tous les membres de la collectivité humaine. Elle sanctionne l'entrée ou la sortie de chacun d'eux dans le milieu social par un acte officiel, qui est l'acte de naissance et l'acte de décès. Mais comme elle doit en même temps protection à tous, et principalement aux plus faibles, la loi a voulu que la déclaration de naissance, à défaut des parents, fût faite par les personnes qui, par leur profession ou les circonstances, ont assisté à l'accouchement. Cependant le médecin peut, en prêtant son assistance, avoir promis le secret. Présenter l'enfant et dire qu'il est de père et mère inconnus, en indiquant le domicile de la mère (art. 57), c'est en même temps faire connaître le nom de celle-ci. La jurisprudence actuelle, grâce à l'initiative du Dr Berrut[1], a

[1] Le secret médical devant les tribunaux, dans le cas de

parfaitement établi que le médecin, en présentant l'enfant, pouvait refuser d'indiquer le nom de la mère et le lieu où s'était fait l'accouchement.

Art. 55. Les déclarations de naissance seront faites, dans les trois jours de l'accouchement, à l'officier de l'état civil du lieu; l'enfant lui sera présenté.

Art. 56. La naissance de l'enfant sera déclarée par le père, ou, à défaut du père, par les docteurs en médecine ou en chirurgie, sages-femmes, officiers de santé ou autres personnes qui auront assisté à l'accouchement; et lorsque la mère sera accouchée hors de son domicile, par la personne chez qui elle sera accouchée. L'acte de naissance sera rédigé de suite en présence de deux témoins.

Art. 346. Code pénal. Toute personne qui, ayant assisté à un accouchement, n'aura pas fait la déclaration à elle prescrite par l'article 56 du Code civil, et dans les délais fixés par l'article 55 du même Code, sera punie d'un emprisonnement de six jours à six mois, et d'une amende de 16 francs à 300 francs.

Un jugement du 30 décembre 1875, rendu, sur la demande du Dr Berrut, contrairement aux conclusions du ministère public, par la première chambre du tribunal civil de la Seine, déclare qu'on ne saurait admettre que l'officier de l'état civil ait pu, pour cette cause (le Dr Berrut n'avait voulu indiquer ni le nom de la mère, ni le lieu où l'accouchement avait eu lieu), refuser de recevoir la déclaration et d'assurer à l'enfant le bénéfice d'un acte de naissance. Ce jugement déclare en outre que Louise-Armande, enfant du sexe féminin, est née le 7 décembre 1875, à midi, dans la circonscription du 7e arrondissement de Paris, de père et mère inconnus;

Dit que le présent jugement tiendra lieu à la susnommée d'acte de naissance;

Ordonne que le maire du 7e arrondissement de Paris sera tenu d'inscrire ledit jugement, dans les trois jours de sa signification, sur les registres des actes de naissance de cet arrondissement.

Sinon, et faute par lui de ce faire dans le délai ci-dessus fixé, dit qu'il sera fait droit :

Condamne le défendeur ès qualité aux dépens.

Voir dans le même sens quatre arrêts de la Cour de cassation (16 septembre 1843, deux arrêts le 1er juin 1844, 1er août 1845).

déclaration de naissance, par le Dr Berrut. (*Gaz. des hôpitaux*, no 12, 1876.)

On peut donc adopter la formule du Dr Berrut, dont le premier terme donne satisfaction aux prescriptions de l'art. 346 (déclaration de naissance), et le deuxième terme à celles de l'art. 378 (secret professionnel) :

Tout ce qui rattache l'enfant à la société, le médecin doit le dire.

Tout ce qui rattache l'enfant à la mère, le médecin doit le taire, si la mère l'exige.

Quelques mots sur *la déclaration à l'état civil des embryons et des mort-nés.*

Nous avons traité cette question dans le *Lyon-Médical* en 1882. Rappelons les circulaires du préfet de la Seine en 1868, 1869 et 1882.

Dans celles-ci ce fonctionnaire affirme que les médecins et les sages-femmes ne sauraient « se soustraire à l'obligation de déclarer les cas d'accouchement prématuré nécessitant l'inhumation des produits embryonnaires. » La Société de médecine de Paris a protesté contre cette circulaire, estimant que les médecins devaient considérer l'abstention comme un devoir strict et ne pouvaient être soumis à la déclaration des accouchements prématurés. Nous pensons en effet que le médecin n'est tenu de déclarer que la naissance des enfants ou des produits de conception viables, c'est-à-dire après 180 jours. Ce n'est qu'à ceux-ci ou à des fœtus à terme que s'applique la qualité de mort-nés dont l'inscription à l'état civil est indiquée par le décret du 4 juillet 1806. Pour éviter que des débris humains ne soient jetés à la voirie, nous avons conseillé à la morgue, ou, à défaut de celle-ci, à l'hôpital, l'établisse-d'un *tour :* ces produits de conception seraient inscrits par le gardien de la morgue et sous le contrôle d'un médecin sur un registre spécial.

C. du Mariage.

De tout temps et chez tous les peuples, dès que les collectivités humaines sont arrivées à un certain degré de civilisation, les législateurs se sont occupés de favoriser et de régulariser l'union sexuelle. En permettant la reproduction de l'espèce, on donnait, à la société de l'homme et de la femme un caractère normal. Comme l'a dit Fodéré : « Le mariage doit être considéré sous trois rapports : sous celui des besoins physiques et personnels, sous celui des enfants qui en naîtront ; et enfin sous le rapport des droits et devoirs que l'état social a attachés à cette institution. »

D'après notre Code civil (livre I, titre V), nous avons à étudier :

1° *Les qualités et conditions requises pour pouvoir contracter mariage ;*

2° *L'opposition au mariage ;*

3° *La nullité de mariage;*

4° *La séparation de corps et le divorce.*

A. DES OBSTACLES AU MARIAGE D'APRÈS LA LOI

Le Code civil en reconnaît de trois sortes : l'âge, la parenté, la démence. Ce sont là les seuls motifs d'opposition reconnus par la loi. Les ascendants ont droit d'opposition pour un motif quelconque.

a. L'âge.

Les articles 144, 145, 148, 151, 152, 153, 160, 173, 185 s'occupent de l'âge. La loi indique, dans l'art. 144, que l'homme avant dix-huit ans révolus, la femme avant quinze ans, ne peuvent contracter mariage;

mais elle ne fixe pas de limite d'âge au-dessus de laquelle le mariage ne pourrait avoir lieu.

b. La parenté.

Art. 735 Code civil. La proximité de parenté s'établit par le nombre de générations; chaque génération s'appelle un *degré.*

Art. 736. La suite des degrés forme la ligne : on appelle *ligne directe* la suite des degrés entre personnes qui descendent l'une de l'autre; *ligne collatérale* la suite des degrés entre personnes qui ne descendent pas les unes des autres, mais qui descendent d'un auteur commun. On distingue la ligne directe, en ligne directe descendante et en ligne directe ascendante. La première est celle qui lie le chef avec ceux qui descendent de lui; la deuxième est celle qui lie une personne avec ceux dont elle descend.

Art. 737. En ligne directe, on compte autant de degrés qu'il y a de générations entre les personnes : ainsi le fils est, à l'égard du père, au premier degré; le petit-fils, au second, et réciproquement du père et de l'aïeul à l'égard des fils et petits-fils.

Art. 738. En ligne collatérale, les degrés se comptent par les générations, depuis l'un des parents jusques et non compris l'auteur commun, et depuis celui-ci jusqu'à l'autre parent. Ainsi deux frères sont au deuxième degré; l'oncle et le neveu sont au troisième degré; les cousins germains au quatrième; ainsi de suite.

Art. 161. En ligne directe, le mariage est prohibé entre tous les ascendants et descendants légitimes et naturels, et les alliés dans la même ligne.

Art. 162. En ligne collatérale, le mariage est prohibé entre le frère et la sœur légitimes et naturels, et les alliés au même degré.

Art. 163. Le mariage est encore prohibé entre l'oncle et la nièce, la tante et le neveu.

Art. 164. Néanmoins, il est loisible au roi de lever, pour des causes graves, les prohibitions portées par l'article 162 aux mariages entre beaux-frères et belles-sœurs, et par l'article 163, aux mariages entre l'oncle et la nièce, la tante et le neveu.

Nous avons traité cette question de mariages entre parents dans l'article Consanguinité, du *Dictionnaire encyclopédique,* et montré par la statistique judiciaire que les dispenses accordées pour mariage (entre alliés ou entre parents) ont doublé en treize ans. C'est un résultat grave, qui prouve que les demandes sont plus nombreuses ou les dispenses plus facilement accordées. Ajoutons que l'article 348, concernant l'adoption, devient aussi un empêchement au mariage.

c. La démence.

Art. 146. Il n'y a pas de mariage, lorsqu'il n'y a point de consentement.

Art. 174. A défaut d'aucun ascendant, le frère ou la sœur, l'oncle ou la tante, le cousin ou la cousine germains, majeurs, ne peuvent former aucune opposition que dans les deux cas suivants : 1° Lorsque le consentement du conseil de famille, requis par l'article 160, n'a pas été obtenu ; — 2° Lorsque l'opposition est fondée sur l'état de démence du futur époux; cette opposition, dont le tribunal pourra prononcer mainlevée pure et simple, ne sera jamais reçue qu'à la charge, par l'opposant, de provoquer l'interdiction et d'y faire statuer dans le délai qui sera fixé par le jugement.

Par démence, la loi entend l'aliénation mentale, la folie. Or, dans cet état, l'individu ne peut donner son consentement.

Il est certain qu'il existe d'autres maladies qui sont de véritables *contre-indications* au mariage. C'est ainsi que Fodéré avait rangé sous trois chefs principaux ces divers états morbides :

1° *Maladies s'aggravant par le mariage* (affections de poitrine, maladies chroniques, étroitesse du bassin);

2° *Maladies contagieuses* (syphilis — sans doute c'est un motif au point de vue moral, mais il ne peut y avoir opposition légale);

3° *Maladies héréditaires* (ce sont, par exemple, des maladies du système nerveux que l'hygiène sociale voudrait, par une sage sélection, voir disparaître); mais il est dangereux de s'engager dans cette voie, on arriverait ainsi à porter facilement atteinte à la liberté individuelle.

B. NULLITÉ DE MARIAGE

Aujourd'hui, elle n'est plus admise que dans les deux cas suivants : 1° lorsqu'il y a eu défaut de consentement, et 2° lorsqu'il y a eu erreur dans la personne.

Articles 146, 180 et 181 du Code civil (voy. p. 82).

Nous avons dit, à propos de l'impuissance, que celle-ci ne pouvait constituer par elle-même une cause de nullité du mariage. Il faut que l'erreur ait porté sur la personne et non sur les qualités physiques, et le mariage existe dès que le sexe est reconnaissable et différent chez l'un et l'autre des contractants.

C. SÉPARATION DE CORPS ET DIVORCE

La loi du 20 septembre 1792 avait aboli la séparation de corps pour y substituer le divorce. Le Code civil, en 1803, maintenait l'un et l'autre. La loi du 8 mai 1816 a aboli le divorce et appliqué à la séparation les dispositions relatives au divorce dans les cas suivants :

Adultère (art. 229, 230, 308) ;

Excès, sévices ou injures graves de l'un des époux envers l'autre (art. 231) ;

Condamnation à une peine infamante (art. 232).

La loi de 1885 a rétabli le divorce.

Comme conséquences médico-judiciaires, le médecin peut avoir à constater l'impuissance, la mesure du devoir congugal. — Ces questions ont surtout été étudiées dans le droit canon; ainsi, d'après lui, toute fraude génésique pour éviter d'avoir des enfants annule le contrat.

Une question qui est posée plus souvent, est celle qui se rapporte aux excès, sévices et injures graves. C'est là qu'il faut faire entrer les cas de transmission de syphilis, que la jurisprudence tend à admettre comme tombant sous l'application des articles 231 du Code civil et 331 et 332 du Code pénal, de sodomie conjugale. La Cour de cassation a, dans plusieurs arrêts, consacré ce principe, que le crime d'attentat à la pudeur peut exister de la part du mari sur la femme, lorsque l'acte sodomique a été accompli avec violence. Ajoutons encore la grossesse antérieure au mariage. Quelques mots des *seconds mariages* :

ART. 228. La femme ne peut contracter un second mariage que dix mois révolus après la dissolution du mariage précédent.

Si, malgré cet obstacle, le mariage avait eu lieu, il pourrait se présenter deux paternités légales. D'après la loi, l'enfant pourrait appartenir aux deux unions, s'il naissait avant la fin du 300e jour depuis la dissolution du premier mariage, et après le commencement du 180e jour depuis le nouveau. Dans une telle expertise il faudrait tenir compte du développement du fœtus et des causes qui ont produit la dissolution de la première union. La condamnation pour bigamie établit la nullité du second mariage.

4. DE L'IDENTITÉ

I. Définition.

L'identité est la détermination de l'individualité d'une personne.

Tardieu comprenait sous ce nom la recherche et la constatation des signes physiques à l'aide desquels il est possible d'établir soit pendant la vie, soit après la mort, l'individualité de personnes inconnues, ou encore la participation de tel ou tel individu à certains actes incriminés.

D'après lui, elle peut encore avoir pour objet un cadavre entier ou mutilé, des débris ou ossements découverts après un temps plus ou moins long, une personne vivante, dont le sexe est douteux, l'individualité incertaine dissimulée ou contestée.

D'une manière générale, les circonstances dans lesquelles le médecin intervient sont au nombre de trois :

1° *Dans les cas de simple police*. Un individu est trouvé, sans papiers, sur la voie publique, il faut établir son identité anatomo-physiologique.

2° *Au point de vue criminel*. Un prévenu réclame le bénéfice d'un alibi ; un individu est arrêté sous prétexte de ressemblance avec un condamné évadé ; d'ailleurs, l'action publique se prescrit par dix ans pour les crimes, et par trois ans pour les délits, et l'on comprend qu'après un grand nombre d'années il y ait de profonds changements dans l'extérieur d'une personne. Ce sont des ossements trouvés dans les fouilles, dans une cave, au milieu d'un bois, etc., ou bien encore des débris de corps humains, comme dans les expertises de *dépéçage criminel.*

3° *Au point de vue du droit civil.* De nos jours, les rapports si nombreux que les relations modernes établissent entre les personnes rendent ces questions plus rares. Les registres de l'état civil sont, en outre, parfaitement tenus. Mais ces documents officiels peuvent avoir disparu, comme à Paris, par exemple, après la Commune. On peut avoir encore à rechercher l'identité, dans les cas de filiation ou d'héritage. D'après la loi, la filiation ou possession d'état s'établit par différentes preuves : actes de naissance, témoins, écrits, indices tels que vêtements, etc.

Toutes ces questions d'identité peuvent être soulevées dans les cas d'infanticide, de suppression ou de substitution d'enfant ; un individu soutient être le fils d'une femme qui affirme n'avoir jamais eu d'enfant ; un individu prétend être le fils et l'héritier d'une famille dont le véritable fils est absent ou mort depuis longtemps. On sait tout le bruit qu'a fait en Angleterre l'affaire Tichborne. Rappelons aussi la belle consultation de Louis dans l'affaire Baronet.

II. Législation.

Quelques-unes des circonstances dont nous venons de parler sont visées par les articles suivants du Code civil.

Art. 319. La filiation des enfants légitimes se prouve par les actes de naissance inscrits sur le registre de l'état civil.

Art. 320. A défaut de ce titre, la possession constante de l'état d'enfant légitime suffit.

Art. 321. La possession d'état s'établit par une réunion suffisante de faits qui indiquent le rapport de filiation et de parenté entre un individu et la famille à laquelle il prétend appartenir.

Les principaux de ces faits sont : que l'individu a toujours porté le nom du père auquel il prétend appartenir ; — que le père l'a traité comme son enfant et a pourvu, en cette qualité, à son éducation, à son entretien et à son établissement ; — qu'il a été reconnu constamment pour tel dans la société ; — qu'il a été reconnu pour tel par la famille.

Art. 323. A défaut de titre et de possession constante, ou si l'enfant a été inscrit soit sous de faux noms, soit comme né de père et mère inconnus, la preuve de filiation peut se faire par témoins. — Néanmoins cette preuve ne peut être admise que lorsqu'il y a commencement de preuve par écrit, ou lorsque les présomptions ou indices résultant de faits dès lors constants sont assez graves pour déterminer l'admission.

Art. 325. La preuve contraire pourra se faire par tous les moyens propres à établir que le réclamant n'est pas l'enfant de la mère qu'il prétend avoir, ou même, la maternité prouvée, qu'il n'est pas l'enfant du mari de la mère.

Art. 341 (page 106).

Art. 518, Code d'instruction criminelle. La reconnaissance de l'identité d'un individu condamné, évadé et repris, sera faite par la cour qui aura prononcé sa condamnation. Il en sera de même de l'identité d'un individu condamné à la déportation ou au bannissement qui aura enfreint son ban et sera repris ; et la cour, en prononçant l'identité, lui appliquera de plus la peine attachée par la loi à son infraction.

III. Caractères scientifiques.

Comment établir le diagnostic de l'individualité? Quels sont les signes de l'identité?

Une division peut d'abord être faite, selon qu'il s'agit : 1° d'une personne vivante ; 2° d'un cadavre ; 3° d'objets ou de substances privées de vie.

1° Identité pendant la vie. — Les preuves de l'individualité d'une personne se trouvent fournies par des signes physiologiques, par des signes pathologiques ou accidentels.

a. Signes physiologiques. L'*âge*, le *sexe* (que nous avons déjà étudiés), la *taille*, le *poids*.

Pour avoir la taille, on toise l'individu.

Les recherches modernes, surtout celles de Broca, ont parfaitement établi que la taille n'est pas en rapport avec la constitution de l'individu, mais avec la race à laquelle il appartient. D'après le savant professeur, les Français, qui sont des dolichocéphales orthognathes, forment un mélange de trois races. Les *Aquitains* (Basques, venant des Ibères); les *Belges*, de la race des *Kymris* (chassés des bords de la mer Noire, 615 av. J.-C., sont remontés jusqu'à la Baltique : grands, blonds, front large, menton saillant, nez recourbé) ; les *Celtes* ou *Galls* (entre la Garonne, la Seine, les Alpes et l'Océan : taille moyenne, bruns, yeux noirs, front bombé fuyant vers les tempes, nez droit, menton rond).

L'aptitude de la France, au point de vue de la taille militaire, ne diminue point, elle s'améliore au contraire. Il est certain que le nombre des individus à grande taille, ou que la taille moyenne, n'augmente pas; ce qui peut faire supposer qu'il se fait une fusion de plus en plus complète entre l'élément celtique et l'élément kymrique, et que, probablement, la première de ces races croît plus vite que la seconde.

Le poids a aussi de l'importance. Ses variations ne sont pas très grandes. L'homme ou la femme atteignent en général 20 fois le poids de l'enfant à la naissance (3 kil. $\times$ 20 $=$ 60 à 65 kil.). La race d'ailleurs influe encore sur le poids, puisque la partie la plus pesante du corps est le squelette, élément si variable avec les familles ethnologiques.

Pour un jeune soldat, dont la taille est de $1^m,54$, nous admettons les conclusions suivantes de M. le professeur Vallin : L'aptitude militaire est incompatible avec un poids inférieur à 50 kilogr. De même qu'il est extrêmement rare de trouver en France des hommes ayant une taille inférieure à $1^m,53$ et cependant capables de supporter les fatigues du service, de même on ne rencontrera presque jamais un homme ayant moins de 78,5 de circonférence sous-pectorale, pesant moins de 50 kilogr. et capable cependant de faire un service utile dans l'armée.

J'ai dressé, d'après Quételet, le tableau suivant qui est une échelle du développement de la taille et du poids chez l'homme et la femme :

AGE.	HOMMES.		FEMMES.	
	TAILLE.	POIDS.	TAILLE.	POIDS.
	mèt.	kil.	mèt.	kil.
0	0.500	3.20	0.490	2.91
1	0.698	9.45	0.690	8.79
2	0.791	11.34	0.781	10.67
5	0.988	15.77	0.974	14.36
7	1.105	19.10	1.086	17.54
10	1.275	24.52	1.248	23.52
11	1.330	27.10	1.299	25.65
12	1.385	29.82	1.353	29.82
13	1.439	34.38	1.403	32.94
14	1.493	38.76	1.453	36.70
15	1.546	43.62	1.499	40.37
16	1.554	49.67	1.533	43.57
17	1.594	52.85	1.555	48.31
18	1.658	57.85	1.564	51.03
20	1.674	60.06	1.572	52.28
25	1.680	62.93	1.577	53.28
30	1.684	63.65	1.579	54.33
40	1.684	63.67	1.579	55.23
50	1.674	63.46	1.536	56.16
60	1.639	61.94	1.516	54.30
70	1.623	59.52	1.514	51.51
80	1.613	57.83	1.506	49.37
90	1.613	57.83	1.504	49.34

En résumé, l'homme atteint son développement de 25 à 30 ans, son poids augmente jusqu'à 40 ans. — De même pour la femme, mais son maximum de poids se produit vers 50 ans.

Il faut tenir compte du *système dentaire* (dont nous

avons ailleurs montré toute l'importance), des *cheveux*, des *ongles*. Les cheveux servent à constater l'identité par leur existence (tête rasée, — calvitie, canitie), par leur coloration. Celle-ci a une importance plus grande. Pendant la première année, les cheveux se comportent comme l'iris, et ils se foncent peu à peu. Les cheveux noirs blanchissent assez vite, mais, en général, la canitie ne commence qu'après quarante ans. De nombreux cosmétiques sont employés pour teindre les cheveux.

On noircit les cheveux avec la pommade au mélanocome (axonge avec noir végétal ou animal) et avec certains réactifs (acétate de plomb, hydrogène sulfuré, sels de bismuth, nitrate d'argent). Les couleurs claires s'obtiennent par des poudres ou des liqueurs végétales, ou encore par l'action prolongée du chlore (outre que ce dernier procédé est désagréable, les cheveux deviennent durs et cassants). Des expériences d'Orfila ont montré qu'il était possible : de rendre les cheveux noirs, quelle que soit leur couleur ; de faire passer des cheveux naturellement noirs au châtain ou au blond ; de rendre à des cheveux teints leur couleur primitive.

Nous exposerons plus tard les procédés que doit employer l'expert pour reconnaître ces fraudes.

Voici les conclusions auxquelles est arrivé le Dr E. Villebrun dans sa thèse faite au laboratoire de médecine légale de Lyon et ayant pour titre : *Des ongles, leur importance en médecine judiciaire* (1882).

I. Les ongles ont en médecine légale une importance qui tient soit à leurs propres caractères, soit à ceux des lésions qu'ils produisent.

II. Leur examen peut fournir au point de vue de l'identité ethnique et professionnelle des résultats tirés : 1° de leur coloration ; 2° des substances étrangères logées autour d'eux et sous eux ; 3° de leur excès de développement ; 4° de leur usure ou de leur érosion.

III. D'après Beau, la durée d'accroissement des ongles

est la même pour tous les doigts, la même pour tous les orteils. Tous les ongles des doigts croissent environ de 1 millimètre par semaine ; aux orteils la croissance est quatre fois moins rapide, c'est-à-dire que les ongles mettent quatre semaines pour croître de 1 millimètre. En se basant sur cette loi, on arrivera à déterminer avec une grande précision la date d'une blessure unguéale qu'on soupçonne faite dans des circonstances suspectes. Des données chronologiques de même nature peuvent être tirées de l'existence sur les ongles d'autres altérations pathologiques ou de leur coloration par différentes substances.

IV. Les blessures produites par les ongles ont une grande valeur en médecine légale et devront être recherchées dans tous les attentats contre les personnes. Leur formes, des plus variées, sont absolument caractéristiques.

V. Dans les affaires de coups et blessures en général les traces d'ongles examinées soit sur la victime, soit sur l'agresseur, seront un excellent moyen d'arriver à déterminer les différentes circonstances d'une lutte suivie ou non de mort.

VI. Dans l'asphyxie par strangulation et suffocation, parfois les lésions produites par les ongles, sans être constantes ni caractéristiques, auront dans certains cas une valeur assez grande pour entraîner des conclusions précises sur le caractère criminel ou non de la mort.

VII. Dans les attentats à la pudeur de diverse nature, la recherche des mêmes lésions sera également utile pour arriver à préciser les circonstances dans lesquelles l'acte délictueux aura été commis.

Notons enfin l'*expression du visage*, l'*attitude*, la *démarche*, l'*état de l'intelligence* : autant de données qui peuvent avoir, dans certains cas, une grande importance.

b. Signes pathologiques ou accidentels. — Il n'y a pas toujours des vices de conformation, mais les particularités sont nombreuses. Elles se montrent sur les parties dures ou sur les parties molles.

1° *Examen des parties dures.*

Le squelette peut être déformé, il y a traces d'anciennes fractures, un pied bot, du rachitisme, etc. Pour les dents, on constate leur écartement, leur déviation, leur usure, la carie, le plombage, etc. Les cheveux et les ongles sont examinés, ainsi que nous l'avons dit.

2° *Examen des parties molles.*

On constate leur division (bec-de-lièvre), on prend note de toutes les tumeurs (verrues, loupes, hernies), des taches ou signes de naissance (envies, grains de beauté, tissu mélanique); et l'on décrit leur situation, leur nombre, leur étendue, leur forme et leur couleur.

Puis on examine successivement, et l'on recherche :

Les cicatrices. Celles-ci, formées de tissu inodulaire, sont blanches, même chez le nègre. Anciennes, elles sont blanches et nacrées; récentes, elles sont vineuses et d'un rouge plus ou moins prononcé. Elles peuvent être très apparentes (varioles, certain cas d'acné) ou peu visibles (on conseille alors de les frictionner, afin de congestionner les tissus voisins). Leur siège, leur forme (sangsue, saignée, etc.) peut parfois en indiquer l'origine, et c'est alors une donnée importante dans la vie de l'individu.

Les tatouages. Nous avons étudié cette question dans un travail fait en 1881, dans le laboratoire de médecine légale de la faculté de Lyon et dans l'article TATOUAGE du dictionnaire de Dechambre. Il y a tatouage lorsque des matières colorantes, végétales ou minérales sont introduites sous l'épiderme et à des profondeurs variables, à l'effet de produire une coloration ou des dessins apparents de longue durée quoique non absolument indélébiles. Nous avons montré dans nos publications l'influence de l'âge, du sexe, de la profession (ceux-ci sont particulièrement importants au point de vue médico-légal comme signe d'identité), nous avons fait voir la valeur médico-légale des tatouages d'après *leur siège, leurs caractères extérieurs*. A ce dernier point de vue, il faut distinguer la date du tatouage et le dessin lui-même. Dans nos pays, les tatoueurs font usage d'encre de Chine et de vermillon; le charbon de bois pilé et délayé dans l'eau, l'encre bleue sont parfois employés; plus rarement on fait usage de bleu de Prusse ou de bleu de blanchisseuse. Pour piquer le dessin le tatoueur emploie des aiguilles, le plus souvent assez fines : ces aiguilles, au nombre de 3, de 5 ou de 10, sont maintenues au même niveau à l'aide de fils et fixées à l'extrémité d'un morceau de bois. Les bons tatoueurs font une première piqûre en enfonçant obliquement les aiguilles à une profondeur d'un demi-millimètre, et très rarement ils déterminent un écoulement de sang. Souvent ils ne font qu'une seule piqûre; parfois le dessin est repiqué une seconde fois afin d'avoir les contours plus apparents. L'opération terminée, la surface du tatouage est lavée avec de l'eau, de la salive ou de l'urine.

Nous avons relevé plus de 2000 tatouages. Voici notre procédé. De la toile transparente est appliquée sur la partie. Le dessin apparaît très nettement et il est facile d'en suivre tous les contours avec un crayon ordinaire. On a ainsi une reproduction mathématique de l'image, qui devient très visible lorsque la toile est mise sur une feuille de papier blanc; on passe alors les traits à l'encre bleue ou rouge, suivant que le tatouage présente l'une ou l'autre coloration. Ceci fait, la toile est collée sur un carton dont la dimension varie avec la grandeur du tatouage.

Nous divisons les tatouages, suivant l'image qu'ils représentent, en 7 catégories distinctes : emblèmes patriotiques et religieux; professionnels; inscriptions; militaires; métaphores; amoureux et érotiques; fantaisistes et historiques. Les tatouages peuvent s'affaiblir ou disparaître d'après la matière colorante employée : il est certain que l'encre de Chine est la substance la plus indélébile, tandis que le vermillon est la moins tenace. On a cherché à faire disparaître les tatouages pour se débarrasser d'un signe d'identité compromettant. Il a été fait usage de la vésication combinée avec l'application de corps chargés de calorique ou de topiques de nature caustique ou même escharrotique. Tardieu a prétendu qu'à l'aide de certains moyens chimiques on pouvait faire disparaître les tatouages. Nous pensons que, dans la plupart des cas, quel que soit le procédé employé, on provoque ainsi une cicatrice apparente qui dissimule le tatouage mais qui, au point de vue médico-légal, est un signe aussi indiscutable que le tatouage lui-même. Nous avons insisté sur les tatouages substitués ou surajoutés que nous avons appelés *transformés* ou *surchargés* pour indiquer dans quelles conditions ils avaient été faits. Nous ne ferons que citer les tatouages *involontaires* et les accidents produits par les tatouages (phlegmon, érysipèle, gangrène et surtout transmission de syphilis). Sur le cadavre, alors même que la putréfaction ou une cause accidentelle aurait enlevé le derme, il faudrait examiner avec soin l'état des lymphatiques et des ganglions de la région pour y rechercher la matière colorante. On le voit, les tatouages ont une grande valeur médico-légale : comme nous l'avons dit, ce sont de véritables cicatrices parlantes.

Les signes professionnels doivent aussi être connus. D'après Tardieu, les modifications physiques et chimiques que détermine dans certains organes l'exercice de diverses professions peuvent être rattachées aux quatre types suivants : 1° épaississement de l'épiderme; 2° altération de la structure de la peau; 3° modification de la coloration normale; 4° déformation des parties.

L'*épaississement* varie de la dureté calleuse jusqu'au durillon et au bourrelet saillant. Ainsi celui de l'avant-bras chez les cardeurs de matelas, le calus palmaire du bâtonniste, du tambour, des ouvriers à marteau. Le durillon saillant est épais et circonscrit, comme un cor chez les cochers, coiffeurs, écrivains, tailleurs de pierre. On rencontre le bourrelet chez le graveur sur métaux, le joueur d'orgues, le menuisier, le tourneur. Chez les jeunes ouvriers ces tumeurs sont molles et rougeâtres.

Les *crevasses profondes* se rencontrent chez les buandiers, les blanchisseurs, les boulangers, les débardeurs, les polisseurs ; la *destruction des ongles* chez les nacrières et les polisseuses de cuillers ; la *formation de tumeurs et de kystes* chez le débardeur, le tailleur d'habits, le vermicellier ; le *changement de coloration* chez les blanchisseurs de tissu, les corroyeurs, les ouvriers en cuivre, les écaleuses de noix, les ébénistes, les teinturiers.

Parfois il y a *déformation des parties :* ainsi le doigt déformé chez les cordonniers, les fleuristes, les repas-

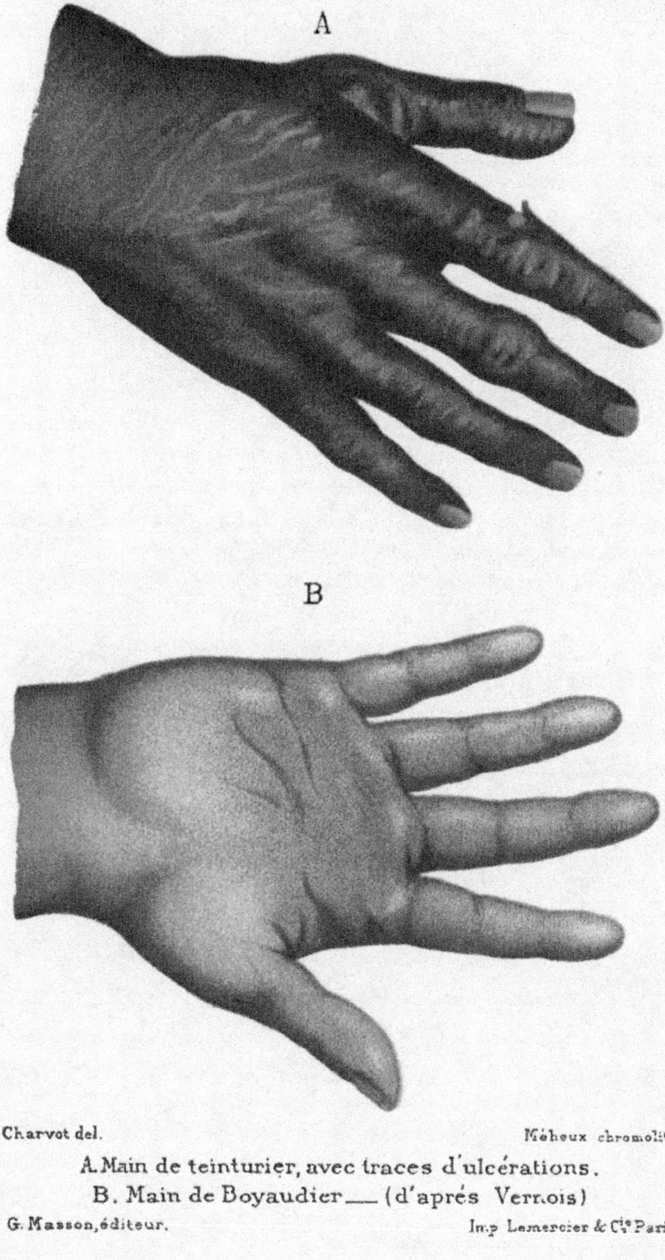

Charvot del. Méheux chromolith

A. Main de teinturier, avec traces d'ulcérations.

B. Main de Boyaudier — (d'après Vernois)

G. Masson, éditeur. Imp. Lemercier & Cie Paris.

seuses, les pastilleurs, les bijoutiers, la rétraction des tendons fléchisseurs chez les cloutiers.

En résumé, la main est la partie la plus importante, et ses altérations occupent soit la portion palmaire, soit les doigts isolés ou réunis, aux deux mains, ou à l'une des deux seulement. C'est alors surtout sur la droite qu'on les constate[1].

2° Identité après la mort. — C'est un cadavre entier. Pour cet examen, nous renvoyons à l'étude que nous en ferons plus tard.

Si c'est un squelette ou des parties de squelette, il faut déterminer le sexe, mesurer la taille et chercher l'âge au moyen des signes que nous avons déjà étudiés (état de l'ossification).

3° Identité des substances ou objets. — C'est la recherche des signes particuliers propres à établir la participation d'un individu à des actes criminels ou délictueux.

C'est ainsi qu'on examine l'état des vêtements dont la déchirure ou le désordre montrent des traces de lutte, de violence, la participation à l'acte incriminé. Outre ces preuves de lutte fournies par les vêtements, il peut exister de nouveaux signes sur le corps; c'est ainsi que l'on constate des égratignures, des érosions, des morsures, des contusions. Il peut y avoir différentes taches que nous apprendrons à différencier (sang, sperme, mucus, mains noircies par la poudre, plaies, brûlures), ce sont des cheveux ou des poils adhérents à certains objets, de la matière cérébrale, etc. Il y a enfin les empreintes laissées par certaines parties du corps de l'in-

[1] Voir : les gauchers comparés aux droitiers aux points de vue anthropologique et médico-légal. *Thèse du laboratoire de médecine légale de Lyon*, par le Dr L. Jobert, 1885.

dividu : mains sanglantes, empreintes de pas sur la terre ou sur la neige.

IV. Conséquences médico-judiciaires et règles de l'expertise.

On fait le signalement de l'individu [1], ainsi que nous l'avons indiqué. On le toise, on le pèse.

Pour reconnaître la coloration factice des cheveux, on peut employer les procédés suivants : 1° Si les cheveux sont teints par le mélanocome, ils noircissent les doigts et le linge. Une mèche de ces cheveux étant mise dans l'eau bouillante, la graisse surnage et le charbon se précipite. 2° Si la coloration est due à la réaction de l'acide sulfhydrique sur un sel de bismuth, on traite les cheveux par le chlore ou l'acide chlorhydrique. Au bout d'une heure, il y a décoloration, et le liquide provenant de l'opération précipite par les réactifs des sels de bismuth. 3° S'ils sont colorés par le sous-acétate de plomb, en se séchant ils deviennent d'un brun rougeâtre. On traite une mèche par l'acide chlorhydrique et le produit donne les réactions des sels de plomb. 4° Une solution de nitrate d'argent donne une couleur ordinairement violette que le chlore fait disparaître en la blanchissant immédiatement.

Pour les tatouages, il faut dans quelques cas les examiner à la loupe; ce sont les mains, et spécialement la droite, les avant-bras, qui donnent les signes professionnels les plus importants.

[1] Pour le signalement des détenus, consulter les très intéressants travaux d'Alphonse Bertillon.

A propos des *cicatrices*[1], l'expert peut avoir à résoudre les questions suivantes : Est-ce une cicatrice? A quelle époque remonte-t-elle? Une cicatrice est-elle indélébile? A quelle cause peut-on l'attribuer? Voici comment on procède à l'examen médico-légal des cicatrices. Si c'est une personne vivante, il faut avoir soin de noter exactement le siège de la cicatrice, les dimensions, l'aspect, la forme, la coloration, le degré d'organisation; on s'assurera par de légères tractions si elle est adhérente au tissu sous-jacent ; on décrira l'état des parties voisines et l'on constatera s'il existe des indurations plus ou moins étendues aux environs de la cicatrice, si l'organe qui en est le siège présente des dilatations variqueuses des veines, s'il est œdémateux dans le voisinage ou sujet à l'infiltration après la marche ou une position prolongée. Quand la cicatrice est située sur les membres, on fait exécuter à ceux-ci différents mouvements, on imprime avec mesure et souplesse certaines attitudes, afin de juger du degré de gêne fonctionnelle. Si la cicatrice est fistuleuse, on introduit une sonde dans l'ouverture. Puis on s'enquiert de l'état général du sujet, des maladies antérieures, etc. Si l'examen a lieu sur un cadavre, on peut étudier la cicatrice couche par couche et la suivre dans son trajet. On procède alors avec les précautions indiquées pour l'examen médico-légal des blessures.

V. De la responsabilité criminelle et de la capacité civile : Des maladies mentales.

Nos études antérieures ont suivi la marche ordinaire de la procédure : un délit est commis, voilà le cou-

[1] Consulter Malle : *Essai sur les cicatrices*, 1840

pable d'après son identité. Mais une nouvelle question peut se poser : cet individu est-il responsable ?

Cette *question de responsabilité est un des problèmes* généraux de la médecine judiciaire. Dans la rédaction de ce chapitre, nous avons mis à contribution l'ouvrage remarquable du docteur Krafft-Ebing (traduction du docteur Chatelain), les publications des docteurs Tardieu, J. Falret, Legrand du Saulle.

I. Définition.

Nous n'avons pas à rechercher l'essence et le secret de la pensée humaine, à remonter aux causes premières ou à nous préoccuper d'une existence future. Ces grandes questions philosophiques, qui occupent et tracassent depuis si longtemps l'humanité, n'ont rien à faire avec notre sujet. Nous n'avons à nous prononcer ni pour la théorie spiritualiste, ni pour la théorie matérialiste. Mais il nous faut admettre avec les législateurs que l'homme est libre de choisir, au moment d'un acte, entre le bien et le mal, et que, par conséquent, il est responsable moralement et doit être puni par la loi s'il accomplit volontairement un acte contraire à la morale et condamné par la loi.

Le droit criminel de toutes les nations admet le libre arbitre. C'est si bien un principe pour les légistes et les jurisconsultes qu'ils ne le démontrent même pas : ils l'affirment. Ils reconnaissent ainsi qu'à un âge, fixé d'ailleurs par la loi, l'individu a acquis un ensemble suffisant de connaissances et d'idées pour lui permettre de se prononcer sur l'importance légale d'un acte et pour se décider à l'exécuter ou non. Les sociétés ne peuvent être fondées que sur certaines bases, parmi lesquelles le droit est une des plus importantes [1].

Le droit ne peut exister qu'à la condition d'admettre théoriquement le discernement et le libre arbitre de l'individu, et pratiquement la responsabilité morale et légale.

Telles sont les conséquences pratiques auxquelles il faut arriver, quelle que soit l'école philosophique à laquelle on appartienne.

La liberté de chacun finit là où elle commence à gêner les autres. Les hommes réunis en société ont donc bien le droit de se défendre contre les entraînements ou les fantaisies de quiconque nuit par ses actes aux autres membres de la société ou viole les lois que cette collectivité s'est données.

Mais si l'individu doit pouvoir choisir entre l'action et l'abstention, il faut qu'il puisse distinguer l'illégalité de l'acte. L'empirisme et l'observation quotidienne ont appris à tous et les législateurs ont consacré l'évolution morale de l'individu dans la société, et les transitions successives par lesquelles il est passé avant d'arriver à la maturité cérébrale complète.

L'homme est essentiellement égoïste, et la préoccupation de son bien-être ou la recherche de ses intérêts le déterminent souvent à porter atteinte au bien-être ou aux intérêts des autres. La société n'est possible qu'à la condition que la loi mette une barrière à ces instincts égoïstes et sensuels, et le but même du droit et de l'équité est de ne pas les laisser franchir une li-

[1] Consulter : Garraud, *Précis de droit criminel*, 2e édition, 1885. — Du même, Rapport du droit pénal et de la sociologie criminelle. (*Arch. de l'anthropologie criminelle*, n° 1, 1886.)

mite minimum, reconnue nécessaire pour la vitalité de la société.

C'est ainsi que tous les législateurs ont admis qu'il fallait à l'enfant un développement cérébral suffisant et un séjour prolongé dans le milieu social pour lui en apprendre toutes les obligations. L'État ne s'adresse qu'à des citoyens libres, et il y aurait injustice à châtier ceux qui ignorent la loi ou ne peuvent la comprendre. C'est reconnaître par cela même la nécessité d'une organisation cérébrale convenable par son développement ou son fonctionnement.

La loi admet encore qu'avant d'atteindre ce fonctionnement complet, le moral de l'homme subit certaines phases évolutives ; que, par exemple, les idées de morale sont acquises avant la connaissance des différents liens sociaux ou de ces nombreux rapports que fait naître entre les citoyens la vie collective.

De même la loi admet qu'il y a un âge où il ne peut y avoir imputabilité : elle ne punit pas l'accusé âgé de moins de seize ans qui a agi sans discernement. C'est là la période de responsabilité criminelle. Mais la faculté de se diriger dans toutes les circonstances de la vie sociale, l'entière jouissance des droits de citoyen, constituent la capacité civile. Il est bien naturel qu'elle ne puisse commencer qu'à un âge différent de la responsabilité, alors que l'habitude et l'expérience de la vie sociale ont enseigné l'individu et lui ont appris ses droits et ses devoirs. Il faut donc admettre pour la capacité civile la connaissance des différents faits de la vie sociale, une appréciation suffisante et indépendante de chacun d'eux et de ses conséquences. Comme le Code pénal, qui admet des degrés dans la responsabilité, le Code civil reconnaît aussi des degrés dans la capacité civile. La loi s'occupe de la tutelle, de l'émancipation, et elle peut même suspendre complètement la capacité civile par l'interdiction; ajoutons qu'elle attache des incapacités à certaines peines. Que l'individu ne soit pas, au contraire, dans les conditions légales de la capacité, il peut : ne pas remplir les conditions d'un contrat, ne pas être civilement responsable d'un dommage causé.

Aussi la législation a-t-elle entouré de mesures excessivemant prudentes et nombreuses les conditions de la capacité civile, et nul ne peut en être privé sans un jugemeut rendu par l'autorité compétente.

II. Législation.

Elle s'occupe de la responsabilité criminelle dans les articles suivants :

Art. 64 du Code pénal. Il n'y a ni crime ni délit, lorsque le prévenu était en état de démence au temps de l'action, ou lorsqu'il a été contraint par une force à laquelle il n'a pu résister.

Elle s'occupe des personnes excusables, d'après leur âge, dans les articles suivants :

Art. 340, Code d'instruction criminelle. Si l'accusé a moins de seize ans, le président posera, à peine de nullité, cette question : L'accusé a-t-il agi avec discernement.

Art. 66, Code pénal. Lorsque l'accusé aura moins de seize ans, s'il est décidé qu'il a agi sans discernement, il sera acquitté; mais il sera, selon les circonstances, remis à ses parents ou conduit dans une maison de correction, pour y être élevé et détenu pendant un nombre d'années que le jugement déterminera et qui, toutefois, ne pourra excéder l'époque où il aura accompli sa vingtième année.

Art. 67. — S'il est décidé qu'il a agi avec discernement, les peines seront prononcées ainsi qu'il suit : S'il a encouru la peine de mort, des travaux forcés à perpétuité, de la déportation, il sera condamné à la peine de dix à vingt ans d'emprisonnement dans une maison de correction; — s'il a encouru la peine des travaux forcés à temps, de la détention ou de la reclusion, il sera condamné à être enfermé dans une maison de correction pour un temps égal au tiers au moins et à la moitié au plus de celui pour lequel il aurait pu être condamné à l'une de ces peines; — s'il a encouru la peine de dégradation civique ou de bannissement, il sera condamné à être enfermé, d'un an à cinq ans, dans une maison de correction.

Le meurtre est excusé par la loi dans certaines circonstances . adultère (art. 324, Code pén.) et légitime défense (art. 328).

Art. 70. Les peines des travaux forcés à perpétuité, de la déportation et des travaux forcés à temps, ne seront prononcées contre aucun individu âgé de soixante-dix ans accomplis au moment du jugement.

Le paragraphe 7 de l'article 475 du Code pénal s'occupe de la surveillance des fous ou des furieux.

Cour de cassation. — 22 décembre 1882. Cour d'assises. — Nomination d'experts. — Droit de défense. Lorsque la Cour d'assises a cru devoir, en présence de l'accusé et avec son concours, nommer des médecins-experts pour examiner son état mental, elle ne peut, sans violer le droit de la défense, remplacer ultérieurement un de ces médecins empêché, en l'absence de l'accusé et sans son concours, sur les réquisitions du ministère public. L'accusé doit, dans ce cas, être admis à faire ses observations, comme il l'a été lors de la nomination. (*Gaz. des tribunaux*, 4 janvier 1882.)

La loi, avons-nous dit, reconnaît des incapacités à quiconque a été atteint par certaines peines (voir les art. 29 et s., 34, 42, 43, Code pén.; la loi du 31 mai 1854; les art. 465, 641, 619 Code d'instr. crim.; art. 188, 190, 197 du Code militaire (9 juin 1857); 240, 237 du Code maritime (4 juin 1858); art. 2, loi du 25 février 1875).

La loi s'occupe de la capacité civile, dans le Code civil, à propos :

1° Du mariage, articles 144 et s. et 152 et s.

2° De l'opposition au mariage, articles 172 et s. et 180 et s.; l'opposition peut être fondée sur l'état de démence du futur époux.

3° De l'incapacité (relative à la tutelle et au conseil de famille), article 442; les interdits ne peuvent être tuteurs ni membres des conseils de famille.

4° De la majorité, article 488 : à l'âge de vingt et un ans, suivant l'expression de l'article 488 du Code civil, on est en général capable de tous les actes de la vie civile, sauf la restriction apportée au titre du mariage. Il y a toutefois certaines capacités civiles qui ne sont pas réglées par l'âge de vingt et un ans.

A vingt et un ans :

a. On a la plénitude du droit de contracter, de disposer et d'acquérir, même à titre gratuit, librement, si l'on n'est pas femme mariée. — Toutefois, le mineur émancipé de quinze ans (art. 476, 477, 487) ou de dix-huit ans (art. 478, 487) peut administrer ses biens et faire le commerce comme une personne majeure.

b. On est apte à être tuteur et curateur à vingt ans. — Toutefois, le père pendant le mariage, le père ou la mère survivant à la dissolution du mariage, quoique mineurs, sont de plein droit administrateurs ou tuteurs de leurs enfants (art. 372, 389, 390, Cod. civ.). — Le mari mineur est de plein droit (la femme mineure peut être, si elle est nommée) tuteur du conjoint interdit (art. 506, 507, Cod. civ.).

c. On est apte à déposer en justice sous la foi du serment. Toutefois cette aptitude nait antérieurement à vingt et un ans. Il n'en est pas du témoin en justice comme du témoin instrumentaire qui sert à attester les actes de l'état civil. Ce dernier doit être Français et majeur de vingt et un ans.— Le mineur de plus de quinze ans témoigne sous serment devant les tribunaux respectifs (79 Instr. crim.). — Le mineur à tout âge témoigne sous serment devant les juridictions non répressives (285 Code de proc. civ.).

d. On a le pouvoir de tester, en se conformant à la loi. — Toutefois, dès l'âge de seize ans, le mineur peut donner testamentairement la moitié du bien que la loi l'aurait autorisé à donner, s'il eût été majeur (903, 904 Cod. civ.).

e. On a généralement une aptitude complète à remplir une charge ou à se mettre au service d'autrui. — Toutefois, à tout âge, le mineur peut être mis en apprentissage au service d'autrui pour un temps déterminé (Loi du 22 février 1851). — Il est des charges publiques que l'on est capable de remplir avant vingt et un ans. On peut, sans le consentement des parents, s'engager à vingt ans dans les armées de terre et de mer, et avec leur consentement, à seize ans dans les armées de mer et à dix-huit ans dans les armées de terre (art. 46, loi du 27 juillet 1872). — On peut être adjoint-instituteur à dix-huit ans; pour diriger une école, il faut avoir vingt-cinq ans (Loi du 17 mars 1850). — Pour être juge, il faut avoir vingt-cinq ans; pour être président, vingt-sept ans (art. 64, loi du 20 avril 1810). — Pour être notaire, il faut avoir vingt-cinq ans (art. 35, loi du 25 ventôse an XI). — Pour faire partie du conseil de guerre, il faut avoir vingt-cinq ans, et du conseil de revision, trente ans (Loi du 4 juin 1858).

f. A vingt et un ans, la femme a capacité complète pour le mariage; l'homme n'a cette capacité qu'à vingt-cinq ans, — sauf la réserve de l'obligation de demander conseil à ses ascendants par trois sommations respectueuses, s'ils refusent leur consentement, jusqu'à trente ans, et une sommation après trente ans (art. 148, 151, 152 et s. Cod. civ.). — Le mineur peut disposer et stipuler gratuitement en faveur de son époux, par contrat de mariage, avec l'assentiment de ceux dont la loi réclame le consentement au mariage.

5° La loi s'occupe de l'interdiction, dans les articles 489 à 511. Voici les plus importants :

Art. 489. Le majeur qui est dans un état habituel d'imbécilité, de démence ou de fureur, doit être interdit, même lorsque cet état présente des intervalles lucides.

Art. 492. Toute demande en interdiction sera portée devant le tribunal de première instance.

Art. 493. Les faits d'imbécillité, de démence ou de fureur, seront articulés par écrit. Ceux qui poursuivront l'interdiction présenteront les témoins et les pièces.

Art. 504. *Après la mort d'un individu, les actes faits par lui* ne pourront être attaqués pour cause de démence qu'autant que son interdiction aura été prononcée ou provoquée avant son décès, à moins que la preuve de la démence ne résulte de l'acte même qui est attaqué.

Art. 499. En rejetant la demande en interdiction, le tribunal pourra néanmoins, si les circonstances l'exigent, ordonner que le défendeur ne pourra désormais plaider, transiger, emprunter, recevoir un capital mobilier, ni en donner décharge, aliéner ni grever ses biens d'hypothèques, sans l'assistance d'un conseil nommé par le même jugement.

Les formes de l'interdiction sont indiquées dans le Code de procédure civile, de l'article 890 à l'article 897.

M. Legrand du Saulle résume très bien, dans son livre (p. 608) les différences qui existent entre l'interdiction et la demi-interdiction résultant de la nomination d'un conseil judiciaire : — « 1° L'interdit est frappé d'une incapacité générale, le demi-interdit, c'est-à-dire le prodigue ou le faible d'esprit, est simplement frappé d'une incapacité spéciale, restreinte à certains actes énumérés par la loi ; en dehors de ces actes, il est tout aussi capable qu'un majeur ordinaire. — 2° L'interdit n'agit point en personne, il est représenté par son tuteur ; le demi-interdit, au contraire, exerce lui-même et en personne tous ses droits, sauf à prendre l'assistance de son conseil dans les cas spécifiés par la loi. — 3° L'interdiction produit son effet quant aux actes postérieurs et quant aux actes antérieurs au jugement qui l'a prononcée. La demi-interdiction, au contraire, ne produit l'effet que dans l'avenir : elle n'a aucune influence sur les actes antérieurs au jugement qui l'a prononcée. »

6° A propos des donations. Art. 901. Pour faire une donation entre vifs ou un testament, il faut être sain d'esprit.

7° Un mandat finit par l'interdiction soit du mandant, soit du mandataire (art. 2003).

LÉGISLATION DES ALIÉNÉS

Il y a, en France, 40 000 individus enfermés dans des établissements d'aliénés. La loi du 30 juin 1838, qui s'occupe d'eux a été vivement attaquée, et néanmoins elle est très sage. On pourrait cependant y ajouter pour plus de garanties une contre-expertise. Voici ce qu'il faut en retenir. Elle distingue deux classes d'aliénés : 1° ceux dont l'état d'aliénation compromet l'ordre public ou la sûreté des personnes ; 2° ceux dont la folie est inoffensive. D'où, comme conséquences, deux sortes de placements dans les établissements des aliénés : 1° les placements d'office (art. 18 à 24 de la loi) ; 2° les placements volontaires (art. 8 à 12 et 41).

Pour séquestrer un individu, il faut : 1° une demande de la famille ou de l'autorité ; 2° un certificat d'au moins deux médecins qui ne sont pas parents au second degré, ni attachés à l'asile où l'individu sera séquestré. Ce certificat ne doit pas avoir plus de quinze jours de date et il doit établir le diagnostic de la folie, la nécessité d'un traitement et de la séquestration.

La sortie d'un individu d'un établissement public ou privé d'aliénés a lieu : par ordre de l'autorité administrative (préfet) ; par une demande formée par les personnes signalées en l'article 14 ; par ordre de l'autorité judiciaire.

Quant à l'ordonnance du 18 décembre 1839, relative aux aliénés, nous n'en parlons pas, une loi en préparation devant bien changer les dispositions de cette ordonnance.

M. Lunier a publié, en 1884, une brochure qui a pour titre : *Du mouvement de l'aliénation en France de* 1835 *à* 1882, avec des tableaux statistiques et des diagrammes qui permettent de saisir d'un coup d'œil les principaux résultats qu'il a exposés dans son travail. Ces résultats peuvent, du reste, se résumer dans les propositions suivantes :

1° D'après les recensements officiels, sur l'exactitude desquels, d'ailleurs, il y a lieu de faire les réserves les plus expresses en ce qui concerne les infirmités, le nombre des aliénés en France aurait quintuplé de 1835 à 1876 et serait aujourd'hui de 22,50 sur 100 000 habitants ou de 1 sur 444.

2° Le chiffre des aliénés internés s'est élevé progressivement de 1835 à 1882 de 10 539 à 49 012 : il a donc presque quintuplé ; il est aujourd'hui de 13 sur 10 000 habitants.

3° Cette augmentation provient : A, — de l'accroissement du nombre des admissions qui, fort heureusement, n'est plus aujourd'hui que de 1,70 sur 100, B, — de l'excédent annuel du chiffre des admissions sur celui des extinctions par sorties ou décès, qui dépasse encore 10 pour 100.

4° On compte, dans les asiles, plus de femmes que d'hommes, dans la proportion de 110 à 100; mais la comparaison du chiffre des entrées qui donne plus exactement la mesure de la fréquence de la folie, fournit des résultats tout différents : 114 hommes pour 100 femmes.

5° Si le nombre des cas d'aliénation mentale, en prenant cette expression dans son acception la plus large, augmente réellement, l'augmentation est, dans tous les cas, moins considérable qu'on ne le pense généralement.

III. Caractères scientifiques.

D'après ce qui précède, nous sommes arrivés à conclure que pour l'exercice de la responsabilité ou de la capacité il fallait :

1° Une maturité physique de l'individu, c'est-à-dire un séjour assez long dans le milieu social ;

2° Un cerveau suffisamment développé ;

3° Le fonctionnement physiologique de cet organe.

Examinons successivement chacune de ces trois conditions.

A. L'âge a été déjà étudié, et nous nous sommes occupés de la responsabilité. Il faut se rappeler que, jusqu'à la puberté et quelque temps après elle, les impulsions organiques sont très fortes, la volonté nulle, l'éducation mentale insignifiante, d'où difficulté du discernement ; à la puberté, il survient des changements dans le corps, le caractère devient plus ou moins romanesque, l'imagination exaltée.

B. Nous avons à parler des êtres à organisation cérébrale incomplète. Le cerveau s'est arrêté dans son développement, ou bien il a pris une direction pathologique. On a rangé dans cette classe les crétins, les idiots, les imbéciles, les faibles d'esprit, et même les sourds-muets. Zacchias les avait divisés en deux catégories sous le nom de *macarones* et de *fatui*.

Si quelques-uns de ces individus ont manifestement une

absence plus ou moins grande de la plupart des facultés cérébrales, d'autres, au contraire, présentent un développement remarquable d'une des facultés au détriment de quelques-unes, qui peuvent même ne donner lieu à aucune manifestation. C'est ainsi qu'on en voit posséder la mémoire des chiffres, du calcul, faire de la musique, de la peinture, etc. En médecine judiciaire, nous avons surtout à nous occuper des idiots et des faibles d'esprit, ou mieux des insuffisants cérébraux.

Chez les *idiots*, l'instinct conservateur ou nutritif prédomine, l'instinct sexuel est moins développé. Il n'y a pas de vie intellectuelle, mais une véritable torpeur physique : il est passif, et rien ne l'incite au mouvement. L'aspect physique est caractéristique, le crâne peut être mal conformé et présenter des restes de maladies des centres. Un peu plus perfectionné, il réagit, si on le contrarie ou s'il se trouve gêné, d'où violents mouvements de colère, qui parfois sont spontanés et périodiques. Il ne peut accomplir un crime en suivant un plan logique ou judicieux. Ils sont souvent accusés d'attentats aux mœurs ou de viol, et d'incendie. Dans ce dernier cas, on peut n'y voir qu'un plaisir enfantin ou une idée d'imitation. L'idiot peut avoir des hallucinations, mais il n'a jamais d'illusions.

Fig. 4 — Idiot de 28 ans.

Comme les descriptions remplacent bien difficilement la vue elle-même des types, nous avons pensé qu'il serait intéressant de donner ici quelques figures que nous empruntons aux *Principles of Forensic medecine* des docteurs Guy et Ferrier.

La figure 4 est la tête d'un idiot de 28 ans, front aplati,

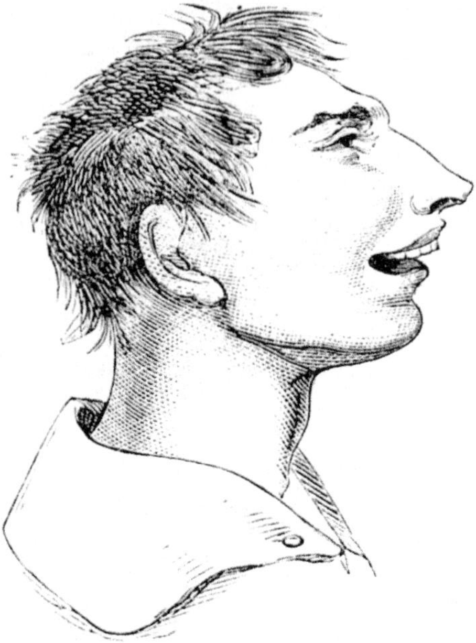

Fig. 5. — Idiote de 18 ans.

Fig. 6. — Enfant idiot.

lèvres épaisses, bouche béante, bave s'écoulant constamment, démarche chancelante ; son attitude favorite est de s'adosser à une porte qu'il frappe doucement de la tête, rit souvent bruyamment ; sans affection, sans pudeur, non émotionné par la musique, porté à l'onanisme.

La figure 5 représente la tête d'une idiote âgée de 18 ans, front aplati, taille petite, bien conformée, sans expression, d'un rire niais, dit : « bon jour et bonne nuit », comme un perroquet ; aime les douceurs, la parure ; pas de sens génésique.

La figure 6 est le portrait d'un enfant idiot, de 6 ans, appartenant à la classe d'idiots sans difformité du crâne ou de la face. Il est né idiot, à trois ans a eu la rougeole. Ses sens sont parfaits. Il dit : « mère et pauvre enfant » ; il aime ses parents.

Chez *les esprits faibles*, en constate que l'individu a des idées et des notions abstraites ; mais elles n'arrivent jamais à un degré convenable. Leur examen est difficile. Ils sont superstitieux, crédules, égoïstes, et souvent même très prétentieux. Leur responsabilité est diminuée sans doute, surtout si l'action coupable est commise lors d'un mouvement passionnel.

Comme l'idiot de la figure 6, l'individu de la figure 7 est bien conformé (tête et membres). Il est âgé de dix-huit ans, a des traits convenables et une expression agréable, bien qu'assez insignifiante. Il sait lire et écrire, aime la musique, y réussit, chante fort bien. Boulanger, puis domestique, il a des

Fig. 7. — Esprit faible, épileptique.

Fig. 8. — Imbécile âgé de 30 ans.

attaques d'épilepsie, se dispute facilement; il est menteur et se masturbe.

L'individu de la figure 8 est un imbécile âgé de 30 ans, taille moyenne, très petite tête, expression niaise; l'œil est cependant animé; il possède plus d'intelligence que l'on ne pourrait le croire d'après ses apparences, parle bien sur un sujet banal et rend quelques services; a été domestique.

Celui de la figure 9 est un homme de 40 ans, intelligence faible, mais susceptible d'éducation, puisqu'il a été copiste. Entraîné par de mauvaises liaisons, commit un vol, fut acquitté comme irresponsable. Calme, inoffensif, taciturne, répond convenablement à de certaines questions. Il est sujet à de fréquentes attaques d'excitation, attaques précédées de mouvements brusques dans les pieds. Il parle alors d'une façon incohérente, est inquiet et même méchant pour son voisinage; il a cherché à se suicider.

Fig. 9. — Intelligence faible, 40 ans.

Il faut faire entrer dans cette catégorie une classe d'individus chez lesquels il y a de véritables lacunes dans le domaine affectif et moral. Ils ont des idées fausses d'esthétique, de morale, de droit, d'où leur conduite bizarre et irrégulière, leur immoralité et leur dépravation. C'est le *moral insanity* des Anglais, la *folie morale* des Allemands (*Krafft-Ebing*), la folie raisonnante de Pinel, la monomanie d'Esquirol, ce qu'on pourrait exactement dénommer le *désordre mental par insuffisance cérébrale.* Morel (*Étud. clin.*, t. I, p. 312) dit très bien : « Nous nous contentons de faire observer que la folie qui commence si souvent par la perversion des sentiments et des aberrations du sens moral, pour finir par la lésion de l'intelligence, égarement ou incohérence des idées, n'a pas besoin, pour exister comme folie, de présenter toujours ce dernier caractère. » Il y a chez eux prédominance des instincts égoïstes, et l'on peut présumer que ces individus n'ont pas le cerveau parfaitement équilibré dans toutes ses parties. On les distingue des criminels par les caractères suivants : il existe une affection cérébrale congénitale (hérédité, ivrognerie des parents) ou acquise (blessures de la tête, — apoplexie, ce sont les frappés, comme disait Hippocrate, — épilepsie, — méningite, — surtout l'atrophie sénile) ; la périphérie reflète souvent les maladies des centres et en fournit des preuves : pied-bot, bec-de-lièvre, strabisme, tic, vices des organes génitaux, de l'oreille ; aussi ces individus sont-ils plus disposés aux congestions cérébrales ; d'humeur variable, ils sont très irritables et ont une très grande susceptibilité pour les boissons alcooliques ; ajoutons que leur horizon intellectuel est assez limité. Leurs instincts sont pervertis, surtout l'instinct sexuel (les pédérastes d'instinct, par exemple) ; ils sont dipsomanes, cleptomanes, vagabonds ; et tous ces vices ont une marche progressive qui n'est pas sous la dépendance exclusive des conditions extérieures.

C. Passons maintenant aux maladies du cerveau qui influencent la responsabilité ou la capacité civile, c'est-à-dire à l'étude de l'*aliénation mentale*.

D'après ce que nous venons de dire, il nous faut rechercher quels sont les symptômes d'une maladie de l'encéphale et les rapports qui existent entre cette maladie et la suspension du libre arbitre.

Nous pouvons affirmer qu'il n'y a pas de type normal d'une santé intellectuelle parfaite, d'où la difficulté d'un terme de comparaison.

Aussi faut-il tenir compte des principes suivants : c'est que ces maladies de l'esprit sont bien des maladies du cerveau.

Dans ces conditions pathologiques, il n'y pas un changement radical des fonctions cérébrales, mais une modification des conditions dans lesquelles elles se produisent. On ne doit donc pas s'occuper exclusivement du trouble des fonctions, mais des conditions qui provoquent ce trouble. Les idées chez l'aliéné, au lieu d'être provoquées par une circonstance extérieure concordante, proviennent du fonctionnement anormal du cerveau et reposent sur une base subjective.

Aussi les formes de ces maladies importent peu, et les classifications n'ont pas une grande importance. Le médecin doit démontrer que cet état mental est anormal, de nature pathologique, et capable d'annuler le libre arbitre. Le juge appréciera.

Ce qui est certain à notre époque, c'est que les maladies mentales sont des maladies du corps de nature organique, et que toutes les fonctions psychiques sont solidaires les unes des autres. Il ne faut donc pas admettre des altérations isolées de la volonté, des monomanies, etc., d'où responsabilité partielle, le libre arbitre n'étant annihilé que par des actes en rapport avec la conception délirante, et fonctionnant bien pour tous les actes qui se trouveraient en dehors de la sphère morbide.

Ce sont ces idées médicales fausses sur les monomanies et les impulsions instinctives qui ont provoqué les défiances des magistrats.

Il en est de même pour les maladies du cœur : un individu est atteint de rétrécissement aortique; un autre d'insuffisance mitrale, ou d'insuffisance aortique : ce sont tous des cardiaques. Les désordres de l'organe sont seuls apparents au début; mais ne savons-nous pas qu'il se passe des changements dans la tension artérielle, des modifications dans la circulation capillaire, des congestions, des stases, tous phénomènes qui se compensent ou s'ajoutent et finissent par conduire à l'asystolie, qui est comme la démence des cardiaques?

Nous dirons donc que les maladies mentales sont des maladies de l'encéphale pouvant déterminer un trouble complet ou partiel dans les trois importantes fonctions psychiques de l'intelligence, du caractère, des sentiments; d'où folie des pensées, folie des actes, folie des sentiments.

Quelques mots sur les formes les plus ordinaires de ces

maladies. Je serai très bref, n'ayant pas à présenter des considérations de pathologie.

Le docteur Audiffrent, qui a écrit un des livres les plus fortement pensés de notre époque (*Des maladies du cerveau et de l'innervation*, Paris, 1874), divise les principaux symptômes propres à la folie en symptômes généraux et en symptômes spéciaux.

Il est aussi difficile de classer les gens privés de raison que ceux qui jouissent de l'intégrité de leurs facultés. Toutefois, on peut diviser les insensés en deux grandes catégories : chez les uns, les dispositions sont expansives, il y a de l'agitation, tous les actes sont caractérisés par un défaut de prudence : ce sont les maniaques (Pinel). Chez les autres, les dispositions sont concentrées, il y a de la tristesse; tous les actes sont caractérisés par un excès de prudence : ce sont les lypémaniaques (Esquirol), les mélancoliques. Le docteur Audiffrent réserve le mot de *manie* (Μανία, fureur, délire) à l'état de folie en général, et emploie les termes d'exosmanie ou endosmanie suivant qu'il y a dispositions expansives ou concentrées. Ces expressions rappellent le défaut ou l'excès de prudence de chacun de ces états, ou bien l'excitation accompagnée de gaieté et la dépression avec tristesse qui se montrent dans ces deux conditions de l'organisme.

Ces deux états, qui sont la conséquence d'une augmentation ou d'une diminution de l'intensité des phénomènes normaux, peuvent alterner; ils sont aigus ou chroniques, généraux ou partiels, et dans ce dernier cas, il y a alors monomanie.

Dans le cours de l'exosmanie, après une agitation plus ou moins longue, parfois le malade tombe dans l'abattement et devient prostré, insensible à tout : c'est la *stupeur*. Puis il y a de nouveau de l'excitation.

Dans le cours de l'endosmanie, la concentration peut s'exagérer, et il y a parfois une dépression extrême qui va jusqu'à la *stupidité*.

L'une et l'autre forme peuvent conduire à la *démence*.

Les symptômes spéciaux peuvent être distingués en moraux, intellectuels, de l'activité. Les folies par excès d'attachement, de vénération ou de bonté, sont rares ; cependant le type de don Quichotte en est un exemple. Comme nous l'avons dit, dans la folie il y a excès de subjectivité, et les fous sont des égoïstes par excès de vanité, d'orgueil, ou d'un des instincts constructeur, destructeur, maternel, sexuel, conservateur. Les deux instincts personnels, la vanité et l'orgueil, qui se montrent avec le plus d'excès, sont aussi ceux qui donnent le plus souvent lieu à la manifestation de la folie. A ces formes viennent s'ajouter les manifestations des autres instincts : conservateur (sentiment de la peur, dispositions à l'avarice, au vol, collectionnisme, gloutonnerie) ; sexuel (érotomanie, satyriasis, nymphomanie) ; maternel (hystérie, folies puerpérales) ; destructeur (homicide, folie suicide, manie incendiaire, accès de fureur et de rage surtout chez les épileptiques).

Les symptômes intellectuels sont statiques (hallucinations, illusions, incohérence) ou dynamiques. Pour ces derniers, il y a prépondérance continue de l'observation concrète sur l'observation abstraite, de l'imagination sur l'observation, révélée par les formes du discours. » (Sémerie.)

Les symptômes de l'activité montrent pour les mouvements l'exagération des phénomènes normaux. A l'état physiologique, les mouvements sont excités (dans le courage, par exemple), retenus (prudence), maintenus (persévérance). Chez les fous, quand les mouvements sont excités, il y a agitation et même accès épileptiques ; ordinairement, chez les maniaques, quand les mouvements sont retenus, il y a immobilité, résistance à tout changement de situation ; ordinairement, chez les lypémaniaques, si les mouvements sont maintenus, la concentration est extrême, et il peut même y avoir accés de catalepsie. Ce sont encore là des phénomènes propres à l'endosmanie.

La théorie de l'hallucination a été donnée par Shakespeare dans *Macbeth* (scène VIII).

Macbeth. « Est-ce un poignard que je vois là devant moi, la poignée vers ma main? Viens, que je te saisisse! Je ne te tiens pas et pourtant je te vois toujours. N'es-tu pas, vision fatale, sensible au toucher, comme à la vue? ou n'es-tu qu'un poignard imaginaire, fausse création émanée d'un cerveau en feu? Je te vois pourtant, aussi palpable en apparence que celui que je tire en ce moment. Tu m'indiques le chemin que j'allais prendre, et tu es bien l'instrument que j'allais employer. Ou mes yeux sont les jouets de mes autres sens, ou seuls ils les valent tous. Je te vois toujours, et, sur ta lame et sur ton manche, des gouttes de sang qui n'y étaient pas tout à l'heure.... Mais non, rien de pareil! C'est cette sanglante affaire qui prend forme ainsi à ma vue. »

Et plus loin, scène XIII, lady Macbeth dit à son mari : « La bonne niaiserie! C'est encore une image créée par votre frayeur, comme ce poignard aérien qui, disiez-vous, vous guidait vers Duncan! »

IV. Conséquences médico-judiciaires et règles de l'expertise.

Dans de pareilles questions, il peut être nécessaire de procéder à quatre examens différents :

1° Examen de l'état mental;
2° De l'état physique;
3° Du cadavre, s'il y a lieu;
4° Des antécédents.

1° EXAMEN DE L'ÉTAT MENTAL.

Rechercher les troubles de l'intelligence, des sentiments, de l'activité.

a. Troubles de l'intelligence. Les facultés intellectuelles sont, comme nous l'avons vu, abolies, affaiblies excitées ou perverties. Le docteur Sémerie a, dans une thèse remarquable, parfaitement étudié les symptômes intellectuels de la folie. Le dément est un pauvre d'intelligence qui a été riche, l'idiot a toujours été pauvre.

b. Troubles des sentiments. Les sentiments sont toujours atteints en même temps que les facultés intellectuelles, et disparaissent même avant celles-ci, parce que nous leur commandons moins bien. Presque toutes les folies sont marquées par la prédominance des instincts égoïstes; l'on constate la disparition des sentiments de famille, les pleurs sont faciles, le rire est constant, la parole modifiée. Les instincts peuvent être abolis, diminués ou pervertis. Ainsi instinct de conservation (nosomane, suicide), destructeur (vol, incendie), génésique (satyriasis, pédérastie, tribadisme, vampirisme, bestialité). Il y a des hallucinations des sens (Socrate, Luther, Jeanne d'Arc, Pascal, Robert Schumann); hallucinations viscérales, musculaires.

c. *Troubles de l'activité.* Il y a des troubles musculaires. Ceux-ci sont caractéristiques dans la paralysie générale. Ainsi, au début, hésitation de la parole, mouvement fibrillaire de la langue, inégalité pupillaire, tremblement des membres, troubles viscéraux du côté des organes digestifs; vers la fin, paralysie partielle puis complète, accès épileptiques. Dans l'hystérie, on constate aussi des convulsions et des contractures.

Pour l'examen du fou, il faut beaucoup de discrétion, lui manifester de l'intérêt et de l'affection. Pour l'interroger, il faut prendre pour guides les grands motifs qui déterminent les actions humaines.

On interroge les instincts conservateur ou nutritif, sexuel, maternel, destructeur, constructeur, ceux d'orgueil et de vanité.

Comme l'a montré Morel, l'aliéné n'est jamais privé de l'idée de cause, de substance, il ne confond pas les idées de temps avec celles de distance; il n'abjurera pas les idées de forme, d'étendue ou de mouvement et ne les appliquera pas surtout à des choses diamétralement opposées. D'Aguesseau a dit: Si un l'on peut commettre parfois un acte de sagesse, un sage ne saurait commettre un acte de folie.

Nous allons résumer un intéressant travail sur le diagnostic de la folie, par Ball (*Gaz. hebd.*, nos 51, 52, 1879).

Il faut suivre une bonne méthode, ne pas l'abandonner, ne rien laisser au hasard. Dès le début de l'interrogatoire, on peut se demander :

1° Si le sujet est malade ou sain d'esprit ;

2° S'il est aliéné, quelle est la forme de son délire ;

3° S'il s'agit d'un délire symptomatique ou d'une affection aiguë ;

4° Le sujet est-il un simulateur?

Pour se guider, on a l'interrogatoire du malade, l'examen de son état physique, les anamnestiques.

Il faut parler à ses malades avec autorité, dire que l'on vient instruire les affaires, ouvrir une enquête, etc., chercher enfin à obtenir des confidences.

On doit surtout *laisser parler le malade*. D'abord on engage une conversation banale, et bientôt on est renseigné sur la mémoire, le jugement, l'attention, la coordination et la suite dans les idées.

Pour juger de l'affaissement de l'intelligence, recourir aux épreuves arithmétiques, un exercice de la table de multiplication.

D'après l'éducation, la position sociale, on aborde d'autres sujets. On interroge les sentiments d'orgueil, d'ambition, de vanité, en s'informant de l'état de santé, des forces physiques, des capacités intellectuelles, de la fortune, des moyens d'existence, de la situation sociale, des relations de famille: c'est ainsi que, chez certains aliénés, de bonne heure, on remarque une aversion pour les proches. Puis les idées de persécution : « Vous veut-on du mal? Cherche-t-on à vous nuire? »

Alors viennent les hallucinations ; on demande s'ils entendent des ennemis, si ceux-ci leur adressent des invectives, des grossièretés; puis la vue, l'odorat; les mets ont mauvais goût, ils sont empoisonnés.

Après ces questions, on aborde la politique. Alors les

idées ambitieuses se montrent et s'étalent : la police, le clergé, une grande famille les poursuit. On veut leur dérober des papiers importants, leur faire perdre les droits qu'ils doivent à leur haute naissance. On questionne les idées religieuses, et alors on apprend que le malade est en communication avec les esprits, que les anges viennent lui faire des confidences, qu'il est désigné pour changer la face du monde. Ou bien, il est damné, possédé du démon.

On cherche de même s'il n'y a pas de délire érotique.

D'ailleurs un second interrogatoire peut être nécessaire, le malade se trouvant dans un intervalle lucide, car la folie peut être intermittente.

Après les actes et la parole, les écrits peuvent révéler le délire. Aussi les lettres et les manuscrits permettent-ils d'apprécier l'aliénation. Les caractères physiques de l'écriture deviennent intéressants à constater. Elle est heurtée, les traits ont parfois l'air d'avoir été écrits rapidement, puis tout à coup doucement; les lettres sont mal formées. Buchner a appelé *écriture de miroir* celle dont les caractères sont semblables à ceux qu'on aperçoit quand ils sont réfléchis par un miroir. Ce phénomène est assez fréquent dans la paralysie générale.

Puis il y a des phrases incomplètes : il manque le verbe, ou un substantif, ou un membre important. Il y a une profusion de mots soulignés, un nombre considérable de points d'exclamation ou d'interrogation, quelquefois même des formules étranges ou des mots incompréhensibles.

Voici maintenant les caractères physiques de l'aliénation qui frappent l'observateur : l'attitude est particulière, de même la physionomie, avec l'étrangeté spéciale des yeux et du regard. Les traits sont contractés et les rides souvent précoces. Il y a souvent asymétrie ou défaut d'expression entre le haut et le bas de la face, entre la moitié droite et la moitié gauche du visage.

En général les aliénés sont laids, et c'est un bon signe que de leur voir reprendre des traits plus convenables. Il est juste cependant de signaler certaines femmes qui, sous l'influence de l'extase, prennent des traits illuminés et poétiques bien différents de leur visage ordinaire.

Sur la face et parfois sur le corps, une teinte bistrée, exagération de pigment qui tient peut-être à une hématose incomplète. On constate aussi l'hésitation de la parole, du tremblement, du strabisme, l'inégalité des pupilles.

Il y a des mouvements exagérés dans la conversation ou même lorsque l'aliéné se livre à un monologue sans fin : les gestes ne sont pas en rapport avec les paroles; c'est parfois un besoin incessant et continu de mouvements, un désordre dans ceux-ci. Il y a des plis de la face.

Ils ont mauvaise tenue; mal mis, leurs vêtements sont excentriques ou en désordre, quelquefois même d'une saleté qui contraste avec leur position sociale. Et en les faisant déshabiller, sous prétexte de les ausculter, on voit qu'ils cachent un grand nombre d'objets divers.

Par les commémoratifs, on reconstitue l'histoire du malade, on s'enquiert de ses préoccupations habituelles, de ses habitudes, de ses fréquentations, de ses maladies antérieures. A-t-il été en proie à une névrose : l'hystérie, l'épilepsie, la chorée, la paralysie agitante, le goître exophthalmique, les affections organiques de la moelle épinière. Puis on tient compte des changements d'habitude, des dépravations ou des autres phénomènes qui se sont montrés lorsque le délire a éclaté.

Mais comment nommer ce délire? Il faut d'abord songer à la paralysie générale, qui est la plus fréquente de ces maladies, puis à l'alcoolisme. Ensuite les folies toniques (abus de l'opium ou de la morphine, plomb, mercure). En troisième ligne, le délire des persécutions. Puis la folie consécutive aux névroses, la folie sympathique (c'est-à-dire consécutive à des lésions viscérales, folies cardiaque, hépatique, utérine, puerpérale, des tuberculeux). Mais il y a des maladies qui simulent la folie. La fièvre typhoïde, par exemple, la méningite aiguë. Les cas d'aphasie sont souvent complexes et embarrassants. L'ivresse même peut être accompagnée pendant quelques jours de délire ayant les caractères de l'aliénation mentale.

Quant à la folie simulée, elle est rare dans les asiles et ne se présente que chez les criminels ou coupables qui veulent échapper à l'action de la justice.

2° EXAMEN DE LA SANTÉ PHYSIQUE.

Étudier l'aspect extérieur :

La physionomie, les attitudes et gestes, la parole, la

Fig. 10 et 11. — Maniaque épileptique, 60 ans, pendant les intervalles tranquilles et pendant les paroxysmes.

circulation, les fonctions digestives, la myotilité, les fonctions génésiques.

Au début il y a :

1° Exaltation de la force motrice, grande activité musculaire ;

2° Des algies nombreuses, céphalalgie, anesthésie;

3° Facultés génésiques exaltées d'abord, abolies à la fin;

4° D'abord rien dans la nutrition, puis élévation de

température, constipation habituelle, peau sèche et jaune.

3° AUTOPSIE.

Altération de nutrition, épaississement de l'arachnoïde, injection de la pie-mère, ramollissement des circonvolutions cérébrales.

4° LES ANTÉCÉDENTS.

Interroger l'hérédité (mode particulier de réaction des individus pour les émotions et l'alcool). ou signes de dégénérescence psychique, et alors signes de dégénérescence héréditaire (affection des centres, vices de conformation du crâne, des oreilles, des extrémités, des organes sexuels, strabisme, bégayement).

Rechercher s'il n'y a pas eu des causes certaines d'aliénation (blessures de tête, épilepsie, hystérie, méningo-encéphalite, insolation).

Influence du sexe : folie puerpérale;

Les excès génésiques;

L'âge (vieillesse).

Les fatigues intellectuelles et affectives;

L'abus des boissons alcooliques, le nicotisme, le saturnisme, le mercurialisme, la pellagre, permettent le diagnostic de la folie.

Pour le *diagnostic de la folie*, voici les formes telles que les a classées Tardieu.

4 classes :

1° Faiblesse d'esprit : Démence, idiotie, imbécillité, faiblesse d'esprit, sourds-muets, moribonds;

2° Impulsions instinctives : Épileptiques, idiots et imbéciles, dégénérés, excentriques, alcoolisants, hypochondriaques, hystériques, femmes enceintes, femmes en travail ou récemment accouchées et nourrices;

3° Folies délirantes : Maniaques, monomanes, lypémaniaques, persécutés, fous paralytiques, somnambules;

4° Folie simulée : Folie prétextée, folie simulée.

Il nous reste à passer rapidement en revue quelques particularités qui peuvent se présenter dans les expertises. La question de responsabilité peut être posée dans les cas d'ivresse, de surdi-mutité, d'épilepsie, dans toutes les circonstances qui peuvent annihiler ou diminuer l'aptitude à tester.

A. *De l'ivresse et de l'alcoolisme.* — L'ivresse a été visée par la loi du 23 janvier 1873, qui a pour but de réprimer les progrès de l'alcoolisme. Nous n'avons pas à faire la description de cet état. La loi n'a pas prononcé une peine spéciale pour le crime commis pendant l'ivresse. Sans doute, on peut dire, avec la cour de cassation, qu'elle constitue un fait volontaire et répréhensible, et ne peut jamais constituer une excuse. Mais, comme il n'est pas douteux que, dans l'état d'ivresse, la circulation cérébrale se trouve dans une situation peu favorable au fonctionnement physiologique de l'organe, il est utile de distinguer les cas dans lesquels l'ivresse s'est montrée accidentellement, de ceux dans lesquels elle est une habitude. Les individus atteints de folie alcoolique ne peuvent pas être considérés comme responsables. L'alcoolisme, dit Lasègue, est un mode d'intoxication lente et essentiellement progressive. — Le délirium tremens est, d'après Ball, comme un pont jeté entre les deux grandes phases de l'intoxication par l'alcool; il se manifeste surtout la nuit : « De même qu'on ne devient pas délirant alcoolique sans avoir mal dormi, de même on ne saurait être réputé guéri si on n'a pu bien dormir. » (Lasègue.) Les hallucinations des alcooliques sont toujours agressives. Il y a d'abord une forme maniaque, puis une forme mélancolique. — Il est une cause fréquente de suicide : souvent suicide par terreur.

B. *Surdi-mutité.* — L'article 936 du Code civil s'exprime ainsi : « Le sourd-muet qui saura écrire pourra accepter lui-même ou par un fondé de pouvoir. S'il ne sait pas écrire, l'acceptation doit être faite par un curateur nommé à cet effet, suivant les règles établies au titre de la minorité, de la tutelle et de l'émancipation. » — Les magistrats peuvent demander l'avis d'un médecin pour connaître l'état mental d'un sourd-muet, pour savoir s'il faut lui laisser l'administration de ses biens, lui nommer un conseil judiciaire ou l'interdire. L'expert se rappellera que les sourds-muets peuvent acquérir une éducation et des connaissances très étendues. Donc, si les sourds-muets non instruits peuvent être assimilés aux imbéciles, ceux qui sont instruits peuvent, d'après leur degré d'instruction, apprécier parfaitement la moralité de leurs actes : un jugement du tribunal de Chartres (avril 1878) a déclaré nul le testament authentique d'un sourd, testament qui, ayant été lu à haute voix par le notaire, n'a pas été lu également par le testateur. D'aprèscette jurisprudence, tout en respectant le texte de l'article 972 du Code civil, le sourd n'est pas frappé d'une incapacité absolue quant au droit de tester par acte public.

C. *Des épileptiques*[1]. « Dans l'épilepsie, comme dans

(1) Consulter les *Leçons* de Magnan in *Progrès médical*, 1882, et de l'*Épilepsie*, par Gowers, traduction Albert Carrier, 1883.

l'aliénation mentale, la question de responsabilité légale se réduit à une question de diagnostic. Lorsque l'épileptique a commis un acte violent en dehors de l'influence des accès convulsifs ou des accès de trouble mental, il doit être considéré comme responsable de ses actes, ou du moins on ne peut lui appliquer que le bénéfice des circonstances atténuantes; lorsqu'au contraire il a accompli ces actes sous l'influence d'un accès de trouble mental, lié directement aux attaques, ou bien se produisant dans leur intervalle, on doit le déclarer irresponsable. » (J. Falret.) Parmi les épileptiques célèbres il faut citer Jules César, Mahomet, Pétrarque, Molière, le pape Pie IX, Gustave Flaubert.

D. *Des testaments.* — L'étymologie du mot lui-même (*testatio mentis*) et le texte de la loi indiquent que la condition essentielle pour faire une donation entre vifs ou un testament est d'être sain d'esprit.

Le code civil (liv. III, tit. II, chap. v) donne les règles générales suivantes sur la forme des testaments.

ART. 969. Un testament pourra être olographe, ou fait par acte public ou dans la forme mystique.

ART. 970. Le testament olographe ne sera point valable, s'il n'est écrit en entier, daté et signé de la main du testateur : il n'est assujetti à aucune autre forme.

ART. 971. Le testament par acte public est celui qui est reçu par deux notaires, en présence de deux témoins, ou par un notaire, en présence de quatre témoins.

ART. 972. Si le testament est reçu par deux notaires, il leur est dicté par le testateur, et il doit être écrit par l'un de ces notaires, tel qu'il est dicté. S'il n'y a qu'un notaire, il doit également être dicté par le testateur et écrit par ce notaire. Dans l'un et l'autre cas, il doit en être donné lecture au testateur, en présence des témoins. Il est fait du tout mention expresse.

ART. 973. Ce testament doit être signé par le testateur : s'il déclare qu'il ne sait ou ne peut signer, il sera fait, dans l'acte, mention expresse de sa déclaration, ainsi que de la cause qui l'empêche de signer.

ART. 974. Le testament devra être signé par les témoins : et néanmoins, dans les campagnes, il suffira qu'un des deux témoins signe, si le testament est reçu par deux notaires, et que deux des quatre témoins signent, s'il est reçu par un notaire.

Art. 975. Ne pourront être pris pour témoins du testament par acte public, ni les légataires, à quelque titre qu'ils soient, ni leurs parents ou alliés jusqu'au quatrième degré inclusivement, ni les clercs des notaires par lesquels les actes seront reçus.

Art. 976. Lorsque le testateur voudra faire un testament mystique ou secret, il sera tenu de signer ses dispositions soit qu'il les ait écrites lui-même, ou qu'il les ait fait écrire par un autre. Sera le papier qui contiendra ses dispositions, ou le papier qui servira d'enveloppe, s'il y en a une, clos et scellé. Le testateur le présentera ainsi clos et scellé au notaire, et à six témoins au moins, ou il le fera clore et sceller en leur présence; et il déclarera que le contenu en ce papier est son testament écrit et signé de lui, ou écrit par un autre et signé de lui : le notaire en dressera l'acte de suscription, qui sera écrit sur ce papier ou sur la feuille qui servira d'enveloppe; cet acte sera signé tant par le testateur que par le notaire, ensemble par les témoins. Tout ce que dessus sera fait de suite et sans divertir à autres actes, et en cas que le testateur, par un empêchement survenu depuis la signature du testament, ne puisse signer l'acte de suscription, il sera fait mention de la déclaration qu'il en aura faite, sans qu'il soit besoin, en ce cas, d'augmenter le nombre des témoins.

Art. 977 Si le testateur ne sait pas signer, ou s'il n'a pu le faire lorsqu'il a fait écrire ses dispositions, il sera appelé à l'acte de suscription un témoin, outre le nombre porté par l'article précédent, lequel signera l'acte avec les autres témoins; et il y sera fait mention de la cause pour laquelle ce témoin ura été appelé.

Art. 978. Ceux qui ne savent ou ne peuvent lire ne pourront faire de dispositions dans la forme du testament mystique.

Art. 979. En cas que le testateur ne puisse parler, mais qu'il puisse écrire, il pourra faire un testament mystique, à la charge que le testament sera entièrement écrit et signé de sa main, qu'il le présentera au notaire et aux témoins, et qu'au haut de l'acte de suscription, il écrira en leur présence, que le papier qu'il présente est son testament : après quoi le notaire écrira l'acte de suscription, dans lequel il sera fait mention que le testateur a écrit ces mots en présence du notaire et des témoins; et sera, au surplus, observé tout ce qui est prescrit par l'article 976.

Art. 980. (Déjà cité, p. 95.)

Dans son discours sur l'égalité des successions en ligne directe, (Assemblée nationale, 2 avril 1791, lu par Talleyrand-Périgord auquel Mirabeau l'avait remis la veille de sa mort). Mirabeau s'exprime ainsi : « Eh quoi! n'est-ce pas assez pour la société des caprices et des passions des vivants? Nous faut-il encore subir leurs passions quand ils ne sont plus ?... La loi casse les testaments appelés *ab irato*. Mais tous ces testaments qu'on pourrait appeler *à decepto, à moroso, ab imbecilli, à delirante, à superbo*, la loi ne les casse point et ne peut les casser. Combien de ces actes signifiés aux vivants par les morts, où la folie semble le disputer à la passion, où le testateur fait telle disposition de sa fortune, dont il n'eût osé de son vivant faire confidence à personne, des dispositions telles, en un mot, qu'il a eu besoin, pour se les permettre, de se détacher entièrement de sa mémoire, et de penser que le tombeau serait son abri contre le ridicule et l'erreur ! »

D'après Legrand du Saulle, qui a spécialement étudié ces questions, les maladies qui conduisent à la mort peuvent être classées en trois groupes : les facultés cérébrales sont conservées, ou elles sont atteintes, ou l'intelligence a disparu. C'est ainsi que, le suicide ne prouvant pas la folie, les dispositions testamentaires d'un suicidé peuvent avoir été prises alors qu'il était sain d'esprit. Il n'en est pas de même, si l'acte a été écrit ou signé pendant un intervalle lucide, car alors on peut toujours se demander si, dans le cours de telle ou telle maladie, et d'après les symptômes présentés, l'individu a repris possession complète de ses facultés. Dans la paralysie générale progressive, par exemple, les rémissions sont fréquentes et dans la généralité des cas la capacité civile de ces malades doit être amoindrie. D'une manière générale, il faut bien savoir que les intervalles lucides capables de durer une ou deux heures, le temps de faire un testament, sont excessivement rares. D'Aguesseau définissait ainsi l'intervalle lucide : « Ce n'est point un crépuscule qui joint le jour et la nuit, mais une lumière parfaite, un éclat vif et continu, un jour plein et entier qui sépare deux nuits. » Il n'en est pas ainsi, dans la folie, de l'intermittence des accès. Il y a des folies périodiques à type intermittent. L'expert devra alors établir, par des preuves certaines, qu'au moment du fait l'individu était bien dans une période d'intermittence et non dans un état de rémission. « L'existence d'hallucinations n'empêche point de tester d'une manière absolue, surtout lorsque les facultés affectives sont restées intactes; les congestions cérébrales et les attaques d'apoplexie déterminent très fréquemment un état mental particulier qui, au point de vue médico-légal, est digne d'exciter au plus haut point l'attention; dans quelques cas, les aphasiques, tout en restant intelligents, sont dans l'impossibilité de faire un testament olographe, public ou mystique. »

Dans une expertise de validité de testament, le médecin-expert doit faire l'histoire du testateur d'après ses antécédents moraux et physiques; il insistera surtout sur l'état mental au moment même où le testateur a pris ses dispositions ou postérieurement à celles-ci; il montrera la nature des accidents qui ont accompagné la mort d'après l'examen des symptômes ou d'après l'autopsie, s'il y a lieu; il examinera le testament lui-même au point de vue de son contenu, des idées qui y sont exprimées, et au point de vue de la forme quand il est olographe. Ce sont là, comme nous l'avons dit ailleurs, des renseignements précieux pour le diagnostic.

6. DES MALADIES A CONSÉQUENCES JUDICIAIRES : MALADIES SIMULÉES, PROVOQUÉES OU COMMUNIQUÉES.

I. Définition.

On appelle *maladie simulée* celle que l'on feint d'avoir; *maladie dissimulée* celle que l'on cache; *maladie prétextée* celle que l'on dit avoir pour en retirer avantage; *maladie provoquée* celle que l'on fait naître; *maladie communiquée* celle qui, par sa transmission, produit un dommage direct ou indirect.

L'intérêt ou la passion jouant un grand rôle dans les actions de l'homme, la simulation ou la dissimulation des maladies ont une grande importance en médecine judiciaire, et elles peuvent se présenter dans toutes les expertises. C'est ainsi qu'un accusé feint la folie; une femme condamnée à mort prétend être grosse et demande le bénéfice de l'article 27 du Code pénal: une autre femme prétexte la grossesse pour hériter, ou la dissimule à cause de l'absence de son mari; un conscrit veut éviter le service militaire; un soldat cherche à se faire réformer; un individu veut s'affranchir de certains devoirs : ceux de témoin, de juré, de tuteur; ou bien il cache une infirmité pour contracter une assurance sur la vie; une prostituée ou une nourrice cherchent à tromper le médecin de visite sur les maladies qu'elles peuvent avoir.

II. Legislation.

Art. 1382 et 1383 du Code civil déjà cités (p. 37).

Art. 1384. On est responsable non seulement du dommage que l'on cause par son propre fait, mais encore de celui qui est causé par le fait des personnes dont on doit répondre, ou des choses que l'on a sous sa garde. Le père et la mère, après le décès du mari, sont responsables du dommage causé par leurs enfants mineurs habitant avec eux ; les maîtres et commettants du dommage causé par leurs domestiques et préposés dans les fonctions auxquelles ils les ont employés ; les instituteurs et les artisans du dommage causé par leurs élèves et apprentis pendant le temps qu'ils sont sous leur surveillance. La responsabilité ci-dessus a lieu, à moins que les père et mère, instituteurs et artisans, ne prouvent qu'ils n'ont pu empêcher le fait qui donne lieu à cette responsabilité.

Art. 1385. Le propriétaire d'un animal, ou celui qui s'en sert, pendant qu'il est à son usage, est responsable du dommage que l'animal a causé, soit que l'animal fût sous sa garde, soit qu'il fût égaré ou échappé.

Art. 1386. Le propriétaire d'un bâtiment est responsable du dommage causé par sa ruine, lorsqu'elle est arrivée par suite du défaut d'entretien ou par le vice de sa construction.

Art. 27. Code pénal. Si une femme condamnée à mort se déclare et s'il est vérifié qu'elle est enceinte, elle ne subira la peine qu'après sa délivrance.

Art. 59. Les complices d'un crime ou d'un délit seront punis de la même peine que les auteurs mêmes de ce crime ou de ce délit, sauf les cas où la loi en aurait disposé autrement.

Art. 60. Seront punis comme complices d'une action qualifiée crime ou délit ceux qui, par dons, promesses, menaces, abus d'autorité ou de pouvoir, machinations ou artifices coupables, auront provoqué à cette action, ou donné des instructions pour la commettre ; ceux qui auront procuré des armes, des instruments ou tout autre moyen qui aura servi à l'action, sachant qu'ils devaient y servir ; ceux qui auront, avec connaissance, aidé ou assisté l'auteur ou les auteurs de l'action dans les faits qui l'auront préparée ou facilitée, ou dans ceux qui l'auront consommée.

Art. 276. Tous mendiants, même invalides, qui auront usé de menaces ou seront entrés, sans permission du propriétaire ou des personnes de sa maison, soit dans une habitation, soit dans un enclos indépendant, ou qui mendieront en réunion, à moins que ce ne soient le mari et la femme et leurs jeunes enfants, l'aveugle et son conducteur, seront punis d'un emprisonnement de 6 mois à 2 ans.

De nombreux articles déjà vus et ceux qui trouveront leur place naturelle au chapitre : Blessures. La jurisprudence a compris sous ce nom (article 319 et 320) non seulement les plaies et contusions, mais aussi toutes les maladies qui proviennent de la négligence ou de la maladresse.

Consulter aussi la législation sur le service militaire.

III. Caractères scientifiques.

Les plus fréquentes des maladies simulées[1] sont celles qui présentent des phénomènes subjectifs, c'est-à-dire des symptômes que l'individu peut facilement créer : ainsi les névroses, la folie (sur 58 observations de simulation rassemblées par Laurent, 49 appartiennent à des criminels), l'épilepsie, les paralysies, la mutité, la surdité, le bégaiement, la cécité.

Viennent ensuite les maladies à phénomènes objectifs. Ce sont des tumeurs, emphysème sous-cutané, du tympanisme, des hémorrhagies, etc.

On peut reconnaître ces maladies à leurs symptômes peu précis et incertains; il faut bien avoir présent à l'esprit l'histoire clinique de chaque maladie, et penser au mobile de l'acte. Les cas de surdité ou de folie sont les plus difficiles et les plus embarrassants. Le problème reste cependant toujours le même : déterminer l'état mental du prévenu.

Pour les individus qui encourent des peines judiciaires ou qui veulent être exemptés d'un service public, on peut demander qu'ils soient mis en observation.

La provocation de certains symptômes peut aussi embarrasser. C'est ainsi que des individus, pour exciter la commisération publique ou pour tout autre motif, provoquent des érythèmes, des maladies de la peau, l'œdème sous-cutané par insufflation d'air, des ulcères, des plaies, des mydriases.

Parmi les maladies communiquées, les plus importantes sont celles qui se transmettent par les organes génitaux; ainsi la chaudepisse, la vérole. La syphilis est communiquée par la nourrice, par le nourrisson ou par la vaccine[2].

[1] Boisseau, *Des maladies simulées et des moyens de les reconnaître*. Paris, 1870. — Laurent, *Etude médico-légale sur la simulation de la folie*, 1866.

[2] Un fait historique montre combien autrefois la syphilis était ou passait pour être contagieuse. En 1529, le cardinal Volsey, ministre de Henri VIII, fut mis en jugement devant la chambre haute pour avoir parlé bas à l'oreille de son maître, avec l'intention de lui communiquer la syphilis, dont il se savait atteint.

Nous avons parlé ailleurs de cette épidémie si curieuse de Brives-la-Gaillarde [1]. Nous rappellerons celle de Rivalta, où sur 46 enfants vaccinés 39 furent vérolés.

IV. Conséquences médico-judiciaires et règles de l'expertise.

Nous avons, dans un autre chapitre, longuement insisté sur les signes diagnostiques des maladies mentales et la valeur des différents symptômes qui permettent d'apprécier l'état mental d'un individu.

Dans le monde, il y a de tels préjugés attachés à la folie, que pour qu'un individu la simule il faut qu'il y soit poussé par des raisons majeures. Dans un cas semblable, l'enquête doit surtout avoir pour but de faire connaître : l'acte incriminé ou suspect, les conditions dans lesquelles il s'est produit, le mobile de cette action ou l'intérêt qu'un accusé peut avoir à simuler la folie. Il peut être utile, dans ces cas suspects, d'adresser au simulateur des questions captieuses et même des menaces, de le surprendre brusquement la nuit et même, si l'individu est placé en observation dans un asile, de le doucher ou de le traiter comme s'il était réellement fou.

« Parmi les formes que les simulateurs ont adoptées, dit Laurent, on rencontre surtout l'imbécillité, la stupidité, la démence, la manie aiguë. Il y en a peu qui aient essayé de contrefaire des monomanies ; quelques-uns ont feint l'épilepsie, l'hystérie, le somnambulisme,

[1] 15 femmes, 9 maris, 10 enfants, dont 3 périrent ; à peu près 100 victimes. La sage-femme fut condamnée à deux ans de prison et 50 francs d'amende. (Voir *Précis d'hygiène*, etc., 3e édition, p. 355).

différentes paralysies. En raison de la complexité des phénomènes psychiques et physiques constituant chaque forme de folie, complexité indépendante de la volonté, il est impossible au simulateur de fournir au médecin-expert le cortège naturel des désordres appartenant à cette maladie. Les aliénés simulateurs pèchent en général par l'exagération de tel ou tel symptôme aux dépens ou en l'absence de tels ou tels autres. Il est quelquefois nécessaire de recourir à quelques moyens supplémentaires de l'examen direct pour mettre au grand jour le véritable état de l'individu qu'on examine. On doit alors employer ceux qui sont le plus en rapport avec la dignité humaine. »

Pour les maladies provoquées, les *ulcères* sont produits par substances épispastiques : l'écorce de garou trempée dans du vinaigre, l'herbe aux gueux, les cantharides. Les *plaies* se rencontrent en un endroit où il a été possible de les faire, plus longues que larges et que profondes, correspondant avec le jeu de la main droite, et n'étant pas en rapport exact avec les perforations des vêtements.

Tardieu rapporte à cinq chefs principaux les expertises médico-légales consécutives à des procès pour des maladies accidentellement ou involontairement provoquées.

1° Maladies provenant de denrées alimentaires viciées, altérées, ou falsifiées.

2° Empoisonnements ou asphyxies accidentelles (appareils de chauffage mal employés, braseros); emploi dans l'industrie de préparations vénéneuses : ainsi les accidents consécutifs à l'usage ou à la fabrication d'objets imprégnés de poisons (cosmétiques, papiers peints, fleurs). Un ouvrier atteint d'accidents déterminés par l'emploi du vert arsenical dans la fabrication des fleurs poursuit correctionnellement et intente une action civile contre son patron. Celui-ci est condamné.

On assimile aussi à l'imprudence ou à la négligence le fait d'avoir remis ou laissé prendre à un individu une substance avec laquelle il s'est donné la mort : scènes de cabaret — (une jeune fille, maitresse d'un étudiant en médecine, s'empoisonne avec de l'acide arsénieux. L'étudiant et le pharmacien sont condamnés).

3° Erreurs dans la prescription ou l'administration des remèdes, dangers de certains traitements empiriques. Un enfant est atteint d'une maladie nerveuse que l'on peut attribuer à des passes magnétiques. Il y a poursuite correctionnelle, action civile, et condamnation.

4° Maladies contagieuses transmises des animaux à l'homme.

Les animaux domestiques atteints de charbon, rage, morve ou farcin, peuvent transmettre ces maladies par l'imprévoyance du propriétaire de ces animaux ou par suite des nécessités professionnelles de l'ouvrier ou du domestique. Les propriétaires et maîtres sont solidairement responsables du dommage produit.

5° Maladies contagieuses, communiquées, par un individu à un autre (blennorrhagie, syphilis).

Certes, il y a d'autres maladies contagieuses, mais la syphilis, à cause des conditions spéciales dans lesquelles se fait la transmission, mérite une mention spéciale. La transmission se faisant par contact, il est possible de remonter à la cause première, et puisqu'il y a dommage, on peut demander réparation. Tardieu distingue trois cas spéciaux de transmission :

1° Par rapports sexuels (procès entre époux, indemnités dans le cours de poursuites criminelles pour viols, attentats à la pudeur);

2° Par allaitement;

3° Par contact ou inoculation accidentels (imprévoyance de syphilitiques, soufflage de verre, tatouage, vaccination, opération de certains rites religieux, ainsi la circoncision, et même par imprudence de médecins (instruments contaminés; un scarificateur a donné la vérole à 200 personnes; expérimentation).

Comme le dit Tardieu, ne pas oublier, dans toutes ces expertises, qu'il faut avant tout et toujours s'en tenir à l'appréciation du fait particulier et des circonstances spéciales dans lesquelles il s'est produit, et ne pas se laisser entraîner dans le vague des abstractions et des controverses doctrinales.

Pour les maladies communiquées, dans la généralité des cas, la syphilis a été transmise par les organes génitaux, par l'allaitement, par inoculation ou contacts accidentels.

Dans la syphilis des organes génitaux, il faut décrire les symptômes, leur marche, les divers accidents.

Dans la syphilis par allaitement (voir la thèse remarquable d'Appay : *De la transmission de la syphilis entre nourrices et nourrissons*, etc. Paris, 1875, n° 41), la vérole peut être communiquée par le nourrisson ou la nourrice. Il faut examiner, a-t-on conseillé, l'enfant, la nourrice, les tierces personnes (parents de l'enfant, mari de la nourrice).

La syphilis congénitale est caractérisée par ses symptômes, son siège et sa marche (pemphygus, onyxis, plaques muqueuses, syphilis pulmonaire et hépatique, accidents qui se montrent entre la 3ᵉ semaine et le 3ᵉ mois). Marche lente vers une terminaison fatale. Diday (*Traité de la syphilis des nouveaux-nés*) a, dans une statistique de 158 cas, montré le début des accidents : avant un mois révolu, 86 fois; avant 2 mois, 45 fois ; avant 3 mois, 15 fois ; avant 4 mois, 7 fois ; une fois les accidents du début se sont montrés à 6 mois, à 8 mois, à 1 an, à 2 ans. L'élément capital et caractéristique est la plaque muqueuse près de la bouche, des narines, de l'anus ou organes sexuels, l'onyxis, le coryza rebelle ou *nifflette*, le catarrhe des bronches, la cachexie et une sénilité anticipée.

Dans l'examen de la nourrice, on constate que les accidents ne se sont montrés qu'après l'allaitement de cet enfant; celui-ci a des accidents buccaux, et tout prouve que la maladie a débuté par le mamelon.

C'est un bouton induré à l'extrémité ou à la base du mamelon. Il y a engorgement des ganglions de l'aisselle. et 4 ou 6 mois après, syphilides. alopécie, ganglions cervicaux. Rien aux parties génitales, sauf plus tard. lors des syphilis secondaires. Les organes génitaux doivent toujours être examinés, et il faut les opposer à l'état du sein.

Ainsi que l'a montré Tardieu, si on procède avec méthode et ainsi qu'il vient d'être indiqué, l'examen des tierces personnes est inutile et ne prouve rien.

Est-ce que sans symptômes apparents le père ne peut pas être syphilitique, et d'ailleurs, quel est le père ?

On peut en dire autant du mari de la nourrice. Ce qui serait dans l'espèce une preuve plus importante, ce serait l'examen, s'il était possible, des nourrices antérieures données à l'enfant et qui auraient été atteintes d'accidents semblables.

Si c'est la nourrice qui donne la syphilis, il faut de

même procéder à l'examen de la nourrice, du nourrisson, celui des tierces personnes n'a pas plus de valeur. Quand la nourrice a des enfants, il faut s'enquérir si ceux-ci sont demeurés sains malgré la maladie de leur mère. De même, une femme avant d'allaiter ce nourrisson avait eu des enfants sains ; depuis elle fait des fausses-couches et ses enfants meurent en bas âge.

Dans le cas de syphilis vaccinale, la pustule devient chancre, et les accidents se montrent consécutivement. Ces enfants ont pu ainsi donner la vérole à leurs mères qui ont vérolé leurs maris. — Rappelons que le bouton vaccinal va jusqu'au douzième jour ; la fausse vaccine dure de 7 à 8 jours ; quand il n'y a pas de cicatrice, c'est la vaccinelle.

III

QUESTIONS GÉNÉRALES

RELATIVES A LA MORT, AU CADAVRE, AUX TACHES, AUX EMPREINTES

I. DE LA MORT ET DU CADAVRE.

I. Définition.

C'est là un des chapitres les plus importants de la médecine judiciaire. Il renferme en effet de nombreuses questions se rattachant à la réalité des décès, à leurs causes, aux diverses circonstances qui accompagnent la mort.

C'est ainsi que nous nous occuperons de l'agonie, des signes et de la date de la mort, de la mort apparente, de la mort subite, de la survie et des opérations médico-judiciaires que l'expert peut avoir à pratiquer sur le cadavre.

Ce qui est essentiel en médecine judiciaire, c'est de connaître comment la mort est venue et quelles en ont été les causes.

Une collectivité humaine doit être comme une société commerciale ou autre : il y a intérêt à en connaître toutes les parties, ceux qui entrent dans cette société, ceux qui la quittent. La vitalité même de celle-ci tient à cette obligation, et il ne faut pas que le crime qui supprime un de ses membres puisse rester impuni.

II. Législation.

La loi s'occupe longuement des décès.

Des articles du Code civil ou pénal, de nombreuses ordonnances ou des règlements de police, ont fixé les conditions dans lesquelles devaient être faites la *déclaration* des décès et leur *vérification* : quel est le *délai légal* ou période de temps comprise entre le moment du décès et celui où peut avoir lieu l'inhumation après que celle-ci a été autorisée; — comment doivent se faire certaines opérations, telles que *ensevelissement*, *autopsie*, *embaumement*; quel est le mode d'*inhumer*, et quelles constatations médico-légales peuvent être faites dans le cas de mort subite ou suspecte.

Le livre Ier, chap. IV, du Code civil, s'occupe des actes de décès.

Art. 77. Aucune inhumation ne sera faite sans une autorisation, sur papier libre et sans frais, de l'officier de l'état civil, qui ne pourra la délivrer qu'après s'être transporté auprès de la personne décédée, pour s'assurer du décès, et que vingt-quatre heures après le décès, hors les cas prévus par les règlements de police.

Art. 78. L'acte de décès sera dressé par l'officier de l'état civil sur la déclaration de deux témoins. Ces témoins seront, s'il est possible, les deux plus proches parents ou voisins, ou, lorsqu'une personne sera décédée hors de son domicile, la personne chez laquelle elle sera décédée, et un parent ou autre.

Art. 79. L'acte de décès contiendra les prénoms, nom, âge, profession et domicile de la personne décédée; les prénoms et nom de l'autre époux, si la personne décédée était mariée ou veuve; les prénoms, noms, âge, profession et domicile des déclarants, et, s'ils sont parents, leur degré de parenté. — Le même acte contiendra de plus, autant qu'on pourra le savoir, les prénoms, noms, profession et domicile des père et mère du décédé, et le lieu de sa naissance.

Art. 80. En cas de décès dans les hôpitaux militaires, civils ou autres maisons publiques, les supérieurs, directeurs, administrateurs et maîtres de ces maisons, seront tenus d'en donner avis dans les vingt-quatre heures à l'officier de l'état civil, qui s'y transportera pour s'assurer du décès, et en dressera l'acte conformément à l'article précédent, sur les déclarations qui lui auront été faites et sur les renseignements qu'il aura pris. — Il sera tenu, en outre, dans lesdits hôpitaux et maisons, des registres destinés à inscrire ces déclarations et ces renseignements. — L'officier de l'état civil enverra l'acte de décès à celui du dernier domicile de la personne décédée, qui l'inscrira sur les registres.

Art. 81. Lorsqu'il y aura des signes ou indices de mort violente, ou d'autres circonstances qui donneront lieu de la soupçonner, on ne pourra faire l'inhumation qu'après qu'un officier de police, assisté d'un docteur en médecine ou en chirurgie, aura dressé procès-verbal de l'état du cadavre et des circonstances y relatives, ainsi que des renseignements qu'il aura pu recueillir sur les prénoms, nom, âge, profession, lieu de naissance et domicile de la personne décédée.

Art. 82. L'officier de police sera tenu de transmettre de suite à l'officier de l'état civil du lieu où la personne sera décédée tous les renseignements énoncés dans son procès-verbal, d'après lesquels l'acte de décès sera rédigé. — L'officier de l'état civil en enverra une expédition à celui du domicile de la personne décédée, s'il est connu : cette expédition sera inscrite sur les registres.

Art 83. Les greffiers criminels seront tenus d'envoyer, dans les vingt-quatre heures de l'exécution des jugements portant peine de mort, à l'officier de l'état civil du lieu où le condamné aura été exécuté, tous les renseignements énoncés en l'article 79, d'après lesquels l'acte de décès sera rédigé.

Art. 84. En cas de décès dans les prisons ou maisons de réclusion et de détention, il en sera donné avis sur le champ, par les concierges ou gardiens, à l'officier de l'état civil, qui s'y transportera, comme il est dit en l'article 80, et rédigera l'acte de décès.

Art. 85 Dans tous les cas de mort violente, ou dans les prisons et maisons de réclusion, ou d exécution à mort, il ne sera fait sur les registres aucune mention de ces circonstances, et les actes de décès seront simplement rédigés dans les formes prescrites par l'article 79.

Les articles 86 et 87 s'occupent des décès survenus pendant les voyages de mer.

Le chapitre traite des actes de l'état civil concernant les militaires hors du territoire.

La *déclaration des morts-nés* présente certaines formalités compliquées. (Voir page 108.)

Un décret du 4 juillet 1806 a tracé les règles à suivre en pareil cas :

Art. 1. Lorsque le cadavre d'un enfant, dont la naissance n'a pas été enregistrée, sera présenté à l'officier de l'état civil, cet officier n'exprimera pas qu'un tel enfant est décédé, mais seulement qu'il lui a été présenté sans vie; il recevra de plus la déclaration des témoins, touchant les noms, prénoms, qualités et demeure des père et mère de l'enfant, et la désignation des an, jour et heure auxquels l'enfant est sorti du sein de sa mère.

ART. 2. Cet acte sera inscrit à la date sur le registre des décès, sans qu'il en résulte aucun préjugé sur la question de savoir si l'enfant a eu vie ou non.

L'accroissement, constaté par les statistiques, du nombre des enfants morts-nés, a attiré l'attention des administrateurs et les a engagés à rechercher, à l'aide des médecins vérificateurs des décès, s'il ne fallait pas voir dans ce fait des avortements provoqués par des manœuvres criminelles.

Différentes circulaires des préfets de Paris aux maires de cette ville (8 juillet 1865, 28 novembre 1868, 15 janvier 1869) leur ont tracé les règles suivantes : La catégorie des mort-nés ne doit comprendre que les enfants décédés avant, pendant ou après l'accouchement, *qui n'ont pas été l'objet d'un acte de naissance*. Les accoucheurs ou les familles doivent toujours déclarer à l'officier de l'état civil comme mort-nés tous les produits de la conception à partir de six semaines. Quant le produit de la conception n'a pas atteint quatre mois, l'officier de l'état civil n'a point à se conformer aux prescriptions du décret de 1806; il doit seulement transcrire, sur un registre spécial, le certificat du médecin vérificateur.

Ce registre, sur lequel sont inscrits les certificats des médecins constatant les accouchements après six semaines jusqu'à quatre mois de conception, n'est pas un registre de l'état civil, mais un livre de police destiné en outre à faciliter les recherches lorsqu'il existe des soupçons d'avortement. Il ne doit pas être timbré, coté ni paraphé par le président du tribunal, ni déposé au greffe. Il est paraphé par le maire de l'arrondissement; si des attestations sont demandées (il n'en est pas fait d'extraits), elles sont délivrées par le maire sur papier libre. Les familles sont dispensées de faire inhumer des mort-nés de moins de quatre mois. Si les familles veulent procéder à l'inhumation, la transcription du certificat médical inscrit sur le registre tient lieu de l'acte en vertu duquel le permis d'inhumer peut être délivré.

Un décret du 3 janvier 1813 sur l'*exploitation des mines* renferme certaines formalités qui peuvent s'appliquer aux incendies dans les mines, éboulements et autres catastrophes. Il est expressément prescrit aux maires et autres officiers de police de se faire présenter les corps des ouvriers qui auraient péri par accident dans une exploitation, et de ne permettre leur inhumation qu'après que le procès-verbal de l'accident aura été dressé conformément à l'article 81 du Code civil et sous les peines portées par les articles 358 et 359 du Code pénal.

Lorsqu'il y aura impossibilité de parvenir jusqu'au lieu où se trouvent les corps des ouvriers qui auraient péri dans les travaux, les exploitants, directeur et autres ayants cause, seront tenus de faire constater cette circonstance par le maire, ou autre officier public, qui en dressera procès-verbal, et de le transmettre au procureur de la République; cet acte sera annexé au registre de l'état civil. Ce procès-verbal, dit Demolombe, paraît donc destiné à remplacer l'acte de décès, soit quant à l'ouverture de la succession, soit quant à tous les autres droits qui peuvent être subordonnés au décès.

Infractions aux lois sur les inhumations [1].

Art. 358. Code pénal. Ceux qui, sans l'autorisation préalable de l'officier public, dans le cas où elle est prescrite, auront fait inhumer un individu décédé, seront punis de six jours à deux mois d'emprisonnement, et d'une amende de 16 à 50 francs, sans préjudice de la poursuite des crimes dont les auteurs de ce délit pourraient être prévenus dans cette circonstance. — La même peine aura lieu contre ceux qui auront contrevenu, de quelque manière que ce soit, à la loi et aux règlements relatifs aux inhumations précipitées.

Art. 359. Quiconque aura recélé ou caché le cadavre d'une personne homicidée ou morte des suites de coups ou blessures, sera puni d'un emprisonnement de six mois à deux ans, et d'une amende de 50 à 400 francs, sans préjudice de peines plus graves s'il a participé au crime.

Art. 360. Sera puni d'un emprisonnement de trois mois à un an, et de 16 à 200 francs d'amende, quiconque se sera rendu coupable de violation de tombeaux ou de sépultures, sans préjudice des peines contre les crimes ou délits qui se seraient joints à celui-ci [1].

Art. 44. Code d'instruction criminelle (déjà cité page 30).

Un arrêté du préfet de la Seine du 21 vendémiaire an IX (13 octobre 1800) a établi que l'inhumation d'un corps ne pour-

[1] Pour les lois, décrets, arrêtés, instructions, circulaires, etc., concernant le service des médecins de l'état civil, consulter le Code-Manuel des médecins d'état civil par Huberson. — Paris, 1859.

rait avoir lieu qu'après le délai de vingt-quatre heures expirées depuis la déclaration du décès faite à la mairie, sauf certains cas d'urgence.

Des circulaires du ministre de l'intérieur (2 décembre 1865 et 24 décembre 1866) ont généralisé cette interprétation. « Il ne pourra être procédé à l'inhumation qu'après vingt-quatre heures expirées, depuis la déclaration faite à la mairie. Pourront être exceptés les cas de putréfaction cadavérique avancée, ou toutes autres conditions préjudiciables à la santé des familles, et dans les cas exceptionnels, le médecin vérificateur fera un rapport spécial au maire.

Ces médecins chargés de constater les décès furent nommés à Paris, dans chaque arrondissement, par M. le comte Chabrol, préfet de la Seine. [1] Il leur était enjoint, dans les déclarations transmises au maire, d'énoncer :

1° Les noms et prénoms du décédé; 2° le sexe; 3° l'état de mariage; 4° l'âge; 5° la profession; 6° la date exacte du décès, (mois, jour et heure); 7° le quartier, la rue et le numéro du domicile; 8° l'étage et l'exposition du logement; 9° la nature de la maladie, et (s'il y a lieu) les motifs qui peuvent occasionner l'ouverture du cadavre; 10° les causes antécédentes et les complications survenues; 11° la durée de la maladie; 12° les noms des personnes (ayant titre ou non) qui ont fourni les médicaments nécessaires; 13° les noms des personnes (ayant titre ou non) qui ont donné les soins au malade.

Avec ces diverses mesures, on empêchait certains crimes, il était possible de donner de précieux renseignements à la justice ou à la statistique médicale.

Ajoutons un arrêté de M. de Rambuteau (15 avril 1839) qui crée un comité d'inspection de cette vérification et les arrêtés du 25 janvier 1841, les circulaires du 15 septembre 1847, les arrêtés et circulaires du 25 juillet 1844, du 2 décembre 1865, du 24 décembre 1866, qui prescrivent des mesures d'hygiène publique.

La circulaire du 24 décembre 1866, adressée par le ministre de l'intérieur aux préfets, rend obligatoire pour toutes les communes de France la vérification des décès. L'officier de l'état civil ayant la responsabilité de la constatation des décès d'après l'article 77 du Code civil doit s'entourer de toutes les précau-

[1] La vérification des décès a été organisée à Paris par arrêtés préfectoraux (21 vendémiaire an IX, 2 juin 1806, 31 décembre 1821, 15 septembre 1825, 25 janvier 1841), par une circulaire aux maires de Paris le 25 juillet 1844, par trois arrêtés préfectoraux (7 décembre 1855, 20 décembre 1859, 29 décembre 1868).

tions qui lui permettent d'arriver à ce résultat : « Le maire de chaque commune fera choix d'un ou de plusieurs docteurs en médecine ou en chirurgie, et à leur défaut, d'officiers de santé, qui seront chargés de constater le décès dont la déclaration aura été faite à la mairie, conformément aux prescriptions de la loi. Ces médecins seront assermentés. Dès que la déclaration d'un décès aura été faite, le maire fera parvenir au médecin vérificateur du décès une feuille en double expédition conforme au modèle ci-joint, et sur laquelle il inscrira les noms, prénoms, sexe, âge, profession de la personne décédée; la nature de la maladie à laquelle elle a succombé, et autant que possible les conditions hygiéniques du domicile. Dans le cas où le décès paraîtrait douteux, l'officier de l'état civil retarderait la délivrance du permis d'inhumer, jusqu'à certitude complètement acquise de la mort, par une visite nouvelle et un rapport spécial du médecin vérificateur. » Cette vérification des décès est une obligation et une charge municipales : aussi ne se fait-elle que dans les grandes villes. On ne s'en occupe pas dans les communes rurales.

Les règlements administratifs se sont élevés contre certaines coutumes dangereuses de l'ensevelissement trop rapide et ont indiqué les précautions qu'il faut prendre avant l'inhumation définitive.

L'article 1er de l'arrêté du 21 vendémiaire an IX s'exprime ainsi : « Les personnes qui se trouveront auprès d'un malade au moment de son décès présumé éviteront à l'avenir de lui couvrir et envelopper le visage, de le faire enlever de son lit, pour le déposer sur un sommier de paille ou de crin, et de l'exposer à un air trop froid. » De même dans la circulaire du 25 janvier 1844 : « Le premier point qui doit fixer l'attention du médecin vérificateur, c'est de s'assurer que toutes les prescriptions des arrêtés des 21 vendémiaires an IX et 25 janvier 1825 sont observées : ainsi le corps doit être laissé dans son lit, on doit éviter de le transporter sur un sommier de paille ou de crin, de l'exposer à un air trop froid, de couvrir et envelopper le visage. Le corps doit rester dans toutes les conditions de chaleur et d'air susceptibles de faciliter le retour à la vie. On doit se garder de procéder à l'ensevelissement, à la mise en bière et à toute autre opération analogue; et toutes ces prescriptions doivent être observées pendant le délai de vingt-quatre heures, à partir de la déclaration faite à la mairie. Si donc le médecin vérificateur, à son arrivée, constate quelques infractions aux dispositions réglementaires qui viennent d'être indiquées, il doit adresser à cet égard des recommandations à la personne présente. Si, par exemple, il trouve le corps déjà enseveli, il doit prescrire le désensevelissement et le faire exécuter sous ses yeux. En général, les médecins vérificateurs devront rappeler aux familles toutes leurs obligations à l'égard des individus déclarés pour morts, et leur faire observer que, pendant le délai de vingt-quatre heures, on doit prendre autant de soin d'une personne présumée décédée que s'il s'agissait d'un malade. »

Les ordonnances du 6 septembre 1839, du 25 janvier 1841, et la circulaire du 24 septembre 1866, s'occupent du *moulage, autopsie, embaumement* ou *opération* qui pourraient changer en décès réel une mort qui ne serait qu'apparente. Voici l'ordonnance du préfet de police, en date du 6 septembre 1839 :

Art. 1er. A Paris et dans les autres communes du ressort de la préfecture de police, il est défendu de procéder au moulage, à l'autopsie, à l'embaumement ou à la momification des cadavres, avant qu'il se soit écoulé un délai de vingt-quatre heures, depuis la déclaration des décès à la mairie, et sans qu'il en ait été adressé une déclaration préalable au commissaire de police à Paris et au maire dans les communes rurales.

Art. 2. Cette déclaration devra indiquer que l'opération est autorisée par la famille; elle fera connaître, en outre, l'heure du décès, ainsi que le lieu et l'heure de l'opération.

Art. 4. Il n'est fait exception aux dispositions de la présente ordonnance que pour les cadavres des personnes dont le décès aurait été constaté judiciairement.

Art. 6. Les dispositions de la présente ordonnance ne sont pas applicables aux opérations qui sont pratiquées dans les hôpitaux et hospices et dans les amphithéâtres de dissection légalement établis [1].

Nous empruntons à MM. Tourdes (art. Mort, du *Dict. encycl.*) et Tardieu (art. Inhumation, du *Dict. prat.*) les dispositions légales qui se rapportent au transport des corps, aux inhumations et aux cimetières [2].

« Le *transport du corps* dans une autre commune peut pré-

[1] Cette ordonnance ne s'applique qu'au département de la Seine. Mais à Paris (art. 6) comme dans toute la France, les médecins des hôpitaux peuvent procéder aux autopsies, dès que le décès a été légalement constaté; le délai de vingt-quatre heures n'est pas obligatoire.

[2] Consulter : Les *transports mortuaires spécialement par chemin de fer*, par le Dr Schœnfeld in Revue d'hygiène de Vallin, octobre 1885. On y trouvera de nombreuses formules de désinfection.

céder l'inhumation : une circulaire du 26 thermidor an XII établit que l'exercice du droit que les citoyens ont de faire transporter les corps de leurs parents d'un endroit à un autre doit être précédé de mesures nécessaires pour empêcher la putréfaction. Une circulaire du 8 août 1859 détermine ces précautions : le cercueil de chêne, la poudre désinfectante de sulfate de zinc et de sciure de bois, substituée à celle de charbon et de tan, la lame de plomb entourant le corps, l'embaumement régulier suivant les cas. Sur le rapport de M. Devergie, une commission du conseil de salubrité de la Seine a recommandé, au mois de juillet 1869, des mesures sanitaires à prendre pour le *transport du corps hors Paris* : un cercueil en bois blanc, solidement joint, avec un enduit imperméable le rendant étanche, sera exigé pendant les six mois de chaleur; une poudre désinfectante remplira les intervalles de la bière, et couvrira le fond où repose le corps. Ces poudres désinfectantes seront composées de sciure de bois avec acide phénique, goudron desséché, sulfate de zinc ou sel de magnésie : on obtiendra ainsi la désinfection, l'absorption des liquides et la conservation temporaire du corps. Une instruction du ministère de la guerre du 20 septembre 1855, du ministère de la marine du 1er décembre 1855, du ministère de l'agriculture et du commerce du 25 janvier 1856, règle toutes les formalités du rapatriement des corps des personnes décédées en Algérie ou à l'étranger sur les bâtiments de la marine de l'État ou du commerce, et hors du territoire continental, jusqu'au moment de l'inhumation définitive

L'*inhumation* est le mode légal en France, conformément aux décrets du 23 prairial an XII et du 18 mai 1806 et aux arrêtés du 21 ventôse an IX, aux décrets et ordonnances des 18 août 1811, 25 juin 1832, 2 et 28 octobre 1852, pour la ville de Paris et suivant les usages locaux.

Le corps couvert du linceul est placé dans le cercueil fait de simples voliges, en bois de chêne ou de sapin, doublé ou non d'une lame de zinc ou d'une lame de plomb, enveloppes de nature et d'épaisseur variables, qui retardent la putréfaction. La poudre désinfectante de sulfate de zinc et de sciure de bois est placée au fond du cercueil, lorsque l'on a à craindre l'écoulement d'un liquide ou que le corps doit voyager. Le transport à l'église et au cimetière se fait à bras ou sur un char, avec un matériel qui doit être surveillé au point de vue de l'hygiène. Le décret du 23 prairial a réglé les dimensions des fosses, qui doivent avoir 1m,50 à 2 mètres de profondeur sur 8 décimètres de largeur, et être distantes les unes des autres de 3 à 4 décimètres sur les côtés, de 3 à 5 à la tête et aux pieds. La fosse est remplie de terre bien foulée et la décomposition marche suivant la nature et l'humidité du terrain, la profondeur de la fosse et les conditions complexes qui influent sur la putréfaction.

Les Cimetières sont les lieux consacrés aux sépultures; ils sont déterminés par le décret du 23 prairial an XII (12 juin 1804). L'article 1er défend toute inhumation dans les églises et lieux consacrés aux cultes, et dans l'enceinte des villes et bourgs. Hors des centres d'habitants et à une distance de 35 à 40 mètres au moins, les terrains seront spécialement consacrés à l'inhumation (art. 2); les terrains les plus élevés et exposés au nord seront choisis de préférence; ils seront clos de murs et plantés d'arbres. Les articles 4 et 5 règlent les dimensions et l'espacement des fosses : 1m,50 à 2 mètres de profondeur, 3 à 5 décimètres d'espacement. Le renouvellement des fosses ne se fera que tous les cinq ans; l'étendue du terrain doit dépasser cinq fois la superficie nécessaire pour une année. Le décret du 7 mars 1808 interdit d'élever aucune habitation ou de creuser un puits à moins de 100 mètres des nouveaux cimetières. D'après l'article 9 de la loi du 15 mai 1791, les cimetières abandonnés ne peuvent être mis dans le commerce que dix ans après les dernières inhumations. Le titre 3 du décret du 23 prairial permet à l'administration de faire des concessions de terrains particuliers dans les cimetières. L'article 14 autorise toute personne à être enterrée dans sa propriété, pourvu qu'elle soit hors et à la distance prescrite des villes et des bourgs; ce droit n'est pas absolu, il est subordonné, dans l'intérêt public, à l'autorisation préalable des maires. Le titre 4 soumet à l'autorité, police et surveillance des administrations municipales, les lieux de sépulture, qu'ils appartiennent aux communes ou à des particuliers. Une ordonnance royale du 6 décembre 1843 et une circulaire ministérielle du 30 décembre 1843 étendent ces dispositions à toutes les communes, et entrent dans de grands détails sur la législation et l'administration des cimetières.

Consulter aussi l'ordonnance du 2 décembre 1822. Les dispositions qu'elle contenait ont été reproduites dans les arrêtés du 1er janvier 1836 et 17 juillet 1850. Nous avons déjà donné (page 53) ce dernier arrêté, qui peut trouver partout son application.

Au chapitre Blessures, on trouvera l'*Instruction du conseil de salubrité sur les secours à donner aux blessés.*

Quelques mots sur les *autopsies dans les hôpitaux.* Dans les hôpitaux militaires, l'article 39 du Règlement sur le service de santé de l'armée s'exprime ainsi : « Toutes les fois que le médecin en chef le juge opportun, il exécute par lui-même ou fait pratiquer sous sa direction les autopsies cadavériques, et en fait tenir note sur un registre établi à cet effet. »

De même dans les hôpitaux civils, où l'autopsie est avec raison considérée comme un droit. Toutefois la famille peut faire opposition dans les vingt-quatre heures, mais celle-ci doit être formulée par les époux, frères et sœurs, oncles et tantes, neveux et nièces. Une circulaire du 17 juillet 1860 prescrit aux docteurs d'hôpitaux de tenir un registre d'opposition aux autopsies; il leur est recommandé d'engager les familles à une opération qui ménage à la fois leurs intérêts et ceux de la science. Le consistoire israélite réclame par avance les cadavres des israélites, et par conséquent l'autopsie de ceux-ci est impossible.

III. Caractères scientifiques.

Dans ce chapitre nous aurons à nous occuper successivement des questions suivantes :

1° De l'agonie;

2° Des signes de la mort;

4° Date de la mort : de la mort récente; de la mort ancienne; de la putréfaction;

4° De la mort apparente;

5° De la mort subite;

6° De la mort violente.

1° DE L'AGONIE.

D'après son étymologie, le mot agonie (de ἀγών, combat) indique la lutte suprême entre la vie et la mort. C'est plutôt une fiction poétique qu'une réalité. Il n'y a pas lutte ; l'organisme est suffisamment détérioré pour ne plus pouvoir fonctionner, et s'il continue encore à montrer quelque activité, c'est, pour ainsi dire, en vertu de la vitesse acquise : ce sont les derniers mouvements d'une impulsion qui ne se manifeste plus. Dès ce moment la vie est atteinte, et il y a des modifications, puis un arrêt dans les rouages organiques les plus compliqués. Comme l'a dit heureusement Parrot, l'agonie n'est pas comme le vent agitant une torche enflammée, c'est la fumée qui s'échappe d'une torche encore incandescente, mais dont la flamme vient de s'éteindre.

On comprend que cette transition puisse ne pas exister ou soit plus ou moins longue.

Quoi qu'il en soit, c'est une asphyxie lente; un sang de moins en moins oxygéné apporte peu à peu et successivement dans tous les organes la lenteur, puis la diminution, puis l'extinction des phénomènes vitaux.

L'état mental des agonisants ou des moribonds doit fixer notre attention, et on peut se demander comment on pourra décider si un individu, dans ces conditions, est capable d'accomplir certains actes : un mariage *in extremis*, par exemple, un testament ou une donation.

Comme l'indique Tardieu, il faut pour chaque cas particulier, tenir compte des dispositions individuelles du mourant et de l'affection à laquelle il succombe. Les manifestations de l'intelligence, des lueurs dernières apparaissant tout à coup comme des éclairs, sont fort rares, et d'ailleurs ne se montrent en général que chez des individus qui meurent d'affections communes et dans lesquelles l'intelligence n'a pas été nécessairement compromise. On remarque souvent que, lorsque l'organisme s'est affaibli peu à peu et pendant longtemps, les facultés cérébrales conservent jusqu'à la fin leur puissance.

Il est peut-être nécessaire, dans une expertise judiciaire, de savoir si la mort est survenue promptement ou a été précédée d'une agonie plus ou moins longue. Dans le premier cas, le phénomène qui frappe est la liquidité du sang. Dans le second, il y a de nombreuses preuves de l'installation de cette asphyxie lente. Le système veineux est engorgé, partout se montrent des stases et des congestions, dans les veines du rachis principalement. Il y a du mucus bronchique, un engorgement pulmonaire, des concrétions polypeuses (caillots jaunâtres et fibrineux) dans le cœur et les gros vaisseaux.

Ces conditions peuvent avoir une certaine importance. On a dit que le fait de l'agonie diminuait la responsabilité, M. Tourdes en cite un exemple : « Dans une rixe, où s'échangent des coups multipliés, un des accusés peut avoir intérêt à prouver que la victime était déjà mortellement atteinte quand il l'a lui-même frappée. Sans changer la valeur morale de l'acte, ce fait peut ébranler un jury par la considération d'un moindre préjudice matériel. »

On a demandé à des médecins de terminer une agonie, soit pour mettre un terme à d'atroces souffrances, soit pour empêcher des blessés, prêts à succomber, de tomber entre les mains de l'ennemi. Bonaparte proposa ainsi à Desgenettes de donner une forte dose d'opium aux pestiférés de Jaffa. Celui-ci s'y refusa et répondit : « Mon devoir, à moi, c'est de conserver. »

2° DES SIGNES DE LA MORT.

Malgré le grand nombre de signes de mort qui ont été donnés, il est parfois bien difficile d'affirmer si celle-ci existe réellement [1].

C'est qu'en effet il ne faut pas vouloir chercher un seul signe, mais un ensemble. Il faut bien se rappeler que la mort ne frappe pas en même temps tout le corps, mais successivement et progressivement les divers appareils d'après leur importance et pour ainsi dire d'après leur élévation hiérarchique. Il est bien évident que les manifestations fonctionnelles, qui sont le résultat d'un mécanisme délicat et compliqué, disparaîtront avant celles qui ne sont que le produit d'une existence végétative. L'intelligence disparaîtra avant la respiration et la circulation ; ces fonctions cesseront avaut les propriétés du tissu musculaire ; ces dernières seront supprimées avant celles des tissus épidermiques, et ce seront précisément les fonctions qui se suppriment les dernières qui formeront les signes les plus certains.

Nous ne croyons pas qu'il soit utile, selon l'habitude consacrée, d'énumérer successivement les signes plus ou moins certains de la mort ; nous pensons qu'il est plus logique et plus conforme à ce qui se passe réellement de grouper les divers phénomènes importants en trois classes distinctes, formées par les trois grandes fonctions dont l'activité constitue la vie elle-même. C'est ainsi que nous allons indiquer

[1] Voir les publications du Dr F. Gannal, et principalement : *Mort réelle et mort apparente*, Paris, 1868.

les phénomènes qui se montrent lors de la suspension fonctionnelle du système nerveux, de la circulation, de la respiration. On meurt par le cerveau, par le cœur, par le poumon.

A. *Arrêt fonctionnel du système nerveux.*

Il y a perte de l'intelligence, de la sensibilité, du mouvement ; les organes des sens ne fonctionnent plus.

On voit alors apparaître successivement d'autres phénomènes qui sont sous la dépendance de ceux-ci.

Le facies a un aspect spécial. Hippocrate en a donné la description suivante : « Front ridé et aride ; yeux caves ; nez pointu, bordé d'une couleur noirâtre ; tempes affaissées, creuses et ridées ; oreilles retirées en haut ; lèvres pendantes ; pommettes enfoncées ; menton ridé et racorni ; peau sèche, livide et plombée ; poils des narines et des cils parsemés d'une espèce de poussière d'un blanc terne ; visage d'ailleurs fortement contourné et méconnaissable. » (Hipp., *de Morbis*, lib. II, sect. 5.) C'est là le facies d'individus qui succombent à des maladies chroniques ou douloureuses.

Puis la face devient cadavérique ; les traits sont affaissés ; une teinte uniforme se répand partout : c'est la pâleur mortelle. *La mâchoire inférieure est abaissée ; la bouche et les yeux sont ouverts.* Camper a remarqué que personne ne meurt la bouche et les yeux fermés.

Ces derniers phénomènes tiennent au relâchement des sphincters, qui se produit d'ailleurs de divers côtés et qui montre la paralysie subite du système musculaire. Les paupières, l'iris, les lèvres, parfois le cardia, l'anus, le col vésical, s'entrouvent et se dilatent en même temps. Et alors il y a sortie ou expulsion de larmes, de liquides contenus dans l'estomac, de matières fécales, d'urine et même de sperme. Quelques auteurs ont surtout insisté sur le relâchement et la dilatation permanente du sphincter anal.

Dès lors, le corps n'obéit plus qu'à la pesanteur. *Les membres retombent le long du corps ; l'attitude est caractéristique.* Le décubitus est dorsal, les membres sont à demi-fléchis, la tête courbée, la pointe du pied est tournée en dehors, le pouce fléchi vers le creux de la main. Les mouvements ne se produisent plus, car on ne peut donner ce nom aux changements de l'iris ou aux contractions péristaltiques de l'intestin : ce sont des morts locales ou des changements de position déterminés par les altérations cadavériques.

La *perte de la sensibilité* est manifeste dans les régions où pendant la vie elle est exquise. C'est ainsi que des frictions, des sinapismes, des lotions irritantes, des cautérisations, ne produisent plus de réaction dans les régions suivantes : le mamelon (pincement ou ventouses), la plante des pieds, les extrémités des doigts et des orteils, la partie supérieure et antérieure du thorax.

Les *organes des sens* ne répondent plus à leur excitant spécial ; ils ont même perdu toute sensibilité. L'odorat et le goût disparaissent de bonne heure. La bouche *devient sèche* (en Chine, l'absence de salive est regardée comme un des signes certains de la mort), les narines sont pulvérulentes. Les muqueuses de ces deux organes sont insensibles à l'éther, à l'ammoniaque, à toute espèce de titillations ou de stimulations.

L'*ouïe* est éteinte. Les anciens pensaient qu'elle persistait plus longtemps, d'où les conclamations, les appels, les instruments de musique, destinés à réveiller ceux qui se trouvaient en état de mort apparente.

L'*œil* fournit des signes très importants depuis le moment de l'agonie jusqu'à la période de putréfaction. La vue s'éteint et s'affaiblit. Les moribonds se plaignent que le jour baisse, que la clarté diminue : « De la lumière, de la lumière ! » dit Gœthe mourant.

Au moment de la mort, les yeux sont entr'ouverts, le regard fixe, parfois une larme inonde l'œil et roule sur la joue. La conjonctive et la cornée transparente sont insensibles, la pupille est dilatée, l'iris immobile.

La dilatation de la pupille ne persiste que quelques heures, puis l'iris se déforme, déformation qui exagère de plus en plus l'affaissement de l'œil et l'évaporation de l'humeur aqueuse.

L'examen ophthalmoscopique permet de constater sur la rétine un arrêt de la circulation capillaire. D'après Bouchut, la papille du nerf optique disparaît, l'artère centrale du nerf optique et de la rétine devient vide, les veines de la rétine renferment de petits caillots sanguins, la choroïde n'a plus le même aspect. Notre ami Poncet (de Cluny) a insisté sur l'opacité de la rétine. La choroïde devenant grisâtre chez les blonds et restant noire chez les bruns, les caillots veineux ont surtout un aspect caractéristique.

Mais, on le comprend, ces signes ne peuvent être constatés que pendant un espace de temps relativement court. L'arrêt de la circulation modifie bientôt la transparence des milieux. La cornée perd son éclat, son épithélium tombe et vient former, avec le liquide de transsudation, une toile glaireuse qui se ramollit, puis se plisse. C'est là un ensemble de signes excellents pour constater la date de la mort. (On sait que cet organe est toujours examiné par les marchands de gibier.)

La *sclérotique* subit des modifications semblables. Elle se dessèche et il s'y forme une tache noire qui a été parfaitement décrite par Sommer, puis indiquée par Larcher. Les milieux internes de l'œil s'altèrent à leur tour; l'humeur aqueuse et l'humeur vitrée se troublent; le cristallin devient opaque; le globe oculaire s'affaisse et devient flasque, mou, puis se ramollit. Du 3e au 4e mois, le globe de l'œil est détruit : il s'est ouvert et vidé.

B. *Arrêt fonctionnel de la circulation.*

Cette fonction fournit la base d'un diagnostic immédiat de la mort. Les signes fournis par le cœur, par les différentes circulations, par le sang lui-même, ont une très grande importance.

Haller avait dit : « Cor primum vivens, ultimum moriens. »

En 1849, dans le concours pour le prix Mauni, sur les signes de la mort, le docteur Bouchut admit trois signes certains et immédiats de la cessation de la vie : l'absence prolongée des battements du cœur, constatée par l'auscultation, le relâchement simultané de tous les sphincters, y compris celui de la pupille, l'affaissement du globe de l'œil avec perte de la transparence de la cornée. Rayer, comme rapporteur de la commission, dit qu'on ne pouvait attacher une aussi grande importance à ces deux derniers signes. « Des trois signes immédiats de la mort admis par M. Bouchut, il en est un seul, la *cessation définitive des battements du cœur et de la circulation*, dont vos commissaires reconnaissent la certitude; et en signalant un signe aussi positif et aussi facile à constater, M. Bouchut a rempli une lacune importante de la science. La cessation définitive des battements du cœur et de la circulation, constatée par l'auscultation, est un signe d'autant plus certain qu'elle entraîne immédiatement la cessation de la respiration et des fonctions du système nerveux, lorsqu'elle n'en a pas été précédée. »

La commission prescrivit d'ausculter pendant un intervalle de cinq minutes, c'est-à-dire pendant un temps cinquante fois plus long que celui qui a été fourni par l'observation des bruits du cœur dans les cas d'agonie jusqu'à la mort. Il faut répéter cet examen après une demi-heure, car, s'il est très possible que la mort coïncide avec la cessation des bruits, il peut arriver et il est certain que les bruits peuvent être assez faibles pour ne pas être perçus. On possède en effet des observations de cessation complète des bruits du cœur et dans lesquelles les malades ont été rappelés à la vie. C'est ce qui se présente souvent chez les enfants nouveau-nés. On a alors conseillé d'enfoncer une aiguille dans l'organe (Plouviez, Bourgeois) : c'est un moyen peu pratique, il faut l'avouer.

La *circulation artérielle* est supprimée. Il y a absence du pouls. La vacuité des vaisseaux serait une preuve certaine de la mort. Aussi a-t-on proposé l'artériotomie temporale (Vergne). On s'expose à tuer un individu pour savoir s'il est mort. La *circulation veineuse* ne se fait plus, les veines ne se gonflent pas après une ligature.

La *circulation capillaire* est arrêtée, d'où décoloration des tissus et pâleur générale de la peau et des muqueuses. Les parties sur lesquelles le corps repose deviennent blanches et s'aplatissent. Cinq heures après la mort, il commence à se produire des phénomènes d'hypostase, ce sont des *lividités cadavériques*, très remarquables, surtout après douze heures. Ces lividités indiquent aussi l'époque du décès et l'attitude dans laquelle le cadavre s'est refroidi. D'après M. Tourdes, on peut, dans les douze ou quinze premières heures, modifier le siège de ces lividités et affaiblir leur couleur.

Le peau n'étant plus irriguée, se dessèche et se parchemine facilement. Par des frictions à l'aide d'un corps dur, on produit une empreinte parcheminée semblable à celle de la suspension. Devergie considère ce signe comme très important : « Ce signe est d'autant plus certain qu'il est positif, quand il apparaît, et que toutes les fois qu'on ne peut pas amener la dessiccation de la peau, on doit douter de la mort; dès lors on retarde l'inhumation afin de recommencer l'expérience plus tard. »

L'*application des ventouses scarifiées* à la région épigastrique démontre d'ailleurs l'absence de circulation capillaire. Il en est de même des *brûlures :* sur le cadavre, il ne se produit ni phlyctènes, ni injections de la peau. Une bougie placée à un demi-centimètre d'un doigt ou d'un orteil donne une phlyctène explosible. Certaines régions du corps, telles que les oreilles, les doigts, etc., perdent leur transparence. La peau se couvre d'une *sueur froide et visqueuse* qui augmente le refroidissement; c'est alors que les parasites, poux, etc., s'éloignent des parties qu'ils habitent ordinairement. Ajoutons que, de quatre à six heures après la mort, le sang se coagule dans les vaisseaux, mais ne se coagule pas à l'extérieur. D'après Laborde, une aiguille d'acier poli s'oxyde très vite, lorsqu'on la plonge dans les tissus d'un vivant; il n'en serait pas de même sur le cadavre.

C. *Arrêt fonctionnel de la respiration, de la chaleur.*

Il n'y a plus de respiration, le thorax est immobile. D'où les expériences du miroir, du duvet, de la flamme d'une bougie approchée des lèvres, du verre d'eau appliqué sur l'appendice xiphoïde. L'auscultation est difficile, à cause des troubles pathologiques fréquents. Un de mes malades est mort, alors que je l'auscultais, pendant un moment d'inspiration. La respiration cesse un moment avant la circulation.

Les échanges moléculaires venant ainsi à se supprimer, il se produit ordinairement un abaissement de la température. Le thermomètre baisse plus vite dans l'aisselle que dans l'anus. Les différentes parties se refroidissent plus ou moins vite : la face d'abord, puis les extrémités, les membres, le tronc. Le corps s'équilibre avec les objets extérieurs, après 16 ou 24 heures. Quand le thermomètre est descendu à 25 ou 22 degrés dans l'aisselle ou dans l'anus, la mort est certaine, et on peut procéder à l'inhumation.

La *rigidité cadavérique* a aussi une importance qui a frappé depuis longtemps tous les observateurs. D'après les expériences de Nysten, les muscles restent contractiles au moins une heure après la mort, le maximum a été de 30 heures, en moyenne de 5 à 6 heures. Cette moyenne est d'ailleurs en rapport avec l'état du sujet et le genre de mort. La contractilité du ventricule gauche du cœur s'éteint d'abord, puis viennent les intestins, l'estomac, l'utérus, l'iris, les muscles du tronc, ceux de la face, ceux des membres abdominaux, puis les muscles des membres thoraciques, et enfin l'oreillette droite du cœur. Les recherches doivent donc porter sur les membres dont l'examen est le plus facile : elles peuvent se faire avec un petit appareil d'induction (bobine de Ruhmkorff ou le bioscope électrique du docteur Grimotel).

Quand la contractilité musculaire a cessé, la rigidité cadavérique se montre dans les fibres lisses et dans les fibres striées, quels que soient l'âge et le genre de mort. C'est le muscle qui, étant devenu acide, a coagulé la myosine. La rigidité apparaît en moyenne au bout de 6 à 12 heures. Elle s'étend à tout le corps après 24 heures, en frappant d'une manière assez régulière la mâchoire inférieure, la nuque, le visage, le tronc, le membre supérieur, le membre inférieur ; puis elle diminue et cesse après 36 ou 48 heures.

Enfin se présente la *putréfaction*. C'est là le signe de la mort le moins discutable. Il en est la caractéristique essentielle.

Ses signes généraux sont un changement de coloration de la peau, les tissus se ramollissent, des gaz odorants se développent, il y a fonte putride du sang des muscles avec production d'organismes inférieurs.

Deschamps (Mémoire dans les *Annales d'hygiène*, tome XXX, page 218) a parfaitement indiqué les circonstances qui montrent que la putréfaction est un des meilleurs signes de la mort. Tant que le corps conserve sa chaleur naturelle, le ventre ne se colore pas. La coloration verte abdominale coïncide très souvent avec la rigidité cadavérique. Les parois du ventre restent à l'état normal tant que les muscles sont sensibles aux stimulants galvaniques et électriques; à 0 degré les cadavres se conservent, pendant 12 à 15 jours, sans offrir aucune trace de coloration, et ils exhalent à peine une odeur. Si le dégel arrive et que la température s'élève à 4 ou 5 degrés, souvent en quelques heures l'odeur ammoniacale et cadavéreuse se manifeste, et le ventre se colore. Un cadavre qui de 0 degré passe subitement à 20 ou 25 degrés présente souvent, à la fin de la journée, la couleur caractéristique de la putréfaction.

De nombreuses conditions l'accélèrent ou la retardent. Ordinairement, la coloration verdâtre commence par le flanc droit, puis se généralise à l'abdomen, s'étend au thorax et gagne les autres parties, qui passent successivement au vert, à la teinte rouge et brune.

Il y a des états pathologiques, tels que la gangrène, qui simulent la putréfaction; mais la confusion n'est pas possible. Chez les noyés, la putréfaction commence par la face, la partie supérieure de la poitrine, c'est-à-dire par les parties à vascularisation très marquée. Nous insistons sur la rapidité de la putréfaction chez les individus qui succombent à des *fatigues excessives ou au surmenage aigu*. C'est d'une grande importance médico-légale, soit pour préciser la date de la mort, soit pour différencier cette putréfaction de celle qui se montre dans certains empoisonnements.

La coloration verdâtre de l'abdomen est le signe du début de la putréfaction. C'est une imbibition qui passe dans les tissus et que les lavages ne peuvent détruire. Elle se produit d'ailleurs chez les nègres ou les hommes de couleur.

En résumé, la mort est bien *certaine* quand il y a eu un *délai de quarante-huit heures*, que des examens répétés ont montré l'*absence des bruits du cœur*, et que l'on a constaté la *rigidité cadavérique*, le *thermomètre dans l'aisselle* à 25 degrés et la *tache verdâtre des parois abdominales*.

3° DATE DE LA MORT.

Les signes de la mort bien connus, il sera plus facile d'en fixer la date.

Il y a des signes de la mort récente et de la mort ancienne. On peut donc admettre deux périodes distinctes. La mort récente s'étend du moment de la mort au début des phénomènes de putréfaction; c'est alors que commencent les signes de la mort ancienne, et ils se continuent jusqu'à la fin de la putréfaction.

Dès que la vie a cessé, l'organisme achève de mourir, et ses solides et ses fluides obéissent aux lois physiques et chimiques qui commandent à tout le corps. « Notre chair, dit Bossuet dans l'oraison funèbre d'Henriette d'Angleterre, change bientôt de nature, notre corps prend un autre nom, même celui de cadavre, parce qu'il nous montre encore quelque forme humaine, ne lui demeure pas longtemps. Il devient un je ne sais quoi qui n'a plus de nom dans aucune langue. »

C'est ainsi que le cadavre se refroidit progressivement, et sa température s'équilibre avec celle du milieu ambiant. Il se réchauffera plus tard avec le début des phénomènes chimiques de la putréfaction. Nous avons indiqué précédemment dans quelles limites variait ce refroidissement et à quels moments survenaient et disparaissaient la rigidité cadavérique, la contractilité musculaire, les symptômes oculaires, les hypostases ou lividités, la coloration verdâtre de l'abdomen.

Il ne faut pas vouloir chercher un signe, mais un ensemble, et tenir compte surtout d'une foule de circonstances extérieures ou autres qui peuvent beaucoup influencer la marche et la durée de ces différents phénomènes.

Les signes de la mort ancienne se retrouvent dans l'ensemble des phénomènes présentés par la *putréfaction*.

Celle-ci commence en moyenne vers le 2e jour en été et le 8e jour en hiver.

Elle est pour ainsi dire sous l'influence absolue du milieu dans lequel elle se produit.

Fourcroy, dans son système des connaissances chimiques, a très bien décrit la PUTRÉFACTION A L'AIR LIBRE : « La substance animale se ramollit ; si elle était solide, elle devient plus ténue ; si c'est un liquide, sa couleur change, et tire plus ou moins sur le rouge brun ou sur le vert foncé ; son odeur s'altère, et après avoir été d'abord fade et désagréable, elle devient fétide et insupportable. Une odeur ammoniacale se mêle bientôt à la première, et lui ôte une partie de sa fétidité. Celle-ci n'est que temporaire, tandis que l'odeur putride existant avant, elle reste encore après, et subsiste pendant toutes les phases de la putréfaction ; les liquides se troublent et se remplissent de flocons, les parties molles se fondent en une espèce de gelée ou de putrilage ; on observe encore un mouvement lent, un boursouflement léger qui soulève la masse, et qui est dû à des bulles de fluides élastiques, dégagées lentement et en petite quantité à la fois. Outre le ramollissement général de la partie animale solide, il s'en écoule une sérosité de diverses couleurs, et qui va en augmentant. Peu à peu, toute la matière fond ; ce léger boursouflement s'affaisse, la couleur se fonce, à la fin l'odeur devient comme aromatique, et se rapproche même de celle que l'on nomme ambrosiaque ; enfin la matière animale diminue de masse, les éléments s'évaporent et se dissolvent, et il ne reste qu'une sorte de terre grasse, visqueuse, encore fétide. »

C'est ainsi que les différentes colorations de la putréfaction se généralisent à tout le corps ; il survient ensuite une putréfaction gazeuse qui se passe dans le sang, jusqu'à destruction de ce liquide ; puis toutes les parties tombent en putrilage qui s'écoule, et les os sont à nu. Sur le sol reste un détritus noir, d'odeur spéciale, ressemblant au cambouis. Puis les os blanchissent de plus en plus, ils s'altèrent et tombent en poussière.

D'après Devergie[1], qui a étudié d'une façon très remar-

[1] *Médecine légale*, t. II, p. 108 et suiv.

quable tout ce qui se rapporte à cette question, l'atmosphère la plus favorable au développement de la putréfaction doit être celle qui se compose d'oxygène, d'azote, d'acide carbonique dans les proportions de l'air, d'une somme d'électricité très grande, d'une quantité considérable de vapeur d'eau et d'une température de 18 à 25°. Dans son développement successif, la putréfaction produit d'abord des substances qui, pour la plupart, sont acides; ensuite elle dégage de l'ammoniaque, les composés sont alcalins et il se forme des savons. Ces corps gras sont aussi un des termes des dédoublements successifs qu'éprouvent les substances protéiques. Le dernier terme est la production d'une sorte de cambouis ou d'une substance analogue à de l'amidon, ultime transformation du savon cadavérique.

« La saponification est très prompte : 1° chez les sujets très jeunes; 2° chez ceux qui sont très gras; 3° dans l'eau des fosses d'aisances; 4° un peu moins prompte dans l'eau stagnante que dans l'eau courante; 5° facile dans les terrains humides et gras; très rare dans les terrains secs; 6° d'autant plus prompte que les cadavres sont plus amoncelés les uns avec les autres, et, dans ce cas, ceux qui sont le plus profondément situés sont plus tôt saponifiés. Les différences dans la durée du temps nécessaire pour amener la saponification, suivant ces diverses circonstances, sont très grandes. Un enfant nouveau-né peut être presque entièrement saponifié en six semaines ou deux mois dans l'eau d'une fosse d'aisances. Il faut un an environ pour obtenir la transformation en gras de la totalité d'un noyé, et trois ans à peu près dans la terre pour arriver à ce résultat. » (Devergie.)

La putréfaction dans la terre a été l'objet de travaux importants de la part d'Orfila et Lesueur[1] et de Devergie. On peut, avec ce dernier savant, distinguer cinq périodes distinctes. Dans la première, les tissus se ramollissent; ils se colorent en vert ou rouge brun; des gaz se développent en plus ou moins grande quantité, d'après la saison; les tissus deviennent plus humides.

[1] *Traité des exhumations juridiques*, etc. Paris. 1831.

Après la fonte putride, les organes se saponifient. C'est la deuxième période. Il se développe une matière gluante plus ou moins épaisse, qui donne à la peau, ainsi qu'aux autres organes, un toucher gras. Les tissus sont moins humides. Les gaz ont disparu. Une coloration bistrée a remplacé la couleur verte ou brune.

Dans la troisième période, la saponification est plus accusée. Dans la quatrième, les organes et les tissus se dessèchent et s'amincissent; dans la cinquième, les parties molles ou dures se détruisent et se transforment en poussière ou cambouis qui s'infiltre peu à peu dans la terre.

En desséchant un cadavre de 60 kilogrammes, Chaussier l'a réduit à un poids de 6 kilogrammes. On sait, en effet, que les nombreux débris humains enfouis depuis de longues années dans les cimetières n'en ont jamais exhaussé le sol.

Orfila a montré que plus un cadavre est enterré profondément, plus de temps il met à se putréfier. Dans un terrain sablonneux et sec, la putréfaction est lente. Le cadavre de Napoléon Ier, qui avait été enterré dans un terrain semblable, était très bien conservé. Elle est plus prompte, s'il est argileux et humide, plus rapide encore, si la terre est très végétale, humide, et a une douce température. Le Campo Santo de Pise, qui détruisait rapidement les corps, devait, disait-on, cette propriété à la nature alcaline de son sol. Dans les pays chauds, les cadavres se momifient, se dessèchent et se conservent indéfiniment dans le sable, ainsi que l'a constaté Volney.

D'après Orfila, les causes les plus importantes qui influencent la putréfaction des cadavres inhumés sont les suivantes : l'âge, la constitution de l'individu, le sexe, l'état de maigreur ou d'obésité, de mutilation ou d'intégrité du sujet, le genre et la durée de la maladie à laquelle il a succombé, l'époque où l'inhumation a eu lieu, la ponte de certains insectes à la surface du corps, la nature des terrains, la profondeur de la fosse, l'état nu ou enveloppé du cadavre, la présence ou l'absence d'une bière, la nature et l'épaisseur de celle-ci, les influences atmosphériques. Ce savant a encore étudié les changements physiques éprouvés par les tissus. C'est ainsi qu'il a noté la destruction rapide de l'épiderme, de la peau du tissu musculaire ; les tendons, les cheveux et poils résistent longtemps, la putréfaction du cerveau, des poumons, de l'utérus, est assez lente ; les os s'altèrent à peine, même après des siècles, quand ils ne sont pas en contact avec l'air. On a trouvé, à Saint-Denis, les os du roi Dagobert, mort depuis plus de douze cents ans. Les dents résistent très bien, l'émail est presque indestructible.

La putréfaction dans l'eau donne lieu à une série de phénomènes que Devergie a classés dans l'ordre suivant :

1° *Putréfaction en vert* (débutant par la peau du sternum et celle de la face vers le 3° jour en été, vers le 12e ou le 15e en hiver).

2° *Le développement de gaz* dans les cavités du cœur, l'estomac, les intestins, les poumons, le tissu cellulaire. Le sang reflue aussi dans les vaisseaux, surtout dans ceux qui sont superficiels, d'où l'injection des capillaires du tissu cellulaire et des muqueuses. Cette production gazeuse n'est complète, en hiver, qu'au bout d'un mois et demi ou deux mois ; en été, elle a lieu du 4e au 6e jour. C'est elle qui, augmentant le volume du corps qu'elle insuffle pour ainsi dire, diminue en même temps sa densité, d'où la surnatation des noyés.

3° *La putréfaction en brun* suit la même marche que la putréfaction verte, mais est, en général, arrêtée par la saponification.

Son début peut se rattacher à un mois d'eau en hiver, et dix ou douze jours en été.

4° *La réduction en putrilage* se montre du 2e au 3e mois. Les parties qui ont été atteintes par la putréfaction verte ou brune tombent en putrilage et sont entraînées par l'eau. De là l'absence de la peau du front, des paupières, la fonte du nez, des lèvres, de la peau des clavicules et du sternum, etc.

5° *La saponification* commence vers le 3e ou 4e mois. La peau augmente de densité et devient grasse au toucher. La fonte putride s'arrête, et les bords déchiquetés des foyers de destruction prennent de la consistance et apparaissent jaunâtres et volumineux. Les parties saponifiées augmentent ainsi de volume, tandis que les organes extérieurs perdent tous leurs fluides, deviennent, au contraire, plus petits et comme désséchés.

6° *La dessiccation* a envahi tous les organes, sauf le tissu musculaire ambiant.

7° *Des corrosions* se montrent constamment sur la peau saponifiée. C'est comme si le tissu cutané avait été érodé. Cette période est très prononcée à quatre mois et demi.

8° *Incrustations.* Le savon ammoniacal se transforme en savon calcaire. Sous cette influence, il semble qu'une moitié de l'épaisseur du derme ait été dissoute, laissant à nu les bulbes des poils. La peau devient alors très solide; elle est sonore à la percussion.

9° *Il y a destruction des parties.* Même celles qui étaient saponifiées disparaissent peu à peu; les os restent à nu, puis se disjoignent, se perdent dans la rivière, tombent en poussière ou s'incrustent de sels calcaires.

Devergie fait remarquer que tous les cadavres ne passent pas nécessairement dans toutes leurs parties par toutes les périodes que nous venons de décrire. Certaines circonstances accessoires viennent modifier complètement l'évolution de ces phénomènes. C'est ainsi qu'une partie se putréfie moins vite, si elle est garantie du contact de l'eau. Les bottes chez les hommes, les corsets chez la femme, préservent les parties enveloppées.

La putréfaction serait d'autant plus rapide que l'eau est stagnante ou que la température est plus élevée. C'est ainsi que Devergie se demande si la production de gaz est un phénomène constant. Certainement elle est presque nulle en hiver : aussi la putréfaction est complètement différente pendant les deux saisons opposées. Il y a quelquefois, entre l'été et l'hiver, un mois en plus ou en moins de différence dans le développement d'une même période de putréfaction.

Très rarement, en été, les cadavres se saponifient dans les rivières, parce que les gaz se developpent très vite, et les corps ne tardent pas à surnager.

Dans une rivière un corps s'y trouve sur le dos ou sur le ventre, d'après le volume de l'abdomen et la quantité de graisse située en avant ou en arrière. Aussi les femmes occupent-elles en général la première situation, et les hommes la seconde.

Devergie a fourni des *données générales sur l'époque de la mort* dans cette circonstance. C'est ainsi qu'il a décrit les caractères propres à déterminer depuis combien de temps un noyé est resté dans l'eau, en supposant que la submersion ait eu lieu en hiver.

« 1° *De trois à cinq jours.* Rigidité cadavérique; refroidissement du corps; pas de contractions musculaires sous l'influence du fluide électrique, l'épiderme des mains commençant à blanchir.

« 2° *De quatre à huit jours.* Souplesse de toutes les parties; pas de contractions musculaires sous l'influence du fluide électrique; couleur naturelle de la peau; épiderme de la peaume des mains très blanc.

« 3° *De huit à douze jours.* Flaccidité de toutes les parties; épiderme de la face dorsale des mains commençant à blanchir; face ramollie et présentant une teinte blafarde, différente de celle de la peau du reste du corps,

« 4° *Quinze jours environ.* Face légèrement bouffie, rouge par places; teinte verdâtre de la partie moyenne du sternum; épiderme des mains et des pieds totalement blanc et commençant à se plisser.

« 5° *Un mois environ.* Face rouge brunâtre, paupière et lèvres vertes; plaque rouge brune, environnée d'une teinte verdâtre à la partie antérieure de la poitrine; épiderme des pieds et des mains blanc, et plissé comme par des cataplasmes.

« 6° *Deux mois environ.* Face généralement brunâtre, tuméfiée, cheveux peu adhérents; épiderme des pieds détaché; ongles encore adhérents.

« 7° *Trois mois et demi.* Destruction d'une partie du cuir chevelu, des paupières, du nez; saponification partielle de la face, de la partie supérieure du cou et des aines; corrosion et destruction de peau sur diverses parties du corps; épiderme des mains et des pieds complètement enlevé; ongles tombés,

« 8° *Quatre mois et demi.* Saponification presque totale de la graisse de la face, du cou, des aines et de la partie antérieure des cuisses; commencement d'incrustation calcaire sur les cuisses; commencement de saponification de la partie antérieure du cerveau; état opalin de la plus grande partie de la peau; décollement et destruction de la presque totalité du cuir chevelu; calotte osseuse dénudée, commençant à être très friable. »

Pour les époques plus reculées, on ne peut même pas donner des approximations.

En été, les phénomènes marchent avec beaucoup plus de rapidité qu'en hiver. Il y a entre ces deux saisons extrêmes une différence de 20 à 22 jours. C'est ainsi que les quatre premières périodes dont nous venons de parler se montrent successivement après 5 heures, 24 heures, 48 heures, 4 jours. En général, lorsque, par une cause quelconque, un noyé n'est pas retenu au fond de l'eau, il surnage du 8e au 12e jour.

C'est d'ailleurs en cette saison qu'il faut tenir le plus grand compte des changements que les cadavres éprouvent à l'air, après leur sortie de l'eau. En quelques heures, les parties doublent de volume. La tête surtout paraît très grosse; « la figure est celle d'un nègre »; les saillies s'effacent, les veines sous-cutanées se dessinent; des phlyctènes se montrent; les orifices laissent sortir un liquide rougeâtre. L'état seul des mains et des pieds est peu modifié, et c'est lui qui doit fixer l'attention. C'est qu'en effet l'époque de la submersion se reconnaît mieux par l'examen de certaines parties que par l'ensemble du cadavre.

La PUTRÉFACTION DANS LES FOSSES D'AISANCES a été étudiée par Orfila. Elle se présente surtout dans les questions d'infanticide. Elle est moins rapide dans les fosses d'aisances que dans l'eau, parce que les ferments putrides sont tués dans ces fosses.

D'après Devergie, c'est un des milieux qui favorisent le plus le développement de la saponification. Cette transformation en gras de cadavre est très rapide, et il faut tenir compte de cette particularité pour fixer la date de la mort.

La PUTRÉFACTION DANS LE FUMIER se fait très rapidement.

Dans une expérience d'Orfila, le corps d'un enfant nouveau né était placé, en été, dans du fumier, dont la température marquait 45° ; au bout de 24 heures, la peau était comme cuite ; vingt-quatre heures après, on enlevait le corps par morceaux.

4° DE LA MORT APPARENTE [1].

Tous les auteurs qui ont écrit sur ce sujet ont répété cette phrase de Winslow : « Mors certa, mors incerta, moriendum esse certum omnino, mortuum esse incertum aliquando. » L'étude que nous venons de faire des signes de la mort montre en effet la difficulté du diagnostic. Il y a un ensemble de signes, mais cet ensemble ne peut être réellement constaté que par un médecin.

La mort apparente a son histoire, ses légendes ; les récits les plus lugubres et les plus fantaisistes nous ont été transmis sur la possibilité de pareilles erreurs.

Ces observations, qui nous viennent du passé, n'ont peut-être pas une grande valeur scientifique. Elles signalent toutefois les inquiétudes du peuple, montrent le mal, et obligent les médecins et l'administration de prévenir ces accidents. Les ouvrages de Winslow, en 1740, et de Bruhier, en 1742, renferment tous les faits ou anecdotes alors connus, et dont le récit était bien capable de frapper l'esprit public. L'on frissonne à l'idée de ces malheureux qui, comme l'empereur Zénon, se réveillaient dans leurs tombes, ou que le scalpel de l'anatomiste animait brusquement (ainsi qu'il arriva, dit-on, à Vésale). Tous citent un certain gentilhomme normand du temps de Charles IX, François Civilis, qui semble avoir eu la triste spécialité des tribulations posthumes. Mis au monde par l'opération césarienne pratiquée sur sa mère exhumée, il fut deux fois, après des combats, placé parmi les morts. Il s'intitulait dans tous ses actes, trois fois mort, trois fois enterré, et trois fois ressuscité par la grâce de Dieu.

[1] Consulter notre mémoire : *De la nécessité de construire à Lyon une Morgue et de créer dans cette ville un établissement public servant d'obitoire ou maison mortuaire* (Lyon médical, mars 1881).

Puis l'histoire de Mazarin et celle de l'abbé Prévost. Dans la troisième partie de son livre, M. Bouchut a réuni soixante-dix-huit observations anciennes, plus extraordinaires les unes que les autres : « elles resteront toujours dans le sujet qui nous occupe, ne fût-ce que pour témoigner de la faiblesse de l'esprit humain quand il est aux prises avec l'ignorance, la crainte et la superstition ». A notre époque. quatre discussions au Sénat (de 1863 à 1866), et des prix fondés par quelques philanthropes (prix Mauni prix d'Ourches, prix Dugaste) ont mis à l'ordre du jour et provoqué l'apparition de nombreux travaux sur la mort apparente et sur les signes de la mort.

Ce qui est hors de doute et de toute contestation, c'est, vu la difficulté du diagnostic de la mort, le délaissement et l'abandon possibles d'individus supposés morts; dans d'autres cas, l'ensevelissement ou même le dépôt dans la bière sont trop précipités. Des individus ont été enterrés vivants. D'après M. Tourdes, en évaluant à 200 ou 220 décimètres cubes la capacité du cercueil, dont il faut retrancher 80 décimètres pour le volume du corps, il reste une provision de 120 litres d'air qui peut servir à l'entretien de la vie pendant une durée possible de vingt à trente minutes, qui peuvent bien compter pour un siècle. « Hobenstreit, calculant les dimensions du cercueil, pense que l'on peut y vivre d'une demi-heure à une heure. On se demande, dit Schneider, combien peut durer l'effroyable situation de l'homme qui se réveille dans la tombe ? Il est vraisemblable que cette vie peut se prolonger pendant quarante minutes, une heure et même au delà. L'observation de M. Roger indique une durée plus longue, celle de trois heures.

Les états morbides dans lesquels se présente ce que le public appelle la léthargie, sont assez nombreux. M. Tourdes en reconnaît sept formes différentes : les formes *asphyxique, syncopale, hystérique ou nerveuse, apoplectique, anémique et asthénique, toxique et mixte.*

« Ces différentes variétés n'ont pas la même fréquence; la première et la troisième fournissent les cas les plus nombreux; la syncope et l'anémie viennent après; les formes toxique et apoplectique sont les plus rares. M. Josat, sur

162 cas, relevés avec soin, place au premier rang l'asphyxie, puis viennent successivement la syncope, l'hystérie, l'apoplexie, le narcotisme et la commotion cérébrale. Pour la durée, l'hystérie occupe le premier rang, la commotion cérébrale le dernier. »

Ce sont surtout les femmes qui présentent ces cas assez fréquents de léthargie d'origine hystérique. Chez l'enfant nouveau-né, la mort est toujours suspecte, le même doute doit exister plutôt pour celle de l'enfant que pour celle de l'adulte.

D'ailleurs, dans tous les cas, il faut remonter aux maladies antérieures et aux causes mêmes qui ont pu déterminer la mort, en s'accompagnant de phénomènes plus ou moins caractéristiques.

La *durée* varie avec ses causes; si elle est assez courte dans la commotion cérébrale et dans la syncope, elle dure dans l'asphyxie et se prolonge dans les formes hystériques et la congélation.

D'après les relevés de M. Josat, sur 162 observations, la mort apparente a duré, 7 fois, de 36 à 42 heures; 22 fois, de 20 à 36 heures; 47 fois, de 15 à 20 heures; 58 fois, de 8 à 15 heures; 30 fois, de 2 à 8 heures.

Ajoutons que des noyés ont pu être rappelés à la vie après avoir passé deux heures sous l'eau. On dit que la mort apparente par congélation aurait duré plus de 48 heures. En résumé, nous pensons que bien rarement cet état atteint ou dépasse une journée.

Bien que nous n'ayons pas à formuler de traitement, disons que celui-ci consiste à éloigner les causes et à rétablir les trois grandes fonctions compromises.

On cherche à rétablir la respiration (imitation des mouvements respiratoires, méthode de Marshal-Hall et de Sylvester, respiration artificielle), à réveiller la sensibilité (électricité, excitants divers sur la peau, les muqueuses, les organes des sens), à ranimer l'action du cœur (saignée, transfusion du sang, moyens précédents).

5° DE LA MORT SUBITE[1].

La vie peut brusquement cesser, par suite de causes internes ou externes. C'est aux premières de celles-ci que l'on réserve, dans ces conditions, le nom de morts subites. Nous dirons avec M. Tourdes, que la mort subite est la cessation soudaine et très rapide de la vie, par suite de causes internes ou pathologiques, en dehors de toute action mécanique ou toxique, survenant inopinément chez une personne qui paraissait en bonne santé ou dont l'état de maladie ne faisait pas actuellement prévoir une issue fatale.

Il ressort des statistiques de Devergie (40 cas), et de Tourdes (88 cas), les résultats intéressants que voici :

C'est en hiver, et pendant les mois les plus froids, que l'on observe le plus de morts subites, et alors elles surviennent par affections pulmonaires. Les morts subites par le cerveau ont leur maximum en février et en juillet. Celles par le cœur sont également réparties. Les causes déterminantes des unes et des autres sont la température, l'alcoolisme, puis l'inanition, un repas copieux, une course rapide, des efforts de défécation, l'influence du coït, etc.... L'homme semble plus exposé que la femme, et ce genre de mort survient chez lui, surtout par le poumon.... C'est entre 60 et 70 ans que les morts subites sont le plus communes.

Il y a, en très peu de temps, suspension des fonctions du cerveau, des poumons et du cœur. C'est dans ces organes que doivent porter les recherches anatomiques. M. Devergie insiste avec raison sur les caractères d'ensemble pouvant expliquer le mécanisme de la mort ; « La mort par le cerveau, ou par les poumons, ou par le cœur, a des caractères matériels d'ensemble tout aussi tranchés qu'une altération pathologique locale. Ces caractères se déduisent, non seu-

[1] Voir la thèse du docteur Baptiste. Laboratoire de médecine légale de Lyon, 1883 : *Des morts subites ou rapides, par les lésions spontanées des organes abdominaux au point de vue médico-judiciaire.*

lement de l'état dans lequel se trouve l'organe qui, le premier, a cessé de remplir ses fonctions, mais encore de l'état des deux autres organes principaux de l'économie et de celui des principaux troncs vasculaires, veineux et artériels. Cet état est une conséquence du point de départ de l'arrêt de la circulation qui a accompagné la mort. »

Dans ces cas, l'autopsie doit être pratiquée avec certaines précautions, Il ne faut pas chercher à faire de l'anatomie pathologique d'ensemble. Aussi, au lieu de détacher successivement chaque organe pour prendre connaissance de ses lésions internes, il faut laisser toutes les parties en place. afin de voir si leurs rapports sont conservés ; ne pas blesser les vaisseaux qui les unissent et constater la quantité de sang rouge ou non qu'elles contiennent.

Voyons successivement la mort subite par arrêt des fonctions du poumon, du cerveau, du cœur.

1° *De la mort subite par arrêt des fonctions du poumon.*

C'est la plus fréquente. Elle est aussi plus rapide que celle par le cerveau.

Les causes les plus importantes sont l'arrêt des phénomènes mécaniques ou des phénomènes chimiques. Ainsi, l'*introduction de corps étrangers dans les voies respiratoires*, d'un bol alimentaire volumineux, par exemple; un *abcès volumineux* s'ouvrant dans les bronches; une *hémoptysie* considérable; puis les maladies se généralisant sur une grande surface du poumon, telles que la *congestion* et l'*apoplexie pulmonaire*, l'*embolie capillaire*; et celles qui se montrent comme complications ou prédispositions graves : l'*asphyxie bronchique*, l'*œdème pulmonaire*, l'*emphysème* et toutes les *maladies des organes* de la respiration.

On comprend facilement la pathogénie des accidents. La circulation s'arrête dans le système capillaire du poumon ; les veines pulmonaires se vident et n'apportent plus de sang au cœur gauche. Celui-ci n'en envoie plus aux centres nerveux, et par là la mort se généralise.

A l'autopsie, on constate la rougeur des membranes muqueuses du larynx, de la trachée et des bronches. Dans les voies respiratoires on rencontre une mousse écumeuse, ordinairement sanguinolente. Les poumons remplissent la cavité thoracique ; leur surface extérieure est ardoisée et présente des congestions partielles. A la coupe la surface est d'un rouge d'autant plus prononcé que l'on se dirige de la périphérie vers les parties profondes et déclives. Les vaisseaux veineux sont remplis d'un sang noir et épais. Cette coloration du poumon et cette plénitude des vaisseaux sont, pour Devergie, la caractéristique de la congestion pulmonaire. Ajoutons que le cœur, surtout les cavités droites, renferment beaucoup de sang très fluide. Les vaisseaux qui arrivent à l'oreillette droite sont gorgés, tandis qu'il y en a très peu dans l'aorte et ses divisions.

2° *De la mort subite par arrêt des fonctions du cerveau.*

Le public croit que ce sont là les cas les plus fréquents et que tout individu mort subitement a été atteint d'apoplexie. La mort subite par le cerveau a pour causes principales : la *congestion* ou l'*anémie cérébrale*, les *apoplexies* (que l'hémorrhagie ait lieu dans les méninges, les ventricules, dans une partie quelconque du tissu cérébral). Ajoutons que toutes les *affections du système nerveux* prédisposent à la mort subite. Quand les accidents éclatent par le cerveau, la respiration devient difficile, les poumons s'engorgent, et c'est un sang noir que le cœur chasse dans ses artères.

Après avoir trouvé les désordres cérébraux, on constate la congestion pulmonaire. Il y a plus de sang dans les cavités droites du cœur que dans les gauches.

3° *De la mort subite par arrêt des fonctions du cœur.*

Elle survient par un trouble mécanique ou dynamique de la circulation ou par une altération du sang.

Les rapports entre le cœur et le cerveau permettent de comprendre comment, le cœur n'envoyant plus de sang, l'action du cerveau se suspend, d'où arrêt des phénomènes physiques et chimiques de la respiration.

Les maladies spéciales du cœur qui déterminent de pareils accidents sont la *syncope* et les altérations cardiaques nombreuses qui la produisent : dilatation du cœur, valvules altérées, surtout celles de l'aorte, athérome et dilatation de l'aorte, la *rupture du cœur*, le *cœur gras*.

Après la thrombose et l'embolie, parmi les altérations du sang, on peut spécialement citer l'*urémie* et le *diabète*[1]. Nous parlerons dans un autre chapitre de la mort par la chaleur ou par le froid. M. Tourdes mentionne la diathèse hémorrhagique et le développement spontané des gaz.

Dans les cas où la mort commence par le cœur, le sang est distribué à peu près comme pendant la vie. Il n'y a de congestions locales, ni dans le cerveau, ni dans les poumons. Le cœur est volumineux ; il faut d'ailleurs noter qu'il est augmenté de poids chez les personnes qui meurent subitement. D'après M. Tourdes, le poids du cœur dépasse toujours la moyenne physiologique (230 gram. pour la femme, 250 gram. pour l'homme). Si l'âge a peu d'influence sur l'augmentation de poids, il n'en est pas de même du genre de mort. Le maximum de l'hypertrophie se rencontre dans la mort par le cœur, puis dans celle par le cerveau et par les poumons,

Si la banalité des causes ou la rapidité des symptômes éclairent le diagnostic, celui-ci est plus souvent donné par les lésions que révèle l'autopsie. Sans doute, celle-ci ne donne pas la solution dans tous les cas, mais au moins elle élimine les hypothèses suspectes, en nous montrant, ainsi que le dit Louis, qu'il y a eu mort subite ou du moins très prompte, dans des circonstances où il est impossible de le prévoir. En négligeant de faire une autopsie, on ignorera le rapport des symptômes et de l'état des organes ; « on pourra tout soupçonner : tandis que si, après l'examen attentif des viscères, le problème n'est pas résolu, au moins nous en approchons le plus possible, et, ce qui est un grand point, nous évitons les fausses suppositions. »

[1] *Mort subite dans le diabète*, mémoire in *Arch. de Médecine* (décembre 1877 et janvier 1878). Un mémoire de Frerichs, analysé dans la *Gaz. hebd.*, n° 1, 1884, dit : le trait commun à tous ces cas est le coma terminal. Il est fréquent et constitue avec la phthisie le grand danger pour les diabétiques.

6° DE LA MORT VIOLENTE.

C'est la mort par causes externes, les principales sont : les *accidents*, les *suicides*, les *homicides*, les *supplices*.

Les statistiques montrent qu'en France, sur les 950,000 décès annuels, plus de 500,000 ont lieu avant la 45ᵉ année d'âge. Il est donc certain qu'il existe des causes que tôt ou tard l'hygiène sociale parviendra à supprimer.

Mais il faut aussi reconnaître que si les décès par maladies diminuent, les morts violentes augmentent avec une telle rapidité qu'elles ont plus que doublé en quarante ans.

Sur 1,000 décès généraux, il y a 19 décès accidentels, soit 1,9 pour 100 par an. Ce sont les âges extrêmes de la vie (vieillards, puis les enfants) qui sont le plus exposés aux accidents. Cependant, ainsi que le fait remarquer Bertillon, ces périodes de la vie n'exposent pas aux obligations professionnelles. « Ainsi la sollicitude de la famille, l'amour maternel lui-même, ne sauraient remplacer la vigilance individuelle somnolente ou impuissante chez le vieillard, non encore éveillée chez l'enfant. »

De 1827 à 1880, le nombre des morts causées par accident ou inscrites comme telles dans la statistique a plus que triplé, ainsi que l'indique le tableau ci-contre, recueilli dans la statistique de la justice criminelle de France (année 1880).

Mais il n'y a pas lieu de s'étonner de cet accroissement. Les raisons de cette augmentation sont nombreuses; on peut citer notamment : la constatation plus régulière de ces faits, l'accroissement de la population, l'usage de plus en plus répandu de la vapeur, des gaz explosibles ou inflammables, l'extension du réseau de chemins de fer, etc.

Eu égard à la population, les morts accidentelles, qui n'étaient que dans le rapport de 15 pour 100,000 habitants, il y a un demi-siècle, sont aujourd'hui dans celui de 36 pour ce même nombre d'habitants. Les hommes en sont victimes 8 fois sur 10.

Pour établir des comparaisons utiles entre les divers genres de mort, il faut avoir soin d'éliminer du total des procès-verbaux, ceux qui constataient des morts naturelles

TABLEAU DES NOMBRES MOYENS ANNUELS DE MORTS ACCIDENTELLES ET DE MORTS SUBITES, EN FRANCE, DE 1826 A 1880

	NOMBRES MOYENS ANNUELS										
	1826 à 1830	1831 à 1835	1836 à 1840	1841 à 1845	1846 à 1850	1851 à 1855	1856 à 1860	1861 à 1865	1866 à 1870	1871 à 1875	1876 à 1880
MORTS ACCIDENTELLES											
Nombre total des morts accidentelles. . .	4781	5271	6462	7681	8891	9124	10288	12070	13100	12145	15201
Sexe des victimes. Hommes.	»	»	»	»	»	»	8385	9927	11010	9940	10719
Sexe des victimes. Femmes.	»	»	»	»	»	»	1905	2145	2090	2205	2482
Noyés	»	»	2887	3385	3639	3514	3879	3914	4514	3998	4130
Tués par l'explosion de machines à vapeur.	»	»	»	9	4	6	19	28	53	112	87
Tués dans les accidents de chemin de fer. .	»	»	»	25	40	69	123	179	257	319	366
Asphyxiés par le feu ou brûlés	»	»	258	540	412	555	716	726	610	458	664
Foudroyés	»	»	61	66	81	71	86	106	128	126	107
Morts de faim, de froid ou de fatigue. . . .	»	»	225	227	254	211	156	176	229	251	280
Victimes de l'abus des boissons alcooliques	»	»	226	267	296	226	254	54[illegible]	489	409	447
Morts subites sur la voie publique.	»	»	875	968	1252	1405	1426	1895	1996	1887	2619

survenues sur la voie publique. Cette défalcation faite, il s'en suit que les chiffres réels ont subi pour toutes les espèces d'accidents une progression croissante; mais il n'en est pas de même des chiffres proportionnels; celui des immersions involontaires est tombé de 52 pour 100 en 1836-1840, à 39 pour 100 en 1876-1880, bien que le nombre de ces accidents se soit élevé de 2,887 à 4,130. Celui des morts accidentelles causées par l'abus des boissons est resté de 4 pour 100, et cependant le nombre des victimes de ce vice a doublé : de 228 à 447.

Disons quelques mots sur le nombre des *condamnations capitales*. Les résultats suivants ont été pris dans la Statistique criminelle en France :

De 1833 à 1880. il a été prononcé 1,775 condamnations à mort, savoir :

De 1833 à 1835 . . .	129	De 1856 à 1860 . . .	217
De 1836 à 1840 . . .	197	De 1861 à 1865 . . .	108
De 1841 à 1845 . . .	240	De 1866 à 1870 . . .	85
De 1846 à 1850 . . .	245	De 1871 à 1875 . . .	145
De 1851 à 1855 . . .	282	De 1876 à 1880 . . .	127

Les condamnés se divisaient en 1,570 hommes (88 pour 100) et 205 femmes (12 pour 100).

Ils étaient âgés : 107 (6 pour 100) de 16 à 21 ans; 532 (30 pour 100) de 21 à 30 ans; 534 (30 pour 100) de 30 à 40 ans; 353 (20 pour 100) de 40 à 50 ans; 180 (10 pour 100) de 50 à 60 ans, et 69 (4 pour 100) de plus de 60 ans.

On n'en comptait parmi eux que 38 (2 pour 100) ayant reçu une instruction supérieure; 925 (52 pour 100) savaient lire et écrire, et 812 (46 pour 100) étaient complètement illettrés.

Sous le rapport de la profession, ils se classent ainsi : attachés à l'agriculture 817 (46 pour 100); ouvriers des diverses industries 516 (29 pour 100); marchands et employés de commerce 191 (11 pour 100); gens sans aveu 120 (7 pour 100); propriétaires, rentiers ou exerçant des professions libérales 81 (4 pour 100), et domestiques 50 (3 pour 100).

Plus de deux cinquièmes d'entre eux, 767 ou 45 pour 100, avaient déjà été condamnés par les juridictions répressives.

Ils ont été condamnés à mort : 1182, les deux tiers (66 pour 100) pour assassinat; 145 (8 pour 100) pour meurtre accompagné d'un crime ou d'un délit; 133 (7 pour 100) pour parricide; 103 (6 pour 100) pour empoisonnement; 101 (6 pour 100) pour incendie d'édifices habités; 68 (4 pour 100) pour infanticide; 18 (1 pour 100) pour meurtre de fonctionnaire; 10 (1 pour 100) pour séquestration accompagnée de tortures corporelles; 9 (1 pour 100) pour crimes politiques; 4 pour attentat à la vie du chef de l'Etat, et 2 pour crimes passibles des travaux forcés à perpétuité commis par des individus déjà condamnés à cette peine.

La peine capitale a été commuée pour 632 en travaux forcés à perpétuité; pour 13 en 20 ans de travaux forcés, pour 25 en reclusion perpétuelle, et pour 1 en 20 ans de reclusion : 37 sont morts ou se sont suicidés quelques jours après l'arrêt de la cour d'assises. La justice a suivi son cours à l'égard des 1,067 autres (60 pour 100). Les exécutions de femmes sont devenues de jour en jour plus rares. Il y en a eu 39 de 1846 à 1860 et 6 de 1861 à 1875. Aucune n'a eu lieu de 1876 à 1880.

Il semble utile, au point de vue de l'exercice du droit de grâce, de faire une distinction entre les diverses périodes politiques. De 1826 à 1830, ainsi que de 1831 à 1847, le nombre proportionnel des commutations de peines capitales a été de 36 pour 100; il s'est élevé successivement à 39 pour 100 de 1848 à 1850; à 46 pour 100 de 1853 à 1870, et à 61 pour 100 de 1871 à 1880.

IV. Conséquences médico-judiciaires et règles de l'expertise.

Les principales opérations que l'expert a à faire sur le cadavre sont les suivantes :

1° La levée de corps; 2° l'autopsie; 3° l'exhumation.

A. DE LA LEVÉE DE CORPS.

C'est l'opération à laquelle procède le médecin, requis par un magistrat, pour examiner l'état extérieur d'un cadavre trouvé sur la voie publique, ou présentant des signes ou indices de mort violente.

On rapporte tous les signes de la mort et tous les détails qui peuvent faire supposer quelle en a été la cause. On décrit le lieu occupé par le corps, sa position, l'état des vêtements qui le couvrent, et, s'il y a des armes à côté de lui, comment elles sont disposées.

S'il existe à la surface du corps des traces de blessures, on les décrit, on note leur espèce, on indique si elles ont déterminé la mort, si elles sont le résultat de l'homicide ou du suicide.

L'importance de ces détails peut alors déterminer les magistrats à faire procéder à l'ouverture du cadavre. Ce qu'il faut absolument se rappeler, c'est que dans la levée de corps, l'expert ne peut, sous aucun prétexte, porter l'instrument tranchant sur le cadavre. Dans l'autopsie, le corps est mis complètement à sa disposition.

B. DE L'AUTOPSIE.

Nous résumerons, d'après Chaussier, les règles à suivre dans les ouvertures de corps (in *Manuel* de Bayard, p. 142) :

1° Après avoir prêté serment entre les mains du juge d'instruction, du maire, du juge de paix ou du commissaire de police, par lequel il a été requis de remplir, en son honneur et conscience, la mission qu'il a acceptée, le médecin expert décrit les lieux où est placé le corps et tous les indices pouvant établir la perpétration d'un crime.

2° Il note l'aspect général du cadavre, l'âge, le sexe et tous les caractères d'identité ; l'état plus ou moins avancé de putréfaction, etc. S'il n'a pas encore examiné le cadavre, le médecin entre dans tous les détails qu'il aurait consignés, lors de la levée de corps.

3° On procède ensuite à l'ouverture successive de la tête, du cou, de la poitrine, de l'abdomen, et on termine par l'examen des membres et du rachis. Il est préférable d'ouvrir la boîte crânienne avec la scie ; avec la hachette ou le marteau on produit des fractures. Le cerveau est d'abord examiné en place, puis est extrait et fendu dans ses parties principales.

La bouche et le cou sont ensuite ouverts par un trait de scie au milieu du maxillaire inférieur ; on prolonge en bas une incision formant de chaque côté un lambeau quadrangulaire. Le thorax est ensuite ouvert soit en abattant les côtes aussi près que possible du rachis, soit en incisant les cartilages costaux et en désarticulant les clavicules, tout en ménageant les gros vaisseaux du voisinage.

Le cœur est examiné en place, puis, on ouvre successivement ses cavités droite et gauche.

On peut alors le retirer, ainsi que les gros vaisseaux, ce qui met à nu la trachée et les bronches, très-utiles à voir chez les noyés. Puis l'abdomen est ouvert sans enlever le diaphragme, qui maintient ainsi l'indépendance des deux cavités. Les viscères, le tube digestif sont successivement examinés.

On fend alors le pubis sur la ligne médiane, afin de procéder à l'examen des organes génitaux.

La cavité rachidienne est ensuite ouverte avec un rachitome : des incisions profondes, jusqu'à l'os, permettent d'examiner les membres et d'y découvrir des épanchements sanguins ou purulents. Toutes les parties sont alors soigneusement remises en place et on recoud le cadavre.

Pour la rédaction du rapport, nous renvoyons à ce que nous avons dit précédemment, page 74.

C. DES EXHUMATIONS.

Il peut être nécessaire d'extraire un cadavre de sa sépulture, dans des cas bien différents : un cimetière est déplacé, ce sont les convenances ou l'intérêt des familles qui exigent une translation. Mais le plus souvent, l'exhumation est ordonnée par la justice pour reconnaître l'identité d'un corps ou rechercher les traces d'un crime.

On s'est exagéré les accidents de ces opérations. En 1785, les exhumations du cimetière et de l'église des Saints-Innocents de Paris durèrent six mois : on exhuma plus de 20,000 cadavres à tous les degrés de la destruction, et cependant, il n'en résulta rien parmi les ouvriers ni dans le voisinage.

Elle n'offre réellement de dangers que pendant la première décomposition, qui survient quelques jours après que les corps ont été enfouis.

Voici dans quelles conditions on doit procéder et quelles sont les précautions à prendre.

On ne peut procéder à une pareille opération qu'après avoir été requis par un magistrat (art. 360 du code pénal) ; c'est donc en sa présence que le lieu de la sépulture est vérifié.

L'exhumation doit être faite de préférence le matin ;

il est prudent de ne pas être à jeun ; on a à sa disposition un nombre suffisant d'aides et d'ouvriers ; la fosse est arrosée avec un liquide désinfectant (le liquide étant projeté à côté et non sur le cercueil) [1].

Un caveau est aéré soit par appel d'air, soit en faisant jouer à vide une pompe à incendie, ainsi que l'a conseillé Guérard. Les ouvriers ne doivent y pénétrer que lorsqu'une bougie peut y brûler. D'ailleurs, ils peuvent avoir les narines et la bouche garnies d'un mouchoir trempé dans l'eau phéniquée ; ils sont tenus par une corde ou mieux revêtus de l'appareil Denayrouse.

Nous avons dit ailleurs comment on pourrait établir le sexe, l'âge et même la taille d'un individu dont on ne trouverait plus que le squelette. On est encore aidé par la présence de débris de vêtements, de bijoux, etc... qui donnent plus de valeur aux présomptions.

Quand l'exhumation est faite en vue de rechercher un squelette, la tranchée doit être ouverte à 3 ou 4 mètres de l'endroit supposé ; on évite ainsi de briser les os.

On note les diverses couches de terrain explorées et, dès que les ossements se montrent, la terre est enlevée avec précaution et même tamisée, afin de recueillir tous les os et d'en constater les particularités.

[1] D'après Devergie, il faut se munir de 3 ou 4 kilos de chlorure de chaux solide ; on en fait dissoudre un kilo dans deux seaux d'eau et on en répand à peu près autant sur la bière avant de l'ouvrir. On peut aussi faire usage d'une solution concentrée d'acide phénique.

DE L'ABSENCE.

Le code civil, liv. I, tit. IV, s'occupe des absents.

ART. 115. Lorsqu'une personne aura cessé de paraître au lieu de son domicile ou de sa résidence, et que depuis quatre ans on n'en aura point eu de nouvelles, les parties intéressées pourront se pourvoir devant le tribunal de première instance, afin que l'absence soit déclarée.

ART. 129. Si l'absence a continué pendant trente ans depuis l'envoi provisoire, ou depuis l'époque à laquelle l'époux commun aura pris l'administration des biens de l'absent, ou s'il s'est écoulé cent ans révolus depuis la naissance de l'absent, les cautions seront déchargées ; tous les ayants droit pourront demander le partage des biens de l'absent, et faire prononcer l'envoi en possession définitif par le tribunal de première instance.

ART. 139. L'époux absent dont le conjoint a contracté une nouvelle union, sera seul recevable à attaquer ce mariage par lui-même, ou par son fondé de pouvoir, muni de la preuve de son existence.

Le conseil d'Etat donna l'avis suivant, le 17 germinal an XIII (7 avril 1805) :

1° Qu'il y aurait un extrême danger à admettre comme preuve de décès, de simples actes de notoriété fournis après coup, et résultant le plus souvent de quelques témoignages achetés ou arrachés à la faiblesse ; qu'ainsi cette voie est impraticable ; — 2° qu'à l'égard de l'absence, ses effets sont réglés par le code civil en tout ce qui concerne les liens, mais qu'on ne peut aller au delà, ni déclarer le mariage de l'absent dissous après un certain nombre d'années ; qu'à la vérité plusieurs femmes de militaires peuvent, à ce sujet, se trouver dans une position fâcheuse, mais que cette considération n'a point paru, lors de la discussion du code civil, assez puissante pour les relever de l'obligation de rapporter une preuve légale. En cet état, le conseil estime qu'il n'y a pas lieu de déroger au droit commun, ni d'y introduire une exception que la législation n'a jamais admise.

D'après notre législation, un individu absent est considéré comme mort quand il s'est écoulé cent ans depuis le jour de sa naissance.

C'est là un maximum qui nous donne l'occasion de dire quelques mots de la *mortalité en France* et de la *vie probable*. Ce sera une heureuse transition avec le chapitre qui s'occupe de la survie.

Ces questions ont, d'ailleurs, une certaine importance en médecine judiciaire. Le médecin peut être consulté pour les caisses de retraite, les assurances sur la vie (voir page 41).

La mortalité est le rapport entre le nombre des décès, D, et celui d'une population, P, qui les a fournis pendant un an, soit $\frac{D}{P}$.

En France, la mortalité s'atténue depuis 1801; de 28,6 décès par 1,000 dans la période 1801 à 1810, la mortalité tombe par une diminution continue à 22,83 dans la période de 1861 à 1869. Mais cette atténuation de la mortalité est un résultat très complexe dans lequel le nombre moins considérable des enfants du premier âge a une part très importante. Aussi, il vaut mieux consulter la mortalité de chaque âge que la mortalité générale; mais les statistiques et les recherches sont fort difficiles à obtenir. M. Bertillon a trouvé que la *vie moyenne* en France, pour la période de 1840 à 1859, est de 40.12 ans. C'est la part de vie qu'en moyenne peuvent espérer les nouveau-nés se trouvant dans les mêmes conditions. L'*âge moyen des décédés* est 35,6 ans; c'est le nombre d'années qui (ajoutées ou enlevées à son âge actuel) ferait la part de chacun des membres de la population de fait, si ce bien était également réparti entre tous.

La *vie probable* est la limite des âges qu'il est également probable de dépasser ou de ne pas atteindre. Dans les tables mortuaires de Bertillon, elle est de 44,3 ans. L'âge *médian* est de 28 ans, c'est-à-dire qu'il y a autant de Français au-dessus qu'au-dessous de cet âge.

Tous ces chiffres ont leur importance en statistique; mais il est impossible d'en tirer des conséquences pratiques. La grande majorité des individus succombent à deux grandes causes de mort : celles qui proviennent du milieu où nous vivons, celles qui nous ont été léguées par nos antécédents, nos ancêtres.

On a cité de nombreux exemples d'individus qui avaient vécu très longtemps. Hufeland a réuni les plus curieux dans sa *Macrobiotique*. En 1885, dans le département de l'Isère, une femme est morte à l'âge de 129 ans. En général, dans nos pays, la mort par vieillesse survient entre 70 et 80 ans. C'est dans le département du Lot qu'on vit le plus longtemps.

DE LA SURVIE.

Des parents, des membres d'une même famille, ou liés par des dispositions testamentaires, succombent ensemble dans un désastre, et aucun témoignage, aucune preuve n'indiquent celui qui est mort le dernier. Cependant ce fait est important, puisqu'il fixe la transmission des héritages. La survie est, d'après la définition de Fodéré, la puissance qu'on suppose à telle personne d'avoir survécu à d'autres dans un accident commun, d'après l'échelle des circonstances probables et des forces vitales.

Art. 720. Si plusieurs personnes respectivement appelées à la succession l'une de l'autre, périssent dans un même événement, sans qu'on puisse reconnaître laquelle est décédée la première, la présomption de survie est déterminée par les circonstances du fait, et, à leur défaut, par la force de l'âge ou du sexe.

Art. 721. Si ceux qui ont péri ensemble avaient moins de quinze ans, le plus âgé sera présumé avoir survécu. S'ils étaient tous au-dessus de soixante ans, le moins âgé sera présumé avoir survécu. Si les uns avaient moins de quinze ans et les autres plus de soixante, les premiers seront présumés avoir survécu.

Art. 722. Si ceux qui ont péri ensemble avaient quinze ans accomplis et moins de soixante, le mâle est toujours présumé avoir survécu, lorsqu'il y a égalité d'âge, ou si la différence qui existe n'excède pas une année. S'ils étaient du même sexe, la présomption de survie, qui donne ouverture à la succession dans l'ordre de la nature, doit être admise : ainsi le plus jeune est présumé avoir survécu au plus âgé.

Loi du 20 prairial an IV. — Lorsque des ascendants, des descendants et autres personnes qui se succèdent de droit, auront été condamnés au dernier supplice, et que, mis à mort dans la même exécution, il devient impossible de constater leur prédécès, le plus jeune des condamnés sera présumé avoir survécu.

La mort peut être produite par des causes si diverses et si multipliées, que l'on comprend très bien que sur ce point l'arbitraire appartienne à la loi.

Les Romains s'en étaient déjà occupés, comme on peut le voir au Digeste (LXXXIV, t. V) : *De Rebus dubiis*. La loi française, dans l'art. 720, précise les cas dans lesquels une décision arbitraire peut être prise. Elle reconnaît que l'enfance et l'extrême vieillesse sont les âges les plus faibles, la force se montrant dans l'âge moyen de la vie.

D'après Ollivier, dans les asphyxies simultanées par vapeurs de charbon, les enfants au-dessous de quinze ans succombent en général beaucoup plus promptement que les adultes. Pour l'influence du sexe, il faut tenir compte des différentes circonstances et ne pas conclure d'après un chiffre proportionnel de statistique, ainsi qu'a voulu le faire Devergie.

Aussi, il est inutile, devant tous ces faits contradictoires, d'agiter trop longtemps des questions que la législation a, d'ailleurs, enlevées à l'appréciation médicale. Il n'en est pas ainsi si les circonstances du fait sont facilement appréciables, et on peut, ainsi que nous l'avons montré ailleurs, tirer de précieuses indications de l'examen des cadavres, des blessures, des brûlures, et même du genre de mort. Dante, dans la mort d'Ugolin et de ses enfants, a eu raison de faire mourir le plus jeune le premier et le père le dernier. C'est, en effet, dans un âge avancé qu'on supporte le mieux la privation de nourriture. Nous aurons d'ailleurs l'occasion de revenir sur ce sujet.

Nous avons publié en 1883, dans le *Lyon Médical*, la consultation médico-légale que nous avons rédigée, avec le Dr Colrat, à propos de l'affaire Rivoire. Nous

sommes arrivés après discussion à ces conclusions :
1° Les circonstances de fait, nombreuses, décisives, permettent d'apprécier la question de survie soulevée à l'occasion du décès de M. et de Mme Rivoire, survenu le 12 juin dernier.

2° Toutes les présomptions sont que Mme Rivoire a succombé à l'asphyxie par submersion et que M. Rivoire est mort de syncope produite par la même cause.

3° Il s'est écoulé un intervalle notable entre le moment où Mme Rivoire était privée de connaissance par suite de l'asphyxie et le moment où M. Rivoire a disparu dans l'eau.

4° Toutes les circonstances de fait tendent à démontrer que M. Rivoire a survécu à Mme Rivoire.

II. DES TACHES, DES EMPREINTES, ETC.

La présence sur les vêtements ou sur des linges de différentes taches, telles que du sang, du sperme, par exemple, peut devenir, dans le cours d'une instruction criminelle, un indice certain de la participation de l'individu à un acte incriminé. Dans d'autres circonstances, le médecin est consulté pour apprécier les colorations diverses qui peuvent se trouver sur la peau. Il peut être nécessaire de mesurer et de conserver les traces du passage ou de la présence d'individus en un endroit : ainsi, les empreintes de pas sur la terre ou sur la neige. D'autres fois, ce sont des empreintes ensanglantées sur les portes ou sur les meubles, des cheveux dans la main de la victime, de la matière cérébrale adhérente à un bâton, etc., etc. Dans tous ces cas, l'appréciation de l'expert peut vivement éclairer la justice, diriger ses investigations, lui apporter de nouvelles preuves. Comme l'a dit Bacon : les preuves sont un antidote contre le poison des témoignages ; et il est certain que, dans certains cas, les taches ont été les charges les plus accablantes contre un accusé.

Le code d'instruction criminelle prescrit aux magistrats, dans les cas de flagrant délit, de nature à entraîner une peine afflictive ou infamante de « constater le corps du délit, son état, l'état des lieux » (art. 32).

Art. 35. Le procureur de la République se saisira des armes et de tout ce qui paraîtra avoir servi ou avoir été destiné à commettre le crime ou le délit, ainsi que de tout ce qui paraîtra en avoir été le produit, enfin de tout ce qui pourra servir à la manifestation de la vérité.

Les art. 36 et 37 prescrivent la saisie des papiers ou autres pièces et effets en la possession du prévenu ou qui se trouvent dans son domicile. Si faire se peut, ces objets saisis sont clos et cachetés, ou bien mis dans un vase ou dans un sac sur lequel le procureur de la République attache une bande de papier qu'il scelle de son sceau.

L'art. 162 du code prussien de procédure criminelle s'exprime ainsi : Les experts doivent donner leur avis sur les instruments au moyen desquels les lésions ont pu être faites ; il faut aussi leur montrer les instruments qui ont été trouvés et leur demander si telle lésion a pu être produite par tel instrument, si la situation et la grandeur des blessures peuvent indiquer la manière avec laquelle le coupable a probablement agi, l'intention qu'il y a mise et la force physique qu'il a employée.

Au point de vue médico-légal nous définissons la tache : *toute modification de coloration, toute souillure, toute addition de matière étrangère, visible ou non, à la surface du corps, d'un instrument, d'une étoffe, etc., déterminée par le dépôt d'un produit solide, mou, ou le plus souvent liquide et dont la nature ou l'ancienneté peuvent servir à établir l'identité d'une personne, les relations ou l'intervention d'un objet quelconque dans une affaire criminelle.* Telle est la définition que nous avons donnée dans l'article *Taches* du Dictionnaire de Dechambre.)

Division des taches. — Il est impossible d'énumérer toutes les taches qui peuvent être soumises à l'analyse de l'expert. Toutefois nous allons étudier successivement, en donnant leurs caractères les plus importants, parce que ce sont celles que le médecin légiste doit connaître : les taches de sang ; de sperme ou liquide provenant de l'urèthre ; les taches provenant de liquides sortis de la bouche ou des fosses nasales ; les taches provenant de matières fécales ; les taches produites au moment de l'accouchement ou résultant de celui-ci (liquide amniotique, lait, etc.) ; les taches par débris de tissu humain ; les taches faites par des produits végétaux ; les taches de boue, de substances minérales, d'encre et autres.

Technique spéciale à l'examen des taches. — Il y a des taches humides, desséchées, essuyées, etc. ; l'expert doit d'abord se préoccuper de la description de ces taches en indiquant exactement leur situation : ainsi, par exemple, pour les taches de sang ou de sperme sur une chemise, on indique si elles se trouvent au pan antérieur ou postérieur de ce vêtement, sur la face interne ou externe de ce pan. Une description sommaire de la tache caractérisant son aspect est donnée; les différentes dimensions de longueur, de largeur, sont prises. L'examen de la tache est fait à la lumière naturelle et artificielle. S'il y a plusieurs taches sur du linge, une chemise, par exemple, nous avons l'habitude de numéroter chacune d'elles ou de l'indiquer par une lettre que nous répétons en même temps sur l'étoffe et sur le lambeau détaché. Nous avons ainsi étiqueté des carrés, des circonférences ou des losanges d'étoffe plus ou moins grands, d'après les dimensions de la tache, et qu'il est possible par leur disposition géométrique de rapporter, quand c'est nécessaire, à la place que ces lambeaux occupaient sur l'étoffe.

Chacune de ces taches est, selon sa nature, soumise alors à un examen physique, puis chimique. Découpée en bandelettes, on la met au contact d'un liquide approprié dans un verre de montre que l'on a soin, à son tour, de revêtir d'une petite étiquette portant le numéro de la tache. Au bout d'un temps plus ou moins long, le liquide de macération est soumis à un examen chimique ou micrographique : quand il est nécessaire, la tache humectée est grattée avec le dos d'un scalpel ou bien le tissu est effiloqué, fil par fil, afin de saisir toutes les parties du liquide qui a imprégné la trame.

On le voit déjà, il faut faire une grande différence entre les taches qui se déposent à la surface des objets ou celles qui pénètrent dans l'intérieur, ou dans l'interstice de ces objets, avec la réserve indiquée dans notre définition qu'il n'y a point de modifications chimiques profondes dépassant l'épiderme ou d'altérations de la composition moléculaire des objets : en résumé, nous ne rangeons dans les taches ni les escharotiques ni les caustiques. Ce qu'il faut rechercher, ce n'est pas la composition ou les modifications éprouvées par le support de la tache, mais seulement la nature de celle-ci.

Si la tache se trouve déposée sur une partie résistante, telle que lame de fer, pierre, bois, etc., on procède autrement. On peut quelquefois plonger la lame d'un instrument ou une partie de celle-ci dans un verre et la mettre au contact d'un liquide ; ou bien la tache est en écaille et se détache par lacération avec des aiguilles. Cette opération se fait toujours avec beaucoup de précautions, et au-dessus d'une feuille de papier ou d'une lame de verre, qui recueille les fragments. Dans d'autres cas, la tache peut être circonscrite par un godet en cire molle dans lequel on fait l'imbibition. Relatons une particularité utile à connaître quand une tache de sang repose sur un corps poli, tel que : verre, acier, parquet bien ciré, etc. ; en cherchant à l'enlever de son substratum, elle éclate tout à coup à la façon d'une larme batavique et sa poussière jaillit assez loin pour ne plus être facilement retrouvée. Dans ces cas, on opère sous un verre qui arrête les éclats.

Une partie du liquide est réservée à l'analyse chimique, une autre à l'analyse microscopique, une troisième à l'analyse spectroscopique. Nous recommandons d'étiqueter immédiatement et de luter les préparations qui paraissent démonstratives. Si les taches sont sur du bois, il faut parfois en enlever de petits copeaux ou bien racler avec une petite lame de verre fraîchement cassée qui détache ainsi le fragment à examiner.

TACHES DE SANG.

a. Caractères physiques. — En général, elles sont rouges, mais leur coloration peut varier avec l'épaisseur de la tache et la nature de l'objet ou du tissu sur lequel elle s'est desséchée. L'éclairage par une lumière artificielle permet parfois de mieux les apprécier. Elle peuvent ressembler à celles qui sont produites par certains sucs végétaux : pissenlit, laiteron, laitue vireuse; par des liquides albumineux colorés avec de la garance, de la cochenille, etc., par de la rouille. — Elles empèsent le tissu ; elles ont une odeur semblable à celle de la sueur ; leur saveur est salée.

b. Caractères chimiques. — Elles ne disparaissent pas si on les traite par de l'acide hypochloreux, qui décolore aussitôt les taches de sucs végétaux. L'acide chlorhydrique, qui dissout les taches de rouille en produisant du perchlorure de fer, est sans action sur elles. — Si l'on fait macérer cette tache dans l'eau, on observe qu'une partie se délaye dans ce liquide sous forme de filaments rougeâtres. Si l'on chauffe ce liquide, il se trouble et se décolore parce que l'albumine se coagule. Que l'on verse alors de la potasse, qui dissout l'albumine et l'hémoglobine, le liquide redevient limpide et d'un rouge verdâtre. La partie qui est restée sur le linge est de la fibrine, ainsi qu'il est facile de le constater au microscope. D'ailleurs, cette fibrine se dissout dans la potasse et on la précipite par l'acide chlorhydrique.

c. *Caractères micrographiques*, — Le microscope fournit de précieux renseignements : il permet de reconnaître, dans la tache, la présence de la fibrine, des globules rouges, des globules blancs, et même, dans certaines limites, le sang de divers animaux. Nous allons emprunter à l'excellent ouvrage de nos amis Duval et Lereboullet (*Manuel du microscope*, 2e édit.) l'étude qu'ils ont faite des taches, et les figures qui permettent d'abréger les descriptions. Nous y joindrons les procédés qui se trouvent dans l'*Instruction pour servir à déterminer les éléments constituants du sang dans les taches ;* cette instruction a été rédigée par une commission composée de MM. Mialhe, Mayet, Lefort et Cornil [1].

Les *globules rouges* sont absolument caractéristiques ; examinés intacts dans du sang frais, on peut dire s'il s'agit du sang d'homme ou d'animal. Leur matière colorante, l'*hémoglobine*, donne par l'analyse spectrale des raies caractéristiques et qui varient suivant qu'elle est oxygénée ou réduite. Un dérivé de l'hémoglobine, l'*hématine*, a une couleur spéciale qu'il est possible de déterminer au spectroscope, et elle donne avec l'acide chlorhydrique, des cristaux de chlorhydrate d'hématine, cristaux colorés faciles à obtenir avec une petite quantité de matière colorante du sang et qui sont absolument caractéristiques.

Les globules rouges sont très délicats. Ils sont altérés par l'eau, les acides, les bases, etc. Il faut donc éviter de mettre un réactif en contact avec les taches à ana-

[1] *Bulletin de la Société de médecine légale*, 1873-1875, p. 55

lyser. Mais certains liquides conservent ces globules. On se servira de ceux-ci pour imbiber les taches par capillarité.

Les meilleurs de ces liquides sont ceux qui se rapprochent le plus de la composition du sérum (matière albumineuse dissoute et chlorure de sodium), l'urine conserve les globules, mais modifie leurs formes. On peut employer le sérum iodé de Schlutz ou un sérum artificiel (270 grammes d'eau distillé, 30 grammes de blanc d'œuf, 40 centigrammes de sel marin). Ces liquides albumineux s'altèrent facilement. On peut employer aussi un liquide composé de 1/2 de chlorure de sodium pour 100 grammes d'eau distillée, ou de 5 à 6 pour 100 de sulfate de soude.

Dans les cas difficiles, l'expert doit diviser en quatre parts les spécimens dont il dispose et qu'il réservera, la première à l'analyse histologique, la seconde à l'analyse spectrale, la troisième à la recherche des cristaux de chlorhydrate d'hématine, la quatrième au procédé chimique de Taylor.

La figure 12 montre les globules rouges du sang : en *aa*, ils sont vus de face; en *b*, de profil; en *c*, empilés comme

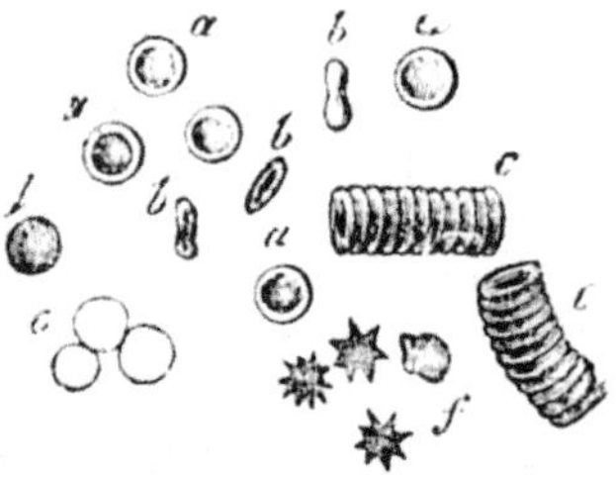

Fig. 12. — Globules rouges du sang.

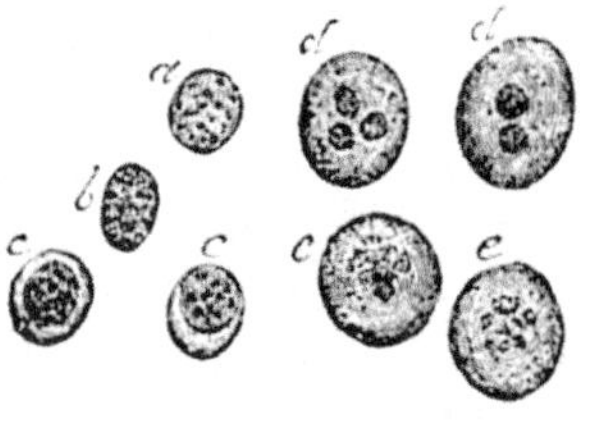

Fig. 13. — Globules blancs du sang.

des pièces de monnaie; en *e*, décolorés par l'eau; en *f*, ratatinés par suite de l'évaporation. Ces disques ont une largeur de $\frac{1}{150}$ de millimètre.

Les globules blancs (fig. 13) ont un diamètre qui est d'un tiers plus considérable que celui des globules rouges. Leur aspect est granuleux. En *a*, *b*, *c*, on voit des globulins et de petits globules blancs; en *d*, de gros globules possédant plusieurs noyaux; en *e*, les mêmes qui ont été traités par l'acide acétique.

Les globules rouges sont les corpuscules caractéristiques du sang. « Les globules du sang du fœtus se distinguent de ceux de l'adulte par l'existence d'un noyau, et ce n'est que vers le quatrième (Robin) ou le cinquième (Kölliker) mois de la vie embryonnaire qu'ils perdent cet élément : la présence de ce noyau après la naissance constitue un état le plus souvent pathologique. En même temps les globules du fœtus sont un peu plus volumineux que ceux de l'adulte; ils s'altèrent plus facilement après l'extravasation, et présentent alors parfois des espèces de prolongements sarcodiques (Robin).

« Les globules sanguins des mammifères adultes ressemblent à ceux de l'homme comme forme, mais en diffèrent comme dimensions; les plus petits sont ceux du cochon

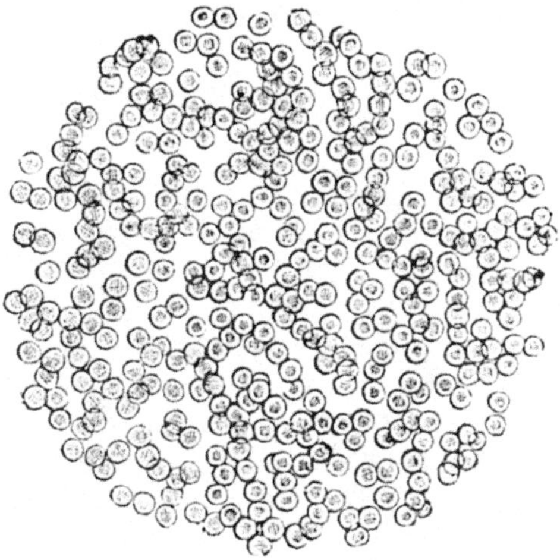

Fig. 14. — Globules sanguins de l'homme.

d'Inde; ceux de l'homme (fig. 14) étant représentés par 7 (comme diamètre), nous trouvons 2 pour ceux du cochon d'Inde, 4 pour la chèvre, 5 pour le mouton, 5 pour le cheval, 6 pour le lapin, 7 pour le chien, 9 pour l'éléphant; seuls parmi les mammifères, les caméliens (chameau et lama) possèdent des globules elliptiques, mais toujours sans noyaux. Ceux des oiseaux (fig. 15) sont elliptiques, en

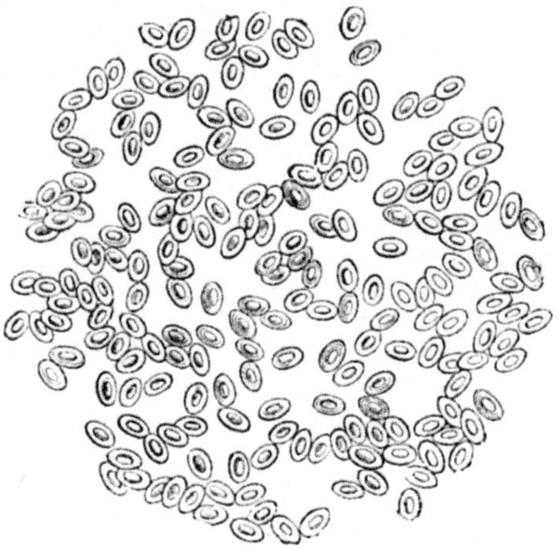

Fig. 15. — Globules sanguins des oiseaux.

général deux fois plus gros que ceux de l'homme (représentés par 15), biconvexes et avec un noyau généralement peu visible.

Ceux des reptiles et des amphibies (fig. 16) sont encore plus elliptiques, plus volumineux (représentés par 20 chez la grenouille), plus bombés et avec un noyau granuleux très visible. Enfin ceux des poissons (fig. 17) présentent généralement les mêmes caractères, sauf quelques exceptions peu importantes à notre point de vue (cyclostomes) et peuvent atteindre des dimensions surprenantes. »

Le microscope permettra donc de reconnaître l'origine d'un sang examiné; il permettra surtout de différencier le sang d'un homme du sang d'un animal domestique, dont les globules sont d'ordinaire plus petits. On comprend de suite combien ces données peuvent être importantes dans les expertises médico-judiciaires.

D'ailleurs, si les conditions de l'examen le permettaient, on pourrait faire la numération des globules à l'aide de

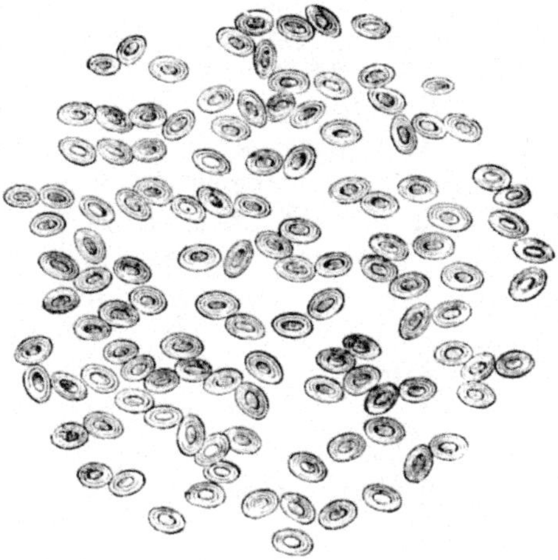

Fig. 16. — Globules sanguins des reptiles et des amphibies.

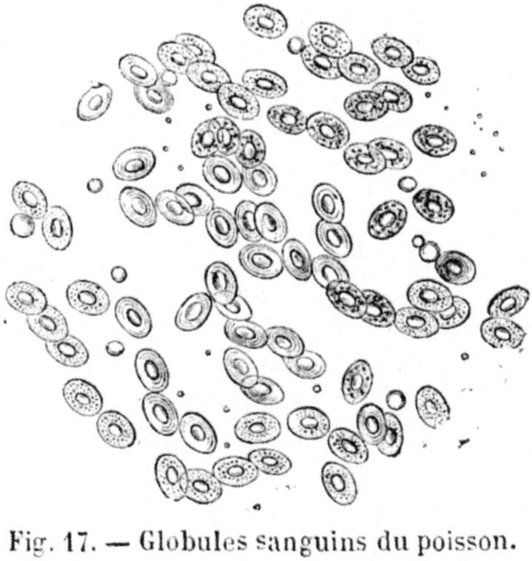

Fig. 17. — Globules sanguins du poisson.

l'appareil du docteur Hayem ou de celui du docteur Malassez, et même employer le *colorimètre* de ce dernier médecin : cet instrument permet d'apprécier la quantité d'hémoglobine contenue dans un millimètre cube de sang (Société de biologie, octobre 1876).

M. Tourdes, dans l'article Blessures du *Dictionnaire encyclopédique*, montre que des taches presque imperceptibles de sang ont été démontrées avec certitude par la *production des cristaux d'hémine* (l'*Instruction* les appelle avec raison *cristaux de chlorhydrate d'hématine ;* l'hématine est un produit de dédoublement de l'hémoglobine). Voici le procédé d'Erdmann : « Toutes les opérations se passent sur le porte-objet du microscope ; on y place une petite parcelle de la tache à examiner ; on y ajoute un fragment presque imperceptible de chlorure de sodium : avec une baguette, on dépose sur la plaque une gouttelette d'acide acétique monohydraté, de telle sorte que, par l'effet de la capillarité, elle se mette en contact avec le sang. On chauffe avec une petite lampe à alcool jusqu'à ce que le sang soit dissous : en tenant la plaque de verre à une plus grande distance de la flamme, on finit par sécher la tache ; on examine, à diverses reprises, au microscope, et bientôt on voit apparaître les cristaux d'hémine. Les cristaux s'obtiennent mieux quand la petite plaque de verre qui recouvre l'objet n'est pas trop fortement appliquée.... Les cristaux sont d'un jaune clair et d'un brun rougeâtre, ils ont une forme identique de losanges réguliers, de lames rhomboïdales divisées en deux, à lignes très nettes; ils varient de grosseur... Si l'on a obtenu des cristaux d'hémine, on est sûr que les taches sont formées par du sang, et ce procédé fait découvrir les traces les plus petites et les plus anciennes; les cristaux d'hémine ont été retirés de quelques gouttes de sang provenant du meurtrier de Kotzebue, et qui étaient desséchées sur du papier depuis 1820[1].

On peut encore reconnaître de plus petites quantités de sang avec le spectroscope et le microspectroscope (Ritter, Balley, Valentin Benoît) ; mais l'emploi de ces instruments

[1] Pour la recherche et la mensuration des hématites, pour la constatation des cristaux de chlorhydrate d'hématine on emploie un grossissement de 300 à 400 (Objectif n° 5 de Nachet, n° 8 de Hartnach, n° 7 de Verick).

rend ce procédé peu usuel. L'ouvrage de Duval et Lereboullet donne un excellent résumé des derniers travaux publiés sur ce sujet.

Rappelons que le sang artériel jaillit à une grande distance, que ses caillots sont plus épais et plus rouges.

Quant au sang menstruel, il renferme très peu de concrétions fibrineuses. On y remarque des débris d'épithélium utérin et vaginal et on peut y trouver des parasites tels que le *Trichomonas vaginalis*. La figure 18 montre,

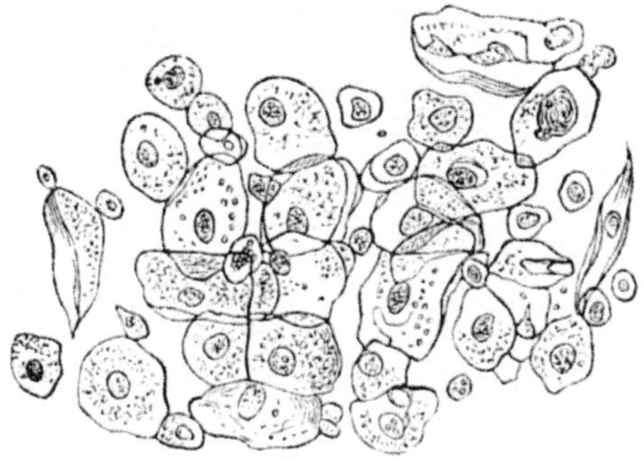

Fig. 18. — Épithélium vaginal.

d'après Tyler-Smith, l'épithélium vaginal à tous les degrés de développement dans la leucorrhée épithéliale ou vaginale. — Si le sang ne provient pas des règles, il est assez difficile de dire si c'est du sang d'homme ou du sang de femme. Notons cependant qu'on a prétendu que le sang de la femme avait une odeur un peu moins forte ou un peu moins aigrelette.

TACHES DE SPERME.

Ce que nous avons dit plus haut pour l'examen des taches de sang trouve ici son application. Nous ajouterons que pour l'examen des taches de sperme il faut prendre encore plus de précautions et éviter de froisser ou de déchirer le linge ou les objets sur lesquels elles se trouvent.

a. Caractères physiques et chimiques. — Le linge est empesé, surtout du côté où il a été mouillé, alors même que l'on a essayé un lavage superficiel; les taches ont une forme irrégulière, découpée comme les contours d'un continent sur une carte géographique; elles sont d'un gris sale ou jaunâtre, coloration qui se manifeste facilement si on les

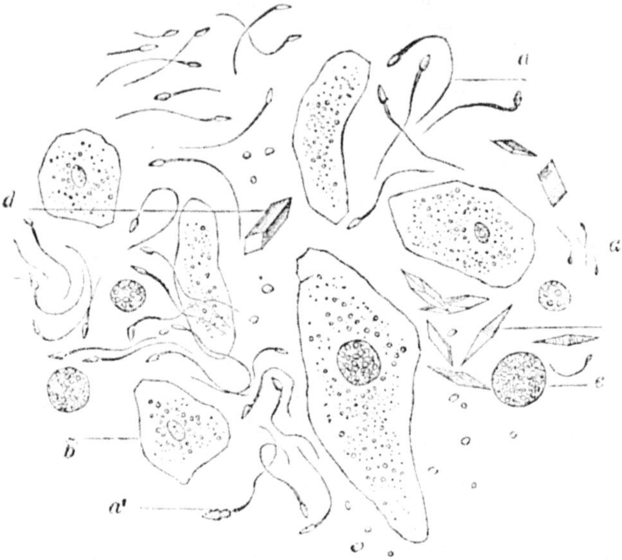

Fig. 19. — Sperme de l'homme.

chauffe sur de la vapeur d'eau, expérience qui permet de constater en même temps l'odeur spermatique. Notons que sur la peau humaine le sperme donne des taches qui ressemblent à du collodion desséché.

Le sperme est un composé des produits de sécrétion de plusieurs glandes situées sur le trajet des voies génitales. On y trouve, provenant du testicule, les spermatozoïdes d'une longueur de 5 centièmes de millimètre. Les spermatozoïdes, doués d'une vitesse évaluée à 4 millimètres par minute, peuvent longtemps conserver ce mouvement dans les organes génitaux de la femme et même dans le rectum chez les pédérastes passifs. Cette constatation permet d'établir d'importantes inductions sur l'époque du coït ou des relations contre nature.

Le canal déférent, l'épididyme, fournissent des produits de desquamation épithéliale. Les vésicules séminales donnent en très grande abondance des cellules épithéliales cylindriques, des globules blancs, des globules rouges (surtout quand il n'y a pas eu coït depuis longtemps, — très abondants dans le sperme des vieillards), des concrétions calcaires (phosphate et carbonate de chaux) et azotées. Celles-ci sont constituées par de petits grains, formés d'une masse uniforme, gélatineux et granuleux, se brisant en éclats par la pression, et que Robin a appelés sympexions. Ce sont ces derniers éléments qui rendent le sperme grisâtre. Ajoutons enfin le liquide prostatique et celui des glandes de Cooper et de Littré, qui est muqueux et filant. Peu de temps après son émission, il se forme dans le sperme des cristaux caractéristiques de magnésie.

b. Examen microscopique. — On découpe le linge en lanières ou bandelettes que l'on mouille par capillarité, en les faisant tremper dans un verre de montre rempli d'eau avec sulfate de soude ou glycérine. On ne laisse en contact avec le liquide que la portion non tachée du linge. Quand la tache est imbibée, on la racle avec un scalpel ou mieux on effiloque le tissu et on porte la matière sur le porte-objet du microscope.

La figure 19 montre en *a*, *a* des spermatozoïdes normaux; en *a'*, des spermatozoïdes à petites têtes, que l'on trouve chez certains sujets; en *b*, une cellule épithéliale pavimenteuse; en *c*, un leucocyte; en *d*, des cristaux de phosphate de magnésie. — Pour mieux voir les spermatozoïdes, on peut ajouter une goutte d'acide acétique ou les colorer avec de la teinture d'iode iodurée (Roussin), ou avec l'éosine (2 %), d'après le professeur Renaut. D'une manière générale, il faut donc apporter beaucoup de minutie et de ténacité dans la recherche de ces éléments. Toutefois, si la présence des éléments accessoires du sperme, tels que cellules épithéliales, sympexions, globules blancs, etc., n'ont rien de caractéristique, ils permettent au moins à l'expert d'émettre certains doutes, en disant, par exemple, que, si l'aspect extérieur des taches ressemble à des taches de sperme, l'examen micrographique ne montre pas une origine particulière, et qu'il n'a pas cependant été possible de trouver les éléments anatomiques qui seuls permettent d'affirmer. En résumé, l'absence de spermatozoïdes dans des taches ne prouve pas que ces taches n'ont pas été faites par un liquide spermatique.

Taches de lait. — Le linge taché par le *lait* prend aussi un aspect jaunâtre, il est raide et empesé. L'examen de ces taches se fait de la même manière que celui des taches de

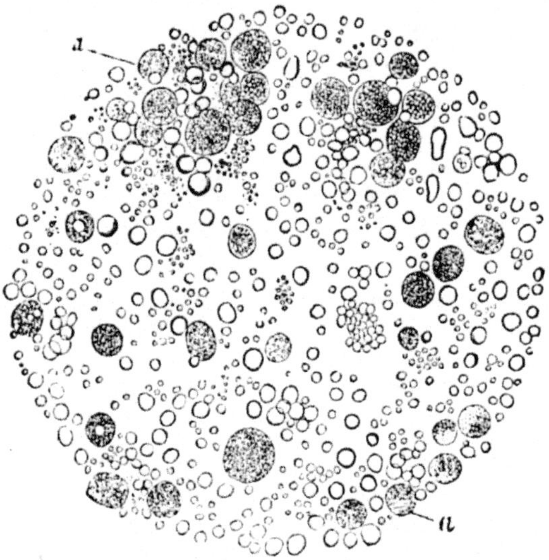

Fig. 20. — Lait d'une femme qui vient d'accoucher.

sperme. L'examen microscopique (fig. 20) permet de reconnaître de petits globules qui sont des globules de graisse, et des globules plus gros, granuleux, qui sont des corpuscules de colostrum.

Les *taches d'urine* sont, en général, assez faciles à reconnaître; sur le linge elles sont d'un jaune plus ou moins foncé et également accusées sur les deux faces de l'étoffe. Leurs bords sont peu marqués et le tissu n'est jamais empesé.

Au microscope, on ne trouve que les éléments contenus dans l'urine. Elles exhalent souvent une odeur caractéristique. Elles ne se colorent pas par les réactifs que teignent sans mordant les substances animales (éosine. couleur d'aniline), sauf le cas de présence d'albumine. On les reconnaît chimiquement en y démontrant : la présence d'urée, par l'hypobromite de soude ou ses autres réactifs ; la présence des chlorures, par précipitation avec le nitrate d'argent ; si la tache est altérée, moisie, la présence de sels ammoniacaux ; la présence de torulacées, en se servant de la tache pour provoquer rapidement la fermentation d'urine fraîche.

Des taches provenant de liquides sortis de la bouche ou des fosses nasales. — Les taches formées par les crachats ou les mucosités nasales peuvent ressembler dans certaines circonstances à des taches de sperme : ainsi des crachats étalés sur un plancher avec le pied forment par la dessiccation des taches en écailles avec quelques saillies brillantes, blanchâtres, comparables à la traînée que fait sur le sol les limaces et les escargots.

Voici les caractères de la matière des expectorations bronchique et pharyngienne. Ce sont des taches irrégulières, plus ou moins circulaires, d'un diamètre de deux à cinq centimètres, d'une couleur jaunâtre ou verdâtre. Au microscope, on aperçoit un mucus transparent, strié, avec quelques fibres, des granulations moléculaires, des cellules pavimenteuses et épithéliales de la bouche et du pharynx, d'autres cellules épithéliales sphériques très granuleuses, avec noyau central, après addition d'acide acétique, et provenant des bronches, puis des globules de mucus irréguliers. Par l'acide acétique, les noyaux de ces leucocytes se montrent et le mucus prend un aspect fibroïde.

Taches de méconium et de matières fécales. — Sur la toile blanche, les taches de méconium sont d'un vert brunâtre, empesant fortement le linge. Elles se gonflent rapidement dans l'eau. Au microscope, on y constate des cellules d'épithélium prismatique de l'intestin, des granules de couleur jaune verdâtre ou jaune orange foncé, et des cristaux lamelleux, minces, rhomboïdes de cholestérine (fig. 21), qui existent deux à trois fois sur cinq dans le méconium normal. Les taches produites par les fèces sont d'un aspect et d'une couleur très variables. Leur forme varie selon qu'elles ont été produites par simple écoulement ou par frottement. Au point de vue chimique, il faut y rechercher la cholestérine et la matière colorante de la bile. Au microscope on y trouve des globules de mucus, des cellules épithéliales, des granulations biliaires, des cristaux de cholestérine et des débris alimentaires.

Fig. 21. — Cristaux de cholestérine.

Il est fort difficile de distinguer les excréments d'un animal d'une espèce déterminée. On peut cependant, dans certains cas, trancher la question par la présence d'éléments anatomiques végétaux ou animaux qui n'auraient pas été attaqués par les sucs intestinaux.

Taches de substance cérébrale desséchée. — La substance adhérente à un instrument quelconque ou à du linge est grise, feuilletée, d'apparence cornée, d'un aspect humide et graisseux, hygrométrique. D'après Orfila, lorsque ces taches sont humectées et mises en contact avec de l'acide sulfurique concentré, la matière est tout de suite dissoute, et le liquide prend une couleur violette qui persiste sans que le mélange se charbonne. L'examen microscopique permet, avec un grossissement de 600 diamètres, d'y reconnaître les cellules et les tubes nerveux.

Taches formées par l'enduit sébacé et l'épiderme fœtal. — Cet enduit sébacé tache le linge sur lequel l'enfant a été déposé : drap de lit, toile de paillasse ou de matelas. Ces taches sont grises, sèches, écailleuses comme des taches faites par le poisson. Au microscope, on constate des cellules épithéliales pavimenteuses : les cellules les plus profondes sont plus petites et pourvues d'un noyau; quelques poils du duvet fœtal, poils pâles, incolores, sans matière colorante dans leur épaisseur, ni canal médullaire, à racine petite et effilée.

On trouvera dans notre article TACHES, du Dictionnaire de Dechambre, des renseignements intéressants sur les taches dues à des matières colorantes de nature végétale, fournis par M. Guignard, professeur de botanique à la Faculté des sciences de Lyon, et par le docteur Florence (*Les taches de sang, leur signification, leur importance en médecine judiciaire*, thèse de Lyon, 1885).

Dans les différents examens microscopiques que nous venons d'indiquer, outre les éléments caractéristiques, il s'y joint toujours des débris de l'étoffe sur laquelle se trouvait la tache et que le raclage a entraînés. Nous croyons utile, pour éviter toute erreur dans ces recherches, de donner l'examen microscopique, à la page 232 (gross. 400 diam.) des produits qui peuvent être le plus souvent rencontrés tels que des fibres de chanvre (fig. 22), de lin (fig. 23), de coton (fig. 24), des brins de soie (fig. 25), de la laine de mouton (fig. 26), un cheveu noir et un poil blanc (fig. 21). Nous terminerons par les considérations suivantes empruntées à M. Tourdes (art. *Blessures*), et qui trouvent ici leur place : « Il faut distinguer les cheveux des poils d'animaux[1], les cheveux d'hommes de ceux de femmes et d'enfants, et déterminer l'identité des cheveux qui font l'objet de l'expertise avec la chevelure de l'assassin ou de la victime. La distinction des cheveux et des poils est établie sur les caractères suivants : 1° la forme cylindrique dans les cheveux, conique dans les poils; les poils de cochon se rapprochent de la forme cylindrique, mais sont plus raides et rameux au sommet; les crins sont cylindriques, mais plus volumineux; 2° les dimensions : cheveux plus longs que les poils, en général, poils plus gros; $0^{mm},66$ de diamètre pour les premiers; 0,02 à 0,08 pour les seconds; 3° section à la pointe abrupte sur les cheveux coupés, effilés, sur les

[1] Consulter la thèse de Joannet (1878), la thèse d'agrégation d'Arloing (1880), le mémoire de Jaumes (1884) *sur les Poils de l'homme et des animaux*.

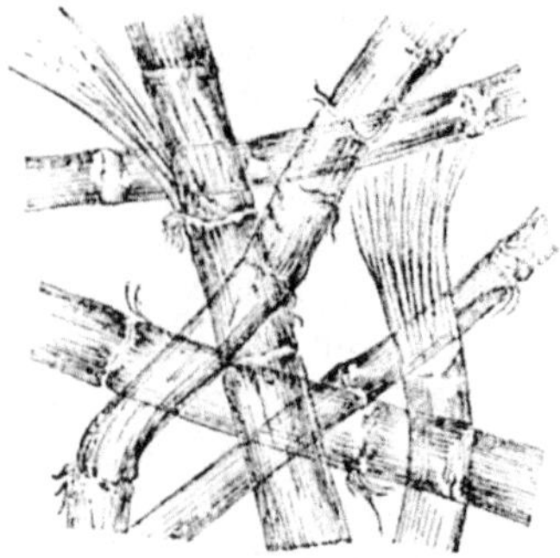

Fig. 22. — Chanvre.

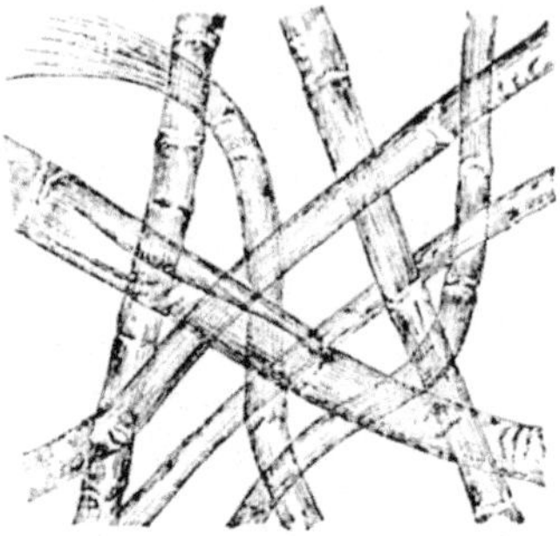

Fig. 23. — Lin.

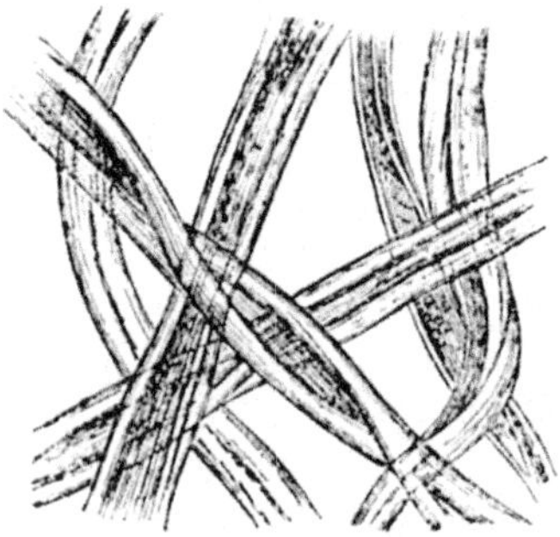

Fig. 24. — Coton.

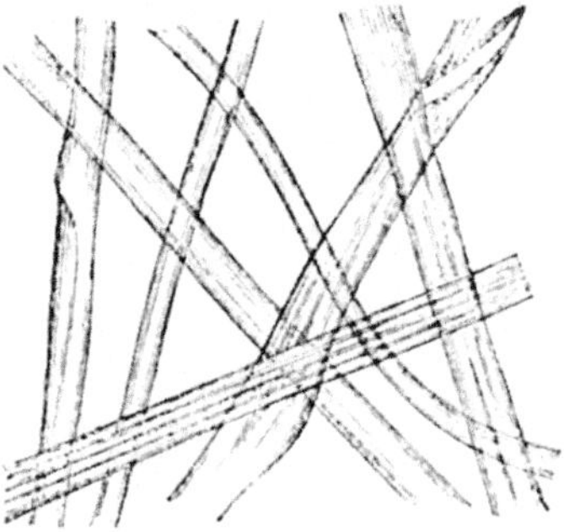

Fig. 25. — Brins de soie.

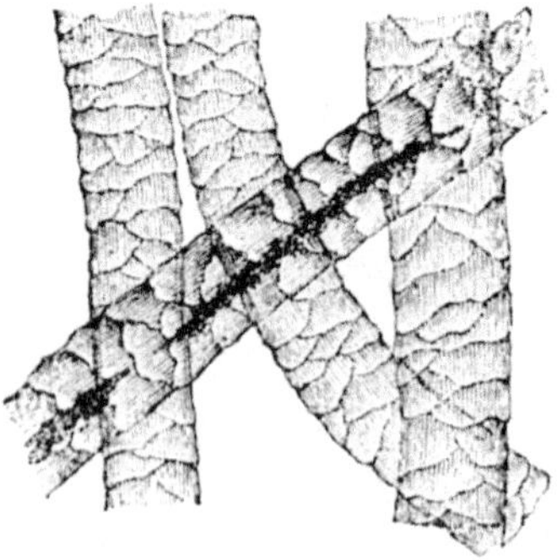

Fig. 26. — Laine de mouton.

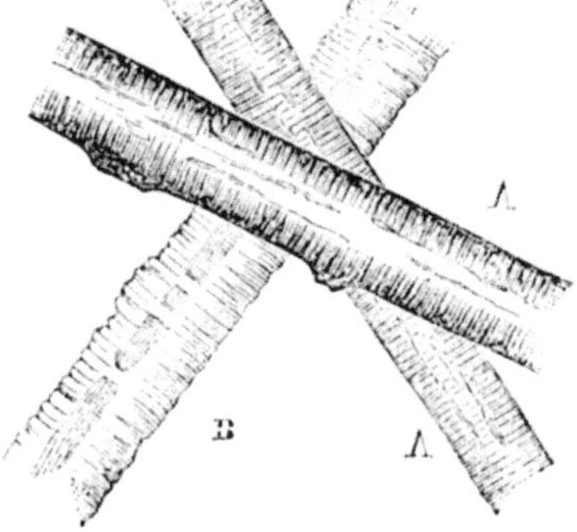

Fig. 27. — Cheveux.
A, noirs; B, blanc.

animaux non tondus; 4° la transparence centrale : canal continu pour les cheveux, opacité pour les poils; ceux de chèvre et de blaireau ont des transparences partielles; le chien et le loup ont aussi des poils transparents au centre. La distinction des cheveux d'homme, de femme ou d'enfant est basée sur leur longueur et leur diamètre, qui est notablement plus faible dans le premier âge. Des observations comparatives seront toujours faites et serviront à établir l'identité du cheveu. »

Taches de boue, poussière, poudre, etc. — Les taches de boue, de poussière, de plâtre, etc., peuvent, dans certains cas, servir à constater l'identité des individus en démontrant leur passage dans telle localité qui a laissé sur leurs vêtements des traces de la nature du sol.

M. Boutigny (d'Evreux) a parfaitement étudié les taches que la déflagration de poudre produit avec les armes à feu. Nous en reparlerons à propos des blessures. Pour savoir si des mains sont noircies par la poudre, on lave avec un peu d'eau les parties noires, on évapore cette eau et on la met dans un tube avec une lame de cuivre bien décapée, on chauffe, et il se dégage du gaz azoteux qui démontre la présence de la poudre.

Nous avons indiqué (p. 119) les procédés à employer pour reconnaître la coloration factice des cheveux. Il sera tout aussi facile de démontrer certains changements de coloration déterminés à la surface de la peau par des préparations mercurielles ou saturnines.

Des empreintes sur le sol : traces de pas d'homme ou d'animal. — Le pied ou la chaussure s'impriment plus ou moins bien sur le sol d'après la nature de celui-ci, son état de dureté ou d'humidité. C'est ainsi que l'on peut constater a conformation de la surface plantaire et la disposition des orteils, l'état de la semelle et même la disposition des clous. Pour conserver ces empreintes faites sur un terrain meuble, M. Hugolin a conseillé de les solidifier. On les chauffe d'abord en passant au-dessus une tôle chauffée au rouge, puis on verse de la poudre stéarique. Si ce sont des *empreintes laissées sur la neige*, on verse de la gélatine pure rendue liquide pas une température convenable.

Il peut arriver que des empreintes de pieds ensanglantés soient marquées sur le parquet ou sur un tapis; c'est par un procédé semblable que nous avons obtenu celles qui sont représentées dans la figure 28.

Ces deux exemples montrent combien la conformation du pied et surtout celle de sa voûte peuvent donner des impressions différentes. Les lignes que nous avons tirées, d'après le docteur Caussé (d'Albi), servent à établir l'identité de celles-

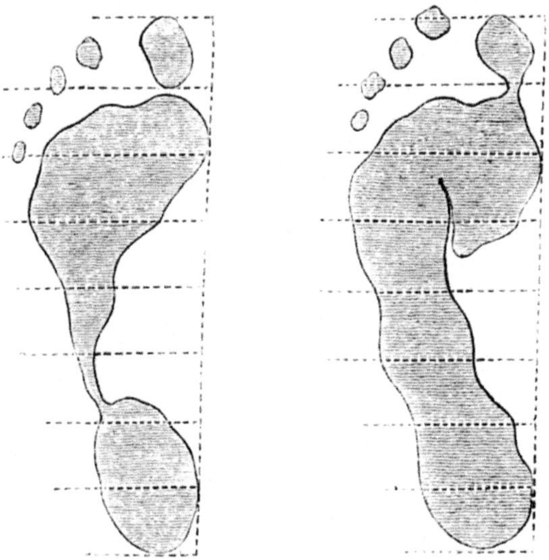

Fig. 28. — Empreintes de pas.

ci et permettent de les comparer à celles qu'il serait facile de produire en faisant marcher l'individu suspecté dans les mêmes conditions. Si l'empreinte était nettement marquée, sur un tapis, par exemple, nous pensons qu'il serait facile d'en retracer très exactement tous les contours à l'aide de l'instrument appelé *pantographe*.

Ajoutons, avec Briand et Chaudé, que l'on peut, en étudiant les empreintes de pas sur la neige ou la terre humide, préciser si ces traces de pas sont accompagnées des traces de la roue d'une brouette, d'une voiture; reconnaître si l'individu s'appuyait sur un bâton porté dans la main droite ou dans la main gauche. De même on peut examiner l'empreinte laissée par les fers d'un cheval, d'un âne, d'un bœuf. Et même, en tenant compte des travaux de Marey et Carlet, que nous avons analysés longuement ailleurs (Précis d'hygiène, 3e édition, page 226), se faire une idée de l'allure de l'homme ou de l'animal.

Vers 1855, un incendiaire, du nom de Petit, niait énergiquement son crime. Il eût probablement été acquitté, quand un des témoins fit observer à la Cour une particularité bizarre dans l'empreinte qu'on avait prise des pas de l'incendiaire; sur cette empreinte en plâtre, on remarquait un petit vide sous la plante du pied. On fit immédiatement déchausser l'accusé, et on lui ordonna d'appliquer son pied sur la moulure. A l'endroit précis où se trouvait le vide, Petit avait sous le pied une verrue qui s'adaptait à merveille. L'incendiaire fut condamné à mort et exécuté à Rouen.

Il en serait de même pour conserver des empreintes de mains ensanglantées sur des meubles ou des vêtements. Des traces de sang, non étalé, sur certaines parties des vêtements que la main de la victime n'a pu atteindre, sont un signe d'homicide. Par exemple, d'après Wald, l'empreinte sanglante d'une main gauche sur le bras gauche de la victime. On trouvera dans les *Archives de l'anthropologie criminelle*, n° 2, 1886, l'intéressant rapport du docteur Desmonts de Saint-Afrique qui, en examinant l'empreinte laissée par des manœuvres de strangulation sur le cou d'un enfant, put conclure que l'un des doigts devait présenter un racourcissement, et, en effet, le père de cet enfant avait eu à l'index un panaris qui avait déterminé une diminution de longueur de un centimètre. Cet homme a été condamné à six ans de reclusion.

Il arrive souvent qu'un assassin, voulant étouffer les cris de sa victime, est mordu à la main. L'empreinte des mâchoires peut se trouver reproduite dans la morsure. C'est ce qui fut observé dans l'assassinat de la veuve Crémieux, à Neuilly. Cette dame avait une seule dent au maxillaire supérieur et trois à l'inférieur, séparées par des espaces variés. Le moulage de ces mâchoires coïncidait exactement avec les traces de morsures constatées sur les mains d'Hodister, un de ses assassins.

DES PAPIERS, ÉCRITS, ETC.

Il est certain que l'écriture a souvent une physionomie spéciale qui indique assez bien quelques traits saillants du caractère et de l'intelligence. Les documents écrits permettent donc quelquefois, en l'absence de l'individu ou même après sa mort, de se faire une idée de ses habitudes, de son degré d'éducation, et même parfois de l'état des centres nerveux. C'est ainsi que Marcé et Brierre de Boismont ont montré que les écrits des aliénés reflétaient souvent la forme des idées délirantes de leurs auteurs. Si la parole n'est après tout que l'expression sonore du langage intérieur, l'écriture en est la forme graphique, et il n'est pas étonnant que dans les maladies qui produisent l'hésitation de la parole on constate en même temps l'embarras de l'écriture. C'est ce que l'on voit si bien dans le cours de la paralysie générale qui frappe spécialement les appareils de la motilité. Au début, les écrits des paralytiques sont remarquables par un style ampoulé et emphatique, plein de prétentions littéraires, de mots soulignés, avec une exagération de leurs qualités personnelles. Plus tard, ils font des fautes d'orthographe qui ne sont pas en rapport avec leur éducation ; ils oublient des mots, ne datent pas, omettent leur signature, répètent des mots, etc. Enfin l'écriture se déforme de plus en plus, le parallélisme des lignes n'est plus observé, il y a des ratures, le papier est souillé de taches d'encre, les caractères sont tremblés, et ce tremblement est souvent manifeste dans le trajet des jambages un peu longs ou dans le paraphe de la signature.

M. Coulier a indiqué un excellent moyen d'exploration des actes falsifiés [1]. Dès qu'une substance étrangère est dé-

[1] *Recherches sous une tache d'encre*, par Ferrand, in *Lyon médical*, 1885.

posée sur une feuille de papier, l'iode, par son inégale condensation, en accuse la présence. C'est ainsi que l'on peut rendre apparents, en exposant cette feuille à des vapeurs d'iode, des caractères tracés avec de l'eau pure, un acide quelconque, même une plume sèche. L'on peut même rendre apparente l'impression des doigts, les taches reproduisant alors fidèlement le dessin des papilles. Comme ces dessins à l'iode sont fugitifs, on les rend stables par l'emploi de l'acéto-nitrate d'argent et l'acide gallique. Ce procédé n'altère en rien les pièces soumises à l'examen.

Nous terminons ce chapitre par les *règles de l'expertise* que nous avons tracées dans l'article *Taches* du Dictionnaire.

Règles de l'expertise. — Dans ces expertises, il faut toujours avoir présentes à l'esprit les modifications éprouvées par les taches dans différents milieux sous l'influence de la température, de l'état d'humidité ou de sécheresse, de la putréfaction, des froissements, des transports. Telle tache qui, dans un endroit sec et non aéré, peut se conserver intacte fort longtemps, perd en quelques jours ses caractères dans un milieu humide tel qu'une cave, un égout. Ces modifications sont surtout rapides, si la tache subit des altérations de chaud et de froid, de sec et d'humide, même quand elle est exposée dans un champ à toutes les variations atmosphériques. Ce sont ces considérations qui peuvent aider à résoudre les questions d'ancienneté des taches.

Les officiers de police judiciaire doivent faire rechercher avec le plus grand soin les taches sur le corps de l'inculpé, de la victime, les vêtements, les instruments, les objets qui ont pu avoir quelques rapports de voisinage avec la scène du crime.

Le plus souvent, l'examen des taches se fait dans trois sortes d'expertises :

1° Taches dans les crimes d'assassinat, de meurtre, coups et blessures, alors ce sont des taches de sang;

2° Taches dans les crimes de viol ou attentats à la pudeur, ce sont des taches de sperme;

3° Taches dans les crimes d'infanticide, d'avortement, ce sont des taches spéciales aux liquides de l'accouchement, au méconium, duvet du fœtus.

Cependant il peut arriver que la réponse ne soit pas toujours positive, l'examen ne révélant pas la présence des éléments caractéristiques. Dans ce cas, il faut donner des conclusions négatives, ou bien, afin de ne pas être contredit par les dépositions mêmes des coupables, formuler des doutes en disant que, bien que ces taches aient l'aspect de taches suspectes, l'examen micrographique n'a pas permis de révéler leur nature et de trouver les éléments caractérisant leur origine.

La question des taches est devenue, dans ces dernières années, une des plus précises de la médecine légale; elle est féconde en résultats, on peut le dire, parfois merveilleux. L'accusation y trouve un de ses plus solides soutiens, et cette démonstration scientifique force souvent les aveux du coupable. Mais pour arriver à ces résultats les magistrats instructeurs n'oublieront pas qu'il faut, pour recueillir les taches et les conserver, beaucoup de précautions et d'habileté; les experts devront être convaincus qu'ils auront à déployer autant de patience que de connaissances techniques pour apprécier ces indices révélateurs.

DEUXIÈME PARTIE

DES ATTENTATS CONTRE LA PERSONNE

I. DES COUPS ET BLESSURES

I. Définitions.

On donne ce nom à toutes les lésions traumatiques produites par des causes extérieures, physiques ou chimiques, en un endroit quelconque du corps.

Cette partie de la médecine judiciaire a depuis longtemps fixé l'attention des médecins. On l'a appelée la *chirurgie légale, chirurgia forensis*, parce que l'expert est obligé de mettre surtout en pratique l'ensemble des connaissances chirurgicales.

Dans ces questions, l'appréciation médicale étant de la plus haute importance pour la justice, les expertises pour les cas de ce genre doivent être très nombreuses.

L'expertise se présente dans des conditions particulières, les blessures par imprudence tombant à la fois sous le coup de la justice correctionnelle et de la justice civile. Outre le délit, il y a des demandes d'indemnité et de dommages-intérêts.

II. Législation.

En résumé, la pénalité est graduée d'après trois principes : l'*intention*, la *qualité du blessé*, l'*étendue du dommage matériel*.

1° *Intention.* — Blessures volontaires ou involontaires; cas de légitime défense avec ou sans préméditation, guet-apens.

2° *Qualité du blessé.* — Les liens naturels; les parents (le parricide n'est jamais excusable); les liens sociaux; magistrats, fonctionnaires publics (art. 228 et 233 du C. P.).

3° *Dommage matériel.* — La pénalité varie avec la gravité de la blessure, ainsi qu'il est indiqué à l'art. 309.

La loi s'occupe aussi de l'effusion de sang et de la castration.

C. P. Art. 295. — L'homicide commis volontairement est qualifié meurtre.

Art. 296. — Tout meurtre commis avec préméditation ou guet-apens est qualifié assassinat.

Art. 297. — La préméditation consiste dans le dessein formé, avant l'action, d'attenter à la personne d'un individu déterminé ou même de celui qui sera trouvé ou rencontré, quand même ce dessein serait dépendant de quelque circonstance ou de quelque condition.

Art. 298. — Le guet-apens consiste à attendre plus ou moins, longtemps, dans un ou divers lieux, un individu, soit pour lui donner la mort, soit pour exercer sur lui des actes de violence.

Les articles 299, 300, 301 définissent le parricide, l'infanticide l'empoisonnement.

Art. 303. — Seront punis comme coupables d'assassinat, tous malfaiteurs, quelle que soit leur dénomination, qui pour l'exécution de leurs crimes emploient des tortures ou commettent des actes de barbarie.

Art. 304. — Le meurtre emportera la peine de mort, lorsqu'il aura précédé, accompagné ou suivi un autre crime.

Art. 309. — Tout individu qui, volontairement, aura fait des blessures, ou porté des coups, ou commis toute autre violence de voie de fait, s'il est résulté de ces sortes de violences une maladie ou une incapacité de travail pendant plus de vingt jours, sera puni d'un emprisonnement de deux à cinq ans, et d'une amende de seize à deux mille francs. — Il pourra en outre être privé des droits mentionnés en l'article 42 du présent Code pendant cinq ans au moins et dix ans au plus, à compter du jour où il aura subi sa peine. — Quand les violences ci-dessus exprimées auront été suivies de mutilation, amputation ou privation de l'usage d'un membre, cécité, perte d'un œil, ou autres infirmités permanentes, le coupable sera puni de la reclusion. — Si les coups portés ou les blessures faites volontairement, mais sans intention de donner la mort, l'ont pourtant occasionnée, le coupable sera puni de la peine des travaux forcés à temps.

Art. 310. — Lorsqu'il y aura eu préméditation ou guet-apens, la peine sera, si la mort s'en est suivie, celle des travaux forcés à perpétuité; si les violences ont été suivies de mutilation, amputation ou privation de l'usage d'un membre, cécité, perte d'un œil ou autres infirmités permanentes, la peine sera celle des travaux forcés à temps; dans le cas prévu par le premier paragraphe de l'article 309, la peine sera celle de la reclusion.

Art. 311. — Lorsque les blessures ou les coups, ou autres violences ou voies de fait, n'auront occasionné aucune maladie ou incapacité de travail personnel de l'espèce mentionnée en l'article 309, le coupable sera puni d'un emprisonnement de six jours à deux ans et d'une amende de seize francs à deux cents francs, ou de l'une de ces deux peines seulement; s'il y a eu préméditation ou guet-apens, l'emprisonnement sera de deux ans à cinq ans, et l'amende de cinquante francs à cinq cents francs.

Art. 312. — L'individu qui aura volontairement fait des blessures ou porté des coups à ses père et mère légitimes, naturels ou adoptifs, ou autres ascendants légitimes, sera puni ainsi qu'il suit :

De la reclusion, si les blessures ou les coups n'ont occasionné aucune maladie ou incapacité de travail personnel de l'espèce mentionnée en l'article 309; — du maximum de la reclusion, s'il y a eu incapacité de travail pendant plus de vingt jours ou préméditation ou guet-apens; — des travaux forcés à temps, lorsque l'article auquel le cas se réfèrera prononcera la peine de la reclusion; — des travaux forcés à perpétuité, si l'article prononce la peine des travaux forcés à temps.

Art. 316. — Toute personne coupable du crime de castration subira la peine des travaux forcés à perpétuité; si la mort en est résultée avant l'expiration des quarante jours qui auront suivi le crime, le coupable subira la peine de mort.

Nous avons déjà cité (p. 37) les articles 319 et 320.

Art. 65. — Nul crime ou délit ne peut être excusé, ni la peine mitigée, que dans les cas et les circonstances où la loi déclare le fait excusable ou permet de lui appliquer une peine moins rigoureuse.

Art. 321. — Le meurtre ainsi que les blessures et les coups sont excusables s'ils ont été provoqués par des coups ou violences graves envers les personnes.

Art. 322. — Les crimes et délits mentionnés au précédent article sont également excusables s'ils ont été commis en repoussant pendant le jour l'escalade et l'effraction des clôtures, murs ou entrée d'une maison ou d'un appartement habité ou de leurs dépendances. Si le fait est arrivé pendant la nuit, ce cas est réglé par l'article 329.

Art. 323. — Le parricide n'est jamais excusable.

Art. 324. — Le meurtre commis par l'époux sur l'épouse ou par celle-ci sur son époux n'est pas excusable, si la vie de l'époux ou de l'épouse qui a commis le meurtre n'a pas été mise en péril dans le moment même où le meurtre a eu lieu. Néanmoins, dans le cas d'adultère prévu par l'article 336, le meurtre commis par l'époux sur son épouse, ainsi que sur le complice, à l'instant où il les surprend en flagrant délit dans la maison conjugale, est excusable.

Art. 325. — Le crime de castration, s'il a été immédiatement provoqué par un outrage violent à la pudeur, sera considéré comme meurtre ou blessures excusables.

Art. 327. — Il n'y a ni crime ni délit lorsque l'homicide, les blessures et les coups étaient ordonnés par la loi et commandés par l'autorité légitime.

Art. 328. — Il n'y a ni crime ni délit lorsque l'homicide, les blessures et les coups étaient commandés par la nécessité actuelle de la légitime défense de soi-même ou d'autrui.

Art. 329. — Sont compris dans le cas de nécessité actuelle de défense les deux cas suivants :

1° Si l'homicide a été commis, si les blessures ont été faites, ou si les coups ont été portés en repoussant pendant la nuit l'escalade ou l'effraction des clôtures, murs ou entrée d'une maison ou d'un appartement habité ou de leurs dépendances.

2° Si le fait a eu lieu en se défendant contre les auteurs de vols ou de pillages exécutés avec violence.

Les articles 228 à 233 s'occupent des violences exercées sur les dépositaires de l'autorité et de la force publique.

Nous avons cité ailleurs (p. 158) les articles 1382 à 1386 du Code civil qui traite des délits et des quasi-délits.

Nous pensons qu'il est utile de reproduire ici l'Instruction du conseil de salubrité sur les secours a donner aux blessés, publiée par le préfet de police, mai 1872.

« Lorsqu'une personne est trouvée blessée sur la voie publique, les premiers secours à lui donner, en attendant l'arrivée de l'homme de l'art, qu'il faut toujours appeler immédiatement sont :

1° *Dans tous les cas*, relever le blessé avec précaution et le conduire ou le déposer sur un brancard, au poste le plus voisin, ou dans le lieu le plus rapproché où il puisse être secouru.

2° *En cas de plaie*, si le médecin tarde à arriver, et s'il paraît y avoir du danger, il faut découvrir doucement la partie blessée en découpant, s'il est nécessaire, les vêtements avec des ciseaux, afin de s'assurer de l'état de la blessure. On lavera celle-ci avec une éponge ou du linge imbibé d'eau fraîche pour la débarrasser du sang ou des corps étrangers qui peuvent la souiller.

3° *S'il n'y a qu'une simple coupure*, et que le sang soit arrêté, on doit rapprocher les bords de la plaie et les maintenir en cet état en la couvrant d'un morceau de taffetas gommé, dit taffetas d'Angleterre, ou de bandelettes de sparadrap, qu'on aura pris soin de passer devant une bougie allumée, ou au-dessus de charbons ardents, pour les ramollir ou les rendre collantes.

4° *En cas de contusion ou de bosse*, il faut appliquer sur la partie des compresses imbibées d'eau fraîche, avec addition d'extrait de Saturne, quinze à vingt gouttes d'extrait de Saturne pour un verre d'eau ; à défaut d'extrait de Saturne on peut se servir de sel commun. Ces compresses sont maintenues en place au moyen d'un mouchoir ou de tout autre bandage, médiocrement serré, et on les arrosera fréquemment afin de les tenir humides.

5° *S'il y a perte de sang abondante* ou hémorrhagie par une plaie, on devra chercher à l'arrêter en appliquant sur cette plaie soit des morceaux d'amadou, soit des gâteaux de charpie, soutenus au moyen de la main, d'un mouchoir ou de tout autre bandage, qui comprime suffisamment, sans exagération.

Si le sang s'échappe par un jet rouge, écarlate, saccadé, et que le blessé soit pâle, défaillant, menacé de mourir par hémorrhagie, il importe d'exercer tout de suite avec les doigts une forte compression sur l'endroit d'où part le sang. Cette compression sera ensuite remplacée par un tampon d'amadou, de charpie ou de linge, appliqué sur la peau ou au-dessus d'elle, et maintenu par une bande assez serrée, sans l'être cependant au point d'étrangler le membre.

6° *Si le blessé crache ou vomit le sang*, il faut le placer sur le dos ou sur le côté correspondant à la blessure, la tête et la poitrine légèrement élevées, doucement soutenues, et lui faire prendre par petites gorgées de l'eau fraîche.

Les plaies qui fournissent aussi du sang seront fermées au moyen d'un linge fin posé sur elles, et d'un gâteau de charpie surmonté de compresses ou d'un bandage. Des compresses trempées dans l'eau fraîche pourront en outre être appliquées sur la poitrine ou le creux de l'estomac.

7° *Dans les cas de brûlure*, il faut conserver et replacer avec le plus grand soin les parties d'épiderme soulevées ou en partie arrachées.

On percera les ampoules avec une épingle, et l'on fera sortir le liquide. On couvrira ensuite la partie brûlée avec des compresses imbibées d'eau fraiche, que l'on arrosera fréquemment et on les enveloppera d'une ouate non gommée.

8° *Dans le cas de foulure ou d'entorse*, il faut plonger, s'il est possible, la partie blessée dans un vase rempli d'eau fraiche, et l'y laisser pendant très longtemps, en renouvelant l'eau à mesure qu'elle s'échauffe. Si la partie ne peut être plongée dans l'eau, il faut la couvrir ou l'envelopper de compresses imbibées d'eau que l'on entretiendra fraiches au moyen d'un arrosement continuel.

9° *Dans toutes lésions d'une jointure*, il faut éviter avec le plus grand soin de faire exécuter au membre malade aucun mouvement brusque et étendu. On se contentera de placer et de soutenir ce membre dans la position qui occasionnera le moins de douleur au blessé, et l'on attendra ainsi l'arrivée du chirurgien.

10° *Dans le cas de fracture*, il faut éviter aussi d'imprimer au membre blessé aucun mouvement : pendant le transport du blessé, on doit le porter ou le soutenir avec la plus grande précaution.

S'il s'agit du bras, de l'avant-bras ou de la main, on rapprochera doucement le membre du corps, et on le soutiendra avec une écharpe dans la position la moins pénible pour le blessé.

Si la lésion existe à la cuisse ou à la jambe, il faudra, après avoir doucement placé le blessé sur le brancard ou sur un lit, étendre avec précaution le membre fracturé sur un oreiller, et l'y maintenir à l'aide de deux ou trois rubans suffisamment serrés sur l'oreiller. On peut aussi, à défaut de ce moyen, rapprocher le membre blessé du membre sain et les unir ensemble dans toute leur longueur sans trop les serrer, mais de manière que le membre sain soutienne l'autre et prévienne le dérangement de la fracture. Un point important est de soutenir le pied immobile par rapport à la jambe et fléchi sur elle et de l'empêcher de tomber au dedans ou au dehors.

11° *Dans le cas de syncope ou de perte de connaissance*, il faut d'abord desserrer les vêtements, enlever ou relâcher tous les liens qui peuvent comprimer le cou, la poitrine ou le ventre. On couchera ensuite le malade horizontalement, la tête médiocrement élevée, et l'on s'efforcera de le ranimer au moyen de fortes aspersions d'eau fraîche sur le visage, de frictions sur les tempes et autour du nez avec du vinaigre. On pourra passer rapidement un flacon d'ammoniaque sous les narines sans l'y laisser séjourner; on fera des frictions sur la région du cœur avec de l'alcool camphré ou toute autre liqueur spiritueuse. Ces secours doivent être quelquefois prolongés longtemps avant de produire le rappel à la vie. Si le malade a perdu beaucoup de sang et s'il est froid, il faut pratiquer sur tout le corps des frictions avec de la flanelle, le couvrir avec soin et réchauffer son lit.

Lorsque la syncope commence à se dissiper et que le malade reprend ses facultés, on peut lui faire avaler de l'eau sucrée avec quelques gouttes de liqueur spiritueuse.

Lorsque la perte de connaissance est accompagnée de blessures considérables au crâne, il faut se contenter de placer le blessé dans la situation la plus commode, la tête médiocrement soulevée, maintenir la chaleur du corps, surtout des pieds, et attendre l'arrivée du médecin.

Si le blessé est *dans un état d'ivresse* qui paraisse dangereux par l'agitation extrême qu'il excite, ou par l'anéantissement profond des forces qu'il détermine, on peut lui faire prendre par gorgées, à quelques minutes d'intervalle, un verre d'eau légèrement sucrée, avec dix à quinze gouttes d'acétate d'ammoniaque. L'administration de l'une ou de l'autre de ces préparations pourra être répétée une fois s'il en est besoin.

Il importe de se rappeler qu'un nombre trop grand de personnes auprès des individus blessés ou autres, qui ont besoin de secours, est toujours nuisible. Pour être efficaces, ces secours doivent être donnés avec calme et appropriés exactement aux différents cas spécifiés dans la présente instruction. »

III. Caractères scientifiques.

Nous dépasserions les limites que nous nous sommes tracées, si nous étions obligé de faire connaître à cette place toutes les notions médicales et chirurgicales dont l'expert est obligé de tirer parti. C'est affaire des livres de pathologie. Notre intention n'est que de rappeler les points les plus importants et qui trouvent une application fréquente dans presque toutes les expertises. Aussi décrivons-nous dans des paragraphes successifs les contusions, les plaies et leurs conséquences habituelles, telles que fractures et luxations, les blessures par armes à feu, les brûlures, les cicatrices.

A. DES CONTUSIONS.

C'est dans cette classe que l'on fait entrer les blessures par instruments contondants. — Il y a plusieurs degrés de contusions qui varient d'après la profondeur et la gravité. C'est ainsi que l'on a, d'après l'intensité du choc, d'abord : *l'empreinte parcheminée* (si le choc a eu lieu peu de temps avant la mort ou immédiatement après celle-ci), puis des empreintes, des érosions de la peau; l'épiderme est froissé ou enlevé. Les trois degrés classiques de la contusion sont les suivants :

1° *L'ecchymose*, produite par du sang coagulé, est le vrai caractère de la contusion. Elle varie avec les régions. Il faut distinguer l'infiltration de sang proprement dite de l'épanchement avec base sanguine. On doit faire aussi une différence avec la suffusion sanguine de cause interne (scorbut, purpura, fièvres éruptives, typhus, empoisonnements), avec les lividités, vergetures et sigillations cadavériques.

2° Il y a *foyer sanguin*. C'est la destruction d'une partie des éléments normaux. Lorsque le choc est oblique (par exemple, après le passage d'une roue de charrette), il peut se former de vastes décollements avec épanchement soit de sang, soit de sérosité (Morel-Lavallée).

3° C'est l'*attrition* ou broiement et désorganisation des tissus contus.

Toutes offrent plus ou moins la forme de l'instrument contondant. La question se complique dans certaines conditions, telles que les *coups*, les *chutes* (d'un lieu élevé, par exemple), les *écrasements* (écrasement dans les foules, éboulements, accidents de chemins de fer). Il peut y avoir *commotion* (*concussion*, des auteurs anglais). C'est l'ébranlement d'un organe interne. Dans cette secousse réfléchie sur un organe important, comme le cerveau, la moelle, etc. [1], il survient certains symptômes généraux graves caractéristiques d'un épuisement nerveux. Ces accidents peuvent être

[1] Résumé du travail de Duré sur les traumatismes cérébraux (*Progrès médical*, 1878 ; et les leçons de Trélat sur la commotion de la moelle épinière.

fugaces ou persistants, et l'on peut voir survenir des paralysies, des troubles intellectuels, etc.

B. DES PLAIES, FRACTURES, LUXATIONS

La nature et la forme de l'instrument déterminent les variétés de lésions.

Avec les *instruments piquants*, la plaie peut être plus petite que l'instrument lui-même, souvent de même forme, la douleur est forte, les hémorrhagies rares, l'inflammation consécutive vive. M. Tourdes divise les instruments piquants en quatre classes : 1° les instruments ronds, tels qu'aiguilles, poinçons; 2° les lames pointues et tranchantes (couteau, poignard); 3° les instruments piquants à arêtes de forme triangulaire ou quadrangulaire (canne à épée, fleuret, compas); 4° les instruments perforants irréguliers. Le professeur Hofmann, de Vienne, a montré dans sa médecine légale que la forme des blessures n'est pas toujours en rapport avec celle de l'instrument. L'ouverture des plaies varie avec l'instrument, la partie du corps atteinte, l'obliquité de l'arme par rapport à la surface frappée.

Les plaies par *instruments tranchants* ont des caractères très nets : la douleur est modérée, les hémorrhagies sont abondantes, les vaisseaux étant béants, les bords sont d'autant plus écartés que la section est plus exactement perpendiculaire à la direction des fibres. Type : le rasoir. Mais il y en a qui ont en même temps une action contondante : hache, sabre, faux.

Dans les plaies par *instruments arrachants*, il y a déchirure des tissus; aussi ces plaies, à surfaces inégales, sont très-douloureuses, peu saignantes, enfin s'enflamment facilement. C'est ce qui arrive dans les traumatismes produits par les machines, les engrenages mécaniques, les coups d'ongles, les coups de cornes d'animaux, les blessures produites par des morsures, des crochets.....

Pour toutes ces plaies, on peut dire que la présence du sang coagulé est caractéristique de la plaie faite pendant la vie. Sur le cadavre, il reste fluide et se répand par imbibition. La première coloration résiste au lavage : la macération dans l'eau fait disparaître celle qui s'est produite après la mort.

Il en est de même dans les fractures et luxations. Pour celle-ci, tenir compte des diathèses ou cachexies.

C. DES BLESSURES PAR ARMES A FEU.

Il faut examiner les effets de la poudre et des projectiles.

La *poudre* est de plusieurs espèces (de chasse, de guerre, de mine). Avec les anciens fusils, une partie des grains n'étant pas complètement brûlée, pouvait être projetée et déterminer des incrustations comme tatouage. En outre, comme il y a un fort dégagement de calorique (on a évalué la température de 619 à 1200°), il peut se produire des brûlures graves et les objets voisins peuvent s'enflammer. On peut avoir à tenir compte de l'explosion de la poudre, de la lumière produite, de la fumée, de la différence des projectiles.

Les effets des *projectiles* sont aussi variables.

Pour la *bourre :* à une petite distance, elle pénètre dans les tissus. On peut la trouver dans les vêtements, et, dans certains cas, elle est devenue un signe d'identité. A une plus grande distance, elle agit comme corps comburant.

Les *balles* sont rondes ou coniques. Il y en a d'explosibles. La plaie est le plus souvent formée d'un orifice d'entrée et de sortie; toutefois celle-ci peut ne pas exister. Les orifices et le trajet montrent du sang coagulé et des tissus meurtris. Ainsi l'ouverture d'entrée est plus large, béante, déchiquetée, avec bords noirâtres si le coup est tiré de près (de 16 centimètres à 1 mètre); elle est plus petite dans le cas opposé. La balle traverse les tissus qu'elle contond comme un coin ou un emporte-pièce. Le trajet peut être plus étroit à l'entrée, plus large à la sortie; la direction varie avec la position du corps et des obstacles rencontrés par le projectile.

Les *plombs* (distingués en seize catégories : douze au-dessus de zéro, quatre au-dessous) font à la peau une incision comme une piqûre avec ecchymose. Dans la charge du fusil de chasse, il y a 30 grammes de plomb. Lorsque le coup est tiré de très près (non au delà de 0,35), il fait balle; au delà, chaque grain suit une marche isolée. De 11 à 15 pas, une charge de plomb n° 8 (en moyenne 303 grains de $2^{mm},20$ de diamètre), tiré sur le dos, se dissémine dans toute l'étendue de cette région.

Les *projectiles tels que bombes*, *obus*, *grenades*, sont remplis d'un fulminate (de mercure ou autre), et lorsque la chaleur s'élève assez (mouvement transformé en chaleur), ils éclatent en morceaux qui se répandent de tous côtés. Les plaies ont des directions variables, de forme irrégulière, sont peu saignantes, avec une grande tendance à l'inflammation.

Rappelons l'influence et les effets de *la distance.*

D'abord, *le tir à bout touchant :* dans le suicide, par exemple, si l'application est immédiate, la balle peut ne pas pénétrer et il n'y a que contusion. Si l'arme est introduite dans une cavité, il y a des éclats et des délabrements.

Dans *le coup de feu à petite distance :* la blessure est irrégulière, les bords sont contus et meurtris, la peau est desséchée, il y a parfois incrustation des grains de poudre ; à 6 centimètres, les objets peuvent être enflammés, le coup a été tiré à brûle-pourpoint. La bourre enflammée peut produire les mêmes accidents. La nature du projectile a peu d'importance, tous font balle. Les bords de la plaie sont moins contus et sans aréole noire.

Dans une thèse récente faite au laboratoire de médecine légale par un médecin de marine, M. Poix, et qui a pour titre : *Étude médico-légale sur les plaies d'entrée par coup de revolver* (1885), l'auteur arrive à des conclusions intéressantes sur les caractères extérieurs de la plaie d'entrée. Ces constatations ont surtout de l'importance si l'on fait la distinction entre les caractères passagers, éphémères pour ainsi dire de a poudre sur les tissus, sorte de tatouage temporaire pouvant durer pendant deux ou trois jours, et les tatouages permanents ou durables provenant de l'incrustation de grains de poudre ayant pénétré dans la profondeur du derme. L'examen de cet orifice d'entrée paraît dans certaines conditions permettre de reconnaître à quelle distance et dans quelle direction une blessure a été faite. D'après les expériences faites par M. Poix avec des revolvers de calibre varié, de bonne qualité et avec des charges de composition connue, il ressort que :

1° La distance à laquelle le coup a été tiré peut être déterminée, pour les revolvers de calibre supérieur (11 millimètres, 9 millimètres), jusqu'à la distance de 1 mètre ou de 80 centimètres ; pour les revolvers de calibre inférieur (7 millimètres, 5 millimètres), jusqu'à celle de 45 centimètres.

2° La direction de la ligne de visée peut être déterminée, pour les revolvers de calibre supérieur, jusqu'à la distance de 25 ou 30 centimètres ; pour ceux de calibre inférieur, jusqu'à celle de 10 ou 15 centimètres.

Nous avons dans notre collection, au laboratoire, plusieurs tatouages très intéressants produits par des armes à feu sur des suicidés qui s'étaient tiré des coups de revolver soit dans la bouche, soit à la tempe, soit au cœur. Sur quelques-uns, il est facile de reconnaître les caractères si nettement indiqués par M. Poix.

Les considérations précédentes permettent de répondre aux questions ordinairement posées par la justice : La blessure a-t-elle été produite par une arme à feu ? Quelle est l'arme ? A quelle distance le coup a-t-il été tiré ? Dans quelle direction (examen du vêtement, du trajet dans les tissus) ? Ces blessures sont-elles le résultat d'un ou de plusieurs coups de feu (il peut y avoir des signes du coup à bout portant et du coup de feu à distance)? L'arme présentée a-t-elle été déchargée depuis longtemps? (Après la décharge, il y a une crasse bleuâtre qui est du sulfure de potassium. Après trente heures, celui-ci se transforme en sulfate de fer qui, plus tard, devient de l'oxyde de fer : c'est la rouille. Si celle-ci est en grande quantité, on peut en conclure que l'arme a été lavée après la décharge.)

D. DES BRÛLURES.

Nous nous occuperons successivement des brûlures produites par le calorique et par les caustiques, de la foudre et de la combustion spontanée :

1° *Par le calorique.* — Les brûlures varient en profondeur, en étendue, d'après le corps qui les a produites. On observe successivement et en gravité croissante l'érythème, les phlyctènes, puis l'eschare : l'albumine se coagule, le derme se désorganise, les tissus se carbonisent. Dans la brûlure au premier degré, il y a rougeur ; elle n'a lieu que pendant la vie. Dans le deuxième degré il y a vésicules ; mais comme il faut un certain temps pour qu'elles se produisent, leur absence ne permet pas d'affirmer que la brûlure a été faite après la mort. La phlyctène, entourée d'un liséré rouge, est caractéristique de la brûlure faite pendant la vie ou quelques minutes après la mort. Leuret et Champollion ont montré qu'il était facile de développer des phlyctènes sur des cadavres infiltrés. Les trois autres degrés des brûlures représentent une destruction plus ou moins profonde des parties.

Certains caractères des brûlures varient avec la nature du calorique. Ainsi, si l'agent est de la vapeur très chaude ou une flamme de gaz, la brûlure est étalée, le derme à nu ; si c'est un liquide chaud (huile, bouillon, etc.), la brûlure est étendue, les parties rouges et tuméfiées, les eschares molles, les vêtements sont empreints. Quand le corps incandescent est solide, la plaie est unique et profonde.

2° *Par les caustiques.* — Elles sont produites par la vengeance ou la jalousie. Il peut y avoir brûlure et empoisonnement. Mais nous voulons parler surtout des caustiques liquides versés à la surface du corps ou introduits dans une cavité. Ce sont des rayons ou des sillons formant rigole et partant du point sur lequel a d'abord porté l'action. L'eschare varie avec la nature du caustique. L'acide sulfurique en produit de grises ou de noires ; l'acide azotique de plus sèches et de jaunâtres. L'examen des vêtements donne de très bons renseignements.

D'une manière générale pour les blessures produites par le calorique ou les caustiques, la gravité est en rapport avec l'étendue et la profondeur. Les brûlures étendues déterminent facilement des réflexes généraux et une sensibilité extrême (tétanos). Celles qui sont profondes occasionnent des suppurations et des hémorrhagies. On doit tenir compte aussi des accidents consécutifs : rétraction des cicatrices, adhérences vicieuses, canaux ou ouvertures oblitérés.

Dans les brûlures étendues, la mort survient à différentes périodes pendant lesquelles, d'après le docteur Mendel, des lésions caractéristiques se produisent : il y a paralysie du système nerveux central ou congestion d'organes internes ; dans la période d'inflammation : phlegmasies, telles que pneumonie, pleurésie, péricardite, gastro-entérites et surtout duodénite (par altération de la bile ?), tétanos ; dans la période de suppuration et d'épuisement : pyémie et septicémie, hydropisie, hémorrhagies intestinales.

L'expertise peut porter sur des cadavres plus ou moins carbonisés. D'après Brouardel, on peut avoir la preuve que la personne était vivante au moment où elle a été atteinte par la combustion, si l'on constate de l'oxyde de carbone dans le sang et s'il y a une coloration rouge uniforme des tissus et surtout des poumons. Cette coloration proviendrait de la destruction des globules sanguins et de la diffusion de l'hémoglobine. Le docteur Falk a, sur un enfant qui portait une plaie au cou et dont le corps fut brûlé, montré que cet enfant était vivant parce que la carotide correspondant à la plaie était remplie de sang solidifié. L'action d'une haute température des flammes modifie profondément les tissus. La peau peut éclater sous forme de fentes, au niveau des grandes articulations ; les os se brisent, se fendillent; les tissus se rétractent et certains organes, comme le cerveau et le cœur se rapetissent au point que, chez l'adulte, ces derniers organes peuvent être réduits au volume qu'il a chez un enfant d'une douzaine d'années.

3° *De la fulguration.*

Citons le mémoire du docteur Vincent (de Guéret), l'article *Fulguration* de Tourdes dans le *Dictionnaire encyclopédique*. Il faut examiner successivement les circonstances extérieures, les conditions présentées par les vêtements ou objets en rapport immédiat avec la victime elle-même.

a. Circonstances extérieures. — Il y a eu un orage, la foudre a laissé des traces de son passage sur les objets voisins; un incendie a pu être allumé. Comme le dit Ambroise Paré, la foudre est le fou des feux;

b. État des vêtements. — On a vu des individus déshabillés. Les vêtements peuvent être lacérés, les morceaux projetés au loin; des objets métalliques ont été fondus : il peut y avoir des déchirures semblables à celles que produisent les projectiles par les armes à feu, ou bien il n'y a aucun rapport entre les brûlures de la peau et celles des vêtements;

c. La victime.—Elle conserve parfois l'attitude qu'elle avait au moment de l'accident, ou est projetée à distance. — Les lésions peuvent être multiples.

La brûlure à la surface du corps montre le passage d'un courant électrique. Il peut y avoir une série de brûlures. Les parties génitales sont souvent atteintes.

D'après Vincent, on ne constate pas les phlyctènes avec liséré rouge. Les eschares sont sèches.

A tous ces signes on ajoute encore les traces bizarres du passage de la foudre : l'individu est épilé, et parfois les poils d'une même couleur ont disparu; il y a des empreintes de monnaies que la personne avait dans la poche, des images photo-électriques des objets voisins, et cela sur les vêtements ou la peau de la personne atteinte. Il faut aussi citer les accidents produits par l'électricité développée industriellement. Au théâtre Bellecour, à Lyon, en 1879, un ouvrier ayant par mégarde touché un conducteur non isolé fut tué sur le coup. M. Grange a publié un mémoire sur ce sujet dans les *Annales d'hygiène* de 1885.

4° De la combustion spontanée.

Ce serait l'inflammation subite du corps humain, soit spontanément, soit par le contact d'une substance en ignition, inflammation produite par une combustibilité spéciale, développée sous l'influence de l'abus des alcooliques.

C'est une question qui n'a plus qu'un intérêt historique, mais qui a permis toutefois d'apprécier les causes capables d'influencer la combustibilité du corps humain. M. Tourdes évalue à 45 ou 48 le nombre total des faits qui, de 1672 à notre époque, ont été enregistrés par la science comme exemples de combustion spontanée. On l'expliquait autrefois soit par l'imprégnation alcoolique de toutes les parties du corps, soit par le développement dans le tissu cellulaire de gaz inflammables (hydrogène pur, carboné, phosphoré, sulfuré). D'autres auteurs attribuent une grande influence à l'électricité.

On lui avait trouvé les caractères suivants : les victimes étaient presque toujours des femmes (4 sur 5), âgées (de 55 à 80 ans), chargées d'embonpoint et ivrognes. C'était ordinairement l'hiver, pendant la nuit, et après un dernier excès de boisson, que l'accident se montrait. Une flamme bleue couvrait le corps, et celui-ci seul se consumait, l'incendie n'atteignant les objets voisins que d'une façon insignifiante. La combustion était ordinairement complète et toujours rapide. Mais la caractéristique générale était surtout l'insuffisance du combustible comparée aux effets constatés.

Le procès de la comtesse Gœrlitz (1847) a permis de reprendre et d'analyser tous ces phénomènes. Tardieu en a présenté un excellent résumé, et depuis cette époque on n'a pas publié de cas nouveau. D'ailleurs, Bischoff et Liebig, qui étaient experts dans cette affaire, ont nié la possibilité de ce phénomène, en s'appuyant sur les lois physiques et chimiques.

M. Tourdes fait remarquer que ce nombre de 48 cas est bien peu en rapport avec les progrès croissants de l'alcoolisme, que tous se sont passés en hiver, dans des pays où l'on fait usage de cheminées ouvertes et non de poêles, que les victimes sont des ivrognes, et que les médecins qui ont émis cette opinion n'avaient jamais été témoins oculaires du fait.

E. DATE DES BLESSURES, LEUR DURÉE.

Quand la blessure est récente, on rencontre les caractères de sang épanché sur les bords de la plaie ou dans les tissus voisins.

S'il y a ecchymose, il faut apprécier d'après la coloration des parties. Celle-ci se montre plus ou moins vite, selon la profondeur de l'ecchymose.

D'abord rouge, puis noire (du 2e au 3e jour), bleue (du 3e au 6e), verdâtre (du 7e au 12e), jaunâtre (du 12e au 17e). Après trois ou quatre semaines, toute teinte peut avoir disparu.

Les plaies par instruments tranchants ont une durée variable avec leur profondeur; elles passent par des phases successives d'inflammation et de suppuration. Les coupures sont terminées après deux ou cinq jours; les entailles plus profondes après trois semaines.

Pour les blessures par armes à feu, l'eschare se détache vers le 15e jour, puis elles suppurent et se cicatrisent comme les plaies ordinaires. De même les brûlures.

Pour les fractures, il est très important, au point de vue de l'incapacité de travail, d'apprécier leur durée. Voici quelle est l'opinion de Tardieu : « La pratique de la médecine légale démontre de la manière la plus péremptoire qu'en ajoutant même au temps de séjour à l'hôpital la durée d'un mois, délai extrême accordé dans l'asile de convalescence, les fractures les mieux consolidées ne permettent presque jamais la reprise immédiate du travail par le blessé. » Les fractures de jambe se consolident au bout de 40 ou 50 jours, et cependant les individus ne peuvent travailler ou supporter les fatigues avant trois ou cinq mois; les fractures de cuisse, plus longtemps; celles de bras, un peu moins; celles de l'avant-bras, surtout pour le radius droit, rendent les mouvements difficiles pendant une période aussi longue que celles des fractures de jambe. Celles des côtes, de la clavicule, exigent deux ou trois mois pour que la guérison soit complète. Et ceci s'applique aux fractures simples. « D'une manière générale, si une fracture simple, méthodiquement soignée, doit habituellement guérir sans difformité, il en est cependant qui, en raison de leur siège, laissent presque toujours à leur suite soit un raccourcissement, soit une gêne plus ou moins considérable des mouvements; telles sont les fractures du col du fémur, celles de la clavicule près de son extrémité externe, celles qui avoisinent les articulations. »

Pour les luxations, les mouvements peuvent être rendus difficiles pendant plusieurs semaines et même davantage.

Si la blessure est ancienne, il y a une *cicatrice*. Nous en avons déjà donné les caractères importants comme signes d'identité (p. 127).

IV. Conséquences médico-judiciaires et règles de l'expertise.

Tardieu fait remarquer qu'en médecine légale, on ne doit pas classer les blessures au point de vue de leur nature, de leur siège ou de leurs conséquences. Il vaut mieux prendre comme base la mission de l'expert indiquée par les termes mêmes dont se servent les magistrats. Ainsi on demande souvent au médecin : 1° de visiter le blessé et de reconnaître l'état où il se trouve; 2° de constater la nature des blessures; 3° leurs causes; 4° les conséquences qu'elles peuvent avoir; ou, en cas de mort, de procéder à l'examen du cadavre, déterminer les causes de la mort, et dire si elle est la suite des blessures; 5° d'établir les conséquences dans lesquelles les coups ont été portés.

Les principes généraux de la chirurgie que nous avons rappelés dans le paragraphe précédent trouvent alors leur application et permettent de répondre aux trois premières questions.

Les suites immédiates des blessures, ou leurs conséquences plus ou moins éloignées, méritent de fixer spécialement l'attention, puisque cette appréciation sert de base à l'application de la loi.

Les circonstances immédiates s'apprécient d'après l'examen de l'état local et de l'état général. « L'expert doit examiner le blessé au point de vue de l'intégrité de ses fonctions, de la liberté de ses mouvements et du trouble apporté à son genre de vie quel qu'il soit. L'existence et la durée de ce trouble réalisent les conditions de *maladie* et d'*incapacité* posées par la loi. »

Il y a *infirmité* lorsqu'il y a empêchement permanent à l'accomplissement d'une fonction importante ou impossibilité de continuer les travaux professionnels. C'est à cause de cette dernière considération que l'expert doit tenir compte de la profession du blessé, et de l'aptitude qu'il a à en exercer une autre. L'article 316 punit le crime de castration. C'est la mutilation des parties sexuelles, une atteinte quelconque à la virilité; ablation des testicules, du membre viril.

Le principe posé par Fodéré est toujours vrai : « Tout ce qui ne dépend pas proprement de la nature de la blessure ne saurait être imputé à son auteur. » Il faut donc tenir compte des *complications* qui peuvent modifier les conséquences des blessures.

C'est ainsi qu'il faut apprécier les complications qui proviennent de la blessure elle-même (d'après la région : douleur, névralgies, hémorrhagies, fractures, etc.); de l'individu (âge, constitution, grossesse, habitudes alcooliques, diathèses); du milieu social dans lequel il vit (les différents modificateurs hygiéniques).

Pour savoir si la blessure a occasionné la mort, il faut distinguer les blessures qui, par les graves désordres matériels qu'elles produisent, donnent immédiatement et directement la mort, et celles dans lesquelles la mort est secondaire et arrive à une époque plus ou moins éloignée.

Les circonstances du fait peuvent être mises en lumière par l'examen méthodique et complet de la victime ou de l'auteur de l'attentat. C'est ainsi qu'il faut rechercher dans quelle situation se trouvait la victime ; quelle était la position relative du blessé et de l'agresseur ; dans quelle direction les coups ont été portés, et dans quel ordre les blessures ont été faites ; le blessé a-t-il pu crier, marcher, survivre pendant un certain temps ; y a-t-il eu lutte, et cette résistance a-t-elle laissé des traces ; cet attentat doit-il être imputé à une ou plusieurs personnes ; ces blessures sont-elles volontaires, accidentelles ou criminelles.

Les blessures sont souvent simulées. Les uns veulent faire supposer une tentative de meurtre ; d'autres désirent obtenir des dommages-intérêts ; ce sont de jeunes conscrits qui veulent se rendre impropres au service militaire.

Il faut toujours faire le diagnostic différentiel, ce qui parfois est assez difficile, entre le suicide, l'homicide, la mort par accident.

On tiendra compte du choix de l'arme et du genre de mort ; de la présence de l'arme dans la main de la victime ou à côté d'elle (à moins que cette arme n'ait servi à sa défense). Le siège de la blessure a une grande importance ; ainsi un coup de feu dans la bouche permet de conclure à un suicide. Quand celui-ci a lieu avec le rasoir, on constate en général une seule incision ; celle-ci remonte peu sur le côté ; elle est oblique de haut en bas et de droite à gauche. Dans le suicide, les instruments piquants sont dirigés de droite à gauche et de haut en bas ; les instruments tranchants, de gauche à droite, transversalement ou obliquement, de haut en bas ou de bas en haut ; les armes à feu, à la tête, de bas en haut et d'avant en arrière. C'est le contraire pour les gauchers[1].

Les plaies profondes dans le dos, à la partie postérieure du cou, indiquent l'homicide. Les blessures sont à gauche ou à droite de l'axe du corps ; dans une lutte, le meurtrier blesse la victime dans le côté gauche.

En général, dans le suicide, excepté chez les aliénés, il n'y a qu'une blessure.

L'examen médico-judiciaire se fait pendant la vie ou sur un cadavre.

Dans les deux circonstances, l'expert appliquera les principes généraux indiqués précédemment, examinera l'arme, les vêtements, etc. Le blessé sera interrogé sur les circonstances du fait. La blessure sera l'objet d'une description spéciale ; toutes ses dimensions seront mesurées. Inutile de dire que cet examen ne se fera qu'à la condition d'être sans danger pour le malade. Parfois il est possible, après ce premier examen, de fixer l'époque probable de la guérison. Si l'expert doit déclarer que l'accident ne causera pas une incapacité de travail de plus de vingt jours, il ajoutera

[1] Voyez *Etude sur un cas de suicide par coups de revolver* (affaire de Crest), par le docteur H. Coutagne, *Lyon médical*. (1884).

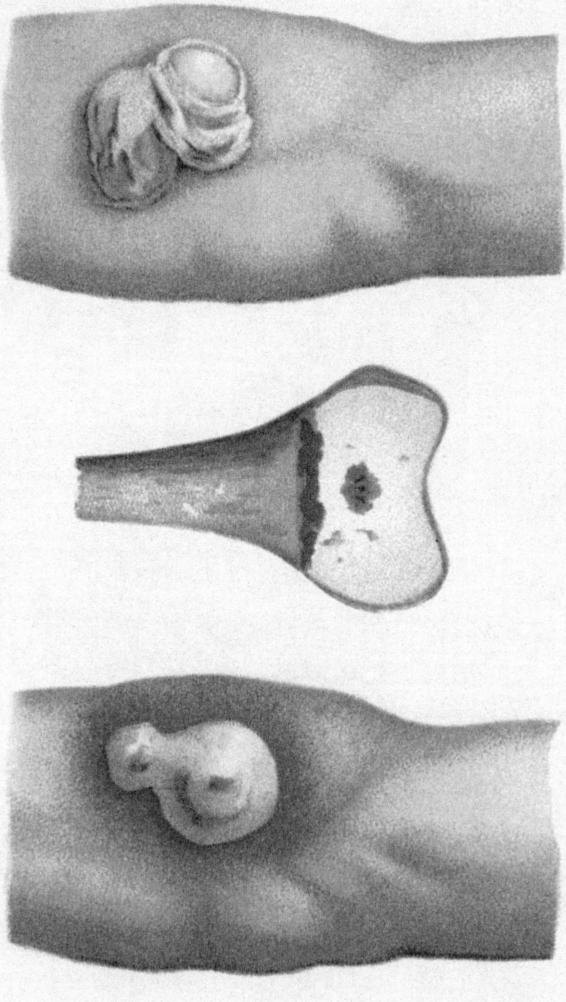

Charvet del. Meheux chromolith.

Brûlure sur le cadavre et sur le vivant.
Point d'ossification du fémur (fœtus à terme)

G. Masson éditeur. Imp. Lemercier & Cie, Paris.

prudemment : *à moins de circonstances spéciales que rien aujourd'hui ne fait prévoir.* Si la blessure est plus grave, l'expert peut demander à ne donner son pronostic qu'après un second examen.

De même sur le cadavre, il faut prendre les dimensions des blessures (ouvertures et trajet) avec le compas et le mètre. On dissèque la blessure de façon à ménager toujours les bords et le trajet, et ne jamais en changer la forme; et pour cela, on peut se servir avec précaution d'une sonde flexible. On examine tous les organes en place, et par des traits de scie on détache les parties osseuses sur lesquelles se trouvent les lésions. On a soin d'examiner toutes les cavités, ainsi que l'état du tube digestif.

II. DES ASPHYXIES.

L'asphyxie, au point de vue médico-légal, est un état de mort apparente ou réelle, consécutif à une suspension ou à une modification des phénomènes de l'hématose, produits soit par obstacle à l'absorption de l'oxygène dans le sang, soit par l'introduction dans ce liquide d'un principe étranger.

Employée comme moyen d'homicide ou de suicide, sa législation se trouve contenue dans le chapitre précédent : coups et blessures. La loi ne la distingue pas, et cependant, dans les expertises médico-judiciaires, il peut être de la plus grande importance de différencier les divers modes d'asphyxie : la suffocation, la strangulation, la pendaison, la submersion, les asphyxies par la chaleur ou le froid extérieurs, par un gaz délétère ou non. Nous les étudierons spécialement : chacune de ces divisions présentant les caractères particuliers qui lui sont propres et un ensemble symptomatique qui permet de les diagnostiquer.

Etudions d'abord les effets consécutifs à la suspension de la respiration d'après les expérimentateurs et les physiologistes.

La muqueuse pulmonaire, toujours humide, sur une surface de 250 mètres carrés, sépare le liquide sanguin de l'atmosphère gazeuse contenue dans les poumons, réservoir d'air d'une capacité maximum de 4 à 5 litres. Cette grande surface est aux trois quarts composée par les capillaires qui contiennent à peu près deux litres de sang. Celui-ci se renouvelle constamment, puisqu'on a calculé qu'en vingt-quatre heures il en passe au moins vingt mille litres. Nous n'avons pas à expliquer comment vont se faire les échanges (voir notre Précis d'hygiène, où la question de respiration et des gaz du sang est longuement traitée). Rappelons que l'acide carbonique reste en dissolution dans le sang artériel, quand la mort est produite par l'asphyxie ou le refroidissement. Pour M. Bert, qui a étudié l'asphyxie en vase clos, l'acide carbonique ne joue aucun rôle, et la mort doit être attribuée à la privation d'oxygène. On peut, d'après le savant professeur, généraliser ces conclusions à l'asphyxie par strangulation, par submersion, par obstacle quelconque à l'entrée de l'air dans les voies aériennes ; dans tous ces cas « le vase clos, c'est le poumon ». Pour Bert, la mort naturelle est toujours une asphyxie. Dans une atmosphère confinée, l'oxygène diminue, l'acide carbonique augmente. Si, dans un vase étroit, la mort survient rapidement et avec des convulsions, dans une vaste enceinte, elle est lente et sans secousses. D'après cela, les convulsions ne dépendraient pas de la proportion des gaz contenus dans le sang, mais du degré d'irritabilité des centres nerveux. Ajoutons qu'un médecin russe, Srabinski, dans ses expériences sur les animaux, prétend avoir trouvé une lésion constante et accompagnant toutes les asphyxies : c'est une anémie caractéristique de la rate.

MM. Mathieu et Urbain, dans leur remarquable mémoire

sur la coagulation du sang, ont expliqué le mécanisme de l'asphyxie. D'après ces physiologistes, lorsque le sang d'un animal vivant a dissous les trois quarts de son volume d'acide carbonique, des accidents d'asphyxie sont prêts à se produire, c'est-à-dire que de l'acide libre peut passer dans le plasma et y déterminer des coagulums. Tous les auteurs ont constaté ces coagulums, mais à Mathieu et Urbain revient le mérite d'avoir montré que la mort par rétention d'acide carbonique et coagulation spontanée du sang, pouvait être consécutive à l'asphyxie pulmonaire ou à la suppression de la transpiration cutanée.

Les causes qui produisent l'asphyxie agissent : ou sur les centres nerveux dont elles enrayent l'action physiologique, ou sur les phénomènes mécaniques de la respiration, ou sur les phénomènes chimiques.

A — *Action sur les centres respirateurs.*

Ce sont des blessures, surtout celles de la moelle allongée ou de la moelle au-dessus de l'origine des nerfs phréniques. Si la blessure porte plus bas, l'asphyxie arrive lentement, la respiration pouvant être encore entretenue par le jeu du diaphragme.

Dans la section des pneumogastriques, la mort arrive lentement, l'asphyxie se produit. Certaines substances toxiques, comme le chloroforme, l'éther, les anesthésiques, agissent de même sur les centres nerveux, ainsi que nous l'avons prouvé.

Citons encore la fulguration, la mort rapide par la chaleur ou le froid extérieurs.

B — *Causes qui portent sur les phénomènes mécaniques de la respiration.*

Toutes celles qui entravent le jeu des poumons ou des muscles. Ainsi la compression du poumon, quand il y a double plaie de poitrine ; la compression du thorax (dans les foules), la compression de l'abdomen (arrêt du diaphragme).

C — *Causes qui arrêtent les phénomènes chimiques.*

1° Il y a privation d'air, quel que soit l'obstacle qui empêche celui-ci d'arriver dans les voies aériennes;

2° Les gaz respirés sont autres que l'air atmosphérique.

Dans ces divers genres de mort, les recherches cadavériques doivent principalement porter sur les organes de la respiration, de la circulation, sur les centres nerveux. Il faut donc, soit dans le transport des cadavres, soit pendant l'autopsie, bien surveiller tout ce qui peut modifier l'état de vacuité ou de plénitude des organes. M. Emile Blanchard a conseillé de faire la ligature de la trachée, afin de laisser les poumons dans les conditions où ils se trouvaient au moment de la mort. Il recommande ensuite de les insuffler; la congestion passive peut ainsi disparaître et les lésions deviennent plus évidentes.

Ordonnance du Préfet de police en date du 7 mai 1872.

Instructions sur les secours]à donner aux noyés et asphyxiés.

Cette instruction traite des soins à donner aux personnes asphyxiées par submersion, par la vapeur du charbon, par les émanations des fours à chaux, par celles des cuves à raisin, à bière, à cidre; par les gaz des fosses d'aisances, des puisards, égouts et citernes; par les gaz impropres à la respiration, par le gaz d'éclairage; par strangulation, suspension ou suffocation; par le froid, la chaleur et la foudre.

Remarques générales.

1° Les personnes asphyxiées ne sont souvent que dans un état de mort apparente; 2° pour les personnes étrangères à la médecine, la mort apparente ne peut être distinguée de la mort réelle que par la putréfaction; 3° la couleur rouge, violette ou noire du visage, le froid du corps, la raideur des membres ne sont pas des signes certains de la mort; 4° la rigidité des mâchoires, dans la submersion, est un indice favorable du succès des secours; 5° on doit, à moins que la putréfaction ne soit évidente, administrer des secours à tout individu noyé où asphyxié, même après un séjour prolongé dans l'eau ou dans le lieu où il a été asphyxié; 6° les secours les plus essentiels à prodiguer aux asphyxiés peuvent leur être administrés par toute personne intelligente : mais, pour obtenir du succès, il faut les leur donner, sans se décourager, quelquefois pendant plusieurs heures de suite. On a des exemples d'asphyxiés par le charbon qui ont été rappelés à la vie après des tentatives qui avaient duré six heures et plus ; 7° quand il s'agit d'administrer des secours à un asphyxié, il faut éloigner toutes les personnes inutiles ; cinq ou six individus suffisent pour les donner ; un plus grand nombre ne pourrait que gêner ou nuire ; 8° le local destiné aux secours ne devra pas être chaud ; la meilleure température est de 17 degrés centigrade (14 degrés Réaumur) ; 9° enfin, les secours doivent être administrés avec activité, mais sans précipitation et avec ordre.

Asphyxiés par submersion.

Règles à suivre par ceux qui repêchent un noyé.

1° Dès que le noyé est retiré de l'eau, on ne doit le coucher ni sur le ventre, ni sur le dos, mais sur le côté, et de préférence sur le côté droit. On incline légèrement la tête en la soutenant par le front ; on écarte doucement les mâchoires, et l'on facilite ainsi la sortie de l'eau qui pourrait s'être introduite par la bouche et par les narines. On peut même, immédiatement après le repêchage du noyé, pour mieux faire sortir l'eau, placer à différentes reprises la tête un peu plus bas que le corps, mais il ne faut pas la laisser chaque fois plus de quelques secondes dans cette position.

Par conséquent, il faut bien se garder de la pratique suivie par quelques personnes, et qui consiste à suspendre le malade par les pieds, dans l'intention de lui faire rendre l'eau qu'il pourrait avoir avalée. Cette pratique est excessivement dangereuse ; 2° après l'évacuation des mucosités, on replace le malade sur le dos et on comprime ensuite doucement et alternativement le bas-ventre de bas en haut, et les deux côtés de la poitrine de manière à faire exécuter à ces parties les mouvements qu'on exécute lorsqu'on respire ; 3° immédiatement après ces premiers soins, qui n'occuperont que quelques instants, le noyé doit être enveloppé, suivant la rigueur de la saison, de couvertures, ou, à défaut de couvertures, de foin ou de paille, et transporté au poste de secours promptement et sans secousses.

Pendant ce transport, la tête et la poitrine seront placées et maintenues dans une position un peu plus élevée que le reste du corps, la tête restera libre et le visage découvert. En même temps on fera prévenir un médecin.

Des soins à donner lorsque le noyé est arrivé au dépôt des secours médicaux.

1° Aussitôt après l'arrivée du noyé, on lui ôtera ses vêtements le plus promptement possible, en commençant toujours par ceux du cou. il sera essuyé, posé sur une paillasse ou un matelas, enveloppé d'une couverture de laine et revêtu, si la température est basse, d'un peignoir également de laine; 2° on couchera encore, une ou deux fois, le corps sur le côté droit; on fera légèrement pencher la tête en la soutenant par le front, pour faire rendre l'eau. Cette opération, comme il a été dit, ne devra durer que quelques secondes chaque fois, il est inutile de la répéter s'il ne sort pas d'eau, de mucosités ou d'écume; 3° si les mâchoires sont serrées il convient de les écarter légèrement et sans violence, en employant le petit levier en buis qui se trouve dans la boite de secours. Dans le cas où les mucosités ou glaires ne s'écouleraient qu'avec peine, on en faciliterait la sortie à l'aide du doigt, des barbes d'une plume ou d'un bâtonnet couvert de linge. Le speculum laryngien peut être utilement employé à cet effet, il faut toujours veiller à ce que la langue ne se renverse pas en arrière et la maintenir hors de la bouche; 4° l'aspiration de bouche à bouche, ou tout au moins à l'aide d'une pompe munie d'une embouchure, a été plusieurs fois suivie de succès; 5° on cherchera à provoquer la respiration par la méthode suivante, due à Sylvester : étendre le patient sur une surface, autant que possible, légèrement inclinée et à la hauteur d'une table; faire saillir un peu la poitrine en avant, au moyen d'un coussin ou de vêtements roulés; se placer à la tête du patient, lui saisir les bras à la hauteur des coudes, les tirer vers soi doucement en les écartant l'un de l'autre, les tenir étendus en haut pendant deux secondes, puis les ramener le long du tronc en comprimant latéralement la poitrine en même temps qu'une autre personne la pressera d'avant en arrière. Par l'élévation des bras, on fait entrer dans la poitrine le plus d'air possible et on l'en fait sortir par leur abaissement et par la pression. Cette double manœuvre a pour but d'imiter les deux mouvements de la respiration.

On répétera cette manœuvre alternativement quinze fois environ par minute et jusqu'à ce qu'on aperçoive un effort du patient pour respirer; 6° aussitôt que la respiration tend à se rétablir, il faut cesser de donner au noyé les soins qui viennent d'être indiqués et s'occuper des moyens de le réchauffer; 7° on remplira d'eau bien chaude une bassinoire et on la promènera, par dessus le peignoir en laine, sur la poitrine, sur le bas-ventre le long de l'épine du dos, en s'arrêtant plus longtemps au creux de l'estomac et aux plis des aisselles; on l'appliquera également à la plante des pieds; 8° les moyens indiqués ci-dessus doivent être employés en ayant soin de se régler sur la température extérieure ; il faut veiller à ce que le corps du noyé ne soit pas exposé à une chaleur supérieure à 55 degrés centigrade. Quoique l'eau de la bassinoire soit à une température plus élevée, cette chaleur, dont l'action ne s'exerce qu'au travers d'une couverture ou d'un peignoir de laine, ne peut avoir aucun inconvénient; 9° à ces divers moyens qui ont pour but de réchauffer le noyé et de rétablir la respiration, on ajoutera, pour développer progressivement la chaleur, des frictions assez fortes, à l'aide de frottoirs en laine chauds, sur les côtés de l'épine du dos, ainsi que sur les membres.

Ces frictions seront faites avec ménagement à la région du cœur, au creux de l'estomac, aux flancs et au ventre. On brossera *doucement, mais longtemps*, la plante des pieds ainsi que la paume des mains. Si l'on s'aperçoit que le noyé fait des efforts pour respirer, il faut discontinuer, pendant quelque temps, toute manœuvre qui pourrait comprimer la poitrine ou le bas-ventre et contrarier leurs mouvements, mais, dans ce cas, il serait utile de passer rapidement et à plusieurs reprises un flacon d'ammoniaque sous le nez ; 10° si, pendant les efforts plus ou moins pénibles que fait le noyé pour respirer, on voit qu'il a des envies de vomir, il faut provoquer le vomissement en chatouillant le fond de la bouche avec les barbes d'une plume; 11° il ne faut pas donner de boisson à un noyé avant qu'il ait repris ses sens et qu'il puisse facilement avaler. Cependant, on peut, en vue de le ranimer, lui introduire dans la bouche quelques gouttes d'eau-de-vie ordinaire, d'eau de mélisse ou d'eau de Cologne, et, à défaut de ces spiritueux, de l'eau-de-vie camphrée qui se trouve dans la boîte de secours; 12° si le ventre est tendu, on donne un demi lavement d'eau tiède, dans lequel on a mis une forte cuillerée à bouche de sel commun; 13° après une demi-heure d'administration assidue, mais inutile des soins indiqués plus haut, on pourra recourir, sous la direction d'un médecin, à une insufflation de fumée de tabac par l'anus; 14° quand le noyé est revenu à la vie, il faut le coucher dans un lit bassiné et l'y laisser reposer une heure ou deux. A défaut de lit, on portera le noyé à l'hôpital en prenant les précautions convenables pour le soustraire à l'action du froid. Si, pendant le sommeil, la face du malade de pâle qu'elle était, se colore fortement, et si, après avoir été éveillé, il retombe aussitôt dans un état de somnolence, on lui appliquera des sinapismes en feuille ou en pâte entre les épaules, ainsi qu'à l'intérieur des cuisses et aux mollets ; on lui posera en même temps six ou huit sangsues derrière chaque oreille. Il est entendu qu'on n'aura recours à ces moyens qu'en l'absence d'un médecin.

ASPHYXIÉS PAR LES GAZ MÉPHITIQUES OU AUTRES.

1. *Asphyxiés par la vapeur du charbon, par les émanations des fours à chaux, des cuves à vin, à bière, à cidre.* (Le gaz produit est de l'acide carbonique mélangé ou non d'oxyde de carbone). Le traitement qui convient dans ces circonstances est le suivant : 1° le malade doit être retiré le plus tôt possible du lieu méphitisé, exposé au grand air et débarrassé de ses vêtements ; 2° il doit être assis dans un fauteuil ou sur une chaise et maintenu dans cette position, en lui soutenant la tête verticalement. On lui jettera alors, avec force, de l'eau froide par potée sur le corps et au visage ; cette opération doit être continuée longtemps; 3° si l'asphyxié commence à donner quelques signes de vie, il ne faut pas discontinuer les affusions d'eau froide ; seulement on évitera de lui jeter de l'eau principalement sur la bouche, pendant qu'il fait des efforts d'inspiration; 4° s'il fait des efforts pour vomir, il faut les favoriser en chatouillant l'arrière-bouche avec les barbes d'une plume ; 5° dès que l'asphyxié pourra avaler, on devra lui faire boire de l'eau de mélisse ou de l'eau-de-vie additionnée d'un peu d'eau; 6° lorsque la respiration sera rétablie, il faudra, après avoir bien essuyé le malade, le coucher dans un lit bassiné, la tête maintenue élevée, et lui administrer un lavement avec de l'eau tiède dans laquelle on aura fait fondre gros comme une noix de savon ou mis deux cuillerées à bouche de vinaigre.

2. *Asphyxiés par fosses d'aisances, puisards, égouts et citernes.* (Le gaz produit est de l'acide sulfhydrique plus ou moins chargé de sulfhydrate d'ammoniaque.) 1° Le malade devra être retiré le plus tôt possible du lieu méphitisé, exposé au grand air et débarrassé de ses vêtements ; 2° aussitôt que l'asphyxié aura été ramené à l'air libre, on procédera à la désinfection de ses vêtements. A cet effet, on les arrosera largement d'eau chlorurée; 3° on déshabillera ensuite le malade et on le lavera rapidement avec la même solution chlorurée. Dès qu'il est déshabillé et lavé, on le soumet aux différentes pratiques indiquées plus haut pour le rétablissement de la respiration chez les noyés ; 4° dès que des indices de respiration apparaissent, on place sous le nez du malade du chlorure de chaux humecté d'eau et additionné de quelques gouttes de vinaigre ; 5° s'il fait

quelques efforts pour vomir, il faut les favoriser en chatouillant l'arrière-gorge avec les barbes d'une plume. Le reste des soins, comme dans les autres asphyxies.

3. *Asphyxiés par les gaz impropres à la respiration.* (Caves renfermant de la drèche, air comprimé ou non renouvelé). Il suffit, en général, d'exposer le malade au grand air, d'enlever tout lien autour du cou et de chercher à rétablir la respiration par les moyens indiqués plus haut pour les noyés.

4. *Asphyxiés par le gaz d'éclairage.* Le traitement qui convient est celui qui a été indiqué pour les malades asphyxiés par la vapeur du charbon. On placera le malade au grand air et on usera des moyens les mieux appropriés pour ramener chez lui la respiration, ainsi que cela est dit plus haut.

5. *Asphyxiés par strangulation, suspension ou suffocation.* 1° Il faut tout d'abord détacher ou plutôt, afin d'aller plus vite, couper le lien qui entoure le cou et, s'il y a pendaison, descendre le corps en le soutenant de manière qu'il n'éprouve aucune secousse. Tout cela doit être fait sans délai et sans attendre l'arrivée de l'autorité de police. On enlèvera ensuite ou on desserrera les jarretières, la cravate, la ceinture du pantalon, les cordons de jupes, le corset, en un mot toute pièce de vêtement qui pourrait gêner la circulation; 2° on placera le corps, mais sans lui faire éprouver de secousses, selon que les circonstances le permettront, sur un lit, sur un matelas, sur de la paille, etc., de manière cependant qu'il y soit commodément et que la tête et la poitrine soient plus élevées que le reste du corps; 3° si le malade est porté dans une chambre, celle-ci ne doit être ni trop chaude, ni trop froide, et il faut veiller à ce qu'elle soit convenablement aérée; 4° il est indispensable d'appeler d'urgence un homme de l'art, parce que la question de savoir s'il y a lieu de pratiquer une saignée reposant en grande partie sur des connaissances anatomiques et sur l'examen de la corde et du lien, il n'y a que le médecin qui puisse bien apprécier ces sortes de cas et ordonner ce qui convient; 5° lorsqu'après l'enlèvement du lien, les veines du cou restent gonflées, la face rouge tirant sur le violet, si l'homme de l'art tarde à arriver, on peut mettre derrière chaque oreille, ainsi qu'à chaque tempe, six ou huit sangsues; 6° si la suspension ou la strangulation a eu lieu depuis peu de minutes, il suffit quelquefois, pour rappeler le malade à la vie, d'appliquer sur le front et sur la tête des linges trempés dans l'eau froide et de faire en même temps des frictions aux extrémités inférieures. Dans tous les cas et dès le commencement, il faut exercer sur la poitrine et le bas-ventre des pressions intermittentes, comme pour les noyés, afin de

provoquer les mouvements de la respiration. On ne négligera pas non plus de frictionner l'asphyxié avec des flanelles ou des brosses, surtout à la plante des pieds et dans le creux des mains; 7° dès qu'il peut avaler, on lui fait prendre, par petites quantités, de l'eau tiède additionnée d'un peu d'eau de mélisse, d'eau de Cologne, de vin ou d'eau-de-vie; 8° si, après avoir été complètement rappelé à la vie, le malade éprouve de la stupeur, des étourdissements, les applications d'eau froide sur la tête deviennent utiles; 9° en général, l'asphyxié par suspension, strangulation ou suffocation, doit être traité, après le rétablissement de la vie, avec les mêmes précautions que dans les autres espèces d'asphyxie.

ASPHYXIÉS PAR LE FROID.

1° On portera l'asphyxié, le plus promptement possible, de l'endroit où il a été trouvé au lieu où il devra recevoir des secours; pendant ce trajet, on enveloppera le corps de couvertures, de paille ou de foin, en laissant la face libre. On évitera aussi d'imprimer au corps et surtout aux membres des mouvements brusques; 2° dans l'asphyxie par le froid, il est de la plus haute importance de ne rétablir la chaleur que lentement et par degrés. Un asphyxié par le froid qu'on approcherait du feu, ou que, dès le commencement des secours, on ferait séjourner dans un lieu trop chauffé, serait irrévocablement perdu. Il faut, en conséquence, le porter dans une chambre sans feu, et là, lui administrer les premiers secours que réclame sa position; 3° si l'asphyxie a lieu par un froid de plusieurs degrés au-dessous de zéro, on déshabillera le malade dont on couvrira le corps, y compris les membres, de linges trempés dans de l'eau et à laquelle on aura ajouté des glaçons concassés. Il y aurait même avantage à le plonger dans une baignoire contenant assez d'eau additionnée de glace, pour que le tronc et les membres en fussent couverts. Enfin, il y a utilité à pratiquer des frictions avec de l'eau glacée, et mieux encore avec de la neige; 5° lorsque le malade commence à se réchauffer, ou lorsqu'il se manifeste des signes de vie, on l'essuie avec soin, et on le place dans un lit, en s'abstenant toutefois d'allumer du feu dans la pièce où est le lit, tant que le corps n'a pas recouvré sa chaleur naturelle, 5° aussitôt que le malade peut avaler, on peut lui faire prendre un demi-verre d'eau froide dans lequel on aura mis une cuillerée à café d'eau de mélisse, d'eau de Cologne ou de tout autre liquide spiritueux; 6° dans le cas où l'asphyxié aurait de la propension à l'assoupissement, on lui administrerait des lavements irritants, soit avec de l'eau salée, soit avec de l'eau de savon : il est utile de faire observer que, de toutes les asphyxies, l'asphyxie par le froid est celle qui laisse, selon l'expérience des pays septentrionaux, le plus de chances de succès, même après plusieurs heures de mort apparente. Mais, d'un autre côté, cette asphyxie exige aussi plus que toute autre une grande précision dans l'emploi des moyens destinés à la combattre, et notamment dans le réchauffement lent et progressif du malade.

ASPHYXIÉS PAR LA CHALEUR.

1° Si l'asphyxie a eu lieu par l'effet du séjour dans un lieu trop chaud, il faut transporter l'asphyxié dans un lieu plus frais et lui enlever, sans délai, tout vêtement qui pourrait gêner la respiration et la circulation; 2° dans toute asphyxie par la chaleur, la première chose à faire est de débarrasser le cerveau, en tirant du sang; s'il n'y a pas de médecin pour pratiquer une saignée et si quelqu'un des assistants est apte à le faire, il ne devra pas hésiter un seul instant, principalement dans les contrées et les saisons chaudes; 3° les sinapismes en pâte ou en feuilles seront très utilement employés aux extrémités inférieures; 4° dès que le malade peut avaler, il faut lui faire boire, par petites gorgées, de l'eau fraîche acidulée avec du vinaigre ou du jus de citron, et lui donner des lavements d'eau vinaigrée, mais un peu plus chargée en vinaigre que l'eau destinée à être bue. Chez les asphyxiés par la chaleur, les boissons aromatiques ou vineuses sont toujours nuisibles; 5° en cas de persistance des accidents, et si aucun des assistants n'est apte à pratiquer une saignée, on peut, sans attendre l'arrivée du médecin, appliquer huit à dix sangsues derrière chaque oreille, ou quinze à vingt à l'anus; 6° si l'asphyxie a été déterminée par l'action du soleil, comme cela arrive surtout aux moissonneurs et aux militaires, le traitement est le même; mais il faut, dans ce cas, faire des applications d'eau froide sur la tête : il est à noter que c'est surtout dans ces circonstances que la saignée est efficace; 7° pendant l'administration des secours, le malade doit être maintenu dans une position droite et la tête élevée. Si une personne a été asphyxiée par la foudre, il faut immédiatement la porter au grand air, la débarrasser sans délai de ses vêtements, faire des affusions d'eau froide, comme dans les cas d'asphyxie par les gaz méphitiques, pratiquer des frictions aux extrémités et chercher à rétablir la respiration par des pressions alternatives de la poitrine et du bas-ventre, et par les autres moyens employés dans les soins à donner aux noyés.

COMPOSITION DE LA CAISSE DE SECOURS DITE FUMIGATOIRE POUR LES NOYÉS ET LES ASPHYXIÉS.

1° Une paire de ciseaux de 16 centimètres de long, à pointes mousses; 2° un peignoir de laine; 3° un bonnet de laine; 4° un levier de bois; 5° un caléfacteur de un demi-litre à un litre; 6° deux frottoirs de laine; 7° deux brosses; 8° une bassinoire à eau bouillante: 9° le corps de la machine fumigatoire; 10° son soufflet; 11° un tuyau et une canule fumigatoire; 12° une boîte en fer-blanc contenant du tabac à fumer; 13° une seringue à lavement avec canule; 14° une aiguille à dégorger la canule; 15° des plumes pour chatouiller la gorge; 16° une cuiller étamée; 17° un gobelet d'étain; 18° un biberon; 19° une bouteille contenant de l'eau-de-vie camphrée; 20° un flacon contenant de l'eau de mélisse spiritueuse; 21° un flacon renfermant un demi-litre d'alcool; 22° une petite boîte en fer-blanc renfermant plusieurs paquets d'émétique de 5 centigrammes chacun; 23° un flacon à l'émeri, à large ouverture, contenant 500 grammes de chlorure de chaux en poudre; 24° un flacon contenant 100 grammes de vinaigre; 25° un flacon à l'émeri contenant 100 grammes d'éther sulfurique; 26° un flacon à l'émeri contenant 100 grammes d'ammoniaque (alcali volatil); 27° 100 grammes de sel gris; 28° des bandes à saigner, des compresses, de la charpie et une plaque de taffetas d'Angleterre; 29° un nouet de poivre et de camphre pour la conservation des objets de laine; 30° une palette; 31° un briquet; 32° un speculum laryngien; 33° un marteau de Mayor; 34° une rondelle de caoutchouc.

Outre ces objets, on place un thermomètre centigrade dans chaque localité où il est possible de le faire.

A ces indications générales, nous ajouterons la description des méthodes de Marshall-Hall et de Sylvester qui peuvent être employées dans les différentes asphyxies.

La méthode de Marshall-Hall consiste « à tourner doucement le corps sur le côté et un peu en arrière, puis à le ramener brusquement, et cela alternativement ». On exerce, en outre, une pression sur la paroi postérieure du thorax chaque fois que le corps est amené dans la pronation.

Dans la méthode du docteur Silvester, l'effet inspiratoire est produit par l'extension des bras et leur élévation de chaque côté de la tête. L'expiration a lieu quand on replie les bras sur les parties latérales du tronc.

En résumé, la première méthode commence par un mouvement d'expiration, tandis que la seconde commence par une inspiration.

La société médico-chirurgicale de Londres (1863) a constaté que cette dernière méthode était préférable, et que pour faire cesser la mort apparente, dans les cas d'asphyxie par submersion, il faut la considérer comme un moyen capable de produire des mouvements respiratoires semblables à ceux de la respiration normale.

I. DE LA SUFFOCATION.

Définition et étiologie.

La mort par suffocation comprend tous les cas dans lesquels un obstacle mécanique autre que la strangulation, la pendaison ou la submersion, est apporté violemment à l'entrée de l'air dans les organes respiratoires.

Telle est la définition de Tardieu (Mémoires in *Ann. d'hygiène*, t. IV, 1855), qui range sous quatre chefs principaux tous les modes de suffocation.

1° *Occlusion directe des voies aériennes* (application des doigts à l'orifice des narines, de la main sur la bouche et le nez ; un corps étranger ou un tampon sont introduits dans l'arrière-gorge; un bâillon, un masque de poix. Les deux premiers moyens sont fréquents dans les infanticides). Taylor a décrit le *Smothering* ou enveloppement de la tête et de la face par des pièces de vêtement, de literie. C'est, paraît-il, un procédé fréquemment employé en Angleterre;

2° *Compression des parois de la poitrine et du ventre* (enfants nouveau-nés trop serrés; des enfants endormis sur lesquels a pesé, par mégarde, le bras ou le corps d'une nourrice. Casper dit que l'ancienne législation

lation défendait, sous peine d'emprisonnement, de prendre dans le lit, pendant la nuit, les enfants au-dessous de deux ans) ; des individus pressés dans la foule, comprimés par une machine ; le procédé des résurrectionnistes ;

3° *Enfouissement du corps vivant* (un enfant est enterré vivant ou enfoui dans un milieu solide plus ou moins pulvérulent ; éboulements de terrain) ;

4° *Séjour forcé dans un espace confiné et privé d'air* (un enfant est mis dans une boîte, dans une malle).

Symptômes généraux.

La gêne de la respiration s'accentue de plus en plus ; il y a détresse respiratoire, mouvements convulsifs, perte de connaissance, évacuations involontaires, paralysie et mort. On peut, pour mieux préciser, distinguer deux périodes : période des troubles respiratoires, période des troubles nerveux. Ces phénomènes sont en rapport, bien entendu, avec deux particularités : la brusquerie de la privation d'air, l'état des forces de la victime.

Résultats anatomo-pathologiques.

Les véritables lésions constantes, d'après Tardieu, ne sont pas les traces de violences extérieures, mais les lésions internes, celles qui se trouvent du côté des trois grands centres :

1° *Organes respiratoires.* Ils sont très souvent peu volumineux, d'une couleur rosée, parfois même très pâles. Ils présentent de petites taches auxquelles on a donné le nom de taches de Tardieu, qui les a le premier décrites : « On trouve à la surface des poumons de petites taches d'un rouge très foncé, presque noires, dont les dimensions varient sur les poumons d'un enfant nouveau-né, depuis celles d'une tête d'épingle jusqu'à celles d'une petite lentille, et gardent, quoique plus larges chez l'adulte, les mêmes proportions ». Il peut y en avoir six ou dix, une trentaine, ou un si grand nombre que le poumon offre l'aspect du granit; et alors ces taches peuvent se réunir ensemble pour former des plaques et des marbrures. Le plus souvent elles se trouvent à la racine des poumons, à la base, et principalement sur le tranchant du bord inférieur. Elles seraient produites, d'après Tardieu, par de petits épanchements sanguins sous-pleuraux, déterminés par la rupture des vaisseaux superficiels du poumon. Elles persisteraient aussi longtemps que le tissu pulmonaire ; Tardieu a pu les retrouver sur le poumon d'un fœtus qui avait séjourné dix mois dans une fosse d'aisances. Il faut dire aussi que les taches sous-pleurales ont été rencontrées sur des poumons qui ne surnageaient pas, chez des enfants nés vivants avant terme, et qui ont fait quelques efforts pour respirer. Donc, si, les poumons appartenant à des sujets nés vivants avant terme et n'ayant pas respiré, on trouve ces taches, il faudra bien se garder d'admettre des violences criminelles, mais dans ces cas seulement. C'est ainsi que nous avons trouvé des taches de Tardieu sur les poumons d'un fœtus âgé de 8 mois et contenu dans l'utérus d'une femme assassinée à coups de couteau.

Liman, Ogston, Lukomsky, Taylor, Pénard, Hofmann, Tamassia ont fait voir que ces taches peuvent se montrer dans différents genres de morts qui ont peu de rapport avec la suffocation. Ainsi la pyohémie, l'empoisonnement par le phosphore, l'épilepsie, le scorbut et même la précipitation, c'est-à-dire qu'on les voit dans les conditions qui prédisposent à l'hémorrhagie. De plus, elles ne sont pas pathognomoniques parce qu'elles peuvent faire défaut dans certaines suffocations.

Comme prédisposition à la suffocation rapide, nous avons remarqué l'influence des adhérences pleurales. Aux poumons il existe de l'emphysème et parfois ce que nous avons appelé la *congestion carminée et l'œdème aigu*. Quand il y a de l'emphysème, les ecchymoses sous-pleurales sont rares; ce sont, pour ainsi dire, deux phénomènes qui se balancent ou se remplacent. Dans la trachée et les bronches pâles ou rougeâtres comme le poumon, on rencontre, et assez abondante, une écume très légèrement rosée à bulles fines;

2° *Organes circulatoires*. — Des taches de Tardieu sur le thymus, sur le péricarde, surtout à l'origine des gros vaisseaux. Presque toujours le sang est resté fluide; il n'est à demi coagulé que dans les longues agonies ou dans les asphyxies lentes;

3° *Tête*. — Taches de Tardieu sous les téguments du crâne; épanchements sanguins, très limités, disséminés sur la voûte crânienne, dans le tissu cellulaire périostique. Les conjonctives, la face et le cou peuvent présenter un pointillé rouge comme dans la strangulation. Ordinairement le visage est d'un rouge violacé. Dans le cerveau, un engorgement sanguin asphyxique.

Diagnostique différentiel et caractères spéciaux des divers modes de suffocation et règles de l'expertise.

1° Dans la mort *par occlusion directe des voies aériennes :* la mort est très rapide ; les poumons sont pâles et exsangues, présentant de nombreuses taches petites et noirâtres d'un aspect granité; l'emphysème, l'écume dans la trachée, les épanchements péricardiques et péricrâniens sont rares; comme lésions externes : aplatissement du nez et des lèvres, empreinte des doigts, coups d'ongles, débris de tampon ou de matières agglutinatives;

2° Dans la mort *par compression des parois de la poitrine et du ventre :* il y a très rarement des signes extérieurs. Cependant, parfois, infiltrations sanguines de la conjonctive et des paupières, ecchymoses ponctuées à la face, au cou, à la poitrine.

Les poumons sont marbrés et emphysémateux. Écume bronchique rosée. Il y a beaucoup de taches ponctuées dans le tissu cellulaire péricrânien;

3° Dans la mort *par enfouissement du corps vivant :* les ecchymoses en nappe sont disséminées en très grand nombre sous la plèvre, à la surface des poumons et sur le crâne; l'emphysème est très prononcé; il y a de l'écume sanguinolente dans les voies respiratoires congestionnées; le sang est fluide; la face est tuméfiée et violacée, présentant un piqueté rouge qui s'étend parfois jusque sur les épaules. Dans la bouche, l'œsophage, l'estomac, on rencontre les matières dans lesquels le corps a été enfoui pendant la vie;

4° Dans la mort *par séjour forcé dans un espace con-*

finé et privé d'air : les poumons sont très congestionnés, d'un rouge-cerise avec des noyaux d'apoplexie à la surface ou dans la profondeur; peu d'emphysème; le sang a eu le temps de se coaguler en partie dans le cœur; il n'y a pas de lésions externes.

Voici les questions que les magistrats posent à l'expert : La mort a-t-elle été la conséquence de la suffocation? Comment celle-ci a-t-elle eu lieu? Est-ce un accident, un crime ou un suicide? Les corps étrangers trouvés dans les voies aériennes ont-ils été introduits pendant la vie ou après la mort? La victime a-t-elle longtemps résisté? Y a-t-il eu d'autres violences et, dans ce cas, quel est l'ordre de succession de ces violences? Peut-il y avoir simulation?

En résumé, l'expert doit rechercher les signes de la suffocation, le genre de suffocation, le caractère spécial de l'événement (crime, suicide, accident, simulation).

II. DE LA STRANGULATION.

La strangulation est un acte de violence qui consiste en une constriction exercée directement soit autour, soit au devant du cou. Dans le premier cas, un lien constricteur arrête la respiration et la vie; dans le second cas, la main comprime les vaisseaux et les nerfs, et il y a un réflexe produisant la perte de connaissance et une syncope souvent mortelle.

En général, c'est presque toujours un homicide, souvent un infanticide. Elle peut compliquer d'autres violences, telles que les blessures, ou un autre crime comme l'attentat à la pudeur, le viol. Ordinairement on l'observe sur des êtres faibles ou incapables de résister, comme les nouveau-nés, les femmes, les vieillards. Notons, en outre, qu'instinctivement un assassin cherche à étouffer les cris de sa victime par des tentatives d'étranglement.

La strangulation est produite par la main ou par un lien. Le premier procédé est le plus fréquemment employé dans les cas d'homicide. Il y a *choc laryngien*. Les deux mains ou une seule interviennent; dans les infanticides, la pression de deux ou trois doigts est suffisante. La nature du lien est variable avec ou sans *garrot*. Dans la strangulation par le lien, il y a un réflexe du côté du bulbe, d'où arrêt de la respiration. Dans le choc laryngien, le réflexe a lieu du côté du cœur; c'est comme une angine de poitrine suraiguë.

Les lésions qui témoignent de la mort par strangulation sont de deux sortes :

1° *Lésions externes* : La face est tuméfiée, violacée et comme marbrée; la langue est saillante, serrée entre les dents ou pressée derrière les arcades dentaires; souvent écume sanglante à la bouche et aux narines. Le pavillon de l'oreille est noirâtre. Il peut y avoir hémorrhagie par le conduit, ainsi que je l'ai observé. Presque toujours il y a un pointillé de petites ecchymoses ou piqueté sur la face, la conjonctive, à la face externe des lèvres, devant le cou et la poitrine. Au cou se montrent des traces de violence variant avec le procédé de strangulation. Si un lien a été appliqué, l'empreinte est variable, non parcheminée et sans modification de la structure de la peau. Il y a des ecchymoses provoquées par la rapidité de la violence, ainsi quand la strangulation a lieu avec le garrot. Le suicide de Pichegru, raconté par Chaussier, en est un exemple : « La strangulation avait été faite à l'aide d'une cravate de soie noire fortement nouée, dans laquelle on avait passé un bâton de quarante-cinq centimètres de long et neuf de tour, et l'on avait fait du bâton un tourniquet avec lequel ladite cravate avait été serrée de plus en plus jusqu'à ce que la strangulation fût effectuée. Ledit bâton se trouvait reposé sur la joue gauche par un de ses bouts, et, en le tournant avec un mouvement irrégulier, il avait produit sur ladite joue une *égratignure transversale* d'environ six centimètres, s'étendant de la pommette à la conque de l'oreille gauche. Il y avait au cou une impression circulaire large d'environ deux doigts et plus marquée à la partie latérale gauche. La face était ecchymosée, les mâchoires serrées, la langue prise entre les dents. »

Si l'étranglement a eu lieu avec les mains, il y a des empreintes dessinant parfois la main du meurtrier et la pulpe des doigts; on constate des écorchures, des coups d'ongle;

2° *Lésions internes : a.* Au *cou* et dans le voisinage, il existe des extravasations sanguines dans le tissu cellulaire, des déchirures dans les muscles. Les fractures de l'os hyoïde sont rares; celles des cartilages du larynx sont assez fréquentes. Elles portent sur une corne ou sur les deux. Nous les avons constatées sur les victimes de la rue d'Ivry et de la rue de Vendôme (1884 et 1885). Sur une jeune fille de Tarare étranglée par sa mère, j'ai trouvé une fracture du cartilage cricoïde. Dans le larynx et la trachée, de l'écume en assez grande quantité, ordinairement sanguinolente. Il y aurait à rechercher l'état des pneumogastriques et des nerfs laryngés. Nous avons, dans un cas, vu la lésion d'Amussat. Il peut y avoir compression et déchirure du rachis;

b. Poumons. Les lésions indiquées dans la suffocation peuvent encore se trouver, mais elles présentent un caractère spécial. Les poumons sont peu engoués ou très congestionnés. Si on ne rencontre pas les taches de Tardieu, on trouve des noyaux apoplectiques toujours beaucoup plus volumineux que dans la suffocation. Il existe un *emphysème* intervésiculaire très prononcé et formant de petites tumeurs sous la plèvre. Dans les bronches et dans la trachée une écume abondante, mêlée de sang ;

c. Cœur. Souvent vide ; sang noir et fluide. On peut trouver des taches de Tardieu ;

d. Cerveau. Rien de spécial : parfois ecchymoses sous péricrâniennes.

Quand la strangulation est *incomplète*, il y a des signes extérieurs au cou, à la face, à la conjonctive ; la voix est rauque et cassée, la déglutition pénible. La guérison est lente.

Nous en avons dit assez pour pouvoir répondre aux questions ordinairement posées par la justice et que Tardieu énumère ainsi :

La mort a-t-elle eu pour cause la strangulation ? Comment la strangulation a-t-elle été opérée ? Quels sont les auteurs de la strangulation ? Dans quelles circonstances la strangulation a-t-elle été opérée ? La strangulation est-elle le fait d'un suicide ou d'un homicide ? d'un accident ? La strangulation est-elle simulée ?

III. DE LA PENDAISON.

La pendaison est un acte de violence dans lequel le corps pris par le cou dans un lien attaché à un point fixe et abandonné à son propre poids, exerce sur le lien suspenseur une traction assez forte pour amener brusquement la perte du sentiment, l'arrêt des fonctions respiratoires et la mort (Tardieu).

Presque toujours ce sont des suicides ; il n'y a pas d'infanticide ; on a cité des cas de pendaisons accidentelles. Nous signalons la thèse faite dans notre laboratoire par le docteur Pellier, juillet 1885, comme présentant un résumé assez exact de l'état actuel de cette question.

Symptômes de la pendaison

Il y a d'abord une grande chaleur à la tête, puis des bourdonnements dans les oreilles, des scintillations ; l'insensibilité survient assez vite ; puis se montrent des contractions et des spasmes dans les muscles du visage dont l'aspect devient horrible ; les convulsions se généralisent à tous les muscles ; les sphincters se relâchent, d'où évacuation de matières fécales, d'urine, de sperme.

Dans les cas ordinaires, Tardieu pense que la mort doit arriver après dix minutes. Taylor croit que l'on peut le plus souvent rappeler à la vie les individus qui ne sont restés pendus que cinq minutes. La pendaison peut ne pas se terminer toujours par la mort. J'en ai observé un exemple remarquable dans mon service au Val-de-Grâce (1875).

C'était un brigadier de la garde républicaine qui avait essayé de se pendre pour un motif des plus futiles. Décroché à temps, on le rappela à la vie et il fut envoyé à l'hôpital. Il resta presque aphone pendant quatre jours, puis une bronchite grave survint, et au bout d'une semaine il présentait une expectoration gangréneuse tellement fétide, qu'il fallut l'isoler et le placer dans le jardin, sous la tente. J'ai rattaché cette gangrène pulmonaire qui a duré trois semaines, soit à une action réflexe trophique, en rapport avec la secousse des centres nerveux, soit à un froissement des pneumogastriques. Au cou, le sillon a persisté pendant une quinzaine de jours.

Nous avons donné à ces pendaisons non suivies de mort le nom de *pendaisons ratées*; elles peuvent s'accompagner d'accidents laryngés avec troubles respiratoires; nous avons observé la carie d'un des cartilages thyroïdes et consécutivement une tuberculose aiguë.

Fig. 29.—Un pendu.

On a admis cinq genres de mort chez les pendus : par apoplexie cérébrale; par déplacements ou fractures des vertèbres cervicales et compression de la moelle; par compression du cou et anémie cérébrale; par compression des nerfs vagues; par asphyxie. Voici quelques renseignements sur ces causes qui peuvent intervenir simultanément.

La constriction n'est jamais assez forte pour empêcher le cours du sang. Taylor a montré que les pendus vivaient si on ouvrait les voies respiratoires au-dessous du lien. On a maintenu vivants pendant trois heures des animaux pendus auxquels on avait fait la trachéotomie. *Les lésions de la moelle* sont très rares dans le suicide, et ne se rencontrent que dans les exécutions judiciaires. Louis, qui avait étudié la question, et aurait, paraît-il, inventé la guillotine, que l'on a attribuée au docteur Guillotin, s'exprime ainsi (Œuvres complètes,

t. I, p. 535) : « La tête est luxée, parce que, tandis que la corde placée sous la mâchoire et l'os occipital fait une contre-extension, le poids du corps du patient, augmenté de celui de l'exécuteur, fait une forte extension. Celui-ci monte sur les mains liées du patient, qui lui servent comme d'étrier, il agite violemment le corps en ligne verticale, puis il fait faire au tronc des mouvements demi-circulaires alternatifs et très prompts, d'où suit ordinairement la luxation de la première vertèbre. » *La mort par asphyxie* est ordinairement la règle. La compression des vaisseaux du cou est démontrée par les expériences d'Hofmann et de Brouardel. De son côté, Tamassia a étudié expérimentalement les effets de la compression du pneumogastrique. Il n'est pas probable que ce genre de mort soit très douloureux. La syncope se produit très vite. Cependant il est assez difficile d'établir par des signes propres la durée de la pendaison, la rapidité et l'époque de la mort. Il faut tenir compte des lésions que l'on constate, de l'état de dessiccation du sillon, de l'aspect de la face. Il y a là un ensemble qui peut montrer que la pendaison a duré assez longtemps.

Examen du cadavre des pendus.

Il faut tenir compte de la position générale du corps ou de l'attitude. Il n'est pas nécessaire que le corps soit complètement suspendu ; un pendu n'est pas toujours dans la situation d'un pendule, ou du suicidé indiqué figure 29.

Le corps peut reposer en partie sur le sol par le siège, les genoux, les pieds. On sait combien cette dernière attitude a donné lieu à des discussions lors du procès relatif au suicide du prince de Condé (fig. 30). En réunissant 261 cas de pendaison empruntés à divers auteurs, et dans lesquels le corps était en

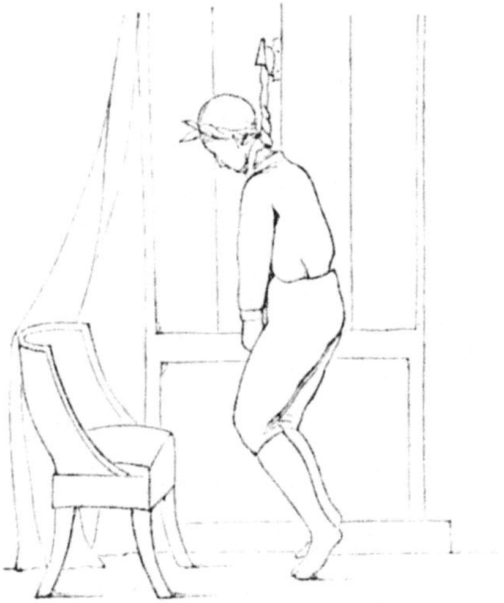

Fig. 30. — Suicide du prince de Condé.

contact avec le sol, Tardieu est arrivé à cette statistique :

Les pieds posant sur le sol.	168	fois.
Le corps reposant sur les genoux pliés.	42	—
Le corps étendu et couché.	29	—
Assis.	19	—
Accroupi.	3	—

M. Jacquemin, médecin de la prison Mazas, en a fourni de très curieuses observations avec planches que Tardieu a reproduites et que nous lui emprunterons à notre tour.

La figure 31 représente un Anglais, pédéraste, pendu dans sa prison à l'aide de lanières faites avec son drap; les pieds avaient glissé sur le sol et faisaient arc-boutant.

Fig. 31. — Suicide d'un détenu.

La figure 32 montre de même que la mort par pendaison peut survenir alors que le corps repose en partie.

Fig. 32. — Ouvrier pendu dans sa chambre.

Un ouvrier s'est pendu dans sa chambre à l'aide d'une corde faisant nœud coulant et fixée à la flèche de son lit sur lequel il était agenouillé.

La figure 33, empruntée à Guy et Ferrier, montre que la trace laissée par la corde durant la vie peut être produite sur le cadavre. On a serré autour du cou, et une heure après la mort, la corde dont l'individu s'était servi pour son suicide. Après un contact de 20 heures, il en est résulté

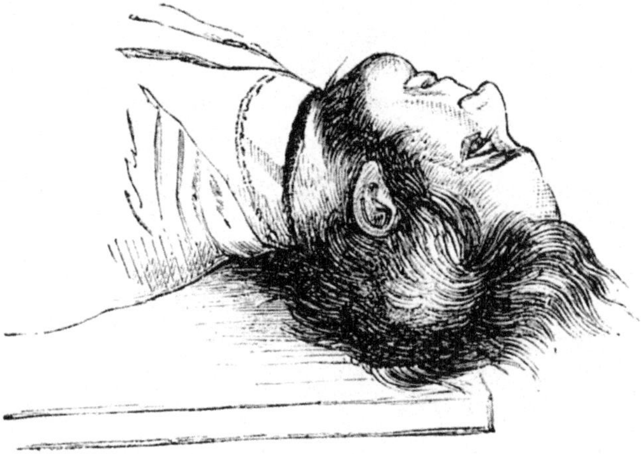

Fig. 33. — Sillons sur le cou d'un pendu.

un sillon superficiel ayant la forme de la corde et montrant les sinuosités avec dépressions blanchâtres et rosées; celles-ci ne changèrent pas de couleur par l'exposition à l'air.

Nous donnons les tableaux qui se trouvent dans la thèse de Pellier et présentent un résumé complet des constatations à faire.

Voici les deux **questions médico-judiciaires** qui sont ordinairement posées au médecin :

1° *La mort dépend-elle de la pendaison, ou bien la pendaison a-t-elle eu lieu pendant la vie ?*

Il n'y a pas un seul signe, mais un ensemble de signes. Les uns prouvent qu'il y a eu pendaison, les au-

I. SIGNES OU CARACTÈRES TIRÉS DE L'EXAMEN AU MOMENT DE LA LEVÉE DU CORPS

1° Position du corps.	1° En contact avec le sol. 2° Au-dessus du sol. 3° En contact avec les objets voisins (meubles, murs). 4° Position des bras et des jambes.
2° Position de la tête.	1° Inclinée en arrière. 2° Inclinée en avant. 3° Inclinée à droite ou à gauche.
3° Lien	Nature, forme et dimensions. Situation et direction, caractères des nœuds, point d'attache.

II. SIGNES TIRÉS DE L'EXAMEN EXTÉRIEUR DU CADAVRE

Tête	Crâne avec blessures ou contusions. Crâne sans blessures. Face colorée ou violacée. Face pâle. Ecchymoses des paupières et des conjonctives (*Piqueté scarlatin ou pointillé*). Saillie du globe oculaire, pupilles dilatées, hémorrhagies rétiniennes, déchirure de la capsule (luxation du cristallin). État des lèvres, du frein des lèvres, siège d'ecchymoses pointillées. Saillie de la langue, rétraction de la langue. Ecume de la bouche, morsures de la langue et taches ecchymotiques de la muqueuse. Oreilles violacées, écoulement par l'oreille, ruptures de la membrane du tympan.

Région du cou.	État de la peau et description	Situation.	Au-dessus du larynx (le plus souvent). Sur le larynx. Au-dessous du larynx.
		Forme et direction.	Circulaire. Parabolique ou en fer-à-cheval. Latéral. Superficiel. Profond. Large. Etroit. Transversal. Oblique.
Région du cou (Suite).	du SILLON	Aspect et consistance.	Coloration brun-jaunâtre, bords livides ou rouges, ecchymoses linéaires sur ces bords. Bourrelet œdémateux. Empreinte parcheminée.
		Persistance, absence ou disparition. Faux sillon.	Putréfaction.
		Examen histologique.	
	Tissu cellulaire sous-cutané.	Ecchymoses, sigillations.	
	Muscles.	Ecchymoses. Déchirures.	
	Vaisseaux et nerfs.	Injection des tuniques et de la gaine. Déchirure de la tunique interne et moyenne (carotide), lésion d'Amussat, tiraillement et compression des fibres nerveuses du pneumogastrique et des ganglions du grand sympathique.	
	Os hyoïde.	Fractures fréquentes.	
	Fracture de l'apophyse styloïde.	Probable surtout chez les femmes.	
	Cartil. du larynx.	Fractures fréquentes.	
	Colonne vertébr.	Fracture et luxation des vertèbres cervicales.	
Tronc.	Peau.	Lividités, purpura, empreintes diverses (fer rouge, marteau de Mayor, marques de brosse), coups, contusions, blessures.	
	Organ. génitaux.	Congestion, écoulement de liquide par la verge, par la vulve.	
	Anus.	Écoulement de matières fécales.	
	Membres supér. et inférieurs.	Contusions, blessures, empreintes diverses, ecchymoses, lividités, congestion des extrémités, examen des ongles, leur teinte cyanosée, purpura des cuisses et des jambes.	

tres démontrent que la vie existait encore quand ils se sont produits. Le médecin aura à rechercher les uns et les autres.

2° *La pendaison est-elle le résultat d'un suicide ou d'un homicide?*

Il faut tenir compte du choix du lien, des rapports entre le lien et le sillon (surtout oblique dans le suicide), du choix de la saillie à laquelle le lien a été fixé, des lésions du cou (plus superficielles dans le suicide), des lésions du rachis (ordinairement dans l'homicide), de la coïncidence d'autres blessures.

IV. DE LA SUBMERSION.

La mort par submersion se produit quand un individu ayant la tête plongée dans un milieu liquide quelconque, l'air atmosphérique ne peut plus pénétrer par les ouvertures naturelles.

Il n'est donc pas nécessaire que tout le corps soit dans l'eau ou le liquide. On a vu se noyer dans des mares à peine profondes des ivrognes ou des épileptiques dont la face seule était dans l'eau ; on a constaté le même genre de mort sur des nouveau-nés dont la tête seule plongeait dans un vase contenant un peu d'urine.

		NOMBRES MOYENS ANNUELS								
		1836 à 1840	1841 à 1845	1846 à 1850	1851 à 1855	1856 à 1860	1861 à 1865	1866 à 1870	1871 à 1875	1876 à 1880
Submersion.	Accidentelle.	2887	3385	3699	3544	3879	3911	4514	3998	4130
	Suicide . . .	839	1002	1101	1165	1204	1349	1365	1505	1828

La submersion est fréquente, ainsi que le montre le tableau ci-dessus.

La mort, dans tous ces cas, arrive, dit-on, par congestion cérébrale, par syncope, par asphyxie. Il faut tenir compte de la température de l'eau, de l'état des voies digestives (digestion commencée, ivresse), de l'état moral de l'individu au moment où l'accident a eu lieu (frayeur, lutte, etc.).

La constitution du sujet, son âge, ont une grande importance. Haller, Buffon et P. Bert ont montré la résistance des nouveau-nés à l'asphyxie. P. Bert l'explique par la différence de résistance vitale entre les éléments anatomiques à ces deux âges. De même, tous les sujets chez lesquels les phénomènes chimiques de la nutrition se font avec intensité résistent moins facilement. Les individus affaiblis par la maladie présentent, au contraire, une résistance relative.

Les recherches de P. Bert ont encore montré que plus la température du liquide est élevée, moins les animaux résistent. Pour Bergeron et Montano[1], dans un grand nombre de cas de submersion, il se produit une syncope consécutive à l'excitation des nerfs cutanés.

Signes généraux de la mort par submersion. — Il n'existe pas de signes pathognomoniques de ce genre de mort, mais on peut être certain que, dans la plupart des cas, il sera possible de dire si la submersion a eu lieu pendant la vie ou après la mort. Il faudra tenir compte d'un ensemble de signes et, comme nous l'avons fait dans les chapitres précédents, rechercher les lésions externes et les lésions internes.

a. Lésions externes. On a dit que les cadavres de noyés étaient particulièrement *froids et pâles.* Si le cadavre est resté peu de temps sous l'eau, la peau est

[1] Recherches expérimentales sur la mort par submersion, *in Ann. d'hygiène*, etc., 1877. Consulter l'article *Submersion* du Dictionnaire de Dechambre, par Tourdes, et la thèse de Bougier (Paris, 1884).

décolorée et elle présente très nettement le phénomène de la *chair de poule;* la face est le plus souvent pâle, les yeux fermés (comme pour les pendus, il y a des *noyés blancs et des noyés bleus*) et, s'il y a eu asphyxie, on voit de *l'écume* à bulles très fines, égales, parfois un peu rosées, sortir de la bouche et du nez ; la langue est proéminente ou derrière les maxillaires; les parties génitales externes de l'homme, surtout le pénis, sont raccourcis et comme ratatinés ; il peut y avoir du sable et de la vase sous les ongles.

Si le cadavre a séjourné quelque temps dans l'eau, ainsi que nous l'avons indiqué (p. 177), la putréfaction suit une marche particulière. Elle commence par la face, le sternum et la partie inférieure du cou et s'étend ensuite aux côtés de la poitrine, aux épaules, aux parties latérales du ventre, aux aines, aux cuisses et aux avant-bras. Il faut tenir compte, bien entendu, de la saison pendant laquelle se produisent ces phénomènes.

b. Lésions internes. Celles-ci sont en rapport avec le degré de putréfaction. Si la submersion est récente, on peut trouver un ensemble de signes assez caractéristiques. Ils montrent que la mort a eu lieu par asphyxie, que cette asphyxie s'est produite dans l'eau.

On doit les rechercher principalement dans les *poumons*, le *cœur*, l'*estomac.*

L'épiglotte est le plus souvent verticale; le diaphragme est relevé ou abaissé ; la trachée est rouge et injectée ; il y a une écume fine et blanchâtre, rarement sanguinolente. Cette mousse montre que la submersion a eu lieu pendant la vie ; elle se rencontre dans les bronches et la trachée, et dans cette dernière même, alors que l'individu n'est pas venu respirer à la surface de l'eau. Les poumons, de couleur variable, sont d'une coloration uniforme chez ceux qui ont succombé à la syncope, les taches de Tardieu s'observent parfois; *très volumineux et comme insufflés*, ils se pressent contre les parois; ils ne crépitent pas, mais sont spongieux, parfois à la surface des plaques d'emphysème. A la coupe, les parties sont plus ou moins hyperémiées, la mousse s'écoule; c'est un liquide très aéré, peu coloré, mais qui présenterait une coloration spéciale et caractéristique si la submersion avait eu lieu dans de l'urine, du jus de fumier, etc.

MM. Brouardel et Vibert ont fait voir que dans la submersion il y avait des lésions de l'épithélium pulmonaire et même absorption d'une certaine quantité d'eau qui peut égaler le tiers de la mousse sanguine, d'où la fluidité du sang, la facilité avec laquelle saignent les plaies. Sur les cadavres putréfiés, on peut ne pas trouver d'écume, il se forme parfois au-devant de la bouche et du nez un champignon de mousse, les poumons sont petits et affaissés, il y a dans les cavités un liquide sanguin.

L'écume doit être en très grande proportion pour permettre d'affirmer la submersion. Une certaine quantité d'eau peut, après la mort, pénétrer dans la trachée et les grosses bronches. Dans celles-ci on rencontre parfois des débris alimentaires provenant de l'estomac et que la putréfaction a chassés. Dans ces conditions, les liquides peuvent pénétrer dans la trompe d'Eustache et de là dans l'oreille moyenne. Cette pénétration ne se produit après la mort que lorsqu'il y a perforation du tympan.

Du côté du cœur, les lésions de l'asphyxie sont très accusées, les cavités droites sont gorgées, le sang est fluide et rosé. D'après Bergeron et Montano, lorsque la mort a eu lieu par syncope prédominante, le cœur est ordinairement presque vide, et le sang, contenu alors dans les oreillettes, est noir et fluide.

Presque toujours, les individus qui se noient avalent une certaine quantité d'eau. Mais celle-ci ne peut être cependant une preuve de la submersion pendant la vie, car l'individu pouvait avoir avalé de l'eau avant l'accident. L'eau pénètre difficilement dans l'estomac après la mort. Aussi, comme pour les poumons, la présence d'un liquide spécial ou particulièrement coloré devient alors caractéristique.

Il est démontré par les expériences des auteurs anglais et de Tardieu que, même lorsque l'individu a été enfoui ou noyé après la mort, on peut retrouver des débris pulvérulents ou liquides jusque dans les bronches. D'après Bougier, les corps étrangers en suspension dans l'eau peuvent après la mort pénétrer dans les voies aériennes, mais ne dépassent pas les bronches moyennes. Il faut donc, dans les expertises médico-judiciaires, tenir compte du temps que ces débris ont mis à pénétrer, de leur quantité, de la profondeur à laquelle on les rencontre. De même, si l'accident a eu lieu pendant la vie, tous ces éléments de la question donnent la mesure des efforts et de la résistance de la victime.

Il peut y avoir, comme dans toute asphyxie, congestion du cerveau, des reins, du foie. Cette congestion s'efface, d'ailleurs, avec la putréfaction.

Les progrès d'une putréfaction, plus ou moins rapide avec la saison, font disparaître l'écume; la trachée devient d'un rouge-brun foncé; le diaphragme est fortement poussé en haut par les intestins distendus; l'estomac se vide et les poumons sont comprimés le sang se décolore et teinte les parois du cœur.

Questions médico-judiciaires et règles de l'expertise. —Les magistrats doivent savoir que la putréfaction des noyés sortis de l'eau est excessivement rapide, surtout en été, et faire procéder aussitôt que possible à l'autopsie, s'ils la croient nécessaire. C'est le seul moyen de tirer utilité de cette opération.

Les questions posées par le magistrat instructeur au médecin se réduisent, en général, aux trois propositions suivantes :

La submersion est-elle la cause de la mort ? La submersion est-elle la conséquence d'un accident, d'un suicide, d'un homicide ? Depuis combien de temps cette submersion a-t-elle eu lieu ?

Dans tous les cas, l'expert doit procéder, comme nous l'avons indiqué, à propos de la levée de corps (p. 188). Il note dans quelles conditions cette submersion s'est produite, l'état des lieux, la profondeur de la nappe d'eau, les conditions de la température, etc.

L'ensemble des signes externes ou internes que nous avons indiqués permet le plus souvent de dire si la submersion a eu lieu pendant la vie. L'examen des vêtements, de la surface du corps, prouve parfois qu'il y a eu lutte et violence. Toutefois il faut tenir compte des contusions qui peuvent avoir été produites dans la chute ou depuis la submersion, si le corps s'est heurté à des pièces de bois, à des bateaux, des piles de pont, etc. Aussi, quand le corps d'un noyé ne présente aucune trace de violences, on peut croire au suicide. Si l'individu, avant d'être jeté à l'eau, avait été étouffé, on trouverait, ainsi que le fait remarquer Tardieu, avec les ecchymoses sous-pleurales les autres preuves de la mort par suffocation.

La marche de la putréfaction dans l'eau et les données générales sur l'époque de la mort, que nous avons reproduites d'après M. Devergie (p. 191), permettent de répondre à la troisième question.

V. DE LA MORT PAR LA CHALEUR EXTÉRIEURE.

Le tableau de la mort par la chaleur extérieure, par le froid, par inanition, à peine ébauché au commencement de ce siècle, par Fodéré, ne se trouve pas actuellement dans nos traités de médecine légale. Casper, il est vrai, a consacré deux courts chapitres à « l'inanition par manque de nourriture et à la congélation »; mais depuis l'époque où ce livre a paru, la science a éclairé d'un nouveau jour ces différentes questions. Nous allons tenter de combler cette lacune, en résumant ici les connaissances qui doivent être présentes à l'esprit du médecin, et que nous avons longuement exposées dans notre *Précis d'hygiène*.

Définition et étiologie.

Depuis longtemps on a constaté les accidents graves qui surviennent après l'exposition prolongée au soleil ou près d'un énorme foyer de calorique.

Les médecins anglais les ont observés aux Indes; nous en avons vu des exemples en Algérie; et dans nos climats on les a décrits chez les moissonneurs ou les soldats en marche. Dans tous les pays on avait signalé chez certains ouvriers, les raffineurs, les verriers, les chauffeurs, les chaufourniers, les fondeurs, des accidents foudroyants et apoplectiformes qui

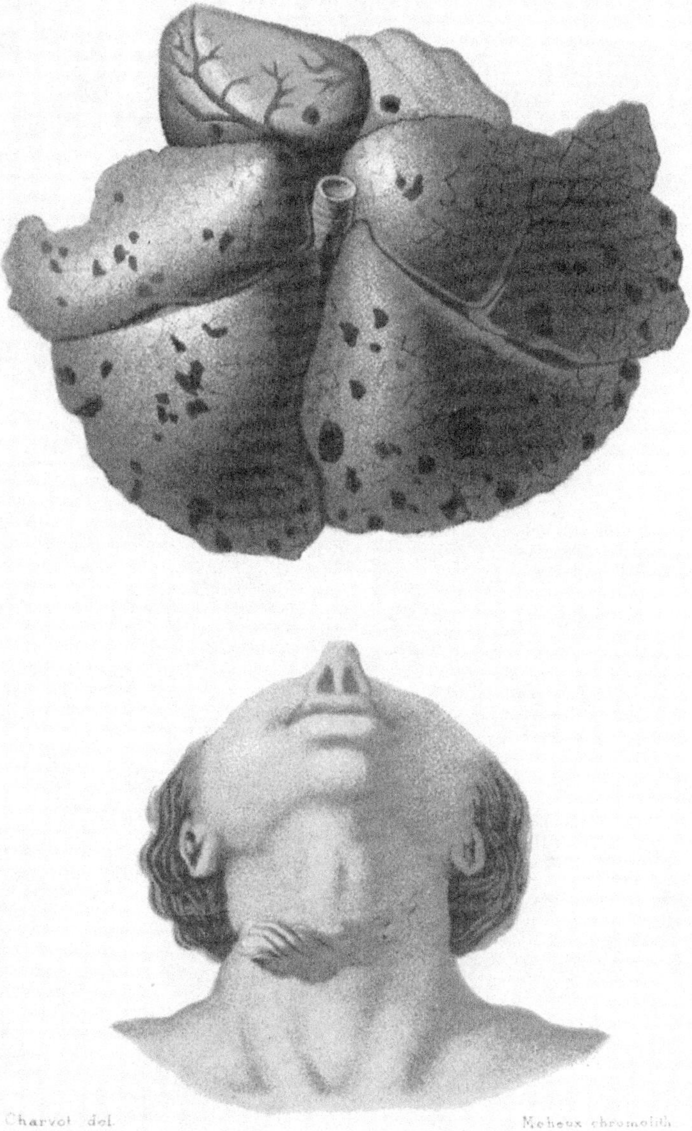

Charvot del. Moheux chromolith.

Etat des organes thoraciques dans un cas de suffocation.
Sillon du cou chez un pendu.

G. Masson, éditeur. Imp. Lemercier & Cie Paris.

étaient évidemment de même nature[1]. Dans tous ces cas, la justice peut faire procéder à l'autopsie, la mort subite et imprévue laissant le champ libre à toutes les hypothèses. Il faut donc connaître les symptômes généraux et apprécier la pathogénie des accidents qui accompagnent les *insolations*, les *coups de soleil* et les *apoplexies de chaleur* (asphyxie solaire, coup de chaleur, heat apoplexy, heat stroke, sun stroke, sonnenschlag, hitschlag, etc.). Dans un mémoire présenté à la Société médicale des hôpitaux de Paris (juillet 1877), nous avons montré qu'il fallait distinguer les coups de soleil du coup de chaleur. Dans le coup de chaleur, maladie des pays chauds, le calorique porte son action traumatique sur tout l'organisme qu'il élève à une température incompatible avec la vie. Dans les coups de soleil, plus fréquents dans les climats tempérés, les rayons solaires portent leur action traumatique sur une partie quelconque du corps, ordinairement sur l'encéphale, et les accidents consécutifs sont en rapport avec l'intensité de cette cause et la réaction du sujet atteint.

Nous avons distingué des coups de soleil au 1er, 2e, 3e degré.

On ne peut nier l'influence de la chaleur; même aux Indes, ces accidents se montrent avec le plus de fréquence au moment des grandes chaleurs, d'avril à juillet; pour Morehead, en avril, mai, juin, surtout mai et le commencement de juin. Quand les accidents étaient le plus nombreux, le thermomètre marquait au moins 34° et atteignait parfois 40° et 45°.

Cependant il ne faut pas croire que l'action directe

[1] Consulter l'*Étude sur le coup de chaleur*, par Hestrés. (Thèse de Paris, 1872.)

des rayons du soleil soit nécessaire. On a vu les accidents survenir pendant la nuit, dans des logements étroits et mal ventilés. Deux conditions favorisent toujours la production des accidents : une atmosphère non renouvelée, un air saturé de vapeur d'eau. En outre, dans ces circonstances, la tension électrique étant au maximum, l'homme est prostré et pour ainsi dire accablé. Aux Indes, on a aussi constaté l'influence de l'arrivée récente dans le pays, des fatigues et des excès alcooliques. Les individus acclimatés ou les hommes de couleur y sont moins sujets.

Le Dr Speck (*Ann. d'hygiène*, 1876) a publié un cas de mort par la chaleur, survenu dans les conditions suivantes : une jeune fille de 14 ans, rhumatisante, sur les conseils d'un empirique fut enveloppée d'une peau de mouton fraîche, autour de laquelle on posa dix miches de pain sortant du four; le tout fut recouvert d'une couverture. Trois heures après, l'enfant mourut. Le rapport conclut que les symptômes et les lésions anatomiques étaient ceux observés par différents expérimentateurs sur les animaux exposés à une température élevée, et que la mort devait être attribuée à cette cause.

Symptômes généraux et pathogénie.

Nous avons déjà dit que les coups de soleil présentent trois degrés. Dans le premier degré on peut avoir la forme syncopale, asphyxique et mixte. Les accidents sont légers et l'individu se rétablit très vite. Dans le second degré l'état du sujet présente plus de gravité, et enfin, au troisième degré, on a affaire à des accidents mortels qui ne sauraient être nettement distingués du coup de chaleur.

Morehead décrit les trois formes suivantes de *sun stroke :*

1° *Forme cérébro-spinale.* — Céphalalgie violente, délire,

turgescence de la face, sécheresse et chaleur de la peau, assoupissement, pouls plein, vite, mais dépressible; soif intense, urines rares. Tels sont les symptômes prémonitoires; puis l'attaque éclate : respiration irrégulière, oppression, assoupissement, pupilles contractées, cœur tumultueux; le pouls devient faible; il y a des convulsions dans les muscles, puis du coma. Alors les battements de cœur perdent de leur force, la face est pâle et livide, les pupilles dilatées, la respiration stertoreuse. La mort arrive en deux ou neuf heures dans le coma.

2° *Forme cardiaque.* — Après une exposition plus ou moins longue sous le soleil, l'individu tombe à terre sans connaissance, il cherche à respirer et meurt aussitôt. Quelquefois il y a des prodromes : faiblesse, vertiges, assoupissement, respiration embarrassée, vomissements, face pâle, peau froide et moite, pouls petit, des convulsions et la mort par syncope.

3° *Forme mixte.* — D'abord des douleurs de tête, du délire avec loquacité et rire sardonique; la face devient pâle, le pouls petit; la détresse respiratoire augmente de plus en plus et le malade meurt avec les symptômes de l'asphyxie.

D'après Morehead, c'est la forme mixte qu'on a le plus souvent l'occasion d'observer.

Hestrés a parfaitement mis en lumière les symptômes du début, ceux qui peuvent faire soupçonner qu'un individu a la vie menacée par le coup de chaleur. D'abord il admet une forme unique de l'affection à laquelle il reconnaît deux degrés. « Dans l'un, le mal frappe subitement, brusquement, les symptômes se montrent d'emblée avec une intensité maxima; la mort est presque toujours inévitable et rapide. Dans le second degré, l'affection arrive graduellement et se fait annoncer par une série de symptômes prémonitoires. » Chacun de ces degrés présente une période d'excitation, puis une période de dépression ou de coma.

Outre de nombreux symptômes vagues qui peuvent se présenter dès le début, comme accablement, soif, céphalalgie, faiblesse, il existe un groupe symptomatique, une trilogie caractéristique qui doit fixer l'attention du médecin : la peau présente une chaleur excessive, il y a une constriction épigastrique énergique et fort douloureuse, le malade a des besoins pressants et très fréquents d'uriner.

Les symptômes de la maladie confirmée sont ceux décrits par Morehead. La respiration s'embarrasse de plus en plus, l'air expiré est froid, très souvent une mousse plus ou moins rougeâtre encombre la bouche, les battements du cœur sont très violents, le pouls très petit et très rapide; les malades, qui répandent une odeur particulière, ressentent à l'interieur « une chaleur brûlante », ordinairement la face est pâle, presque toujours la pupille est contractée au maximum et insensible à la lumière, et les malades meurent, d'après Bonnyman, sans avoir recouvré les fonctions de la peau et celles des autres émonctoires.

Presque toujours, dans ces différents cas, on observe une forte élévation de température. C'est ainsi que Taylor a constaté une fois que le thermomètre, au niveau du sternum, s'élevait à 40°; après la mort, la température s'éleva à 42°,2. A l'abdomen, Wood trouve dans un cas 44°; le pouls était filiforme et marquait 150 pulsations à la minute.

Comme nous venons de le voir, les causes de mort par la chaleur sont nombreuses. Nous pensons cependant qu'il est possible de ramener à trois conditions spéciales les conditions pathogéniques de ces accidents : il y a élévation rapide de la température du sang; il y a échauffement graduel ou plus lent de tout le corps; il y a échauffement des centres nerveux.

a. Mort par élévation rapide de la température du sang. — La chaleur en excès agit comme un agent toxique; elle attaque l'élément musculaire. Tous les expérimentateurs et les observateurs sont d'accord : lorsque la température du sang arrive brusquement à 45°, il y a quelques convulsions, et la mort survient par la coagulation du ventricule gauche et la distension du système veineux. Rigidité musculaire et réaction acide, dit M. Vallin, sont l'indice de la mort musculaire. La mort a lieu vers 45°. L'action toxique porte d'abord sur le cœur, et là frappe le ventricule gauche, puis envahit le diaphragme.

Le cœur ne fonctionnant plus dans la répartition sanguine et le diaphragme paralysé empêchant l'ampliation pulmonaire, on s'explique tous les phénomènes de stase, de congestion, de rupture même que l'on rencontre dans certaines autopsies; on comprend enfin que les échanges gazeux devenant impossibles, les effets de l'asphyxie s'ajoutent à ceux de l'arrêt de la circulation.

La chaleur modifie aussi les propriétés et la composition du sang. Cl. Bernard et Obernier dans leurs expériences, Wood dans ses autopsies d'insolés, ont signalé la fluidité du sang. Obernier la compare à celle que l'on rencontre chez les individus tués par la foudre ou morts d'anémie ou de septicémie.

Les recherches récentes de MM. Mathieu et Urbain permettent de pousser plus loin l'analyse et d'expliquer quelques-uns des phénomènes que nous venons de voir. La mort ne surviendrait pas par faute d'oxygène, puisque ce gaz se trouve en abondance dans le sang artériel tant qu'il y a chance de survie. La consommation de l'oxygène croîtrait avec la température, et ce gaz servirait à former les composés acides que l'on trouve dans les muscles devenus si facilement rigides.

MM. Mathieu et Urbain ont constaté que dans le vide, en l'absence d'oxygène, la substance des muscles ne devient pas acide et ne se coagule pas, même à une température de 50°.

Nous conclurons, avec ces habiles expérimentateurs, qu'il faut « rattacher aux oxydations énormes qui précèdent la mort, d'un côté l'acidité des muscles, de l'autre la coagulation de la syntonine ou myosine, et par suite la rigidité qui débute même pendant la vie. »

b. Mort par échauffement graduel ou plus lent de tout le corps. — Nous venons de voir la chaleur agissant d'une façon brusque et soudaine : les individus sont, pour ainsi dire, foudroyés. Mais on conçoit que dans d'autres conditions l'organisme, exposé à une source de chaleur, la tolère d'abord, puis s'échauffe peu à peu jusqu'à production d'accidents qui souvent déterminent la mort. Évidemment, dans ces cas, les conditions de la mort ne sont plus les mêmes. On a alors cherché l'influence de la chaleur sur le système nerveux.

La température du sang ne s'élève que faiblement; mais il y a un trouble de l'innervation, peut-être une altération de la myéline, et consécutivement l'arrêt du cœur dans le relâchement comme après l'excitation du nerf pneumo-gastrique. D'après Mathieu et Urbain, l'acide formé dans les muscles par la chaleur passe dans le sang, s'oxyde et se transforme en acide carbonique. C'est celui-ci qui agit alors sur les nerfs cardiaques et produit l'arrêt de cet organe.

Quoi qu'il en soit, c'est particulièrement dans ces conditions que l'on constate les troubles de l'hématose et tous les phénomènes caractéristiques de l'asphyxie. Aussi à l'autopsie trouve-t-on, ainsi que l'a fait remarquer Lindsay, un ensemble de signes qui rappelle ceux que l'on rencontre chez les asphyxiés : des pétéchies sous-pleurales et sous-péricardiques, des hémorrhagies interstitielles, de la congestion pulmonaire, de l'écume bronchique.

c. Mort par échauffement des centres nerveux. — Des expériences de Cl. Bernard et de Vallin ont montré que si l'on chauffait spécialement les centres nerveux d'un animal, on déterminait des symptômes de méningite aiguë superficielle, constatée d'ailleurs à l'autopsie.

Ces expériences expliquent certains accidents qui surviennent chez les militaires restés pendant plusieurs heures exposés au soleil, coiffés de casques ou de shakos en drap ou en cuir. On a vu ainsi, tout à coup, des soldats atteints de délire avec tendance au suicide. En 1836, pendant l'expédition du maréchal Bugeaud, en quelques heures, deux cents hommes furent frappés d'insolation et onze se suicidèrent. Dans ces différentes conditions il y a coup de soleil au troisième degré.

En résumé, accumulation de l'oxygène dans le sang, accumulation de l'acide carbonique, lésion de la méningite aiguë : telles seraient, d'après nous, les causes réelles déterminantes de la mort dans l'élévation rapide de la température du sang, dans l'échauffement plus lent de tout le corps, dans l'échauffement des centres nerveux.

Résultats anatomo-pathologiques.

Les lésions externes ou internes présentent bien rarement un ensemble suffisant qui permette de décider à laquelle des trois formes précédemment décrites l'individu a succombé.

Le cadavre offre de bonne heure une rigidité très marquée; au bout d'une heure, on ne peut fléchir les membres : à la surface du corps, on constate souvent des taches livides, irrégulières, principalement sur la poitrine, le dos et les bras (Baxter). Presque toujours, une mousse abondante et sanguinolente s'écoule de la bouche et des narines.

Les auteurs ont remarqué que le refroidissement des cadavres est beaucoup plus lent après la mort par coup de chaleur. Même dix heures après celle-ci, la température est encore très élevée dans les cavités splanchniques. C'est d'ailleurs ce qui ressort des expériences de Vallin. Walther prétend que la température s'élève après la mort. Vallin, qui a fait des recherches spéciales sur ce point, a constaté, sur vingt-quatre animaux, que le thermomètre laissé dans l'anus ne cessait de descendre, quoique avec une lenteur assez grande. Obernier n'a constaté qu'un accroissement *post mortem* de 0°,1 à 0°,2.

A l'autopsie des insolés, on peut trouver une méningite superficielle, de l'hyperémie ou de la congestion des membranes du cerveau, un épanchement sanguin entre la dure-mère et le crâne ; récemment, on a constaté des hémorrhagies dans les ganglions cervicaux du grand sympathique. Actuellement, il n'est pas possible de dire les résultats de 'examen micrographique du système nerveux.

Dans le coup de chaleur, on notera surtout l'état du cœur : il est dur et complètement rigide. Le cœur droit est rempli de sang noir et liquide, le cœur gauche est vide et rétracté, d'une dureté ligneuse. Tous les auteurs ont mentionné la rigidité et la vacuité du ventricule gauche. Wood, qui, dans l'Inde, ouvrait les cadavres une ou deux heures après la mort, dit que chez tous, le cœur était dur, contracté et vide.

Les autres viscères (foie, rate, reins) sont le plus souvent hyperémiés, et dans les cavités pleurales et péricardique, il y a des exsudations séreuses ou sanguinolentes.

Pour Mac-Clean, « l'altération pathologique la plus constante dans tous les cas et dans tous les degrés de la maladie, c'est une congestion pulmonaire des plus intenses; jamais on ne rencontre une congestion à un si haut degré dans aucune autre affection. » Les poumons sont, en effet, énormément congestionnés, ne crépitant plus, d'un rouge noir. Hestrés dit qu'ils offrent à la vue et au toucher l'aspect de deux vastes caillots sanguins. Il est bien entendu que l'intensité de cette congestion est en rapport avec la violence des symptômes.

Obernier a constaté l'inexcitabilité électrique des fibres du cœur et du diaphragme dans la plupart de ses expériences. Vallin a constaté le même phénomène dans plus de la moitié des cas

Conséquences médico-judiciaires et règles de l'expertise.

Il faut s'éclairer surtout des résultats de l'enquête et tenir compte des circonstances du fait. C'est en procédant de cette façon et en éliminant successivement les autres conditions capables de produire la mort, et qui auraient avec le cas présent quelques rapports, que l'on se rapproche le plus possible de la vérité. Si dans les régions tropicales plusieurs individus sont frappés à la fois, dans nos climats tempérés, les victimes de l'insolation sont ordinairement isolées. Le médecin-expert notera les différentes circonstances météorologiques et appréciera l'état atmosphérique du jour de l'événement (température élevée, maximum de la tension hygrométrique et électrique, — l'accident a été souvent observé pendant les journées accablantes qui précèdent les orages d'été).

Il faudra tenir compte de la profession qui expose l'individu à l'ardeur du soleil (soldats en marche, moissonneurs, maçons, couvreurs) ou l'oblige à travailler près d'un énorme foyer de calorique (dans certaines usines, les raffineurs, les chauffeurs et spécialement ceux qui se trouvent dans la chambre de la machine des bateaux à vapeur).

En dehors de ces professions, les hommes, et surtout les jeunes gens, sont le plus souvent frappés du coup de chaleur ; les enfants le sont rarement, les vieillards et les femmes exceptionnellement. C'est le contraire pour les coups de soleil. On n'oubliera pas surtout de signaler l'état de la constitution de l'individu et l'on insistera spécialement sur les marches forcées, les fatigues, les travaux pénibles, l'encombrement, les privations, des vêtements trop lourds et trop chauds, et surtout sur les habitudes alcooliques. Ainsi que le dit Tissot, il n'y a pas d'année qu'on ne trouve morts dans les chemins, des paysans qui, étant ivres, vont tomber dans quelque coin où ils périssent par une apoplexie solaire et vineuse.

VI. DE LA MORT PAR LE FROID.

Définition et étiologie.

Le mécanisme de la mort par le froid semble plus complexe que celui de la mort par la chaleur. D'ailleurs la plupart des observations ont été prises dans des conditions fâcheuses, alors qu'aux causes de refroidissement s'ajoutaient des influences nocives aussi importantes que la dépression morale ou le manque de nourriture.

Nous allons écrire ce chapitre d'après les observations des voyageurs aux pôles, l'admirable récit de la campagne de Russie par Larrey, et les travaux de l'école expérimentale [1]. Nous y ajouterons les principales conclusions du mémoire de Luigi de Crecchio, professeur de médecine légale à l'université de Naples (*Arch. de Physiologie*, 1868) et les observations des médecins russes. Dans le nord de la Russie, d'après Krajewski, il meurt par an, de froid, plus de 700 individus. Blosfeld, Samson-Himmelstiern, Dieberg, évaluent à 9 pour 100 les autopsies médico-légales produites par cette cause à Kasan et à Riga.

ANNÉES	MORTS PAR					
	FAIM, FROID ET FATIGUE			IVRESSE		
	Hommes	Femmes	Total	Hommes	Femmes	Total
1868	171	37	208	436	67	503
1869	193	30	223	516	71	587
1870	255	53	308	304	52	416
1871	333	62	395	373	55	428
1872	145	36	181	363	52	415
1873	174	50	224	345	63	408
1874	169	41	210	325	60	385
1875	200	43	243	359	51	410
1876	144	30	174	370	49	419
1877	141	22	163	414	53	467
1878	220	43	263	343	60	403
1879	428	83	511	411	86	497
1880	242	49	291	365	84	449
1881	257	50	307	453	107	560
1882	156	46	202	427	81	508
1883	150	39	189	396	68	464

[1] Consulter deux analyses bibliographiques par Strohl (in *Ann. d'hyg. et méd. légale*, 1868 et 1869), les Mémoires de Luigi de

La mort par le froid arrive dans des circonstances différentes. Le refroidissement de l'organisme est rapide ou lent. Alors la mort survient plus ou moins vite, et les phénomènes qui la précèdent se déroulent avec une vitesse variable. Ou bien c'est une partie de l'organisme qui est atteinte : il y a congélation, et la mort générale succède à cette mort locale; le mécanisme n'est pas le même, comme nous chercherons à le prouver.

Donc trois cas différents par l'étiologie et la pathogénie :

1° Mort par refroidissement rapide et progressif de l'organisme;

2° Mort par refroidissement lent et continu de l'organisme;

3° Mort par refroidissement d'une partie. — Congélation.

Symptômes généraux et pathogénie.

Les lieutenants Payer et Weyprecht viennent de publier le récit des accidents que l'équipage du *Tegetthoff* a eu à supporter dans le voyage de découverte aux 80°-83° de latitude nord, pendant les années 1872-1874. On y trouve bien décrite l'action du froid agissant longtemps et d'une manière excessive, puisque le 14 mars 1873 ils eurent à supporter l'incroyable température de — 50° centigr. « Si le froid des régions polaires agit d'abord comme excitant sur la volonté, il ne tarde pas ensuite à produire l'atonie. On se sent, à la longue, envahi par une sorte d'ivresse; les mâ-

Crecchio et de Höche; — les Mémoires de Walther, in *Archives* de Virchow, 1862-1863; — Richardson (Influence du froid extrême sur les fonctions du système nerveux, *Gaz. hebd.*, 1867, n°s 24 et 29; — Weir Mitchell (même sujet in *Arch. de physiologie*, 1868, p. 477); — l'Odyssée du *Tegetthoff* (in *Tour du Monde*, 1876). L'article Froid du Dictionnaire de Dechambre, par A. Laveran et Tourdes.

choires sont prises d'un tremblement ; elles s'engourdissent, et l'on ne parle qu'au prix d'un effort pénible. Les mouvements deviennent incertains ; le corps et l'esprit s'émoussent comme dans une sorte de somnambulisme....

« De tous les sens, l'odorat et l'ouïe sont ceux qui perdent le plus de leur acuité, à cause de l'état de congestion et de sécrétion exagérée où se trouvent constamment les muqueuses. Si l'on s'expose soudain à de grands froids au sortir d'un lieu chauffé[1], on respire involontairement par le nez, et l'on ferme la bouche, par suite de l'oppression qui se fait au poumon. Les paupières, même par un temps calme, se couvrent d'une croûte de glace dont il faut avoir soin de les débarrasser pour pouvoir les ouvrir. L'évaporation de l'œil suffit à ternir le verre des conserves ; à — 30° R., celles-ci sont aussi opaques que des croisées enduites de givre.

« La capacité de supporter le froid polaire diminue à la longue chez l'Européen, au lieu de s'accroître : le nez, les lèvres et les mains finissent par se tuméfier et par se vêtir d'une sorte d'épiderme parcheminé, qui se fendille et cause au moindre vent de vives douleurs, souvent même, pour peu qu'on se néglige, le nez et les mains, après avoir gelé, conservent un coloris violet dont nul effort ne peut les débarrasser, et il arrive aussi que l'extrême sensibilité de la partie ou du membre atteint se manifeste encore, après des années, lors des changements de temps. Le supplice le plus intolérable, dans les régions arctiques, est celui de la soif ; beaucoup tentent de l'apaiser avec de la neige : c'est un mauvais système ; il en résulte des inflammations de la langue et du gosier, des maux de dents, des diarrhées. Le remède, d'ailleurs, est illusoire : de 30° à 40° R. la neige produit dans la bouche la sensation d'un métal brûlant, et augmente la soif par l'échauffement des membranes muqueuses, qui en subissent le contact. Aussi les Esquimaux eux-mêmes aiment-ils mieux supporter la soif la plus intense que de se désaltérer avec de la neige. »

[1] Entre l'intérieur de la cabine toujours chauffée et le dehors, l'état de température était souvent de plus de 70 degrés Réaumur.

Malgré la continuité et l'intensité du froid, malgré des fatigues de tout genre (ils mirent deux mois à parcourir 15 kilomètres), la santé des hommes du *Tegetthoff* fut relativement satisfaisante. Un peu de scorbut et quelques bronchites, telles furent les seules maladies pendant une expédition qui a duré 812 jours. Il est donc bien certain que l'homme peut résister longtemps à l'action du froid, si une alimentation convenable répare ses forces, et surtout si l'énergie morale et le sentiment du devoir le soutiennent. Le lieutenant Payer a vécu cinq ans sans abri, exposé à toutes les intempéries du ciel boréal.

Quant à la diminution ou au manque de nourriture s'ajoutent le découragement et l'affaissement moral, les accidents causés par le froid se produisent avec plus de rapidité, et l'organisme est de suite livré sans défense à toute la brutalité des agents extérieurs. Dans ces conditions, ainsi que nous l'avons montré (*Précis d'hygiène*, p. 75), les accidents occasionnés par le froid sont plutôt dus aux qualités du froid qu'à son intensité. C'est ce qui s'observe sur des individus ensevelis dans une tourmente de neige ou égarés en traversant des forêts, sur des voituriers, qui, la nuit, chemin faisant, s'endorment sur leurs charrettes. Les uns et les autres, exténués de fatigue, se couchent, s'endorment et meurent gelés.

Les récits de la retraite de Russie montrent très bien le début des accidents qui précèdent la mort des individus succombant à l'action du froid. Dans quelques cas, mais ce ne sont pas les plus fréquents, l'apparition des symptômes fut brusque. Voici ce que dit Desgenettes : « Nous avons vu des hommes, marchant avec toute l'apparence de l'énergie musculaire la mieux prononcée et la mieux soutenue, se plaindre tout à coup qu'un voile couvrait incessamment leurs yeux. Ces organes, un moment hagards, devenaient immobiles : tous les muscles du cou, et plus particulièrement les sterno-mastoidiens, se raidissaient et fixaient peu à peu la tête à droite ou à gauche. La raideur gagnait le tronc, les membres abdominaux se fléchissaient, et ces hommes tombaient à terre, offrant, pour compléter cet effrayant tableau, tous les symptômes de la catalepsie ou de l'épilepsie. »

Larrey a admirablement raconté toutes les calamités qui assaillirent cette armée en marche, dans un pays dévasté. Le thermomètre descendit jusqu'à 28° R. au-dessous de zéro. Les hommes manquaient de tout, et parfois ils restaient plusieurs jours sans manger. « Nous étions tous dans un tel état d'abattement et de torpeur, que nous avions peine à nous reconnaître les uns les autres: on marchait dans un morne silence. L'organe de la vue et les forces musculaires étaient affaiblis au point qu'il était difficile de suivre sa direction et de conserver l'équilibre. L'individu ainsi atteint tombait aux pieds de ses compagnons, qui ne détournaient pas les yeux pour le regarder. Quoique l'un des plus robustes de l'armée, ce fut avec la plus grande difficulté que je pus atteindre Wilna. A mon arrivée dans cette ville, j'étais à bout de mes forces et de mon courage; j'étais près de tomber pour ne plus me relever, comme tant d'autres infortunés qui ont péri sous mes yeux. » La grande armée ne comptait plus alors que 3000 hommes, « 3000 hommes des meilleurs soldats de la garde, tant d'infanterie que de cavalerie, presque tous des contrées méridionales de la France, étaient les seuls qui eussent vraiment résisté aux cruelles vicissitudes de la retraite; ils possédaient encore leurs armes, leurs chevaux et leur attitude guerrière. Les maréchaux ducs de Dantzig et d'Istrie étaient à leur tête; les princes Joachim et Eugène marchaient au centre de cette troupe, que l'on pouvait considérer comme le reste d'une armée de plus de 400 000 hommes que les habitants du pays avaient vue défiler six mois auparavant dans toute sa force et dans tout son éclat. La route de Miedzeski à Wilna était couverte de cadavres. La mort de ses infortunés était devancée par la pâleur du visage, par une sorte d'idiotisme, par la difficulté de parler, la faiblesse de la vue, et même la perte totale de ce sens; dans cet état, quelques-uns marchaient plus ou moins longtemps, conduits par leurs camarades ou leurs amis; l'action musculaire s'affaiblissait sensiblement, les individus chancelaient sur leurs jambes comme des hommes ivres; la faiblesse augmentait progressivement jusqu'à la chute du sujet, signe certain de l'extinction totale de la vie. » Ceux qui quittaient la colonne ou marchaient sur les côtés perdaient souvent l'équilibre et tombaient dans les fossés remplis de neige, d'où ils pouvaient difficilement se relever ; « ils étaient frappés aussitôt d'un engourdissement douloureux, passaient ensuite à un état d'assoupissement léthargique, et en peu de moments ils avaient terminé leur pénible existence. »

L'action du froid sur les hommes privés de nourriture fut remarquée par Larrey ; mais l'exemple le plus frappant de cette action se trouve dans la retraite du Bou-Thaleb à Sétif, de la colonne du général Levasseur. C'était le 2 janvier 1845, par un vent du nord très violent ; il fut impossible d'allumer les feux et de faire la soupe. Les hommes, fatigués et mouillés par la neige fondue, ne pouvant prendre aucune nourriture, présentèrent de nombreux cas d'asphyxie par le froid et de congélation des extrémités, et cependant le thermomètre ne descendit pas au-dessous de 2°. En arrivant à Sétif, la colonne, forte de 2800 hommes, en avait perdu 208 en 48 heures. Il fallut faire entrer 521 hommes à l'hôpital, 21 y succombèrent. Le docteur Schrimpton, qui accompagnait la colonne, décrit ainsi l'asphyxie par le froid : le sujet éprouve un engourdissement général, quelquefois de la douleur dans les membres et aux aines ; la contraction musculaire ne se fait plus qu'avec difficulté. La face est rouge, tuméfiée ; les lèvres sont bleuâtres, les yeux saillants, les mains se gonflent et rougissent ; le pouls est petit et faible, la respiration est lente ; les yeux prennent l'expression de l'égarement, la marche est incertaine, vacillante ; le malade conserve sa connaissance, mais on dirait un homme ivre : on le relève et il retombe. Il ne peut tenir snr un cacolet sans être attaché. Des accidents semblables ont été observés, par Lebastard, sur un bataillon de zouaves qui allait d'Aumale à Boghar (1879).

Pour comprendre la pathogénie de ces divers accidents, il faut étudier successivement, après les avoir groupés, tous ceux qui se rapprochent le plus par l'étiologie.

1° *Mort par refroidissement rapide et progressif de l'organisme.* — Dans ces différentes circonstances, la mort s'explique par l'anémie des centres nerveux consécutive à la diminution de l'activité du cœur. C'est à cette cause que Walther attribue la mort des animaux sur lesquels il expérimentait. Chez des lapins blancs, morts de froid, il a vu le fond de l'œil se décolorer d'abord, des convulsions survenir ensuite et précéder la mort. Les lapins auxquels on avait donné de l'alcool ou de la morphine se refroidissaient plus rapidement que les lapins intacts. A l'autopsie de ces différents animaux, on constatait une congestion des poumons, engorgement sanguin d'autant plus fort que le refroidissement est plus lent. D'après Walther, dans cette lutte de l'organisme contre le froid, il y a d'abord contraction des tissus et des capillaires de la surface du corps, puis ralentissement des mouvements cardiaques. La mort arrive par anémie du cerveau, affaiblissement du cœur et du poumon. Le danger est dans la durée de l'anémie. Nous dirons plus loin les conséquences pratiques qui découlent de cette façon de voir.

Ogston, dans ses autopsies de morts par le froid, signale outre la couleur vermeille du sang des gros vaisseaux, un certain état d'anémie de la substance cérébrale : « Cerveau exsangue, sinus vides, cœur et gros vaisseaux distendus par du sang fluide rouge, artériel, écume dans la trachée et les bronches, vessie pleine d'urine. »

Nous admettons, avec M. Cl. Bernard, que lorsqu'il y a abaissement considérable de la température du sang, ce liquide se coagule très difficilement et est rutilant. Cette couleur rouge s'explique par l'inactivité musculaire et par l'action du refroidissement qui affaiblit le système nerveux. Quand on refroidit un membre, le sang y devient rouge.

Aussi, contrairement à l'opinion des auteurs qui admettent une congestion encéphalique, nous croyons que, dans le refroidissement rapide, la mort arrive par anémie cérébrale.

Si celle-ci est réellement consécutive, comme le pense Walther, à la diminution de l'activité du cœur, il serait très possible que l'affaiblissement de cet organe tînt à l'action de l'acide carbonique sur ses parois, action qui peut aller jusqu'à l'arrêt, par excitation des terminaisons du nerf pneumo-gastrique, ainsi que l'a montré M. Cyon.

MM. Mathieu et Urbain, qui admettent cette action de l'acide carbonique, pensent que l'accumulation de ce gaz doit être rattachée à la rareté des mouvements respiratoires et à la température basse du sang. Ce sont là deux conditions pendant lesquelles l'élimination de l'acide carbonique est gênée, tandis que sa solubilité est plus grande.

Ceci admis, on s'explique alors les convulsions signalées par tous les auteurs et décrites par Walther dans ses expériences. Ces phénomènes tiendraient à l'action excitante de l'acide carbonique sur les centres nerveux, action bien démontrée par Brown-Séquard.

2° *Mort par refroidissement lent et continu de l'organisme.* — Ainsi que nous l'avons montré par certains récits, l'action du froid peut être plus lente, l'organisme lutte pendant un certain temps. Les accidents constatés, dans ces circonstances, montrent que la mort est arrivée par un autre mécanisme. Faisons observer, en outre, que certains accidents doivent se manifester pendant le sommeil léthargique causé par le refroidissement du corps.

Quand la température baisse, la respiration se ralentit, car Mathieu et Urbain ont démontré ce principe : les tissus vivants brûlent davantage lorsque la température du sang s'élève, et moins si elle vient à baisser. Ces observateurs ont remarqué qu'un refroidissement même très considérable n'a pas beaucoup plus d'effet qu'un refroidissement de quelques degrés. La proportion d'oxygène du sang artériel arrive bientôt à une limite qu'elle ne franchit plus, alors même que la température extérieure vient à baisser. Aussi, la respiration venant à se ralentir avec celle-ci, il y a un empêchement certain à la désoxygénation du sang.

Qu'on le remarque, il y a là deux effets opposés, mais qui ne s'équilibrent pas longtemps; l'air étant plus froid, l'oxygène tend à se dissoudre en plus grande quantité; mais, d'un autre côté, la respiration ralentie par le refroidissement de l'organisme tend à empêcher l'endosmose. Cette dernière influence devient prédominante et l'acide carbonique s'accumule de plus en plus dans le sang artériel. C'est alors qu'il y a stase sanguine dans le cerveau, congestion cérébrale comme dans les autopsies dont parle Jauffret, et que se montre la tendance au sommeil, le sommeil léthargique. La mort arrive ainsi peu à peu, sans secousse, avec calme pour ainsi dire,

La diminution de l'oxygène explique l'arrêt des combustions; et avec la gêne circulatoire qui augmente de plus en plus, se montrent l'insensibilité et la suspension des mouvements. Tous ces phénomènes débutent dans les endroits où physiologiquement la chaleur est le moins considérable, c'est-à-dire à la périphérie[1]. Le refroidissement augmente de plus en plus, la respiration se ralentit davantage, les combustions interstitielles se suppriment, et parfois le peu d'oxygène qui se trouve dans le sang artériel peut se mélanger au sang veineux et lui communiquer encore la couleur vermeille. Ainsi Mathieu et Urbain, dans une de leurs analyses, ont trouvé dans le sang du ventricule droit plus d'oxygène que pendant la vie.

En résumé, dans la mort par refroidissement lent et continu, le système nerveux périphérique est d'abord impressionné, les mouvements respiratoires se ralentissent de plus en plus; il y a congestion cérébrale et l'acide carbonique s'accumule dans le sang.

Nous avons vu que lorsque la mort est produite par l'échauffement graduel ou lent de l'organisme, certains auteurs (Harless, Rancke, Afanazieff, Vallin) ont admis des modifications dans le tissu nerveux (peut-être une altération de la myéline). De même l'action du froid détermine des changements semblables. Richardson et Weir-Mitchelle ont étudié expérimentalement l'influence du froid extrême sur les fonctions du système nerveux.

Ces expériences, quelle que soit leur interprétation physiologique, montrent que le froid peut modifier la substance nerveuse elle-même, les cellules de la moelle et du cerveau. Ces phénomènes peuvent dépendre d'un changement dans

[1] La suppression des fonctions cutanées doit certainement jouer un rôle important; l'absence de circulation périphérique est en partie cause des congestions internes.

la proportion d'eau des tissus, et l'on sait que le tissu nerveux en contient 85 pour 100. On comprend aussi que sous l'influence de la chaleur ou du froid, il se produise des modifications moléculaires qui entraînent un désordre dans les fonctions.

3° *Mort par refroidissement d'une partie. — Congélation.* — Nous ne pouvons que citer pour mémoire les expériences de Brown-Séquard et Tholozan, de Fleury, de Beni-Barde, de Michel et les conclusions du travail de Pouchet, que l'on trouvera plus au long dans la troisième édition de notre *Précis d'hygiène*[1]. D'après celui-ci, dans tous les cas de congélation, la mort est due à l'altération du sang, et non à la stupéfaction du système nerveux. La mort serait déterminée par des embolies.

M. de Crecchio conclut autrement que M. Pouchet :

La congélation et le dégel, qu'ils aient lieu graduellement ou très rapidement, produisent une altération du sang toujours identique sous tous les rapports.

Le degré de froid qui sera suffisant pour produire la paralysie d'une partie du corps ne parviendra pas toujours à suspendre la circulation, au moins dans les vaisseaux d'un certain calibre. L'arrêt de la circulation dans ces vaisseaux est plutôt une conséquence de l'action produite sur l'innervation, qu'un résultat direct et immédiat du refroidissement.

La congélation partielle tue, quand la partie gelée n'est pas séparée du reste du corps ; non pas parce que le sang altéré par le froid rentre dans le torrent de la circulation et y cause une sorte d'infection, mais parce que les matériaux résultant de la gangrène sont résorbés et causent la mort.

La congélation complète ou incomplète tue par la con-

[1] L'action du froid extérieur sur les différentes parties de l'organisme, au point de vue expérimental, est indiquée dans la thèse d'agrégation de Labadie-Lagrave (1878).

gestion, plus ou moins grave, des organes internes, ou bien en déterminant la stupeur ou la paralysie du système nerveux, et plus fréquemment pour ces deux causes réunies.

M. Michel pense que la cause de la mort à la suite d'une congélation ne dépend ni d'une asphyxie, ni d'une altération du sang, mais « d'une véritable syncope résultant d'une foule de petites ligatures formées par ces embolies et interrompant le passage de l'arbre de l'artère pulmonaire dans celui de l'aorte. »

En résumé, dans la mort par refroidissement rapide et progressif le sang se refroidit; il diminue la contraction cardiaque, d'où mort par anémie cérébrale.

Dans la mort par refroidissement lent et continu, le système nerveux périphérique est d'abord impressionné, les mouvements respiratoires se ralentissent de plus en plus; il y a congestion cérébrale. Dans les deux cas, l'acide carbonique s'accumule dans le sang.

Quand la mort est consécutive à la congélation d'une partie, elle est déterminée par des embolies. Celles-ci proviennent des caillots dont le froid a provoqué la formation dans la partie.

Résultats anatomo-pathologiques.

On peut d'abord se demander quel est le degré de froid au delà duquel la vie ne peut se continuer. Les cliniciens ont fait des recherches sur ce point, mais les résultats ne sont pas tous comparables : les uns ont pris la température dans l'aisselle, d'autres dans le vagin ou le rectum; Laborde a recherché la température des parties centrales. C'est ainsi que MM. Roger, Mignot prétendent que les chiffres de 23° (axillaire) chez le nouveau-né et de 32° chez l'adulte sont la limite extrême de refroidissement compatible avec la vie. Ils n'ont jamais constaté de guérison après un refroidissement de 5°.

Notons cependant que, dans l'observation de Peter, sur une femme alcoolisée et congelée, la température vaginale ne fut trouvée que de 26°. Cette femme fut réchauffée rapidement et a très bien guéri. Dans un cas à peu près semblable, mais sur un homme observé par Bourneville, la température rectale était de 27°,4 : l'individu fut traité de la même manière, mais il succomba.

Laborde, qui a fait des recherches si intéressantes sur les signes de la mort, s'est occupé de la température profonde des tissus après la cessation de la vie. Le moment choisi pour ses recherches a été entre la quatrième et la huitième heure après la mort présumée. « Lorsqu'on ne voit pas s'élever la température au-dessus du degré limitrophe de la cessation des phénomènes vitaux, et qu'elle s'abaisse, au contraire, progressivement au-dessous de 30° C., les conditions de la mort réelle se sont produites. » D'après Laborde, 23° de température axillaire correspondent au moins à 25° et plus souvent à 26° et 27° de température profonde.

Il faut tenir compte de l'attitude du cadavre : les individus semblent avoir été figés sur place, et la rigidité qui les a aussitôt saisis persistant longtemps, les maintient dans cette situation caractéristique. C'est ainsi que Forestus parle des sentinelles mortes debout, la lance au poing, comme des individus frappés de catalepsie. Mais dès que le dégel arrive, ces signes fugaces disparaissent. Il en est de même de l'expression faciale, qui indique une vive terreur ; les cheveux sont dressés sur le front, les yeux grands ouverts et cataractés, les joues enfoncées, les mâchoires serrées, le nez pointu et effilé. Les cadavres sont en général très pâles[1], il y a chair de poule et redressement des poils, ratatinement des organes génitaux mâles ; d'autres fois le corps est parsemé de taches d'un rouge sombre, ou bien la teinte rougeâtre ou bleuâtre est uniforme. Les rougeurs érythémateuses sont circonscrites aux bras, aux cuisses et surtout à la face. Blosfeld pense que les engelures situées sur les mains, les pieds, la face, les parties génitales permettent, d'après leur intensité, d'apprécier la durée de l'agonie et le séjour du mourant dans une chambre chaude.

De Crecchio distingue les cas de congélation générale suivant que celle-ci est complète ou incomplète. Nous pensons qu'il ne faut pas attacher une grande valeur à la congélation du cadavre, car elle survient quelle qu'ait été la cause de la mort, et d'ailleurs le dégel a pu se montrer. Sur trente-quatre cas observés par Samson-Himmelstiern, neuf fois la congélation était absente ou superficielle, quatre fois le dégel était arrivé à l'endroit où l'on avait trouvé le cadavre. Blosfeld a toujours observé la rigidité cadavérique après le dégel.

[1] Aubas de Montfaucon (Thèse, Paris, 1847, n° 208) donne la description suivante des hommes qui avaient succombé au froid dans l'expédition du Djebel-Boutaleb : peau rouge ou bleuâtre, yeux ouverts, pupilles dilatées, sclérotiques rouges, bouche largement ouverte, peau de téguments cyanosée surtout vers les parties déclives.)

Les corps gelés n'ont pas l'odeur cadavérique ordinaire, « D'après Blosfeld, l'abdomen n'est pas tympanisé et ses parois ne prennent pas la couleur verdâtre de la putréfaction, même lors d'une décomposition avancée; après le dégel, cette couleur reste brique ou cuivre sale, se fonçant peu à peu. » Pour de Crecchio, c'est au moment du dégel que la matière colorante se diffuse dans le plasma, d'où l'imbibition rouge des tissus environnant les veines, les rougeurs de la peau dans ses parties les plus exposées au froid, les traînées brunâtres le long des vaisseaux, la couleur cuivrée sale de la surface du cerveau, des poumons et des autres organes.

La plupart de ces symptômes peuvent bien montrer que le corps avant la mort a été exposé à l'action du froid, mais ils ne prouvent pas que ce soit celui-ci qui ait été la cause de la mort. L'examen que nous allons faire des organes internes apportera de nouvelles preuves.

De Crecchio insiste sur les congestions internes avec injections fines des tissus ; l'hyperémie est surtout manifeste du côté des poumons, du cœur, du cerveau. A la base de ce dernier, il a trouvé des points hémorrhagiques, du sang extravasé et congelé en plusieurs endroits. Les os se brisent facilement [1], les muscles se laissent déchirer, les cristallins sont troublés ou opaques. Sur les mêmes animaux, il a constaté que le sang était partout d'un rouge vermeil vif, excepté dans les cavités droites du cœur et dans les grosses

[1] Krajewski a trouvé cinq fois la disjonction des sutures coronale et sagittale. Fremmert (1880) regarde avec Bilroth et Kraewski comme très important au point de vue médico-légal la distension des sutures crâniennes par suite de l'augmentation de volume du liquide encéphalo-rachidien congelé.

veines, où il était sombre. Ce sang était toujours gelé. Il est très important de faire remarquer qu'on obtient les mêmes résultats sur des animaux gelés après leur mort, c'est-à-dire, que le froid peut faire naître cette coloration du sang dans tout cadavre.

Ces résultats, fournis par l'expérimentation, présentent une certaine uniformité due à la cause unique qui les a déterminés. Les faits recueillis par les observateurs montrent une variété en rapport, sans doute, avec les nombreux éléments qui apportent leur influence.

Ogston a insisté sur l'anémie cérébrale, et Samson-Himmelstiern, sur seize cas, n'a trouvé l'hyperémie cérébrale que deux fois.

La congestion des poumons et des organes abdominaux est très variable. Krajewski l'a toujours constatée, Samson-Himmelstiern l'a vue onze fois sur seize, mais Blosfeld a trouvé les poumons presque normaux et Ogston dit qu'ils sont anémiés. Ce dernier est le seul à avoir fait mention d'écume sanglante dans les bronches et la trachée. Dans ses autopsies de congelés, Schrimpton signale les inflammations gastro-intestinales, qu'il compare à celles que l'on rencontre chez les brûlés : il a trouvé des ulcérations à la fin de l'iléon et dans le côlon.

L'examen du cœur présente des particularités importantes. Il est rempli par un sang épais, plus ou moins coagulé, noir et rougissant très peu au contact de l'air; l'endocarde est très nettement vascularisé. Cette réplétion du cœur a toujours été trouvée par Blosfeld et Dieberg ; Samson-Himmelstiern la croit plus fréquente que dans les autres genres de mort. D'après Blosfeld, le poids du cœur rempli de sang est au poids du cœur vide comme 2,91 est à 1; dans l'asphyxie, ce rapport serait comme 1,08 est à 1. Une semblable proportion ne pourrait se rencontrer que dans la mort par le choléra, et alors une méprise médico-légale ne serait pas possible.

Nous avons vu que, d'après Crecchio, le sang congelé serait vermeil, et deviendrait sombre au dégel. C'est ce qui explique peut-être les opinions divergentes des auteurs. Ogston dit que cette couleur rouge clair qui se manifeste surtout après le contact de l'air, existe dans tout le sang, tandis que Blosfeld ne la trouve qu'au cœur. D'après Samson-Himmelstiern, elle n'est pas plus fréquente dans ces conditions que dans d'autres, chez les cholériques, par exemple.

Nous avons dit que les accidents produits par le froid se montrent plus facilement quand il y a diminution ou manque de nourriture; cependant ils peuvent apparaître dans les conditions opposées. La vacuité de l'estomac n'est pas constante et dans les trois cinquièmes des cas Blosfeld a trouvé de grandes quantités de substances alimentaires. Ogston et Dieberg ont signalé la plénitude de la vessie; Samson-Himmelstiern l'a trouvée vingt-sept fois sur trente-quatre cas, remplie d'une urine inodore, claire ou un peu trouble. Mais ce signe peut se montrer dans beaucoup d'autres conditions.

Règles de l'expertise.

En résumé, il n'y a pas de caractère spécial à la mort par le froid[1]. Rarement on peut rattacher celle-ci au froid seul et sans complications; le plus souvent il

[1] Consulter : *De la mort par le froid, considérations médico-légales qui s'y rattachent*, par Soulier. (Thèse de Paris, 1877.)

faut s'occuper du rôle joué par l'inanition, un état pathologique des poumons ou du cœur, l'ivresse, etc.

Il faut donc tenir compte et de l'ensemble des lésions et des conditions de tout genre dans lesquelles s'est trouvé l'individu. S'il est possible, on visitera le cadavre daus le lieu même où il a été découvert. Dans l'appréciation des différentes causes qui ont pu jouer un certain rôle, il ne faudra pas négliger l'âge, le sexe, l'état des vêtements, leur sécheresse ou leur humidité. S'il est possible, on notera la température de l'atmosphère, depuis l'époque probable de l'accident. Les corps qui restent exposés au froid d'une manière constante se conservent indéfiniment. Mais la putréfaction peut se montrer, si pendant un certain temps cette action du froid vient à cesser. Aussi Casper a été trop absolu en disant qu'un homme couvert de neige, avec traces de putréfaction, n'est pas mort de froid. Il peut très-bien arriver qu'un individu mort de froid soit enneigé; quelque temps après, la neige fond et la putréfaction commence; puis, tout à coup un abaissement de température se produit et de nouveau le cadavre est recouvert de neige.

On peut avoir à se demander s'il y a faute d'un tiers. Disons de suite, qu'il est à peu près impossible de croire que ce soit là un procédé suivi par quelqu'un qui veut se suicider. Presque toujours ce sont des accidents. La question de crime ne peut se présenter à l'esprit que dans les cas d'infanticide.

Il arrive souvent, par suite de catastrophe ou de grand désastre, que des personnes unies entre elles par la parenté, succombent ensemble aux effets de la chaleur, ou du froid, ou de l'inanition. La question de survie peut être posée. On y répondra par ce que nous avons dit page 212. En outre, on tiendra compte de l'âge, de la force de l'individu et de son genre de vie, de l'état de plénitude ou de vacuité de l'estomac, des substances ingérées, etc. Sans doute, ce sont là des données assez incertaines, mais cependant il peut se présenter telles circonstances dans lesquelles le médecin expert saura en tirer parti.

Quelques mots sur le traitement des asphyxiés par le froid. Nous avons indiqué (p. 250) la méthode employée ordinairement. Les expériences de Walther démontreraient qu'on a tort d'agir lentement. Il faudrait réchauffer rapidement et longtemps les congelés et non progressivement comme on le fait. La respiration artificielle rendrait de grands services. Pour Walther, le danger est dans la durée de l'anémie cérébrale. Nous croyons avoir prouvé que dans certains cas il y avait anémie cérébrale, mais que dans d'autres il n'en était pas ainsi. Si la méthode préconisée par Walther est rationnellement applicable aux premiers, peut-elle l'être aussi aux seconds? Nous attirons sur ce point très-important l'attention des expérimentateurs et des médecins.

VII. DE LA MORT PAR INANITION.

I. Définition et étiologie.

L'étude de la mort par inanition trouve naturellement sa place après la mort par le froid, qu'elle complique ou accompagne si souvent. D'ailleurs les symptômes communs à ces deux sortes d'accidents, des règles d'expertise semblables dans les deux cas, engagent à rapprocher leurs descriptions. Il est regrettable que ces considérations n'aient point frappé les auteurs des traités modernes de médecine légale, qui ne consacrent, en général, que quelques lignes à ces deux genres de mort à propos de l'infanticide.

Cependant, les circonstances sont nombreuses dans lesquelles un individu est exposé à mourir de faim, et la justice peut avoir intérêt à connaître les causes de la mort. Depuis longtemps, les médecins avaient observé la résistance présentée par les différents organismes à la privation de nourriture. Hippocrate avait déjà dit que les jeunes gens et surtout les enfants, supportaient mal le jeûne ; que les hommes faits, au contraire, et particulièrement les vieillards, à moins qu'ils ne soient accablés de vieillesse, résistaient longtemps à l'abstinence. Dante, qui comme les grands poètes possédait toutes les connaissances de son époque, n'a pas manqué de tirer parti de ces faits dans son *Enfer* (chant XXXIII). Par ordre de l'archevêque Roger, le comte Ugolin fut enfermé dans une prison avec ses deux fils et ses deux petits-fils. Les clefs de la tour qui, depuis, prit le nom de tour de la Faim, furent jetées dans l'Arno. L'enfant de trois ans mourut le quatrième jour, les autres du cinquième au sixième, le vieux comte ne succomba que le huitième.

Morgagni s'occupe de ce genre de mort dans sa vingt-huitième lettre. Il cite Fontanus qui a rapporté l'observation d'une femme ayant refusé toute nourriture jusqu'au cinquantième jour, où elle mourut. Morgagni remarque que cette femme buvait, et la boisson prolonge la vie, ainsi qu'il résulte des curieuses expériences de Rédi. Fodéré a consacré, de son côté, un long chapitre à la mort par inanition. Puis sont venues les expériences de Magendie, Collard de Martigny, de Chossat, celles de Regnault et Reisset. Nous utiliserons tous ces matériaux, ainsi que les mémoires spéciaux de notre ami Grach-Laprade (thèse de Strasbourg, 1867), de Lépine (article Inanition du *Dictionnaire pratique*), de Balestre (thèse d'agrégation, 1875), d'Arnould (article Famine du *Dictionnaire encyclop.*), ouvrages dans lesquels on trouvera une bibliographie complète du sujet.

Au point de vue médico-judiciaire, nous devons distinguer deux circonstances étiologiques assez différentes et que le médecin expert peut avoir à reconnaître. Il y a une inanition brusque. Des voyageurs égarés, des mineurs enfouis dans une galerie, des naufragés sur un radeau[1], sont tout à coup privés de nourriture. C'est l'inanition aiguë. Mais il y a aussi une inanition moins bruyante et plus lente : c'est celle qui survient dans les temps de famine et de disette, celle qu'on a observée, il y a peu de temps encore, au Bengale et en Algérie. Cet état de misère, souvent accidentel, quand il prend des allures épidémiques, frappe isolément et en tous temps les malheureux dénués de ressources, les vagabonds, etc. C'est surtout en hiver que ces misérables sont atteints; ils succombent au froid et à la misère. Voilà l'inanition lente ou progressive.

Il y a donc des affamés et des faméliques. Ils se différencient par les circonstances du fait et les symptômes qui accompagnent ces conditions.

[1] En 1884, trois naufragés de la *Mignonnette* mangèrent un jeune mousse nommé Parker. Ces hommes furent jugés en Angleterre, et le jury, à l'unanimité, les déclara coupables de meurtre.

II. Symptômes généraux et pathogénie.

On a distingué l'inanition, c'est-à-dire le terme fatal de l'absence d'alimentation, de l'*inanitiation* qui constitue la série des changements successifs éprouvés par l'organisme pendant cet épuisement. Nous allons présenter les symptômes de l'inanition d'emblée et ceux de l'inanition après inanitiation prolongée.

A. *De l'inanition d'emblée.*

Nous empruntons à Savigny, qui se trouvait à bord du radeau de la *Méduse*, la description des effets éprouvés par la suppression brusque d'aliments et de boissons :

« L'imagination leur retraça tout d'abord, sous les couleurs les plus noires, les tourments de la faim auxquels leur isolement, sur ce fatal radeau, allait les condamner. A cette sorte de surexcitation première, parfaitement raisonnée du reste, succédèrent la consternation, l'affaissement moral, puis un désespoir violent se traduisant par des cris de fureur et de vengeance contre ceux de leurs compagnons qui les avaient lâchement abandonnés. Dès la première nuit qu'ils passèrent sur le radeau, et après vingt-quatre heures seulement de privation de toute nourriture, des hallucinations commencèrent à se montrer chez un certain nombre de ces naufragés. Ils croyaient voir la terre ferme ou des navires qui s'avançaient à leur secours. Dans la nuit, après l'ingestion d'une quantité assez considérable de vin, des accès de fureur s'emparèrent de ces malheureux, qui se jetèrent les uns sur les autres. Soixante d'entre eux périrent dans ce combat affreux où, des survivants, les uns étaient pris d'accès de démence, d'autres étaient en proie à des idées fixes et prononçaient des paroles absolument incohérentes. La troisième nuit fut calme ; dans la quatrième, un nouveau massacre, plus sanglant que le premier, eut lieu sur le radeau ; puis, grâce à une nourriture horrible, un peu de calme revint et persista chez la plupart des survivants jusqu'au treizième jour de leur abandon, jour où ils furent recueillis par l'*Argus;* de cent cinquante hommes ils se trouvaient réduits à quinze. »

Les huit mineurs enfermés sans nourriture, pendant cent trente-six heures, dans la houillère du bois Monzil, n'eurent pas à souffrir de la soif et ne présentèrent aucun des symptômes dont nous venons de parler. « Quant aux angoisses de la soif, dit Soviche, que l'on sait être encore plus intraitables que celles de la faim, elles leur furent totalement inconnues; ils avaient à leur disposition une eau qui n'avait rien d'impur, et ils ne songèrent à aller boire que le quatrième jour de leur emprisonnement. »

A ces différents exemples nous pouvons joindre les observations d'hommes qui se sont suicidés en s'abstenant complètement de toute nourriture.

Mais citons d'abord le cas d'un alchimiste nommé Duchanteau, auquel Diderot fait allusion[1]. Duchanteau pensait qu'après quarante jours de jeûne, en ne prenant pour toute nourriture que son urine, il produirait la pierre philosophale par « cohobation du supérieur et de l'inférieur ». Il supporta ce régime pendant vingt-six jours et ne mourut pas. La dernière urine évacuée, « d'une odeur balsamique et excellente », fut conservée par la loge des Amis réunis jusqu'à la Révolution.

Le docteur Desbarreaux-Bernard a publié l'observation de Granié, qui s'est laissé mourir de faim dans les prisons de Toulouse en 1831. La mort est arrivée au bout de soixante-trois jours; presque tous les jours il but un peu d'eau, et souvent il en but avec excès; une seule fois il prit du bouillon et un peu de vin; parfois aussi il but son urine; quelques convulsions ont précédé son dernier soupir.

Quelques jours après, le docteur Serrurier communiqua à l'Académie de médecine une observation de suicide par inanition analogue à celle du prisonnier de Toulouse. Le sujet était un musicien ambulant qui, pendant soixante jours, c'est-à-dire depuis l'instant de sa résolution annoncée par

[1] Dans ses *Éléments de physiologie:* — voir la note d'Assezat qui raconte l'observation d'après le baron de Gleichen.

lui avec le plus grand sang-froid, jusqu'à sa mort, ne prit de temps à autre que quelques gorgées d'eau et de sirop d'orgeat. L'amaigrissement fut peu sensible pendant les quinze premiers jours. L'excrétion des matières alvines eut d'abord lieu, puis fut supprimée. L'urine, abondante dans les premiers temps, devint rare, brune, floconneuse, avec dépôt, d'odeur phosphorescente. Pendant les vingt derniers jours de la vie, odeur cadavéreuse de tout le corps, diarrhée de matières fétides, haleine putride, trismus douloureux, sentiment de douleur vive à l'épigastre, amaigrissement rapide, déformation de la poitrine, qui devient étroite et bombée; les épaules rentrent et laissent saillir les vertèbres; le ventre s'aplatit, le bassin semble former une cavité immense. La peau se couvre de pétéchies et se détache par lambeaux. Il meurt le 60e jour : l'autopsie n'a pas été faite.

Casper donne, dans son ouvrage, l'observation d'une tentative de suicide par inanition. D'après cet auteur, « un homme bien portant et sain ne succombe à une abstinence complète de nourriture *ordinairement* qu'après quinze jours, de sorte que, *vice versa*, si la mort a eu lieu par abstinence, on pourra conclure qu'un tel laps de temps s'est écoulé. » L'individu dont Marc rapporte l'observation et qui s'est suicidé par la privation de toute nourriture est mort le dix-huitième jour.

Haller a rassemblé de nombreux cas d'abstinence prolongée dans lesquels le mystérieux joue un si grand rôle, qu'il n'est pas possible d'ajouter foi à tous ces exemples extraordinaires. On raconte aussi que Charles XII, de Suède, voulant savoir combien de temps il pourrait rester sans prendre de nourriture autre que de l'eau, arriva ainsi jusqu'au cinquième jour. Après vingt-quatre heures, l'abstinence de boisson est déjà insupportable.

En général, les effets de l'abstinence sont les suivants :

D'abord la faim, dont le sentiment finit même par disparaître. « Nous éprouvâmes, durant les six premiers jours, des douleurs épigastriques inexprimables; quand nous fûmes arrivés au neuvième jour de nos souffrances, cette faim qui, dans le commencement, nous avait cruellement tourmentés, était presque nulle. » (Savigny.) Casper a fait la même observation sur son malade.

Les tiraillements à l'épigastre deviennent très douloureux et peuvent occasionner des vomissements, la face est pâle, l'individu est triste et abattu, faible, se refusant à faire tout mouvement. En même temps, voici ce qui se passe du côté des différents appareils organiques. Les gencives se tuméfient, la salive est rare, la langue se couvre d'un enduit blanchâtre et épais; l'haleine devient chaude et fétide. — Les mineurs, dont nous avons parlé plus haut, incommodés par l'haleine les uns des autres, étaient obligés de se tourner le dos. Le premier jour de l'abstinence, les fèces sont copieuses; elles sont le résidu de l'alimentation des jours précédents. Jusqu'à l'avant-dernier jour, elles sont insignifiantes, solides et vertes. Vers la fin, et malgré l'absence d'eau, les fèces deviennent liquides et il y a comme une diarrhée colliquative; cette quantité de fèces influe sur la durée de la vie.

La respiration devient moins fréquente, puis, vers la mort, elle est haletante. Le pouls, vers la fin, est petit et misérable: l'accusé Granié avait, le dernier jour, trente-huit pulsations.

La perte de calorique augmente de plus en plus, surtout dans les dernières quarante-huit heures. Les sécrétions ont diminué, les urines ne se suppriment pas. D'après Lépine, la quantité d'urée baisse d'abord, puis reste constante et enfin diminue d'une manière considérable dans les dernières heures de la vie; il en est de même des sulfates et des phosphates; la sécrétion biliaire est insignifiante : il y a parfois des sueurs profuses. Tous les observateurs ont noté la fétidité et une sorte d'enduit sale de la peau, symptômes qui tiennent probablement à la diminution de vitalité du tégument; en outre, l'individu vivant de sa propre substance a l'odeur fétide et nauséeuse des carnivores. Comme troubles nerveux, d'abord agitation, fièvre, insomnie, hallucinations, délire, puis collapsus, coma, convulsions. « Chez ceux qui survécurent dit Savigny, les troubles cérébraux se manifestèrent le dixième jour. Le délire qui s'emparait de nos esprits reconnaissait pour cause les privations que nous supportions; en général, c'était un délire tranquille. L'un de ces malheureux disait à ses camarades : « Ne « craignez rien, je vais chercher des secours; dans « peu vous me reverrez, » et il se jetait à la mer. »

Vers la fin, l'amaigrissement s'accentue, c'est un état squelettique; il n'y a plus de saillies musculaires, les articulations semblent plus volumineuses, la face est pâle et livide, les yeux enfoncés dans leur orbite, les pommettes saillantes, le nez allongé et effilé, les lèvres pâles et minces, le menton pointu, les oreilles blanches et comme tirées en arrière. La perte de poids s'accentue surtout dans les deux derniers jours. « Granié ne pesait plus que 26 kilogrammes. Un amaurotique, conseillé par un charlatan, a succombé après quarante-sept jours d'un régime à l'eau pure; son corps était réduit de 65 kilogrammes à 48,5. Quatre jours d'abstinence ont suffi, d'après Savigny, à rendre méconnaissables les hommes de l'équipage. » D'après Chossat, un animal soumis à l'abstinence périt quand il a perdu les 4/10es de son poids initial; l'embonpoint et l'âge modifient ce dernier chiffre. Si l'animal est jeune, il succombe dès que le poids de son corps est diminué de moitié. Disons aussi que tous les expérimentateurs qui ont étudié la température ont constaté un abaissement graduel se terminant par une chute brusque de la courbe thermométrique un peu avant la mort.

Quelques catastrophes ont attiré l'attention sur un nouveau côté de la question[1].

Le 11 avril 1877, des eaux venant tout à coup d'une mine voisine abandonnée firent irruption dans les galeries de Trœlyrhiw, un des puits les plus importants des environs de Pontyfritt, dans le pays de Galles. Quatorze ouvriers restèrent enfermés à l'extrémité d'une galerie. L'air comprimé à son tour faisait matelas et mettait obstacle au mouvement ascensionnel de l'eau. Sans cette circonstance, ils auraient été certainement noyés. On creusa dans la direction des bruits entendus et on arriva à un groupe de malheureux après vingt-quatre heures. Mais on ne fit pas attention à la puissance d'expansion de l'air, foulé sous une pression d'au moins deux atmosphères; aussi quand la cloison vint à tomber, le mineur qui était en tête, une pioche à la main, fut projeté en avant avec tant de force que cet instrument lui pénétra dans la poitrine et le tua sur le coup. Un autre groupe de cinq prisonniers ne fut délivré que dans la nuit du 20 au 21 avril. L'air qui s'échappait peu à peu laissait augmenter le niveau de l'eau, et quand on arriva à eux, celle-ci atteignait leur menton. Leur réclusion avait duré neuf jours et dix nuits.

Au mois de mai 1877, un événement identique s'est produit dans le puits de Rhins, de la compagnie de Roche-la-Molière près de Saint-Étienne. Trois mineurs sont restés enfermés sept jours dans une galerie; mais dans ce cas, l'air n'était pas comprimé. Ils ont eu d'abord très soif; ils ont beaucoup plus souffert du froid que de la faim.

[1] L'inondation des mines et la pression de l'air (*Revue scientifique*, n° 47. — 19 mai 1877).

Il est incontestable que ces hommes ont mieux supporté que dans les conditions ordinaires l'absence d'aliments. D'après le journal anglais *la Lancette*, s'ils ont ainsi vécu, sans nourriture, plus d'une semaine, dans un espace à air comprimé, c'est qu'ils avaient de l'eau à leur disposition et que la grande humidité de l'air et le froid sont des circonstances favorables à l'entretien de la vie. Il faut aussi tenir compte de l'absence de mouvements, de la privation de lumière et de l'influence de la pression de l'air.

B. *De l'inanition lente ou après inanition prolongée.*

Il se trouve aussi des individus que la misère tue progressivement et à la longue; la quantité et la qualité de leurs aliments baisse peu à peu, et ils succombent ainsi après un temps plus ou moins long d'une inanition continue. Ils sont comme les habitants des malheureux pays soumis à toutes les horreurs de la famine.

De Mersseman a magistralement décrit sous le nom de *fièvre de famine* la famine des Flandres de 1846-1847, qui, d'après lui, aurait coûté à l'Europe un million d'habitants : « Lorsque l'épuisement de l'homme a lieu lentement et par une épreuve prolongée, les altérations de l'organisme diffèrent beaucoup de celles qui sont le résultat de l'action rapide, je dirai presque corrosive de la faim.... Le premier degré de cette décadence se caractérise par tous les signes qui sont propres à l'appauvrissement du sang : la pâleur, l'amaigrissement, la tristesse, le découragement, la difficulté de la digestion, la distension du ventre, l'enflure des extrémités inférieures, l'affaiblissement du système musculaire, et par suite la douleur dans les membres, les mouvements pénibles, le travail difficile.

Ce qui frappait d'abord, c'était l'extrême maigreur du corps, la livide pâleur du visage, les joues creuses, et surtout l'expression du regard, dont on ne pouvait perdre le souvenir quand on l'avait subi une fois; il y a, en effet, une étrange fascination dans cet œil où toute la vitalité de l'individu semble s'être retirée, qui brille d'un éclat fébrile, dont la pupille, énormément dilatée, se fixe sur vous sans clignotement et avec un étonnement interrogatif, où la bienveillance se mêle à la crainte. Les mouvements du

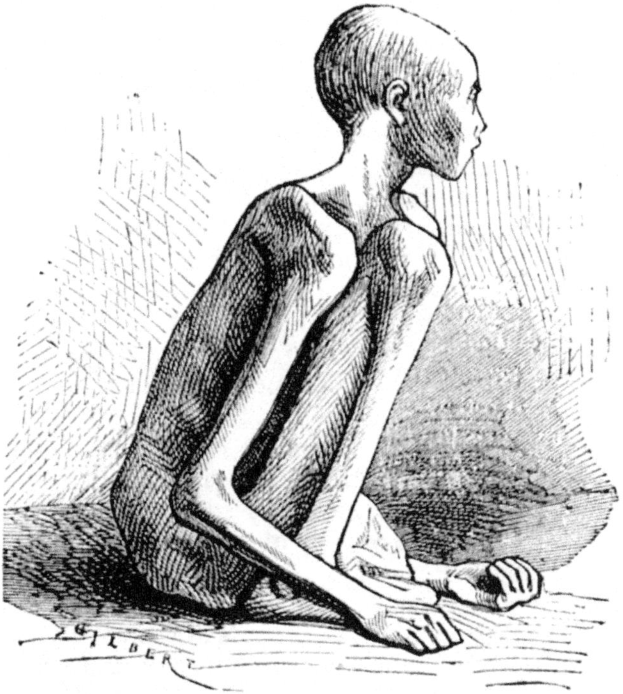

Fig. 34. — Un famélique dans les Indes

corps sont lents, la marche chancelante ; la main tremble ; la voix, presque éteinte, chevrote. L'intelligence est profondément altérée, les réponses sont pénibles ; la mémoire, chez la plupart, est à peu près abolie. Interrogés sur les souffrances qu'ils endurent, ces infortunés répondent qu'ils ne souffrent pas, mais qu'ils ont faim !

L'haleine est d'une grande fétidité ; la langue amincie,

pointue, oblongue, tremblotante, presque toujours rouge; la pointe, souvent aphtheuse, est partout couverte d'un enduit jaunâtre et épais; l'épigastre est creux, et la peau, dans cette région, est pour ainsi dire collée à la colonne vertébrale. »

Parfois il y a météorisme. La respiration est lente. Le pouls est tantôt très fréquent, tantôt très lent, très dépressible et d'une petitesse étonnante. Toutes les sécrétions sont modifiées; la peau devient sèche, jaune, semblable à du parchemin. « Les pores du derme rejetaient une poussière visqueuse, qui, s'accumulant et se concrétant, recouvrait le corps d'une croûte noirâtre, pulvérulente et d'une fétidité horrible. » Avec les premiers froids de l'hiver les malheureux succombèrent subitement, ils tombèrent de toute part. « Chez les uns, c'était dans la poitrine que se concentraient les symptômes qui déterminaient la mort; la toux et les glaires les étouffaient, où ils suffoquaient par suite d'une collection séreuse dans le péricarde. Chez les autres, c'était sur les intestins que la maladie exerçait ses derniers ravages; une diarrhée colliquative les emportait. Il y en avait qui, après quelques heures d'un sommeil léthargique, expiraient sans agonie. » Plusieurs succombèrent à l'anasarque et à l'ascite; il en mourut d'indigestions quand les vivres arrivèrent.

Parmi les victimes de la disette, il s'en rencontrait que les affections accidentelles épargnaient comme pour leur faire éprouver toutes les épreuves de l'épuisement et de la dissolution organique.

Dans ces cas, les symptômes d'anéantissement devenaient successivement plus intenses. La décrépitude avait envahi tous ces malheurenx; les enfants, les jeunes gens, les adultes, les hommes parvenus à la maturité de l'âge, portaient sur tout le corps les rides, le dessèchement, l'exténuation de la vieillesse : c'étaient de véritables squelettes vivants, incapables de soulever leurs membres décharnés, gisant lourdement, sans voix, avec un œil sans regard, enfoncé dans l'orbite et à moitié voilé par des paupières presque transparentes et chassieuses. Parfois ils étaient horriblement secoués par une toux sèche et convulsive. Enfin, on voyait apparaître les derniers indices de l'extrême appauvrissement du sang : la peau se couvrait de vastes ecchymoses ou de taches pourprées qui devenaient confluentes quelquefois, et ces tristes victimes de la famine rendaient le dernier soupir au milieu de l'agitation, de la carphologie ou de la fatigante loquacité du délire famélique.

On retrouve les mêmes symptômes dans les disettes d'Irlande, de Silésie et surtout dans la famine effroyable qui régna sur l'Algérie en 1867-1868. « C'est alors que l'on vit en Algérie cet ensemble étrange et émouvant que l'histoire a rattaché à toutes les famines célèbres : les familles humaines se levant, avec des allures de fauves sous l'aiguillon de la faim, tantôt se jetant sur des palliatifs alimentaires illusoires ou immondes, tantôt accomplissant des crimes, dans tous les cas se rapprochant par bandes, à la fois honteuses et farouches, des grands centres habités où elles savent que l'industrie et la prévoyance ont amassé des ressources plus que suffisantes pour le nombre des habitants et l'heure actuelle. » (J. Arnould.) En 1877, le fléau frappa les populations de Madras, de Bombay, du Mysore, l'Inde française. Dans un article du journal *la Nature* (n° 224, 1877), nous avons étudié les causes et les moyens de combattre la famine dans ce pays.

Bien que présentant certains traits communs, les conditions dans lesquelles l'abstinence peut se montrer offrent aussi quelques différences que nous devons apprécier.

C'est ainsi que l'abstinence est bien mieux supportée dans l'état de maladie que dans l'état de santé. On en a observé de remarquables exemples chez les hystériques, des mélancoliques, chez des aliénés dits sitophobes. On comprend de même que dans les grandes affections de l'âme, dans des préoccupations vives, le besoin de réparation s'oublie ou s'émousse : c'est ce qu'on a constaté pendant des études absorbantes ou l'élaboration de grands projets.

Si, au contraire, les mouvements moléculaires et

d'échange sont rapides, le besoin de réparer doit devenir plus fréquent et plus impérieux. C'est ce qui s'observe dans certaines conditions d'âge ou de constitution, par exemple, chez les enfants et les jeunes gens, chez les personnes sèches et nerveuses, en tenant compte, bien entendu, du régime et des habitudes, du climat et des saisons.

On a dit et Fodéré a cherché à prouver que les femmes supportent mieux l'abstinence que les hommes, et que le froid et surtout l'humidité permettent de résister plus longtemps à l'absence de nourriture. Nous croyons que de nouvelles observations sont nécessaires pour justifier de pareilles assertions.

La série de phénomènes qui se présentent chez l'affamé ou le famélique, s'explique bien par les expériences sur les animaux inanitiés. L'animal ne fait plus de recettes, et cependant il a encore à subvenir aux dépenses obligatoires du fonctionnement des organes. C'est surtout par le système musculaire que se font la plupart des dépenses. L'inanition est une usure de l'organisme provenant de ses efforts à entretenir le mouvement : et ce n'est plus une machine animale, celle où la transformation des forces devient impossible.

L'inanitié vit à ses dépens et se nourrit de sa propre substance. Quand l'alimentation est insuffisante, le corps se détruit chaque jour de la quantité nécessaire pour combler le déficit. Comme nous l'avons dit, dans les deux cas, la mort arrive quand l'animal a perdu les 4/10es de son poids.

La diète, de tout temps on l'a remarqué, est un puissant débilitant. L'abstinence modérée exagère la nutrition interstitielle, diminue les phénomènes d'exhalation et augmente ceux d'absorption ; et c'est ainsi que la vitalité des différentes parties est équilibrée, et que les liquides épanchés dans les tissus ou les cavités peuvent être repris et remis en circulation.

Mais s'il y a inanition, cette nutrition interstitielle s'exagère, l'absorption est à son maximum, elle ouvre toutes ses bouches pour ainsi dire, et progressivement l'organisme en arrive, par cet autophagisme, à une hypérémie généralisée à laquelle, sous l'influence de la moindre cause excitante, succédera l'inflammation.

D'ailleurs, au bout d'un certain temps, les désordres sont tels que même la faculté d'assimiler semble perdue. Mathieu et Urbain, dans leurs expériences, ont trouvé que deux jours après le dernier repas, il y avait déjà dans le sang des artères une diminution d'oxygène et d'acide carbonique. Plus tard, la quantité d'oxygène du sang rouge continue à décroître, la densité du sang diminue, les globules deviennent plus rares, et quand l'animal meurt, le sang artériel ne renferme plus que les trois quarts de l'oxygène que contient le sang normal. C'est ce qui explique la diminution des combustions et l'abaissement de température, mais là s'arrête l'assimilation avec la mort qui est produite par le froid extérieur.

L'inanitié a brûlé les matières grasses de son sang et de ses tissus qui peuvent produire de la chaleur, de l'acide carbonique et de l'eau. L'inosite des muscles s'est transformée en glycose pour fournir des éléments à la combustion.

Cl. Bernard a montré que dans l'abstinence, il se refait encore du sucre aux dépens du sang qui traverse le foie.

Mais comme ce sang s'appauvrit peu à peu, la sécrétion sucrée du foie diminue aussi, et, avant la mort, elle a complètement disparu.

III. Résultats anatomo-pathologiques.

Il faut tenir compte dans l'examen extérieur du cadavre, des lésions externes et des lésions internes[1].

Le cadavre des personnes mortes uniquement de faim est émacié et semble arriver au dernier degré du marasme ; la graisse a disparu de partout ; la peau est sèche, ratatinée,

[1] Consulter : Ravan. *De l'inanition et de ses rapports avec la médecine légale* (Thèse de Paris, 1877

ou présente ce vernis brunâtre dont nous avons parlé; les yeux sont ouverts, rouges et chassieux, il peut y avoir des altérations de la cornée, ainsi que le docteur Brett l'a constaté chez les Indous (*Gaz. méd.*, 1847), la langue et le gosier sont desséchés et comme brûlés; Morgagni a relevé dans toutes les observations l'odeur très fétide des cadavres, et Fodéré prétend que la putréfaction est rapide.

Pour les parties intérieures, on trouve souvent, comme Redi, dans ses expériences, qu'elles sont « belles et saines. » Cependant tous les organes ont diminué de volume et de poids.

La graisse ne se trouve plus que dans le canal médullaire des os : les épiploons sont réduits à la séreuse et le mésentère est sans tissu adipeux.

La diminution a porté aussi sur le système musculaire et spécialement sur les muscles qui ont gardé le repos pendant l'abstinence. Le cœur a subi un retrait considérable, et chez un adulte il peut arriver aux proportions du cœur d'un enfant. C'est sur ce fait que Valsalva avait basé sa méthode de traitement des maladies du cœur.

Tous les auteurs ont constaté une diminution de la masse du sang, qui peut être réduite aux trois ou quatre dixièmes de sa quantité normale. Le système veineux est engorgé, surtout les capillaires abdominaux. Le liquide sanguin renferme beaucoup plus d'eau, moins de globules, d'albumine et de fibrine, aussi il se coagule incomplètement (de là les phénomènes constatés par Gaspard pendant la disette de 1816 : hydropisies, pétéchies, hémorrhagies diverses, etc.).

Les poumons et les reins qui continuent à fonctionner sont à peu près sains.

On a signalé la gangrène pulmonaire chez les aliénés qui se laissaient mourir de faim; mais elle doit tenir à d'autres causes, puisqu'on ne l'observe jamais chez les animaux.

Le cerveau est anémié. Chez les enfants inanitiés, outre la stéatose interstitielle diffuse du cerveau, il y aurait en même temps congestion de cet organe et des méninges.

Du côté de l'abdomen, il y a rétention et plissement du tube digestif qui est rétréci. Donavan, pendant la famine d'Irlande de 1847, a particulièremeent insisté sur l'amincissement de la paroi des intestins. Ce serait là un signe pathognomonique, et que Desbarreaux-Bernard avait déjà signalé dans l'autopsie de Granié.

Il n'y a pas de suc gastrique, il n'existe ni ulcération stomacale, ni ramollissement, comme Hattute a prétendu l'avoir constaté chez les faméliques. Il n'existe pas d'entérite de misère. Les faméliques peuvent présenter de la diarrhée ou de la dysenterie, mais celles-ci tiennent à une irritation mécanique produite par des substances indigestes ou toxiques, et alors on trouve toutes les lésions propres à la dysenterie ou à l'entéro-colite.

Le foie, la rate et le pancréas ont diminué de volume. On a vu le foie perdre la moitié de son poids. La vésicule est distendue par une bile noire et épaisse, comparable à une forte solution d'extrait de réglisse.

IV. Conséquences médico-judiciaires et règles de l'expertise.

Les nombreux détails que nous venons de donner sur les symptômes et les lésions présentés par les affamés ou les faméliques permettront à l'expert de répondre aux questions posées par les magistrats.

Disons de suite que, puisqu'il n'existe pas de signe absolument pathognomonique de la mort par inanition, on doit tenir compte d'un ensemble de caractères dont la valeur devient très importante lorsqu'ils sont réunis. C'est ainsi que l'aspect extérieur du cadavre, la perforation de la cornée, l'état de la peau, l'absence sur les organes d'une maladie ayant déterminé la mort, le rétrécissement et l'état de vacuité du tube digestif, l'amincissement de ses parois, la diminution du volume du cœur et du foie, l'état de la vésicule biliaire forment un faisceau assez complet pour amener la conviction ou tout au moins de grandes probabilités.

Dans ces conditions, le médecin devra être mis au courant des différentes circonstances du fait. Il pourra ainsi plus facilement répondre aux questions qui lui seront posées : *La mort est-elle le résultat de la privation de nourriture? L'inanition est-elle la conséquence d'un accident, d'un crime, d'un suicide?*

On recherchera alors s'il n'y a pas eu reclusion, les relations qui pouvaient exister entre la victime et les personnes suspectées. Nous nous occuperons plus tard, à propos de l'infanticide, de la mort chez les enfants par défaut de nourriture. Mais quelques-uns peuvent succomber à l'athrepsie, et le diagnostic différentiel de ces deux états doit être fait.

Ce mode de suicide est assez rare : on l'a presque toujours constaté chez des prisonniers, chez les mélancoliques et les aliénés (sur 198 folles observées par Esquirol et qui ont cherché à se tuer, 48 sont mortes d'abstinence). On dit qu'un des esprits les plus extraordinaires du seizième siècle, Jérôme Cardan, s'est ainsi donné la mort. Fodéré et Marc en rapportent chacun un cas. Dans un relevé de 4596 suicides, Brierre de Boismont n'en cite qu'un exemple[1]. Récemment (*Ann. d'hyg.*, 1876) le docteur Caussé, d'Albi, a conclu à un suicide probable par inanition, après avoir procédé par exclusion et écarté l'assassinat (cadavre trouvé dans l'anfractuosité d'un rocher et réduit à quelques ossements); Devergie, qui a analysé cette observation, a émis des doutes sur l'inanition.

Toutes les causes qui ont pu accompagner ou déterminer le manque de nourriture seront spécialement mises en lumière. C'est ainsi que ceux qui succombe-

[1] De 1865 à 1876, sur 56,273 suicides, nous n'en trouvons que 3 par inanition (2 hommes en 1873, et une femme en 1874).

ront à la faim sur un radeau, ou égarés dans une forêt, ou perdus dans des steppes, ne présenteront pas les mêmes caractères que ceux qui auront été ensevelis dans des avalanches, sous des décombres ou dans des mines. Dans ces dernières circonstances, les signes de l'asphyxie peuvent s'ajouter à ceux de l'inanition. Pour les individus emprisonnés dans les mines, il faudra s'occuper des conditions spéciales dont nous avons parlé plus haut. La température extérieure jouera aussi un grand rôle, et on en tiendra compte, ainsi que de l'âge, du sexe et des habitudes.

Chez les faméliques ou les vagabonds qui succombent à une misère lente, on notera les différentes substances ingérées pour tromper la faim, et sur ce point on peut s'attendre aux choses les plus extraordinaires : la faim est mauvaise conseillère, *malesuada fames*.

Avec toutes ces données, on arrivera souvent à de très grandes probabilités et parfois à la certitude. Quant aux questions de survie, nous renvoyons à ce que nous avons dit précédemment, en faisant remarquer, avec M. Tourdes, que dans les cas d'enfouissements, la durée de la vie est en rapport avec la perméabilité des milieux. La survie est bien plus longue dans les cendres, sous la neige, que dans le sable et surtout dans la terre. On dit que le maréchal d'Ornano, très grièvement blessé pendant la retraite de Russie, passa pour mort et fut enseveli sous la neige. Le lendemain, quand son corps fut retiré de dessous la neige pour être rapporté en France, on s'aperçut qu'il respirait encore, et il fut rappelé à la vie.

VIII. ASPHYXIES OU EMPOISONNEMENTS PAR LE GAZ.

Ce chapitre va servir de transition entre l'histoire des asphyxies et celle des empoisonnements. Orfila avait en effet rangé les gaz méphitiques dans la classe des poisons septiques, et de nos jours, on a nettement montré l'action directe de certains de ces gaz sur les hématies : c'est ainsi que Rabuteau les avait classés parmi les poisons hématiques. De son côté, Tardieu dit que tout en reconnaissant que l'asphyxie par la vapeur de charbon est un véritable empoisonnement par des gaz délétères, il est bon de conserver à ce genre de mort le terme usité d'asphyxie.

On pourrait classer les gaz suivant leur nature ou suivant leur action.

Nous distinguerions ainsi :

1° *Des gaz simplement asphyxiants.* Ce sont ceux qui viennent occuper dans une atmosphère limitée un trop grand volume et se substituent ainsi à l'oxygène. Ainsi, l'azote, l'hydrogène, l'hydrogène protocarboné.

2° *Des gaz irritants.* Ils irritent et enflamment toutes les muqueuses, provoquant le larmoiement, la toux, etc. Ainsi, le chlore, le gaz nitreux, l'ammoniaque.

3° *Des gaz anesthésiques.* Ils portent leur action sur l'élément nerveux, ils stupéfient, ils anesthésient; tels sont : l'acide carbonique, l'hydrogène bicarboné, tous les anesthésiques employés en médecine.

4° *Des gaz hématiques.* Ils agissent sur l'hématie et s'attaquent ainsi à la vie moléculaire : l'oxyde de carbone, l'hydrogène sulfuré, par exemple.

Nous allons nous occuper de l'asphyxie par le charbon, par le gaz d'éclairage, de l'empoisonnement par le gaz des égouts et des fosses d'aisances; nous terminerons par quelques considérations sur les anesthésiques.

A. ASPHYXIE PAR LES PRODUITS DE LA COMBUSTION DU CHARBON.

I. Définition et étiologie.

Quand un fourneau rempli de charbon est allumé par la partie inférieure, on voit bientôt voltiger à sa surface des flammes bleuâtres que le vulgaire a appelées des vapeurs. Elles sont produites par la combustion de l'oxyde de carbone : le charbon en brûlant donne surtout de l'acide carbonique et une très faible quantité d'hydrogène carboné. Notre excellent maître, M. Coulier, qui a consacré à ce sujet un remarquable article du *Dictionnaire encyclopédique*, fait observer que l'oxyde de carbone est en moindre proportion si l'action de l'air est favorisée et la combustion du charbon plus facile. Si, au contraire, une circonstance quelconque vient enrayer la combustion, et la faire, pour ainsi dire, traîner en longueur, il se forme une plus grande quantité d'oxyde de carbone[1].

On pourra donc trouver de grandes variétés dans l'analyse d'un air asphyxiant selon que tel ou tel mode de combustion aura prédominé. Mais ce qui est hors de doute, c'est qu'on ne peut mettre l'asphyxie sur le compte de la très petite proportion d'hydrogène carboné. Le gaz acide carbonique, lui-même, ne joue

[1] Consulter un travail de Richard (*Revue de Vallin* de 1884), dans lequel sont exposées les expériences de Max Grüber sur la toxicité de CO et son dosage par la méthode de Fodor (chlorure de palladium).

qu'un rôle secondaire, puisque, dans un milieu qui en renferme 5 à 6 pour 100, et dans lequel les bougies s'éteignent, l'homme peut encore continuer à vivre. Dans les asphyxies par le charbon, la mort arrive avant que la bougie soit éteinte. L'oxyde de carbone, au contraire, est absolument irrespirable et on dit que Samuel White, qui en avait fait quelques inspirations, fut difficilement rappelé à la vie. L'asphyxie par la vapeur de charbon a été bien étudiée de nos jours par les médecins légistes et les expérimentateurs français[1]. Dès 1836, Devergie avait présenté un tableau complet des applications judiciaires de la question. D'ailleurs les exemples abondent dans nos grandes villes : ce sont des jeunes filles, en proie à des chagrins d'amour, des femmes délaissées et qui se trouvent tout à coup plongées dans la misère, des hommes d'une constitution affaiblie et maladive, comme Lebras et Escousse. C'est le procédé de suicide des nerveux et des délicats qui ne peuvent se résoudre aux moyens violents et espèrent avec quelques sous de charbon passer doucement de vie à trépas.

On trouvera plus loin, au chapitre Suicide, le nombre des asphyxies par le charbon de 1836 à 1880. Plus de la moitié de ces cas appartiennent au département de la Seine.

[1] Il se produit de grandes quantités de CO dans les hauts fourneaux, dans les opérations métallurgiques pendant lesquelles on réduit les oxydes métalliques; dans la confection du charbon de bois, dans les fours à chaux; dans les incendies, c'est ce gaz qui rend la fumée dangereuse et spécialement dans les galeries de mine; il détermine des accidents dans la guerre des mines, d'après le Dr Rigal. Ajoutons d'ailleurs que dans la plupart de ces cas, le pouvoir toxique des gaz est augmenté par leur mélange.

Ajoutons que ce mode d'asphyxie est parfois la conséquence d'accidents, rarement le fait d'un homicide. D'après Casper, il est peu usité en Allemagne.

II. Symptomatologie et pathogénie.

Tous les auteurs rapportent l'histoire d'un jeune ouvrier nommé Déal qui, voyant ses ambitions déçues, s'asphyxia par le charbon, et eut la précaution de décrire, de dix minutes en dix minutes, les symptômes qu'il éprouvait.

L'imagination exaltée de cet infortuné a complètement exagéré la situation. En général, les choses se passent d'une manière plus calme, et les troubles cérébraux ne sont pas aussi tumultueux. C'est de la céphalée. La tête semble pressée dans un bandeau de fer, il y a des vertiges, du bourdonnement d'oreilles, un sommeil invincible. L'individu se couche, s'endort et meurt. S'il fait des efforts pour marcher, il chancelle comme un homme ivre et parfois tombe à terre. Dans certains cas l'intelligence reste quelque temps assez nette, la sensibilité est obtuse, la vue s'obscurcit; la résolution musculaire est complète, la respiration s'accélère d'abord, puis devient tumultueuse et bruyante; le cœur bat plus fort, il y a des palpitations et de l'anxiété, puis les mouvements se ralentissent. En même temps, les sphincters se relâchent, le coma survient et la mort arrive avec ou sans convulsions. Ollivier a noté la présence du sucre dans les urines. (*Arch. de médecine,* 1879).

Les individus que l'on peut rappeler à la vie accusent un très grand malaise. Le mal de tête est atroce, le malaise général avec des douleurs vives dans la poitrine. Ces symptômes cèdent peu à peu. Mais cependant, parfois, ainsi que l'on signalé quelques médecins, il reste des troubles durables du côté de la sensibilité, de la motilité[1], des paralysies de l'intelligence qui accusent l'état pathologique des centres nerveux, ainsi que l'ont montré Bourdon (1843 et Leudet (1865 et 1883).

Cet empoisonnement par l'oxyde de carbone se fait lentement comme une infiltration, aussi ses débuts sont-ils très insidieux, et on s'explique ainsi comment des individus ont pu être surpris par l'asphyxie, dans leur sommeil, et ont succombé à celle-ci sans se réveiller.

Les recherches de Cl. Bernard ont démontré que les globules sanguins ont pour l'oxyde de carbone une affinité bien plus grande que celle qu'ils ont pour l'oxygène. Dans l'asphyxie par ce gaz, ce sont les globules sanguins désoxygénés qui arrivent dans la profondeur des tissus, et c'est à la suite de l'absence de l'excitant naturel que la vie s'arrête. L'acide carbonique trouble, par sa solubilité, les échanges endosmotiques à la surface du poumon, et il se substitue complètement à l'oxygène.

L'acide carbonique ne devient cause unique de mort que dans les lieux où il se trouve en grandes proportions (gaz qui se dégage des cuves de vin, de cidre, de bière en fermentation; dans des chambres renfermant une grande quantité de fleurs, de fruits qui fermentent; dans des puits, des grottes naturelles; dans les endroits où sont entassés un trop grand nombre d'individus, etc.). Dans ces différentes conditions, l'asphyxie présente des symptômes en rapport avec la surcharge du liquide sanguin par l'acide carbonique.

Il est impossible de dire le temps nécessaire à la pro-

[1] Giraud, De l'empoisonnement par l'oxyde de carbone e questions médico-légales, thèse, Paris, 1882; — Simon, Des paralysies névralgiques par le gaz oxyde de carbone, thèse de Paris, 1883; — Planteau, étude des troubles nerveux moteurs après asphyxie par vapeurs de charbon, thèse de Bordeaux, 1883; — Jäderholm, Du diagnostic médico-légal de l'intoxication par l'oxyde de carbone. Stockholm, 1878.

duction de l'asphyxie. Ce temps varie avec la quantité des matériaux de combustion, l'activité de celle-ci, la dimension de la pièce, la situation de l'individu, etc. Il est probable cependant que, lorsque la chambre est petite et bien close, la mort arrive vite. Elle est survenue chez ce Déal, dont nous avons parlé, en 50 minutes. Ceci nous amène à faire remarquer que l'asphyxie peut se produire dans une pièce mal fermée, seulement elle met plus de temps. On l'a, par exemple, constatée dans les chambres où ne se produit pas un renouvellement de l'air, bien que la porte fût restée entr'ouverte, ou que la fenêtre eût un carreau cassé.

Tous les individus ne sont pas empoisonnés de la même manière par la vapeur du charbon[1]. D'après Devergie, il semblerait que les femmes résistent mieux que les hommes. Pour M. de Castelnau, les enfants meurent très vite.

On peut enfin, dans certains cas, préciser assez bien le moment de l'asphyxie par suite de l'arrêt immédiat que celle-ci provoque dans le travail de la digestion.

III. Résultats anatomo-pathologiques.

L'aspect des cadavres est très variable, selon que l'asphyxie a été rapide ou lente.

Si la mort est survenue rapidement et si le cadavre est examiné peu de temps après, les muscles ont conservé leur souplesse, on constate une grande pâleur de la peau et des muqueuses, et sur le tégument externe, aux mains, au ventre, à la poitrine, quelques petites plaques rosées ; le sang est alors d'un rose vif ou d'un rouge-cerise.

Si l'asphyxie a été lente et que l'examen ne soit fait que

[1] Depuis longtemps M. Moreau (de Tours) a attiré l'attention sur les désordres cérébraux dus à l'action de l'oxyde de carbone et qu'il a désignés du nom de *folie des cuisiniers*. D'après le docteur Moreau fils, cette affection, observée exclusivement chez des femmes se caractérise par des vertiges, des éblouissements, des syncopes, des hallucinations, de l'obtusion intellectuelle et du délire des persécutions.

quelques heures après, on trouve la face plus colorée, les oreilles sont violacées, il y a des plaques de même couleur ou rosées sur les différentes parties du corps ; le sang est d'un rouge plus foncé, il y a une rigidité musculaire si prononcée que, d'après Marye, on peut enlever le cadavre en le saisissant à ses deux extrémités, à la manière d'une planche.

Dans les deux cas, et comme phénomènes caractéristiques il faut retenir l'existence de larges plaques rosées, le sang fluide et d'une coloration vermeille, une chaleur longtemps persistante dans le cadavre, la lenteur de la putréfaction.

Tous les organes vasculaires sont teintés par la rutilance du sang.

Les poumons, la muqueuse trachéale et bronchique, sont d'un rouge-brique. Dans le parenchyme, très dense, pas de *noyaux apoplectiques ni d'ecchymoses* sous-pleurales. La muqueuse digestive est rosée. Il n'y a rien au cerveau. Le sang peut être examiné par le procédé d'Eulenberg : mélangé avec le double de son volume d'une solution de potasse de 1/3 de densité, le sang donne un coagulum rouge-cinabre qui, traité par une solution concentrée de chlorure de calcium, passe au rouge carmin clair, tandis que la couleur est brun sale avec du sang non intoxiqué par CO et même intoxiqué par l'acide prussique. En résumé, il y a quatre méthodes pour reconnaître dans le sang la présence de CO : l'aspect physique, le réactif d'Eulenberg, le chlorure de palladium (méthode de Fodor), l'analyse spectrale.

IV. Conséquences médico-judiciaires et règles de l'expertise.

Ce que nous venons de dire de l'état du cadavre permet d'affirmer si un individu a succombé à l'asphyxie par les vapeurs de charbon. On peut d'ailleurs en avoir une nouvelle preuve par l'analyse spectroscopique du sang. Voici le procédé conseillé par M. Coulier :

« Pour faire cette expérience, il suffit de délayer quelques gouttes de sang dans un peu d'eau, de manière à obtenir un liquide opalin légèrement rosé. Ce liquide est versé dans un tube à expérience ordinaire, et ce tube est placé devant la fente d'un spectroscope recevant la lumière des nuées ou d'une lampe. On aperçoit alors les deux bandes d'absorption du sang artériel, que l'addition à une douce chaleur d'une goutte ou deux de sulfhydrate d'ammoniaque ne modifie pas. Il en sera de même si on fait traverser le sang intoxiqué par un courant de gaz acide carbonique. Cette action de l'oxyde de carbone sur l'hémoglobine explique également la présence des taches rosées sur la peau, et leur persistance jusqu'à la putréfaction bien accentuée, alors que le sang dans tout autre genre de mort prend la teinte veineuse, par suite de la combustion qui continue après la cessation de la vie. »

L'asphyxie peut être le résultat d'un accident, d'un suicide, d'un homicide.

Dans le premier cas, on constate que l'individu a fermé la clef qui est placée dans le tuyau du poêle ; le poêle s'est transformé en brasero et les gaz délétères se sont répandus dans la chambre. — Ou bien encore, la cheminée de la chambre à coucher est en communication avec le tuyau d'une autre cheminée dans laquelle on fait du feu et les produits de combustion peuvent ainsi être attirés. — Enfin, une cause plus rare est la combustion lente des poutres et des solives.

Dans les cas de suicide double, dans les cas d'homicide, il ne faut pas oublier que les individus doivent présenter une certaine équivalence dans les symptômes éprouvés. Voici quelques-unes des questions qui ont souvent été adressées à l'expert :

Lorsque deux personnes sont placées à des hauteurs inégales dans une chambre (par exemple, sur un lit et sur le parquet), quelle est celle qui succombe la première?

Comme le conseille M. Coulier, on pourrait répéter l'expérience en se servant d'animaux que l'on observerait du dehors. Voici d'ailleurs ce qui se passe. Le gaz délétère étant plus léger que l'air, va d'abord dans le haut de la pièce; quand il s'est suffisamment refroidi, il tombe à la partie inférieure; après vingt-quatre heures, par exemple, le mélange par diffusion s'opère. suivant la loi de Dalton, d'une manière uniforme. Dans une petite pièce, et avec une combustion rapide, la personne couchée sur un lit peut succomber avant celle qui serait allongée sur le plancher. Dans des conditions opposées, l'inverse pourrait se produire.

Quelle est la quantité de charbon nécessaire pour asphyxier dans une chambre?

Il faut tenir compte de la capacité de celle-ci, des ouvertures aux portes et fenêtres, de la qualité du charbon, etc. Leblanc pensait qu'un kilogramme de charbon en combustion pourrait rendre asphyxiants 25 mètres cubes d'air. On a dit aussi que la braise des boulangers fournissait plus d'oxyde de carbone que le charbon ordinaire.

Quant à savoir la quantité de charbon brûlé, il est souvent impossible de répondre à cette question, soit que la combustion ait été complète, soit que celle-ci ait eu lieu dans un fourneau qui renfermait déjà des cendres.

On doit se rappeler que l'asphyxie a quelquefois été simulée par des individus qui voulaient détourner les soupçons : l'état du cadavre et l'examen des circonstances extérieures auront alors la plus grande importance.

B. ASPHYXIE PAR LE GAZ D'ÉCLAIRAGE.

I. Définition et étiologie.

Le carbone, en s'unissant à l'hydrogène, forme des gaz hydrogène carboné et bicarboné qui doivent être connus du médecin expert.

L'*hydrogène carboné* ne peut entretenir ni la combustion ni la respiration. Il se produit pendant la décomposition des matières organiques. On le rencontre très fréquemment dans la nature, et c'est ainsi qu'il peut produire des accidents. C'est lui qui s'échappe de la vase des marais, qui, sous le nom de grisou, se répand dans l'intérieur des houillères. Il sort de terre pour former les *feux naturels*, les *fontaines ardentes* et les *rivières inflammables*, les *salses* ou volcans d'air.

L'*hydrogène bicarboné* est, comme le précédent, toujours gazeux : c'est un produit de l'art.

En l'an VII de la République, Philippe Lebon annonça à l'Institut qu'il serait possible de faire servir à l'éclairage des maisons les gaz combustibles qui se produisent pendant la combustion du bois ; le 28 septembre 1799, il prenait un brevet d'invention, et au mois de thermidor an IX, il publiait un mémoire sous ce titre : *Thermolampes ou poêles qui chauffent, éclairent avec économie, et offrent, avec plusieurs produits précieux, une force motrice applicable à toute espèce de machine.* Philippe Lebon distilla d'abord du bois. Les Anglais Murdoch et Winsor perfectionnèrent son procédé et se mirent à distiller de la houille. Cette admirable découverte de notre compatriote, traitée au début de ridicule par le grand chimiste H. Davy, regardée avec méfiance par les meilleurs esprits, est devenue à notre époque le procédé le plus convenable d'éclairage public.

La houille en se décomposant donne du coke, de l'eau ammoniacale, du goudron et un mélange gazeux. La composition du gaz d'éclairage étant essentiellement variable et complexe, on a recherché quelle était la cause particulière des accidents, afin d'éliminer cet agent par des procédés d'épuration convenables. Des recherches ont été faites sur ce point par les professeurs Layet et Jolyet de Bordeaux. Ils ont démontré d'abord que le gaz d'éclairage tue par l'oxyde de carbone qu'il contient ; mais cet agent est-il le seul toxique ? Le gaz livré à la consommation renferme encore de l'*hydrogène* dans la proportion de 30 à 50 pour 100 en volume ; or Grehant a démontré que ce n'était point un gaz toxique ; du *gaz des marais*, environ de 35 à 45 pour 100 : celui-ci n'est pas toxique mais simplement irrespirable; des *hydrocarbures* éclairants éthylène et propylène, 4 à 10 en moyenne pour 100. Or l'éthylène n'est pas toxique d'après ces expérimentateurs. Ajoutons que nous croyons qu'il convient d'étudier la toxicité des mélanges gazeux.

Avant de livrer ce gaz à la consommation, on le soumet à une opération physique et chimique qui a pour but de le débarrasser de l'ammoniaque, des matières bitumeuses, du sulfure de carbone et surtout de l'acide sulfhydrique qui sont en excès. Du dépurateur chimique, le gaz-lumière, le *gaz ligth*, se rend dans le gazomètre et de là dans les tuyaux de distribution.

Entre le gazomètre et les conduits est un régulateur de pression qui laisse écouler le gaz avec une pression régulière ou permet de régler celle-ci. Sur le trajet des conduits se trouvent des *siphons* qui servent à recueillir l'eau dont le gaz est toujours chargé. C'est souvent par eux (accidents de Strasbourg et d'Albi) que le gaz s'échappe.

Le gaz arrive ensuite aux appareils de combustion ou brûleurs[1]. Les meilleurs brûleurs sont ceux qui sont munis d'un bec en porcelaine, surmonté, comme dans le nouvel Hôtel-Dieu, d'un appareil fumivore qui porte au dehors tous les produits de la combustion.

[1] Un mètre cube de *gaz light* exige 10 mètres cubes d'air pour sa combustion. Un bec de gaz peut consommer dans une heure 125 litres de gaz. Le siphon, par son diamètre, équivaut à 300 becs. En France il se produit annuellement 350 000 000 de mètres de gaz; près de la moitié de la consommation a lieu dans le département de la Seine. En Angleterre la consommation est plus considérable : à Londres seul, en 1876, il a été produit plus de 400 000 000 de mètres cubes. Les tuyaux sont placés de 0m,60 à 1m,60 sous terre. A Paris, il y a 4000 kilomètres de tuyaux. Quel que soit le soin, l'ajustage n'est pas parfait : d'où perte et fuite annuelle de 7 % de la production annuelle. Dans quelques usines le coulage va jusqu'à 15 et 20 %. A Paris il se perd 15 000 000 de mètres cubes de gaz dans le sol, à Londres plus de 40 000 000. C'est, on le voit, une infection grave du sol qu se prépare peu à peu.

Le gaz d'éclairage peut provoquer deux sortes d'accidents : il fait explosion, il provoque l'asphyxie. Quand il y a *fuite du gaz*, qu'un conduit est mal fermé, le gaz s'infiltre dans le sol ou se répand dans l'atmosphère et lui communique une odeur caractéristique qui avertit aussitôt du danger. Cette odeur, déjà perceptible dans un mélange à $\frac{1}{10000}$, est très sensible à $\frac{1}{750}$. Si la proportion augmente, l'odeur devient insupportable ; à $\frac{1}{11}$, l'explosion a lieu, si l'on approche avec une bougie. L'asphyxie se produit avant qu'il y ait un auss grand excès de gaz. M. Tourdes fait remarquer que les propriétés odorantes du gaz offrent une telle garantie pour la sécurité publique qu'elles deviennent une qualité que l'on ne devra jamais lui laisser enlever. L'analyse chimique n'indique que $\frac{7}{10000}$ du gaz d'éclairage tandis que l'odeur de ce gaz est perceptible jusqu'à $\frac{5}{10000}$. Mais à travers le sol le gaz perd son odeur, s'épure, c'est-à-dire se débarrasse des hydrocarbures denses auxquels il doit précisément cette odeur. Le CO au contraire filtre sans déperdition, ainsi que l'ont prouvé les expériences de Bifel et de Poleck. Le pouvoir absorbant du sol n'est d'ailleurs pas indéfini, il se sature et alors ou le gaz brûle en nature ou bien son odeur peut être perçue. Le gaz parcourt ainsi à travers le sol de grandes distances. A Roveredo, $10^m,5$; à Breslau, $10^m,75$ et même 35 mètres ; à Cologne, 30 mètres. Donc le gaz peut provenir d'une fuite extérieure même éloignée, s'infiltrant peu à peu sous le sol et aspiré, pour ainsi dire, par la chaleur de l'habitation. Pettenkofer, qui s'est occupé de ce sujet à l'Exposition de Berlin en 1884, affirme que les accidents d'empoisonnement par le gaz d'éclairage se comptent par milliers. Il insiste sur cette sorte de succion dont nous venons de parler et qu'il appelle la *Grundluft.* Nos maisons sont comme d'énormes ventouses qui pompent les gaz du sol, et il y a d'autant plus facilement aspiration que la différence de température est plus grande entre l'air des appartements et l'atmosphère extérieure. Ce sont ces cas qui sont les plus difficiles à diagnostiquer et passent le plus facilement inaperçus. Pettenkofer cite le cas d'un jeune homme ainsi intoxiqué et qui était soigné pour une fièvre typhoïde. Dans un autre fait raconté par Hofmann, on attribua la mort à une plaie de tête alors qu'elle était produite par cet empoisonnement.

Il est encore à craindre que, si le gaz s'introduit dans les usages domestiques, on n'ait à observer les mêmes phénomènes. Il semble même que l'emploi de celui-ci dans des appareils de chauffage soit capable de déterminer certaines maladies ou intoxications chroniques, encore mal caractérisées, mais dont la constatation certaine, lors d'une expertise, peut soulever des questions de responsabilité ou de dommages-intérêts[1].

[1] Asphyxie d'une famille de trois personnes à Albi, 1874. Caussé (*Ann. d'hyg.*, t. LXIV, 1875), avec l'indication bibliographique des faits publiés antérieurement. — Un fait arrivé à Lyon, dans la nuit du 20 au 21 décembre 1879, rue de Vendôme : le père, la mère et un enfant de 12 ans furent trouvés inanimés ; les deux premiers ont succombé. — *De l'éclairage et du chauffage par le gaz :* Kuhlmann (*Ann. d'hyg.*, 1876, p. 167). — *Des altérations déterminées dans l'atmosphère des appartements par l'usage des appareils de chauffage au gaz :* Hudelo (*Ann. d'hyg.*, 1876, p. 528). — L'article *Gaz d'éclairage*, du Dictionnaire de Dechambre, par le professeur Layet.

II. Législation : Règlements de police.

Au début, l'administration et le public manifestèrent des craintes excessives qui se révélèrent par un grand nombre d'ordonnances de police, de règlements et de décrets.

Il y eut d'abord l'ordonnance royale du 20 août 1824 et celle du 15 mars 1838, puis le décret du 27 janvier 1846. En 1866, les établissements et usines à gaz furent classés dans la 2e et 3e classe des établissements insalubres, incommodes ou dangereux, aujourd'hui ils sont réglés par un décret spécial du 9 février 1867.

III. Symptômes généraux et pathogénie.

Les symptômes du début peuvent être très insidieux L'intoxication se fait lentement; dans les cas dont nous avons parlé plus haut, il n'existait pas de bec de gaz dans la chambre : le gaz s'infiltrait sous terre et arrivait par les fissures du plancher.

Ce sont d'abord des nausées, de la céphalalgie, des étourdissements, un profond affaiblissement, qui se montrent quand les individus séjournent dans la chambre intoxiquée, mais qui disparaissent quand les individus s'en éloignent pendant un certain temps. Ce malaise et ces symptômes se sont montrés pendant cinq nuits de suite chez les trois personnes dont M. Caussé rapporte l'histoire.

Les accidents mortels arrivent en effet la nuit. Les individus ne tardent pas à perdre connaissance. Parfois ils cherchent à se lever, mais ils chancellent et tombent.

Il y a à la fois asphyxie et empoisonnement. Ce sont d'abord des nausées, de la pesanteur de tête, une prostration extrême des forces. La conscience des choses du monde extérieur est voilée ou anéantie,

« La victime n'aurait qu'un cri à pousser pour être secourue, qu'un mouvement à faire pour briser un carreau et être sauvée ; mais elle est réduite à l'impuissance. » Les troubles de la sensibilité, de la motilité et des facultés intellectuelles s'accentuent de plus en plus. La respiration s'embarrasse, le pouls devient filiforme, et la scène se termine par tous les phénomènes ordinaires de l'asphyxie.

IV. Résultats anatomo-pathologiques.

La rigidité et la température des cadavres sont variables Dans le cas dont parle M. Caussé, la rigidité était très prononcée, les pupilles contractées, la face pâle, les narines fuligineuses.

Le corps présente des plaques rosées en différents endroits. La surface des voies aériennes est rouge, injectée les bronches remplies d'une écume blanche, à bulles fines et à stries sanguinolentes. La section des poumons est d'un rouge vif. Dans les gros vaisseaux et dans le cœur, du sang noir et des caillots. Devergie a trouvé au foie une couleur de terre argileuse foncée. Il y a une congestion cérébrale très intense, de la sérosité dans les ventricules et un engorgement considérable du système veineux rachidien L'examen du sang au spectroscope doit être fait ainsi que les réactions de Fodor et d'Eulenberg.

V. Conséquences médico-judiciaires et règles de l'expertise.

Il est à remarquer que ces accidents arrivent la nuit et en hiver. En cette saison, il est consommé une plus grande quantité de gaz, souvent celui-ci est sous une plus forte pression, et en outre la surface du sol étant durcie par la gelée, lorsqu'un siphon fonctionne mal comme dans les accidents de Strasbourg et d'Albi, le gaz s'infiltre sous terre et parfois à une très grande distance.

Mais avec l'usage des appareils de chauffage par le gaz, les accidents peuvent aussi se montrer pendant la journée. D'après M. Kuhlmann, dans ces appareils, il y a production de gaz nitreux, ce qui rend les locaux inhabitables : il faut donc arriver à priver complètement le gaz de son ammoniaque.

M. Hudelo fut appelé à visiter un appartement ainsi chauffé et dont le locataire se plaignait d'accidents nerveux et de malaises qui disparaissaient toutes les fois qu'il quittait son logement. M. Hudelo a montré que ces appareils avaient vicié l'air de l'appartement. L'humidité de l'air avait augmenté d'une façon notable et elle devait être à son maximum en hiver. L'appareil exagérait l'altération de l'atmosphère déjà produite par la respiration des locataires.

Dans de pareilles expertises, en réclamations de dommages-intérêts, on peut avoir à examiner des cas d'intoxication chronique.

Pour ceux qui ont rapport à l'asphyxie, on tiendra compte des symptômes que nous avons décrits. Les résultats anatomo-pathologiques sont très nets et ils donneront parfois la certitude. Il y a une différence selon que l'individu est mort dans une atmosphère toxique ou a succombé après en avoir été éloigné Alors le sang contient d'autant moins d'oxyde de carbone que l'individu a survécu plus longtemps. Dans un cas où un individu avait succombé 17 heures après, Hofmann n'a plus trouvé les signes caractéristiques du sang.

C. ASPHYXIE PAR LE MÉPHITISME DES FOSSES D'AISANCES[1].

I. Définition et étiologie.

Les gaz qui se dégagent dans les fosses d'aisances exposent à deux sortes d'accidents : des explosions et des asphyxies. Les principaux de ces gaz sont l'acide sulfhydrique, le sulfhydrate d'ammoniaque, l'ammoniaque, l'azote, des hydrogènes carbonés. Le plus dangereux de ces gaz est l'acide sulfhydrique ou hydrogène sulfuré.

L'hydrogène sulfuré est le produit de la putréfaction des matières organiques qui renferment du soufre dans leurs éléments constituants. On le sent dans les œufs pourris ; il se dégage des fosses d'aisances, des dépotoirs, des gadoues, de la vase des marais et des égouts. Il a donc de nombreuses sources de production ; mais dès qu'il arrive dans l'air, il est peu à peu décomposé par l'oxygène.

Cependant il en reste encore assez pour brunir les peintures, les métaux, etc.

L'hydrogène sulfuré est absolument irrespirable, et l'animal qui le respire est aussitôt foudroyé. Les expériences de Thénard et Dupuytren ont montré qu'un air qui en contient $\frac{1}{1500}$ de son volume fait périr un oiseau ; dans une atmosphère de $\frac{1}{1000}$ un chien succombe ; dans un milieu qui en renferme $\frac{1}{150}$ un cheval s'abat en une minute. C'est lui qui produit le *plomb* auquel sont exposés les ouvriers qui vident les fosses ou curent les égouts.

MM. Gréhant et Peyrou ont recherché dans quelle proportion le gaz mêlé à l'eau devient dangereux. Au moyen d'un dispositif spécial, M. Peyrou a fait respirer à des chiens différents mélanges d'air et d'hydrogène sulfuré,

[1] Voir l'article FOSSES D'AISANCES ET LATRINES du Dictionnaire de Dechambre, par le professeur Layet, et les recherches expérimentales de Tamassia dans la *Rivista sperimentale di medicina legale*, 1879, de Laborde dans la *Tribune médicale*, 1881-1882.

absolument pur, au $\frac{1}{2000}$, au $\frac{1}{1500}$ et au $\frac{1}{1000}$: seul le dernier de ces mélanges donna lieu à quelques accidents : agitation, dyspnée, etc. Pour tuer l'animal il faut employer un mélange au $\frac{1}{500}$. Faraday avait obtenu le même résultat avec un mélange au $\frac{1}{800}$.

MM. Brouardel et Loye (*Comptes rendus de l'Acad. des sciences*, août 1885) ont établi par leurs expériences qu'il fallait distinguer deux formes d'intoxication :

1° Dans la première, la mort est foudroyante et elle est nettement due à une action sur les centres nerveux. La pupille est immédiatement dilatée, la cornée est insensible, le réflexe pupillaire a disparu : il est impossible d'obtenir aucun réflexe. Les membres sont en contracture : la respiration, d'abord convulsive, ne tarde pas à s'arrêter. Le cœur ralentit ses battements en même temps qu'il augmente leur puissance. La pression sanguine diminue d'une façon à peu près régulière jusqu'à la mort : toujours le cœur est l'*ultimum moriens*. Le sang est violacé, mais l'hémoglobine est peu altérée.

2° Dans la seconde forme, la mort est plus lente : aux accidents nerveux se joignent des phénomènes asphyxiques très évidents. Après une première phase caractérisée par la dilatation de la pupille, l'insensibilité de la cornée, l'arrêt de la respiration et le ralentissement du cœur, on constate des accidents qui paraissent bien dus à l'asphyxie. La respiration revient, mais les mouvements respiratoires sont très énergiques : ils mettent en jeu tous les muscles du thorax et des épaules. Le cœur bat irrégulièrement; la pression s'abaisse, puis se relève, la contraction apparaît, puis disparaît. L'animal succombe dans le coma. Le sang est très violacé, avec des altérations de l'hémoglobine L'urine renferme tantôt du sucre, tantôt de l'albumine. Les muscles restent excitables après la mort.

Des règlements de police que nous reproduisons plus loin indiquent les procédés de construction des fosses, la disposition du tuyau de descente et du tuyau d'évent, les précautions à prendre lors de l'opération de la vidange. Ces ordonnances sont aussi bien faites que possible et on peut dire que tous les accidents qui surviennent sont les conséquences d'une infraction à ces règlements.

Nous voudrions voir ceux-ci adoptés par toutes les municipalités. Malheureusement il n'en est pas ainsi et la disposition des cabinets d'aisances et des fosses est laissée dans beaucoup de localités à la fantaisie du constructeur.

Il fut aussi un temps où les habitants de Paris déjetaient dans les rues les immondices de toutes sortes. Un arrêt du parlement, du 13 septembre 1533, confirmé par un édit de François Ier en 1539, rendit obligatoire la création de fosses d'aisances. Mais ce n'est qu'en 1809 que l'administration imposa les règles qui devaient présider à leur construction. Une ordonnance royale du 24 septembre 1819 précisa les différentes dispositions. Depuis cette époque, les progrès furent de plus en plus marqués, parce que l'administration se fit un devoir d'appliquer les conseils de la science. Il faut citer à ce sujet les travaux de Darcet, de Parent-Duchâtelet, les rapports du conseil de salubrité, du docteur Grassi, de la commission des logements insalubres, parmi lesquels on ne doit pas oublier MM. Perrin, Hennezel, Potier.

Les lieux d'aisances présentent le système dit *à la turque*, ou le système *à l'anglaise* (*système Jennings*). Il y a communication directe avec le tuyau de descente ou bien fermeture. Comme fermetures on emploie les fermetures Bouchard-Huzard ou Rogier-Mothes, ou une simple cuvette hydraulique et pour chaque siège un conduit de ventilation aboutissant à une cheminée générale d'évacuation (prison de Mazas, hôpital militaire de Vincennes, gare du Nord. — Chaque siège est ventilé par un bec de gaz spécial).

Si nous insistons sur ces différents points qui semblent tenir plutôt à l'hygiène qu'à la médecine légale, c'est que nous croyons qu'ils peuvent rendre service dans certaines expertises. Aussi nous allons donner un résumé de l'opinion de la commission des logements insalubres à Paris.

L'administration peut prescrire des appareils à fermeture hermétique, car on ne peut compter sur l'emploi des désinfectants dont il faut nécessairement laisser l'usage à la bonne volonté des propriétaires ou des locataires.

Les matières fécales, par le tuyau de descente, arrivent dans des fosses fixes ou dans des fosses mobiles. L'usage de tinettes-filtres avec déversement direct à l'égout améliorerait la situation.

L'observation et les expériences ont montré la nécessité de ventiler les fosses par le tuyau d'évent réglementaire, d'établir constamment à l'air libre les ouvertures extractives, et de déplacer, toutes les fois que ce déplacement est possible, les ouvertures qui se trouvent dans des espaces clos, et surtout dans des pièces habitées, de surveiller l'installation, trop souvent défectueuse, des caveaux de fosses mobiles, et leur bon état d'entretien.

Le tuyau d'évent réglementaire est une soupape de sûreté : quand, par suite de l'abaissement de la pression barométrique ou autres causes, la pression intérieure de la fosse augmente, les gaz peuvent se dégager par ce tuyau. Selon les recommandations de Darcet, les constructeurs devraient s'efforcer d'échauffer le tuyau d'évent en le faisant passer aussi près que possible du foyer de la cuisine principale ou près des corps de cheminées. Mais on ne voit là qu'une prescription réglementaire, et l'on ne fait un tuyau que parce que l'autorité l'exige. Aussi, souvent ce tuyau ne sert pas ; parfois même il peut présenter des inconvénients, si, au lieu d'aspirer les gaz de la fosse, il donne lieu à un courant inverse qui les comprime et les refoule à l'intérieur de l'habitation.

Pour faciliter le fonctionnement du tuyau d'évent, il faut adapter à son extrémité supérieure un appareil qui fait concourir l'action du vent à la ventilation de la fosse (appareils Leroy, Noualhier, ventilateur de Toussaint-Lemaître, girouette à gueule de loup (Morin), la mitre dite parafumée (système Gilles). Le tuyau doit s'élever assez haut pour que l'ajutage ne soit pas dominé par le faîte de la maison ni par ceux des maisons voisines.

On peut aussi prolonger le tuyau de chute au-dessus du sommet des maisons et y adapter un ajutage. La ventilation par le tuyau de chute se fait toujours bien parce que, placé dans les constructions intérieures, il se refroidit moins que le tuyau d'évent.

S'il y a des sièges béants, la section du tuyau d'évent doit présenter au moins 1 décimètre carré par $3^{mc},6$ de capacité de la fosse (si cette section n'est, par exemple, que de $0^{m},25$ de diamètre, et que la fosse soit supérieure à 18 mètres cubes), le tuyau de chute doit être installé comme nous venons de le dire. D'ailleurs, selon les préceptes de Darcet, toutes les fois qu'il sera possible, on fera aboutir le tuyau d'évent à la partie inférieure d'une cheminée d'usine ou dans une cheminée quelconque dont le foyer reste allumé tout le jour. On n'a nullement à craindre, dans ces conditions, les explosions qui peuvent se produire dans les fosses. Voici les conclusions du mémoire de M. Perrin : « 1° Les explosions dues à l'inflammation des gaz contenus dans les fosses d'aisances ne sont pas aussi rares qu'on le croit généralement ; 2° ces explosions, d'une violence parfois extrême, peuvent devenir non seulement une cause d'incendie dans les habitations, mais encore de blessures plus ou moins graves et d'asphyxie pour les personnes ; 3° elles se produisent à peu près exclusivement dans les fosses non pourvues de tuyau d'évent, conformément à l'ordonnace du 24 septemdre 1819 ; 4° les dangers sont notablement accrus par la présence des pierres d'extraction dans des espaces clos et fermés, et surtout dans des pièces habitées ; 5° tous les graves inconvénients qui viennent d'être exposés seraient évités par l'établissement, à l'intérieur des fosses, d'une ventilation, soit naturelle, soit artificielle, mieux assurée, et en même temps par l'exposition à l'air libre des ouvertures d'extraction ; 6° le fonctionnement actuel des tuyaux d'évent est lui-même insuffisant. »

Lorsqu'une fosse est presque remplie, les matières solides sont accumulées dans le bas, où elles forment une couche dure et pâteuse ; au-dessus il y a une partie liquide ou demi-liquide nommée *vanne*, que surmonte la *croûte* ou *chapeau*. Les gaz s'accumulent dans l'espace laissé vide entre la voûte et le niveau des matières fécales, sous la croûte, et dans la pyramide ou *heurte* qui se forme au-dessous du conduit de descente.

II. Législation : Règlements de police.

Citons l'ordonnance du roi qui détermine le mode de construction des fosses d'aisances dans la ville de Paris (du 24 septembre 1819); l'ordonnance concernant le service des fosses mobiles, du 5 juin 1834; l'ordonnance de police concernant les fosses d'aisances, du 23 octobre 1850, et l'ordonnance du 8 novembre 1851 :

Art. 7. A l'avenir, les appareils de fosses mobiles devront être disposés de telle sorte que la séparation des matières solides et liquides s'opère dans les fosses.

Citons aussi les ordonnances du 4 juin 1831, concernant les vidangeurs; du 12 décembre 1849, qui prescrit la désinfection des matières contenues dans les fosses d'aisances avant leur extraction; du 29 novembre 1854, concernant la désinfection des matières contenues dans les fosses d'aisances et l'écoulement des eaux vannes aux égouts.

Nous empruntons à l'excellent ouvrage de M. Liger : *Fosses d'aisances, latrines, urinoirs. Paris*, 1875, les quelques données de jurisprudence qui intéressent particulièrement la salubrité publique.

1° L'autorité municipale est fondée à prendre des arrêtés relativement à l'établissement des fosses d'aisances, latrines et urinoirs, de même que pour l'enlèvement des vidanges. (Loi des 14-16 août 1790. Arrêt de la Cour de Cassation du 18 août 1861.)

2° La contravention à un arrêté de police, prescrivant l'établissement de fosses d'aisances d'un système déterminé, ne peut être excusée sur le motif que l'exécution de cet arrêté présenterait des difficultés dans la maison du prévenu; ces difficultés ne sauraient être assimilées à un cas de force majeure, et leur appréciation rentre dans les attributions exclusives de l'autorité administrative qui seule peut modifier son arrêté ou prendre les mesures nécessaires pour en faciliter l'application. (Cassation 10 juillet 1868.)

3° En matière de fosses d'aisances et de tous leurs accessoires, les usages d'une localité ne peuvent autoriser une dérogation à la loi générale ni à un règlement légal s'appliquant à la localité. (Cassation 30 mars 1861.)

4° Dans les villes, l'établissement de fosses d'aisances dans chaque maison est obligatoire quand bien même aucun règlement local n'en prescrirait la construction. (Cassation, 18 avril 1860.)

5° Dans les théâtres, marchés, bals et dans tous les établissements où il y a rassemblement d'hommes temporaire ou permanent, il est du devoir de l'autorité municipale d'exiger l'établissement de fosses et lieux d'aisances publics.

6° Les maires ne doivent pas souffrir que les fosses d'aisances s'étendent sous le sol des rues et places. (Cassation, 7 mars 1851.)

7° Un arrêté municipal ordonnant que, dans un délai déterminé, toutes les maisons de la ville devront être pourvues de fosses d'aisances, ne s'applique pas seulement aux maisons à édifier, mais aussi aux maisons existantes. (Cassation, 13 février 1857.)

8° Dans les bourgs et villages, l'autorité municipale peut, par arrêté, ordonner l'établissement d'une fosse d'aisances dans chacune des maisons de la commune; elle serait même fondée à prescrire le système suivant lequel ces fosses devraient être établies. (Cassation, 18 août 1860, 28 février 1861.)

9° Les latrines et les urinoirs pouvant créer des causes d'insalubrité, leur établissement est subordonné aux prescriptions de l'autorité municipale; c'est la loi. Toutefois la même autorité ne peut procéder à la réglementation de ces objets qu'en prescrivant les conditions strictement nécessaires au point de vue de la salubrité et sans que l'arrêté administratif soit motivé par des conditions de confortable ou d'embellissement.

10° Les lieux d'aisances mis à l'usage d'un locataire doivent être exempts de danger. Le propriétaire est responsable au point de vue pénal des dangers que peut présenter le système de construction des latrines; par suite, le même propriétaire peut être poursuivi pour homicide par imprudence, en cas où le défaut de construction de ces latrines amènerait un accident suivi de décès; le juge pourrait toutefois modérer la peine s'il y avait imprudence des locataires, de la victime ou des personnes chargées de veiller sur elle. (Cour de Colmar, 9 février 1859.)

11° Le propriétaire de latrines insuffisamment aérées, dans le cas d'une explosion déterminée par le jet d'un papier enflammé dans ces latrines, est passible des dommages causés et de leur réparation. (Cour de Paris, 8 mars 1862.)

12° Les cuvettes de sièges d'aisances et d'appareils étant d'un usage quotidien, leur entretien est entièrement locatif. Dès lors, le premier est tenu de toutes les dégradations qui pourraient y être faites par maladresse ou par violence. Les réparations provenant de l'usure que produise la rouille et les oxydes et de tous les défauts de fabrication incombent au propriétaire....

III. Symptômes généraux et résultats anatomo-pathologiques.

Nous n'avons pas à nous occuper de toutes les maladies qui peuvent atteindre les ouvriers vidangeurs. Ils rendent de grands services à la société, et il serait vraiment injuste de ne pas leur témoigner de l'intérêt. Mais disons d'ailleurs que c'est grâce aux travaux des médecins, à Darcet, Parent-Duchâtelet, etc., que des règles sévères d'hygiène et de protection ont été apportées dans l'œuvre de cette profession. C'est à la vue de ces malheureux que, touché de compassion, Ramazzini, âgé de soixante ans, se décida à écrire son beau traité des maladies des artisans. Nous ne citerons que les accidents mortels produits par les effets du gaz que les ouvriers désignent sous le nom de *mitte*, de *plomb*.

Les émanations ammoniacales irritent vivement les muqueuses et surtout la conjonctive (ophthalmie des vidangeurs) et la pituitaire. L'hydrogène sulfuré et le sulfhydrate d'ammoniaque peuvent déterminer une mort instantanée. Mais ordinairement leur action est moins brusque. Il y a une douleur vive à la tête et au creux de l'estomac[1]. Dans cette région, c'est une sensation d'angoisse et de resserrement ; la base de la poitrine est comme comprimée par un grand poids :

[1] Une observation intéressante d'intoxication sur un étudiant qui avait, au laboratoire de chimie, travaillé longtemps dans la chambre à hydrogène sulfuré, a été publiée par Caln (*Gaz hebd.*, p. 864, 1883).

c'est le plomb. Puis la syncope survient, l'individu tombe sans connaissance et sans mouvements, le corps est froid, la face livide, à la bouche une écume roussâtre, les pupilles dilatées, le pouls petit : parfois il se plaint, gémit et succombe dans les convulsions; d'autres fois il y a insensibilité, prostration, et il meurt sans secousses.

Les lésions cadavériques sont souvent celles de l'asphyxie. Les cadavres se putréfient très rapidement, les tissus sont flasques, les poumons gorgés de sang, celui-ci est fluide et rouge brun; le foie volumineux, de couleur verdâtre; le cerveau et ses enveloppes sont congestionnés. L'examen du sang doit être fait. Ce liquide, mélangé avec de l'hydrogène sulfuré, se colore en vert. A l'analyse spectroscopique, on remarque la disparition des raies de l'hémoglobine et une raie d'absorption dans le rouge. Hofmann dit n'avoir jamais trouvé ce spectre dans le sang d'individus empoisonnés par l'hydrogène sulfuré. Laborde l'a au contraire démontré expérimentalement sur des animaux : d'après lui ce gaz, après avoir traversé les poumons, passe dans le sang artériel, et agit d'une manière spéciale sur les centres organiques qui commandent la fonction respiratoire. Il ajoute : « De la constance et de la nature de ces troubles fonctionnels, se liant à une lésion également constante et par son siège et par sa nature, se déduisait clairement le mécanisme physiologique et toxique de l'action de la substance introduite dans l'organisme. Ce mécanisme, avons-nous dit, réside essentiellement dans un *phénomène d'arrêt fonctionnel*, par suite de l'influence modificatrice que le gaz sulfhydrique exerce sur le centre bulbaire respiratoire, influence qui se traduit par une altération appréciable de la substance organique de ce centre. Cette action peut s'exercer de deux façons séparées ou simultanées, directement ou indirectement : dans la première alternative, le gaz toxique transporté par le sang artériel aux parties encéphaliques va agir *directement* sur le centre organique en question, de manière à provoquer le trouble et l'arrêt momentané ou définitif des phénomènes fonctionnels qu'il tient sous sa dépendance (actes mécaniques respiratoires); dans la seconde, une impression périphérique sur la muqueuse pulmonaire, c'est-à-dire sur les expansions terminales des nerfs vagues, provoque, par action réflexe, la même suspension fonctionnelle ; il est facile de comprendre que, dans ce dernier cas, l'accident soit plus immédiat et plus rapide, car le transport circulatoire n'est pas nécessaire, et il suffit du simple contact du gaz, agissant à la façon d'un irritant ou d'un excitant, pour produire l'effet physiologique dont il s'agit. »

IV. Conséquences médico-judiciaires et règles de l'expertise.

Lorsque des accidents se produisent dans la vidange d'une fosse, une instruction judiciaire est ouverte et il faut savoir à qui doit être attribuée la responsabilité de ces accidents. Des experts sont nommés et ils doivent alors en établir les causes. Les renseignements que les ordonnances de police ont donnés sur la construction et le fonctionnement des fosses permettront de dire si celles-ci se trouvent dans les conditions réglementaires.

Il faut ensuite s'assurer si les préposés de l'administration, chargés de surveiller la vidange de la fosse, ont pris toutes les précautions nécessaires.

C'est ainsi que le tribunal de Grenoble, dans son audience du 25 mars 1875, après avoir établi que le sieur M..., inspecteur du service de la désinfection, n'avait pas procédé à la désinfection d'une fosse dans les conditions des arrêtés municipaux, et tout en reconnaissant l'imprudence d'une des victimes, déclare M.... « atteint et convaincu du délit d'homicide par imprudence qui lui est imputé, prévu et puni par l'article

519 du code pénal, et, en réparation, le condamne à cinq mois d'emprisonnement et 300 francs d'amende, le condamne en outre au huitième des dépens de la procédure et à tous ceux postérieurs à l'assignation. »

Nous devons le répéter encore : quelles que soient les précautions prises, les procédés de désinfection sont insuffisants pour garantir d'une manière absolue l'ouvrier vidangeur. Les accidents surviennent même lorsqu'on a désinfecté les fosses et qu'on les a ventilées à l'aide du fourneau Dalesme. Pour l'ouvrier qui descend dans une fosse d'aisances quelconque, il n'y a de sécurité que dans l'emploi du bridage. Malheureusement, les ouvriers sont les premiers à vouloir s'en passer.

Voici comment se fait la désinfection :

A Paris, d'après les prescriptions municipales, dès que la fosse est ouverte, on y verse, au taux de 1 1/2 à 2 pour 100 par mètre cube de matières, une dissolution métallique marquant à l'aréomètre 22 à 24 degrés pour le sulfate de fer, et 18 degrés pour le sulfate de zinc; parfois on ajoute en excès (4, 5, 6 pour 100) jusqu'à ce que le papier à l'acétate de plomb montre que la liqueur est désulfurée.

Alors, à l'aide d'un rabot, manœuvré du dehors, on procède au brassage.

Même lorsque celui-ci est bien fait, tout le contenu de la fosse n'est pas atteint par le liquide désinfectant ; il y a des angles de mur, les matières sont trop épaisses ; si les produits employés à la désinfection sont mauvais, et si, par exemple, les sulfates sont trop acides, alors l'acide en excès décompose les sulfures ou les carbonates des matières de la fosse et il y a un excès de production d'hydrogène sulfuré et d'acide carbonique.

La vidange faite, un ouvrier pénètre dans la fosse pour opérer les rachèvements et enlever le gratin. C'est la partie de l'opération la plus dangereuse.

L'autorité doit protéger la santé des malheureux qui, vivant au milieu des ordures et sous la menace constante des plus graves accidents, contribuent par leur travail à la salubrité de nos habitations. Elle ne doit donc permettre une entreprise de vidanges que quand le directeur de cette exploitation fournit la preuve d'un matériel convenable et suffisant.

On doit punir sévèrement ceux qui ne suivent pas les prescriptions réglementaires sur la construction et la vidange des fosses d'aisances.

Ce que nous venons de dire dans ce chapitre peut s'appliquer au MÉPHITISME DES ÉGOUTS. Il est produit par l'acide carbonique, l'azote et l'hydrogène sulfuré. Les expériences de Herbert Barker ont montré que les émanations des égouts sont dangereuses par l'hydrogène sulfuré. — Mêmes symptômes, mêmes lésions à l'autopsie.

D. DES ACCIDENTS CAUSÉS PAR LES ANESTHÉSIQUES[1].

I. Définition et étiologie.

On donne le nom d'anesthésiques à des substances qui ont la propriété d'éteindre momentanément la

[1] Bayard. Appréciation médico-légale de l'éther et du chloroforme, *in Ann. d'hyg.*, t. XLII, 1849. — Tourdes. Remarques sur le chloroforme au point de vue médico-légal, *in Gaz. méd. de Strasbourg*, 1852. — Morel. De l'éthérisation dans la folie et en médecine légale, *in Arch. de méd.*, t. III, 1854. — Casper. *Méd. légale*, t. II, p. 435. — Sédillot. De quelques phénomènes psychologiques produits par le chloroforme, etc., *in Gaz. méd. de Strasbourg*, 1864, p. 337. — Tourdes. Art. Anesthésie (médecine légale) *in Dict. encycl.*, 1866. — Gosselin. Des contre-indications des anesthésiques dans la pratique chirurgicale, *in Bull. de thér.*, 1866, p. 406. — Martino. Applications médico-légales de l'anesthésie, *Thèse de Strasbourg*, 1868, n° 56. — Lacassagne

sensibilité. La découverte de l'anesthésie chirurgicale est une des plus belles conquêtes de notre époque. C'est un des grands services que la profession médicale a rendus à l'humanité. Dans notre mémoire à l'Académie, nous avons donné de longs détails sur les débuts de l'anesthésie et les différents procédés employés pour la produire.

De nos jours, elle est obtenue ordinairement par les vapeurs de protoxyde d'azote, l'éther, le chloroforme. Ce sont les seuls anesthésiques dont nous aurons à nous occuper.

Les effets du *protoxyde d'azote* furent décrits pour la première fois par H. Davy en 1799. On l'appela *gaz hilarant*, *gaz du paradis*. Ce fut un dentiste de Hartford, Horace Wels, qui, en 1844, l'employa dans les opérations chirurgicales. Son action est très fugitive : elle dure si peu de temps que l'on raconte que l'acrobate Blondin put faire ses exercices sur la corde raide à peine revenu de son sommeil.

L'éther et le chloroforme sont plus souvent employés.

L'*éther*, éther vinique, C^4H^5O, est un oxyde d'éthyle. On l'obtient en mettant en contact un acide avec de l'alcool.

Des phénomènes psychologiques avant, pendant et après l'anesthésie provoquée, *in Mém. de l'Acad. de médecine*, 1869, t. XXIX, et Rapport de M. Pidoux, *Bull. de l'Acad.*, t. XXXII. — Les morts par le chloroforme, etc., par Marduel, *in Gaz. hebd.*, 1870, p. 595. — De la supériorité de l'éther sur le chloroforme comme anesthésique, par Morgan, *in Bull. de thér.*, 1872, p. 515. — De l'emploi du chloroforme au point de vue de la perpétration des crimes et délits, rapport par Dolbeau, *in Ann. d'hyg.*, 1874, p. 168. — Maurice Perrin. La question des anesthésiques, *in Bull. de thérap.*, 1875, p. 49. — Cl. Bernard. Leçons sur les anesthésiques et l'asphyxie. Paris, 1875. — Tripier. Des accidents dus à l'anesthésie par l'éther chez les jeunes sujets (Assoc. franç. Clermont, 1876), — Même sujet par Marduel (*Gaz. hebd.*, 1877).

Comme on emploie ordinairement l'acide sulfurique, ce produit est souvent désigné sous le nom d'éther sulfurique; mauvaise dénomination, puisqu'il ne contient pas trace de l'acide qui a servi à le produire. Basile Valentin, au quinzième siècle, l'avait entrevu, mais c'est Grosse qui, en 1734, découvrit le procédé de fabrication suivi encore de nos jours. Au docteur américain Jackson revient l'honneur d'avoir signalé et démontré ses propriétés anesthésiques.

Le *chloroforme* C^2HCl^3 provient de la distillation avec beaucoup d'eau d'un mélange d'hydrochlorite de chaux et d'alcool. Soubeiran, en 1831, le découvrit, et M. Dumas, quelques années plus tard, détermina sa composition et lui donna le nom de chloroforme, pour rappeler que c'est de l'acide formique (C^2HO^3) dont l'oxygène a été remplacé par du chlore. En 1847, Flourens signala ses propriétés anesthésiques, mais c'est le docteur Simpson qui en vulgarisa l'emploi en chirurgie (10 novembre 1847)[1].

[1] P. Bert : Des effets du protoxyde d'azote (*Soc. de biologie*, février 1876). — Dastre : Étude critique des travaux récents sur les anesthésiques, *Revue de Hayem*, 1818. — Regnard, *Revue scientifique*, 1885.

D'après P. Bert, l'anesthésie est le résultat de la tension du gaz dans le sang. Un homme opéré d'une fistule à la vésicule biliaire, par Langenbeck, est resté sous l'influence du protoxyde d'azote sous pression pendant sept heures par jour et pendant quatre jours. M. Martin (de Lyon) a maintenu dans ces conditions un chien pendant 74 heures consécutives. Chez ces animaux la mort arrive par arrêt de la respiration et jamais par arrêt du cœur. Il n'y a pas emmagasinement du chloroforme, mais proportion de ce gaz dans le sang. Le chloroforme a une action périphérique : c'est cette excitation qui vient agir sur le cœur. Aussi les morts subites survenant au moment de l'avulsion d'une dent sont fréquentes dans l'art dentaire. Voici quel est le principe de la méthode anesthésique de P. Bert : le protoxyde d'azote anesthésie quand il se trouve dans le sang à la pression d'une atmosphère. La quantité absorbée sera la même si la pression du protoxyde est d'une atmosphère, mais si la pression du mélange présenté au sang est supérieure, il y aura à la fois du protoxyde et de l'oxygène. Le sujet respirera comme dans l'air pur et s'anesthésiera comme dans le protoxyde pur, si l'on a soin d'élever la pression de 1/5 d'atmosphère.

Les anesthésiques ayant la propriété d'étouffer la résistance, de supprimer la volonté, d'effacer le souvenir, d'éteindre la sensibilité, peuvent être employés par des mains homicides. Ils servent facilement à commettre un suicide, et en outre, le danger de leur emploi et souvent leur rapidité d'action exposent à des accidents.

Les expertises ont lieu en effet à propos de crimes, de suicides ou d'accidents. Casper cite le cas d'un dentiste de Potsdam qui, en mars 1856, se voyant réduit à la misère, fit périr par le chloroforme sa femme et ses deux enfants, puis se donna la mort. — Quand l'anesthésie a été produite, avec l'assentiment d'un malade, s'il succombe, il survient aussitôt une question de responsabilité médicale. — En 1847, un dentiste a été condamné, à Paris, pour avoir abusé d'une jeune fille qu'il avait éthérisée. — En 1874, le juge d'instruction de Montbelliard avait posé cette question à l'expert : « Si l'emploi des narcotiques administrés à l'état liquide ou gazeux peut produire une anesthésie suffisamment profonde pour qu'un viol soit accompli. » La *Société de médecine légale de Paris* consultée a discuté ce point : Chez un individu qui dort naturellement, peut-on administrer le chloroforme en vapeur et provoquer ainsi l'anesthésie sans réveiller le dormeur ?

Les suicides sont fréquents, les accidents assez nombreux. — La servante d'un droguiste fut asphyxiée par des vapeurs d'éther qui s'échappaient d'une jarre accidentellement brisée dans la chambre où elle couchait. — Ce sont des malades qui ont cherché à calmer leurs douleurs ou des médecins qui faisaient des expériences comme les docteurs Adams, de Glasgow, en 1849.

le docteur Glover, en 1859, et un jeune stagiaire du Val-de-Grâce (1866) qui avait la fatale passion de s'éthériser.

II. Législation.

Ordonnance du roi du 29 octobre 1846 : Titre II. *De la vente des substances vénéneuses par les pharmaciens.*

Art. 5. La vente des substances vénéneuses ne peut être faite, pour l'usage de la médecine, que par les pharmaciens et sur la prescription d'un médecin, chirurgien, officier de santé ou d'un vétérinaire breveté.

Cette prescription doit être signée, datée, et énoncer en toutes lettres la dose desdites substances, ainsi que le mode d'administration du médicament.

Art. 6. Les pharmaciens transcriront lesdites prescriptions, avec les indications qui précèdent, sur un registre établi dans la forme déterminée par le paragraphe 1er de l'article 3.

Ces transcriptions devront être faites de suite et sans aucun blanc.

Les pharmaciens ne rendront les prescriptions que revêtues de leur cachet et après y avoir indiqué le jour où les substances auront été livrées, ainsi que le numéro d'ordre de la transcription sur le registre.

Ledit registre sera conservé pendant vingt ans au moins et devra être représenté à toute réquisition de l'autorité.

Décret du 8 *juillet* 1850, *concernant la vente des substances vénéneuses;* dans le tableau de celles-ci annexé à ce décret figure le *chloroforme.*

Les articles de l'ordonnance royale que nous venons de citer montrent comment est engagée la responsabilité du pharmacien dans la vente du chloroforme. Il n'en est pas de même pour l'éther. Mais pour ce dernier, comme pour tous les anesthésiques, le pharmacien ne doit vendre que des produits d'une grande pureté.

L'inhalation des anesthésiques a été considérée comme une grande opération par le jugement rendu en 1885 par la 8e chambre correctionnelle et que nous reproduisons :

« Le tribunal,

Attendu qu'il résulte de l'instruction et des débats que, le 25 novembre 1884, le sieur Lejeune s'est rendu chez Duchesne pour se faire extraire une dent;

Que, sur la demande du client, le dentiste lui a fait respirer du Protoxyde d'azote pour le rendre insensible à l'opération;

Qu'à la suite de ces inhalations, le sieur Lejeune est tombé en syncope et a succombé ;

Attendu que, dans cette opération, Duchesne a eu le tort de ne pas se faire assister par un docteur en médecine ;

Qu'en effet, l'administration du protoxyde d'azote exige chez l'opérateur des connaissances physiologiques sérieuses qui lui permettent d'examiner au préalable et avec soin l'état des organes du sujet qui réclame l'anesthésie ;

Que, quelle que soit l'expérience du prévenu, expérience qui a pu suffire dans la plupart des cas, mais non dans tous, des connaissances spéciales paraissent faire défaut à Duchesne, qui n'est ni docteur-médecin, ni officier de santé, bien qu'il prenne faussement la qualité de médecin ;

Qu'un examen médical approfondi du sieur Lejeune était d'autant plus nécessaire que, d'après son propre médecin, c'était un homme dont la constitution ne permettait pas de lui faire respirer sans danger une substance anesthésique ;

Attendu que Duchesne a si bien compris sa faute que, pour se disculper, il s'est hâté d'affirmer, contrairement à la vérité, comme il l'a plus tard avoué, qu'il s'était fait assister d'un docteur en médecine ;

Attendu que l'un des experts commis, le docteur Brouardel, entendu à l'audience, estime que, pour l'application de l'anesthésie, deux personnes compétentes, dont l'une au moins soit docteur en médecine, sont nécessaires, et que c'est une imprudence réelle d'appliquer l'anesthésie, comme l'a fait Duchesne, sans observer ces conditions ;

Que, d'après le même témoin, c'était dans le cas particulier une imprudence spéciale d'administrer le protoxyde d'azote au sieur Lejeune, étant donné le tempérament de ce dernier ;

Qu'il eût été admissible de pratiquer sur lui ce mode d'anesthésie, s'il se fût agi de l'opérer pour une maladie grave, mais non pas alors qu'il s'agissait d'une pure opération de complaisance, suivant l'expression du témoin lui-même ;

Attendu, d'un autre côté, que si, parmi les opérations chirurgicales, l'extraction d'une dent doit être considérée comme une opération généralement sans importance, et qui, exigeant seulement une certaine habileté de main, peut, sans danger, être confiée à un dentiste quelconque, même non diplômé, il n'en est pas ainsi quand cette opération est accompagnée d'anesthésie ;

Que, dans ce dernier cas et d'après l'avis des experts, elle appartient sans conteste à la catégorie des grandes opérations

Qu'à ce titre, aux termes de l'article 29 de la loi du 19 ventôse an XI, les officiers de santé et, à plus forte raison, les dentistes qui ne possèdent aucun grade, n'ont le droit de la pratiquer que sous la surveillance et l'inspection d'un docteur;

Qu'il en résulte encore qu'une telle opération est une contravention à l'article 35 de la même loi, qui interdit d'exercer la médecine et la chirurgie sans diplôme;

Qu'une contravention de ce genre, quand elle occasionne la mort ou des blessures, devient l'un des éléments du délit prévu par l'article 319 du Code pénal, ce qui est précisément le délit reproché au prévenu;

Attendu enfin que le directeur actuel de l'École dentaire de Paris n'hésite pas à reconnaître la nécessité de l'intervention d'un docteur dans l'application faite par les dentistes des procédés anesthésiques;

Attendu que, dans les circonstances de la cause, il n'est pas douteux pour le tribunal que la faute de Duchesne ait occasionné la mort du sieur Lejeune;

Que telles sont d'ailleurs les conclusions du rapport des experts, lesquelles s'expriment ainsi : « On doit donc considérer cette anesthésie comme ayant déterminé la mort »;

Qu'ainsi il ressort de tout ce qui précède que Duchesne a, en novembre 1884, à Paris, par imprudence, négligence ou inobservation des règlements, commis involontairement un homicide sur la personne du sieur Lejeune, délit prévu et puni par l'article 319 du Code pénal;

Attendu toutefois qu'il existe des circonstances atténuantes et qu'il y a lieu de modérer la peine par application de l'article 463;

En ce qui concerne les dommages-intérêts réclamés par la partie civile :

Attendu qu'à ce point de vue le tribunal ne doit se préoccuper que du dommage matériel résultant pour sa veuve de la mort du sieur Lejeune;

Attendu que si cet événement a pu ralentir la marche des affaires de la maison de commerce de Lejeune, il faut reconnaître qu'il a été en même temps une source de bénéfices pour sa famille, puisqu'il a fait cesser le payement annuel d'une prime d'assurance sur la vie qu'entretenait Lejeune et qu'il a rendu immédiatement exigible le montant de cette assurance, soit 40,000 francs;

Qu'il importe, en outre, de considérer que la mort du sieur Lejeune est due non seulement à la faute de Duchesne, mais aussi à la propre imprudence de la victime qui a eu le tort, sans consulter son médecin ordinaire, ou sans se faire assister d'aucun docteur, de réclamer sur sa personne l'application de procédés anesthésiques ;

Que cette imprudence constitue une fin de non-recevoir partielle contre la réclamation de la partie civile ;

Que, par suite de ces considérations, une somme de 1000 fr. est une réparation suffisante ;

Par ces motifs,

Condamne Duchesne à 600 francs d'amende ;

Le condamne à payer à la dame veuve Lejeune la somme de 3000 francs à titre de dommages-intérêts ;

Et condamne la partie civile aux dépens, sauf son recours contre Duchesne. »

III. Symptômes généraux.

L'emploi du protoxyde d'azote présente d'aussi grands dangers que celui des autres anesthésiques. Il expose à des accidents subits, imprévus et mortels. « Comme il est d'un maniement beaucoup plus difficile, surtout lorsqu'il s'agit d'entretenir l'anesthésie pendant un certain temps ; comme la préparation exige beaucoup de soins, comme on ne peut l'administrer sans appareils spéciaux, nous en conclurons que le protoxyde d'azote, malgré les ovations dont il est l'objet en Amérique, n'a encore aucun titre sérieux pour inspirer confiance aux chirurgiens. On ne saurait dissimuler toutefois que depuis longtemps, par la rapidité et le peu de durée de ses effets, par son innocuité relative, il a rendu et il rend tous les jours les plus signalés services à la chirurgie dentaire. » (Maurice Perrin.)

Voici les impressions que nous avons ressenties pendant plusieurs anesthésies faites à l'aide du chloroforme : D'abord c'est une sensation désagréable résultant de l'action même des vapeurs, puis les mouvements respiratoires ne s'exécutent plus avec régularité. Peu à peu se manifeste un engourdissement qui commence aux extrémités et envahit tout le corps. C'est un sentiment de douce chaleur ou de fourmillement agréable. Bientôt les sens, d'abord surexcités, perdent leur activité, et les impressions qu'ils doivent donner paraissent être moins nettes ou perçues avec plus de difficulté. Une sorte de gaze légère semble s'interposer entre le monde extérieur et le centre intime. Les images sont confuses, comme un fond de tableau sur lequel aucune figure ne se détacherait. C'est alors que commence à faiblir l'activité intellectuelle. La conscience et la volonté viennent de disparaître. C'est cet état transitoire entre la veille et le sommeil. Et comme les sensations arrivent toujours au cerveau, alors naissent les visions, les rêves survenus sous l'influence de mouvements *intestins* de l'organe et qui s'évanouissent avec la cause qui les a produits.

Si ces inhalations sont continuées, il survient une suspension complète de la vie de relation, puis une anesthésie générale de l'organisme. Nous avons appelé cette période *période de cadavérisation* : « Un sommeil de plomb pèse sur tout l'organisme. Le silence le plus complet règne sur les actes de la vie animale, ou plutôt ces actes sont absolument suspendus. Il n'existe ni plaisir ni peine : aucune qualité ne dévoile un être sensible ou intelligent, et pour le chirurgien qui opère le malade paraît une statue humaine dont il dissèque ou sculpte à son gré la substance. » (Bouisson.)

Nous ne pouvons que donner quelques-unes des conclusions de notre mémoire, celles qui trouvent une application dans les expertises médico-judiciaires.

Dans la succession des phénomènes produits par les anesthésiques, on peut considérer quatre périodes distinctes :

1° Action locale.

2° Action intime ou psychique.

3° Prédominance des mouvements réflexes.

4° Période de cadavérisation.

L'anesthésie est une ivresse provoquée. Les effets des anesthésiques sont comparables à ceux de l'alcool. Ils sont de même nature. Ils diffèrent par la quantité et non par la qualité. Tous les anesthésiques produisent des effets semblables. Leur promptitude et leur profondeur d'action tiennent à leur nature chimique.

Les anesthésiques agissant sur les centres nerveux annihilent successivement la partie intellectuelle, l'activité, les sentiments, les instincts; enfin ils s'attaquent à la moelle, aux fonctions nécessaires à l'existence.

C'est ainsi que la mort peut arriver. Les individus anesthésiés meurent par syncope ou par asphyxie. Si la mort arrive au commencement d'une anesthésie ou dans le cours de celle-ci, alors que le sentiment du moi n'est pas encore annihilé, il faut l'attribuer à une syncope. Si la mort survient plus tard, on pourra presque toujours accuser l'asphyxie.

On peut, pour faciliter l'étude des modifications qu'éprouvent les facultés intellectuelles, les faire rentrer dans quatre catégories distinctes :

Conservation complète de l'intelligence. — Les cas de conservation complète de l'intelligence, de la conscience du moi, sont impossibles quand l'anesthésique est bien administré. L'*attention* a une très grande influence, surtout avec les anesthésiques dont l'action sur le cerveau exige un certain temps pour se manifester. Avec le chloroforme (que nous prenons toujours comme type des anesthésiques puissants), ces cas sont impossibles.

Intelligence conservée puis modifiée. — La plupart des cas rentrent dans cette catégorie. L'individu résiste d'abord, puis forcément son attention faiblit, et dès lors les facultés cérébrales s'égrènent et disparaissent : *l'association des idées*, *la comparaison*, *le jugement*, s'en vont ainsi les uns après les autres. La *mémoire* persiste la dernière.

Le premier sommeil est surtout accompagné de rêves,

fréquents avec l'éther, rares avec le chloroforme. Ces rêves se développent sous l'influence des mêmes causes qui font naître les songes du sommeil ordinaire. Ils sont, d'après leur mode de production : *sensoriaux, extra-crâniens* ou *encéphaliques*. Quant à leur caractère, ils sont en rapport avec les habitudes, les travaux, les professions.... certain sentiment ou une passion des individus anesthésiés.

Le chloroforme n'est pas plus triste que l'éther, quand son action sur l'organisme est longue à se manifester, quand l'excitation dure longtemps. Lorsqu'un anesthésique agit promptement, l'économie, brusquement envahie, est toujours péniblement affectée. La tristesse qui survient après l'administration du chloroforme n'est que de l'abattement ou de la lassitude.

Les dernières impressions ressenties par le malade au moment de l'annihilation de la conscience influent sur le caractère du rêve. Quand l'individu n'est plus à même de raisonner les impressions et de les rapporter à leur véritable cause, il se produit facilement des *hallucinations*. On peut voir au réveil la continuation d'un rêve commencé pendant l'anesthésie. Les malades oublient complètement qu'ils ont été anesthésiés ou interprètent mal les sensations qu'ils ont éprouvées. La *notion du temps*, l'idée de durée n'existe plus.

Intelligence pervertie puis annihilée. — L'action de l'anesthésique se fait promptement sentir; l'intelligence est troublée ou pervertie de suite, puis annihilée. Les individus sont disposés aux rêves encéphaliques; ils sont souvent bavards ou turbulents.

Intelligence annihilée d'emblée. — Il y a annihilation immédiate, pour ainsi dire foudroyante, des facultés psychiques. Ces cas sont fréquents chez les enfants, chez les personnes qui résistent peu ou qui absorbent avec facilité l'anesthésique qu'on leur donne ; le chloroforme agit souvent ainsi.

On peut anesthésier des personnes endormies, et la transition entre ces deux sommeils peut être assez insensible et assez douce pour ne pas leur faire comprendre ce changement. Au réveil elles ne se douteront pas de tous les événements qui auront pu se passer pendant leur nouveau sommeil.

Quel temps faut-il pour produire la *succession* de ces phénomènes? Avec le chloroforme, nous avons vu souvent dans les cliniques la quatrième période arriver en quelques secondes; c'est d'ailleurs assez fréquent chez les enfants. Il est évident que tout cela varie avec l'impressionnabilité du sujet. Celle-ci peut être modifiée par les conditions de santé, l'état psychique, par des habitudes alcooliques. Les ivrognes de profession exigent plus de temps, de patience et une plus forte dose d'anesthésique. Il en est de même de ces sujets craintif et timorés que la peur rend incapables d'écouter aucun conseil et pour lesquels tout inconnu est effrayant.

Au réveil du sommeil anesthésique, les facultés psychiques se présentent dans un ordre inverse à leur disparition. L'intelligence peut revenir au milieu d'une opération et alors que la sensibilité est abolie; c'est le phénomène dit intelligence de retour. Les individus peuvent rester dans cet état assez longtemps; s'ils sont de nouveau anesthésiés, ils ont tout oublié au réveil.

Les individus anesthésiés ne recouvrent pas assez vite l'empire de leur volonté pour l'exercer au moment du réveil. Rarement il y a exaltation de l'intelligence au moment du réveil. Avec le chloroforme, dès le réveil. très souvent on constate un grand affaissement et une tendance au sommeil.

Quand l'anesthésie n'a pas duré longtemps et a été peu profonde, les facultés intellectuelles reviennent vite et après un temps variable fonctionnent sans trouble et sans embarras. Parfois les individus anesthésiés paraissent au réveil être dans le cas des aphasiques; cet embarras dans le mécanisme cérébral peut durer assez longtemps.

L'usage trop fréquent, l'abus des anesthésiques, peuvent conduire à la perte des facultés mentales ou à un abrutissement comparable à celui des fumeurs d'opium.

La *volonté* est vite supprimée par les anesthésiques. Quand les plus hautes fonctions des centres nerveux sont abolies, les mouvements dits réflexes apparaissent dans toute leur force et dans toute leur variété. Les cris, les plaintes, les signes extérieurs de la douleur, considérés comme réflexes, se produisent rarement dans l'anesthésie surtout quand celle-ci est obtenue par le chloroforme. Ils tiennent à une anesthésie trop faible ou mal dirigée.

Les sujets anesthésiés qui paraissent souffrir pendant les opérations et qui déclarent ensuite n'avoir rien senti, ont souffert réellement. Il n'y a pas eu douleur, élaboration intellectuelle, mais douleur résultante, organique et inconsciente des tissus attaqués. Ces individus n'ont pas oublié leur douleur, comme on l'a dit; le jugement et la mémoire n'ont pas eu à intervenir.

Les anesthésiques portent d'abord leur action sur la *sensibilité*. Ils l'excitent, l'émoussent ou la faussent. Ils agissent ensuite sur la *sensitivité*; celle-ci, moins fragile et comme inhérente aux tissus, résiste davantage.

Tous les points de la peau ne sont pas anesthésiés en même temps. Cela tient aux divers degrés normaux de la sensitivité de ces parties.

Les tissus érectiles du corps conservent leur propriété essentielle assez longtemps et la reprennent très vite. Des attouchements directs sur les organes génitaux ou des manœuvres externes dans leur voisinage peuvent provoquer l'érection alors que l'anesthésie n'est pas complète.

La sensitivité indiquée par le globe de l'œil est le meilleur guide pour le chirurgien, D'après elle, il sait si l'anesthésie est légère et profonde[1].

Quand les individus sont longs à se réveiller, il suffit de es appeler très haut par leur nom pour les faire sortir aussitôt de leur torpeur.

[1] MM. Budin et Coyne ont fait des recherches cliniques et expérimentales sur l'état de la pupille pendant l'anesthésie (*Arch. de physiol.*, 1875) et sont arrivés à ces conclusions : Pendant la période d'anesthésie chirurgicale profonde, on observe du côté de la pupille deux phénomènes constants : 1° une immobilité absolue de cet organe; 2° un état de contraction. Il y a un rapport entre l'insensibilité absolue du sujet et la contraction avec immobilité de la pupille, entre le retour à la sensibilité et la dilatation avec mobilité de cet organe.

La sensibilité revient la première, parfois la sensitivité l'accompagne, et alors les malades, si l'opération n'est pas terminée, souffrent énormément. On a eu tort d'appeler ce phénomène *exaltation de retour*.

Si l'anesthésie a été longue et profonde, l'individu restera longtemps sous l'influence de l'anesthésique; la plupart du temps ce ne sera que peu à peu qu'il se mettra en équilibre avec le monde extérieur. Et parfois, si les douleurs ou des impressions ne viennent pas à le secouer et à le réveiller, un sommeil naturel et bienfaisant succédera sans transition à l'anesthésie et rendra plus difficile et même impossible le souvenir des faits ou des circonstances du sommeil provoqué.

Si le médecin est appelé peu de temps après une anesthésie, il doit chercher à constater la rougeur et même la cautérisation des muqueuses nasale et buccale qu'un chloroforme impur aurait pu provoquer sur ces parties.

IV. Résultats anatomo-pathologiques.

Casper prétend que les lésions anatomiques trouvées à l'autopsie d'individus ayant succombé à l'action des anesthésiques ne présentent rien de particulier. Notre maître, M. Tourdes, qui a eu l'occasion de faire deux expertises de ce genre et de nombreuses expériences, soutient au contraire la constance des lésions. La face est *pâle*, la pupille dilatée; il y a des taches rosées sur les membres, peu de cyanose, et la langue parfois injectée à sa base. La putréfaction est assez rapide. Les poumons sont congestionnés. Souvent il y a de l'emphysème pulmonaire. On a fréquemment observé la rougeur de la trachée et des bronches.

Le cœur a été le plus souvent trouvé flasque, vide et pâle. Le sang est liquide, brun ou d'un rouge foncé. Quant à la présence de bulles de gaz dans les veines, il faut les attribuer avec Casper à la putréfaction qui commence par la décomposition du sang. Le foie et les reins sont en général congestionnés. Il y a peu d'injection du cerveau et de ses enveloppes. L'urine des sujets chloroformés ne contient jamais de chloroforme.

L'expert peut faire rechercher la présence du chloroforme dans les organes. Les chimistes emploient le procédé de Snow (nitrate d'argent), de Taylor (papier amidonné et ioduré), de Hepp (décrit par Tourdes). On consultera avec fruit le très intéressant rapport rédigé par Brouardel et Pouchet à propos de l'affaire Duchesne, rapport publié dans la *Médecine légale* de Legrand du Saulle, Berryer et Pouchet (1885), et la thèse du Dr G. Guérin (Lyon 1885) sur l'action du chloral et analyse des urines après les anesthésies et applications à la toxicologie.

V. Conséquences médico-judiciaires et règles de l'expertise.

Nous avons déjà dit que les expertises avaient lieu à propos d'accidents, de crimes ou de suicides.

Lorsque, dans une anesthésie, un malade vient à succomber, la justice ouvre parfois une enquête pour savoir quelle est la cause de cet accident. Le médecin est inculpé d'homicide par imprudence. Les questions posées à l'expert peuvent être les suivantes : 1° La mort est-elle le résultat de l'action du chloroforme? 2° La mort doit-elle être attribuée à la faute du médecin?

On y répondra en tenant compte de l'anesthésique employé, de son mode d'administration, de l'état de l'individu et des contre-indications qu'il pouvait présenter, des précautions prises, etc.

A notre époque, le médecin ne peut refuser à ses malades, sans des motifs graves, le bénéfice de l'insensibilité. Le chloroforme est même entré dans la pratique obstétricale.

Le médecin est libre du choix de l'anesthésique.

Les morts par le chloroforme sont infiniment plus nombreuses que les morts par l'éther. Mais ce dernier anesthésique n'est employé que par quelques chirurgiens anglais, ceux de Lyon et de Boston, tandis que l'usage du chloroforme est universel : c'est donc là un argument de peu de valeur.

Morgan, en combinant les statistiques américaines et anglaises, est arrivé aux résultats suivants :

AGENT EMPLOYÉ.	MORTS.		INHALATIONS.	
Éther.	4	pour	92,815	(1 p. 23,204).
Chloroforme.	53	—	152,260	(— 2,873).
Mélange de chloroforme et d'éther	2	—	11,176	(— 5,588).
Bichlorure de méthylène.	2	—	10,000	(— 5,000).

D'après les chiffres du médecin anglais, le chloroforme serait huit fois plus dangereux que l'éther, ce serait même le plus dangereux de tous les anesthésiques.

M. Perrin dit qu'aujourd'hui il faut bien constater que depuis douze ans la cause de l'éther contre le chloroforme n'a cessé de faire des progrès. Mais il n'ajoute aucune confiance à la statistique de Morgan[1].

Selon les conseils de Gosselin, et d'après ce que nous avons déjà dit, dans la pratique chirurgicale, il existe certaines contre-indications : les gens débilités par des souffrances antérieures, des pertes de sang, un traumatisme considérable; les maladies du cœur ou des gros vaisseaux qui prédisposent à la syncope, les alcooliques. Il nous a semblé que les bègues étaient particulièrement difficiles à anesthésier. Tourdes re-

[1] M. Duret, dans sa thèse d'agrégation (Des contre-indications à l'anesthésie chirurgicale, Paris, 1880), cite 132 observations d'accidents mortels par le chloroforme; et, en ajoutant les cas mentionnés par Sabarth (Sabarth, *Das Chloroform*, Wurtzbourg, 1865) au nombre de 119, on arrive à 241 cas de mort par le chloroforme, publiés jusqu'en 1880. Pour les 8 cas mortels publiés depuis cette époque jusqu'en 1883, voir la thèse du docteur Félix Colombel : *Etude expérimentale et clinique sur un nouveau procédé d'anesthésie mixte, atropine, morphine et chloroforme*. Lyon, 1884.

commande d'éviter la coïncidence avec la période menstruelle.

Voici les précautions ordinairement prises : le malade est à jeun, dans le décubitus horizontal. Avec le chloroforme, pas d'appareil, mais une compresse, on surveille le pouls et la respiration.

L'expert signalera l'indication ou la nécessité de l'anesthésie dans l'opération pratiquée, et, quand il est possible, la dose de l'anesthésique employé et le moment de l'anesthésie où les accidents ont commencé. On discutera ensuite la possibilité d'une *mort subite* qui aurait coïncidé avec l'anesthésie ou avec l'opération chirurgicale elle-même.

Dans les attentats contre la vie, l'expert peut avoir à dire qu'il est possible : de faire périr des individus en les forçant à respirer des vapeurs anesthésiques, et de transformer sans transition le sommeil naturel en sommeil chloroformique. Déjà, en 1850, le docteur Snow, de Londres, avait émis l'opinion que le chloroforme pouvait faciliter le vol, et il avait raconté à ce sujet deux histoires si extraordinaires que l'opinion publique s'en émut. La question arriva même au parlement, où lord Campbell demanda qu'on considérât comme criminelle une illégale administration ou application du chloroforme. En 1876, le docteur Stephens Rogers a repris cette étude devant la Société de médecine de New-York, et il conclut que le chloroforme ne peut être que d'une médiocre utilité dans les tentatives criminelles. Dolbeau, en 1874, a fait quelques expériences et quelques recherches cliniques pour répondre à cette question posée devant la Société de médecine légale : chez un individu qui dort naturellement, peut-on administrer le chloroforme en vapeur et provoquer ainsi l'anesthésie sans réveiller le dormeur? Il est arrivé à cette conclusion, que nous avions déjà donnée dans notre Mémoire : qu'il est possible avec de l'habitude, de l'habileté et un bon chloroforme, d'anesthésier par ce liquide des personnes endormies du sommeil naturel. Les enfants surtout sont facilement endormis. L'expert doit donc déclarer qu'il est possible, sinon facile.

Dans certains cas, on peut avoir à reconnaître si l'anesthésie est volontaire (suicide, imprudence) ou forcée. On tiendra compte des circonstances extérieures et des renseignements qu'on aura recueillis.

DE L'EMPOISONNEMENT.

D'après la plupart des ouvrages classiques, l'étude de la toxicologie paraît la partie la plus longue, la plus difficile et la plus compliquée de la médecine légale. Ce chapitre, écrit en général avec la collaboration d'un chimiste, est surchargé de formules, de réactions, de descriptions d'appareils et d'instruments qui inspirent ordinairement au médecin la conviction que la connaissance des uns ou le maniement des autres est tellement compliqué, qu'il est dangereux, en toutes circonstances, d'accepter une expertise et de prêter à la justice le concours dont elle a besoin. Je crois même, pour ma part, que c'est à cette tendance envahissante de la chimie dans les expertises qu'il faut attribuer le peu de goût et même la résolution systématiquement prise par beaucoup de médecins d'éviter toute expertise médico-judiciaire.

Quelques procès retentissants ont mis en lumière le grand talent de savants remarquables qui, comme Orfila, Stas, etc., ont pu retirer du corps de la victime le poison lui-même et le présenter aux juges. Il a semblé même qu'il devait en être ainsi pour tous les cas et on a pu croire et dire que tant qu'on ne trouvait pas le poison, il n'y avait pas empoisonnement. On ne saurait assez s'élever contre cette manière de voir. Qui oserait, à notre époque, affirmer qu'un individu n'a pas été empoisonné parce que ses organes ne présenteraient aucune trace de poison à l'examen chimique?

Une expertise médico-judiciaire, dans un cas d'empoisonnement, est double et elle doit être confiée à deux experts : un médecin et un chimiste. Le médecin apprécie la clinique ou les symptômes de l'état morbide, les lésions produites: il met de côté les matières ou les organes qui doivent être soumis à l'expertise chimique. Le chimiste recherche, à l'aide des procédés qu'il juge convenables, si ces parties confiées à son examen renferment des substances anormales.

Si tout médecin doit connaître l'action des principaux poisons sur l'organisme, les désordres qu'ils occasionnent et le moyen de les combattre, il peut ignorer les méthodes ou les procédés de recherche adoptés par les chimistes. Qui ne sait, d'ailleurs, que la théorie, dans ces cas, ne suffit nullement et qu'il faut y joindre absolument l'habitude et la pratique convenables à ces sortes d'opérations.

Dans l'étude que nous allons faire de l'empoisonnement, nous nous occuperons spécialement de mettre en lumière les connaissances que le médecin doit avoir. Si nous décrivons brièvement certains procédés chimiques, comme l'appareil de Marsh ou autres; c'est plutôt pour les rappeler au médecin que pour l'engager à s'en servir. D'ailleurs, il ne nous coûte pas d'avouer que nous avons complètement négligé la chimie légale, parce que nous ne la savons pas.

« L'empoisonnement, dit Tardieu[1], est une cause de mort violente et doit être étudié comme tel au même titre que la strangulation, l'asphyxie, les blessures de tous genres. Le poison est une arme aux mains du criminel, et rien de plus. Il n'existe qu'à la condition d'avoir agi; il ne se révèle et ne se définit que dans ses effets, c'est-à-dire dans l'empoisonnement. Il en résulte que la médecine légale, appelée à rechercher et à déterminer la cause de toute mort violente, doit partir du fait de l'empoisonnement et non de la notion du poison, et qu'elle ne s'occupera de celui-ci, de son état, de sa nature et de ses caractères physiques ou chimiques, que secondairement, tout comme dans un assassinat commis à l'aide du poignard ou du pistolet, l'expert examine l'arme meurtrière, la rapproche de la blessure et la compare avec les lésions. »

Certaines substances minérales ou organiques délétères, introduites dans l'organisme, déterminent un état morbide spécial auquel on donne le nom d'empoisonnement.

Le Code pénal définit l'empoisonnement, et indique le but et les limites de toute expertise.

Les empoisonnements sont le fait d'accidents, de suicides ou de crimes.

L'empoisonnement accidentel est le résultat d'erreurs

[1] *Étude médico-légale sur l'empoisonnement*, par Tardieu e Roussin, Paris, 1867.

dans l'administration de substances médicamenteuses, erreurs dans la prescription ou dans la livraison d'un médicament, substitution d'une substance toxique à une substance alimentaire.

Le suicide n'emploie pas les mêmes poisons que l'homicide. C'est ainsi que l'opium et ses dérivés sont préférés aux substances adoptées par les criminels. Sur 56,275 suicides relevés dans les comptes rendus de la justice, de 1865 à 1876, nous en trouvons 1159 produits par le poison (714 hommes et 445 femmes).

L'empoisonnement est l'arme des lâches. Il est surtout commis par ceux qui approchent de près la victime et ne peuvent lui inspirer aucun soupçon. Les statistiques montrent en effet que les accusés comptent plus de femmes que d'hommes et que le nombre des substances toxiques employées par les criminels est très-restreint.

J'ai dressé le tableau des cas d'empoisonnement constatés judiciairement pendant quarante-cinq ans (de 1835 à 1880). Ce qui nous permet d'apprécier d'une manière exacte les rapports de ce crime avec les autres genres de morts violentes, en même temps qu'il nous fournit des appréciations importantes sur les accusés et sur les substances vénéneuses employées dans l'empoisonnement criminel.

Un premier fait ressort des statistiques, c'est que le nombre des empoisonnements criminels en France va toujours en diminuant, ainsi que le prouve le tableau précédent.

Quant à la nature du poison employé, la statistique montre que les criminels se servent à peu près toujours des mêmes agents toxiques. En 45 ans, il n'y a eu que quarante-sept substances administrées comme poisons. Ce chiffre est bien insignifiant si on le compare au nombre des substances qui sont douées de propriétés toxiques, et cependant il faut encore le diminuer de toutes les substances qui n'ont été employées qu'une ou deux fois, c'est-à-dire d'une manière tout à fait exceptionnelle. En France, ceux qui veulent donner la mort par le poison n'emploient que six ou sept substances : le phosphore, l'arsenic, les sels de cuivre, l'acide sulfurique, les cantharides, la strychnine. Cette dernière ne figure que depuis quelques années dans les statistiques et déjà elle y a acquis une place importante.

Si l'on compare ensuite l'ensemble des deux périodes indiquées par notre tableau, on arrive aux résultats suivants, dont l'importance ne saurait échapper aux magistrats ou aux médecins.

Il y a moins d'empoisonnements criminels, en France depuis vingt ans; le chiffre moyen annuel a baissé de plus de moitié (14 au lieu de 31).

La diminution qu'on relève à son égard est très sensible et s'est produite graduellement. Sept fois sur dix il est commis par des femmes, 43 pour 100 des empoisonnements ont pour cause des dissensions domestiques; 24 pour 100 sont accomplis par des mères sur leurs enfants en bas-âge; l'adultère en provoque 10 pour 100 et la vengeance 9 pour 100; enfin 9 pour 100 sont inspirés par la cupidité et 5 pour 100 par un amour contrarié. Les trois dixièmes seulement ont lieu dans les villes. Il faut encore faire remarquer que des substances toxiques des plus dangereuses et qui n'avaient pas encore figuré dans les statistiques se trouvent actuellement : digitaline, strychnine, acide prussique. Il semble que, de nos jours, les poisons végétaux tendent à remplacer les poisons minéraux, adoptés autrefois presque exclusivement par les criminels.

Classification. — Il faut faire remarquer qu'une classification qui peut rendre de grands services dans l'exposition d'un cours complet sur la matière devient tout à fait inutile dans la pratique. Aussi les différents essais qui ont été proposés ont-ils été basés sur la nature du poison ou sur son action. Les premières tentatives furent faites par Pleuck en 1785, par Mahon en 1801. Fodéré proposa une classification basée sur l'action des poisons, qui fut plus tard modifiée par Orfila.

Taylor essaya de diviser les substances toxiques d'après leur action sur tel ou tel système organique. Notre regretté et savant ami, Martin-Damourette, exposait dans son cours une action semblable des substances toxiques.

« Il y a, dit-il, deux actions très nettes. Les unes irritent, enflamment, corrodent, désorganisent les tissus; les autres ne produisent que peu ou aucun de ces effets, elles tuent par absorption. Les poisons, à part les désorganisations, ne peuvent agir qu'en tuant les hématies, la fibre musculaire, l'élément nerveux. La mort arrive par cessation des phénomènes chimiques de la respiration (poisons respiratoires), de l'action du cœur (syncopal ou musculaires). C'est que l'on meurt en effet par un de ces trois appareils. Il y a des poisons du sang et de la nutrition : ils sont stéatogènes; il y en a de cardio-musculaires; il y en a qui agissent sur les nerfs, ils tuent par asphyxie. »

Le docteur Rabuteau a cherché comme ces savants

STATISTIQUE DE L'EMPOISONNEMENT CRIMINEL EN FRANCE DE 1825 A 1880

	1re période 1825-1830	2e période 1830-1835	3e période 1835-1840	4e période 1840-1845	5e période 1845-1850	6e période 1850-1855	7e période 1855-1860	8e période 1860-1865	9e période 1865-1870	10e période 1870-1875	11e période 1875-1880	TOTAUX de ces CINQUANTE-CINQ ANNÉES
TOTAL DES CRIMES D'EMPOISONNEMENT	150	115	221	250	259	294	281	181	165	99	78	2123
SUITES DE L'EMPOISONNEMENT												
Mort	55	71	118	99	98	111	78	49	68	33	34	814
Maladie	33	61	110	120	135	146	124	73	28	31	27	888
Sans effets	25	11	20	31	26	37	79	59	59	35	17	402
ACCUSÉS	200	179	250	207	212	209	207	155	139	93	60	1911
Hommes	77	103	127	108	105	102	95	67	49	58	19	890
Femmes	73	76	123	99	107	107	112	88	90	55	41	971
DEGRÉ D'INSTRUCTION DES ACCUSÉS												
Ne sachant ni lire ni écrire	»	114	146	112	136	118	128	85	64	46	27	936
Sachant lire et écrire imparfaitement	»	44	70	70	52	64	54	53	56	24	22	509
Sachant bien lire et écrire	»	17	24	20	17	22	22	15	10	10	2	159
Instruction supérieure à ce 1er degré	»	4	10	5	7	6	5	2	9	3	»	49
NATURE DU POISON EMPLOYÉ												
Arsenic	»	»	110	168	179	169	92	37	36	13	19	823
Phosphore	»	»	»	1	4	34	94	74	60	43	26	336
Sulfate de cuivre	»	»	6	12	12	29	34	28	22	21	14	181
Vert-de-gris	»	»	15	12	12	20	9	4	4	»	»	76
Acide sulfurique	»	»	4	10	11	7	18	7	5	3	2	67
Cantharides	»	»	7	7	10	13	11	4	4	2	1	59
Opium, Laudanum, Pavot, Morphine	»	»	1	1	2	1	3	5	1	3	4	21
Ellébore	»	»	»	»	4	1	4	2	1	»	»	12
Émétique	»	»	1	1	»	1	2	1	»	»	»	6
Sulfate de fer	»	»	»	1	»	2	2	1	2	»	»	8
Acide nitrique	»	»	»	5	»	4	»	»	4	1	1	11
Ammoniaque	»	»	»	»	»	1	1	2	»	»	2	6
Mercure	»	»	»	»	1	1	1	2	»	»	»	5
Datura	»	»	»	1	»	3	»	»	»	1	»	5
Noix vomique	»	»	»	3	7	.	2	»	1	»	»	13
Acide chlorhydrique	»	»	1	»	1	»	1	3	2	»	»	8
Potasse	»	»	»	»	»	1	»	1	»	»	»	2
Acétate de plomb, plomb	»	»	»	6	2	1	»	»	»	»	»	9
Gaz acide carbonique	»	»	»	»	»	»	1	»	»	»	»	1
Graines de genêt	»	»	»	»	»	1	»	»	»	»	»	1
Colchique	»	»	»	4	»	»	1	»	»	2	»	7
Champignons	»	»	»	»	»	1	»	»	»	»	»	1
Euphorbe	»	»	»	»	»	1	»	»	»	»	»	1
Baume de Fioraventi	»	»	»	»	»	»	1	»	»	»	»	1
Eau sédative	»	»	»	»	»	»	1	1	»	»	»	2
Belladone	»	»	5	»	»	1	»	»	»	»	1	7
Verre pilé	»	»	»	»	1	1	2	»	»	»	»	4
Strychnine	»	»	»	»	»	»	»	4	4	1	1	10
Digitaline	»	»	»	»	»	»	»	2	»	»	1	3
Acide prussique	»	»	»	»	»	»	»	1	1	1	1	4
Deutochlorure de mercure	»	»	»	»	5	»	»	»	3	»	»	8
Eau de javelle	»	»	»	»	»	»	»	»	2	1	»	3
Acétate de cuivre	»	»	1	7	»	1	1	»	»	»	»	10
Cyanure de potassium et bleu de Prusse	»	»	»	»	2	»	»	»	2	»	»	4
Sulfate de zinc	»	»	»	1	2	»	»	»	»	2	»	5
Nicotine, tabac	»	»	»	4	»	»	»	1	»	»	»	5
Antimoine	»	»	»	»	»	»	»	1	»	»	1	2
Huile de croton	»	»	»	»	»	»	»	»	1	»	»	1
Éther sulfurique	»	»	»	»	»	»	»	»	1	»	»	1
Vert métis	»	»	»	»	»	»	»	»	1	»	»	1
Oxyde de cuivre	»	»	»	»	»	»	»	»	1	»	»	1
Teinture d'iode	»	»	»	»	»	»	»	»	1	»	»	1
Mixture d'absinthe et tain de glace	»	»	»	»	»	»	»	»	1	»	»	1
Oxalate de potasse	»	»	»	»	»	»	»	»	»	1	»	1
Nitrate d'argent	»	»	»	»	»	»	»	»	»	»	1	1
Racine d'*Œnanthe crocata*	»	»	»	»	1	»	»	»	»	»	1	2

dont nous venons de parler à expliquer l'*électivité* des substances nuisibles à l'organisme, et il a formulé la loi suivante : « Une substance agissant sur des éléments anatomiques déterminés et se trouvant en circulation dans le sang impressionne d'autant plus vivement les organes composés de ces éléments anatomiques qu'ils sont plus irrigués. »

N'oublions pas de signaler une autre loi, proposée par le même auteur et qui s'applique uniquement aux substances métalliques : « Les métaux sont d'autant plus actifs que leur poids atomique est plus élevé, ou que leur chaleur spécifique est plus faible. »

Sans doute, ces vues théoriques sont séduisantes, mais nous les croyons aussi un peu hâtives. Nous pensons même qu'on s'exposerait à se tromper en voulant trop individualiser l'action d'une substance toxique et limiter ses effets spécifiques à tel ou tel élément. Le docteur Henneguy[1], dans un excellent travail, a cherché à montrer que chez les animaux supérieurs, l'action des substances toxiques porte d'une manière générale sur tout le système nerveux central. Aussi conseille-t-il, avec raison, de n'employer dans les expertises médico-légales que les animaux qui par leur organisation se rapprochent autant que possible de l'homme.

Nous suivrons la classification que Tardieu résume de la manière suivante :

D'après l'observation clinique, on peut classer les empoisonnements en cinq groupes :

1° *L'empoisonnement par les poisons irritants et corrosifs* (acides, alcalis, substances purgatives dites drastiques).

[1] *Étude physiologique sur l'action des poisons.* — Montpellier 1875.

2° *L'empoisonnement par les poisons hyposthénisants* arsenic, phosphore, cuivre, sublimé corrosif, émétique, nitre, sel d'oseille, digitale et digitaline).

3° *L'empoisonnement par les poisons stupéfiants* (plomb, belladone, atropine, jusquiame, tabac, ciguë, aconit, champignons, curare, chloroforme, alcool).

4° *L'empoisonnement par les poisons narcotiques* (opium et ses dérivés).

5° *L'empoisonnement par les poisons névrosthéniques* (strychnine et noix vomique, acide prussique, cantharides).

« L'empoisonnement par les *poisons irritants et corrosifs* a pour caractère essentiel une action locale irritative qui peut aller jusqu'à l'inflammation la plus violente, la corrosion et la désorganisation des tissus atteints par la substance vénéneuse ingérée, dont les effets sont presque exclusivement bornés à la lésion des organes digestifs. L'empoisonnement par les *poisons hyposthénisants* a pour caractères essentiels non pas l'irritation locale produite par le poison, bien qu'elle soit réelle, mais les accidents généraux résultant de l'absorption, tout à fait disproportionnée avec les effets locaux qui manquent d'ailleurs très souvent, complètement opposés à l'irritation et à l'inflammation, consistant en effet en une dépression rapide et profonde des forces vitales et liés à une altération souvent manifeste du sang.

L'empoisonnement par les *poisons stupéfiants*, dont la plupart étaient compris sous la dénomination impropre de narcotico-âcres, bien que ne produisant ni narcotisme ni âcreté, a pour caractère essentiel une action directe, spéciale sur le système nerveux, action dépressive qui répond à ce que l'on nomme en séméiotique la stupeur, accompagnée parfois d'une irritation locale, toujours peu intense.

L'empoisonnement par les *narcotiques* est caractérisé par l'action toute spéciale et distincte que l'on ne peut définir que par son nom même, le narcotisme.

L'empoisonnement par les *poisons névrosthéniques* a pour caractère essentiel une excitation violente des centres nerveux, dont l'intensité peut aller jusqu'à produire instantanément la mort. »

I. Législation. Ordonnances de police, règlements, etc.

Art. 301. Code pénal. « Est qualifié empoisonnement tout attentat à la vie d'une personne, par l'effet de substances qui peuvent donner la mort plus ou moins promptement, de quelque manière que ces substances aient été employées ou administrées, et quelles qu'en aient été les suites. »

Art. 302. Code pénal. « Tout coupable d'assassinat, de parricide, d'infanticide et d'empoisonnement sera puni de mort. »

Art. 317. Code pénal, paragraphe 4. « Celui qui aura occasionné à autrui une maladie ou incapacité de travail personnel, en lui administrant volontairement, de quelque manière que ce soit, des substances qui, sans être de nature à donner la mort, sont nuisibles à la santé, sera puni d'un emprisonnement d'un mois à cinq ans, et d'une amende de 16 francs à 500 francs ; il pourra de plus être renvoyé sous la surveillance de la haute police pendant deux ans au moins et six ans au plus. » — Paragraphe 5. « Si la maladie ou incapacité de travail personnel a duré plus de vingt jours, la peine sera celle de la reclusion. » — Paragraphe 6. Si le coupable a commis, soit le délit, soit le crime spécifié aux deux paragraphes ci-dessus, envers un de ses ascendants, tels qu'ils sont désignés en l'article 312, il sera puni, au premier cas, de la reclusion, et au second cas, des travaux forcés à temps.

Loi tendant à la répression plus efficace de certaines fraudes dans la vente des marchandises (des 10, 19 et 27 mars 1851).

Art. 1er. Seront punis des peines portées par l'article 423 du Code pénal :

1° Ceux qui falsifieront des substances ou denrées alimentaires ou médicamenteuses destinées à être vendues ;

2° Ceux qui vendront ou mettront en vente des substances ou denrées alimentaires ou médicamenteuses qu'ils sauront être falsifiées ou corrompues ;

3° Ceux qui auront trompé ou tenté de tromper, sur la qualité des choses livrées, les personnes auxquelles ils vendent ou achètent, soit par l'usage de faux poids ou de fausses mesures, ou d'instruments inexacts servant au pesage ou mesurage, soit par des manœuvres ou procédés tendant à fausser l'opération du pesage ou mesurage, ou à augmenter frauduleusement le poids ou le volume de la marchandise, même avant cette opération : soit enfin par des indications frauduleuses tendant à faire croire à un pesage ou mesurage antérieur et exact.

Art. 2. Si dans les cas prévus par l'article 423 du Code pénal ou par l'article 1er de la présente loi, il s'agit d'une marchandise contenant des mixtions nuisibles à la santé, l'amende sera de 50 à 500 francs; à moins que le quart des restitutions et dommages-intérêts n'excède cette première somme; l'emprisonnement sera de trois mois à deux ans.

Le présent article sera applicable même au cas où la falsification nuisible serait connue de l'acheteur ou consommateur.

Art. 7. Seront punis d'une amende de 16 à 25 francs et d'un emprisonnement de six à dix jours, ou l'une de ces deux peines seulement, suivant les circonstances, ceux qui sans motifs légitimes auront dans leurs magasins, boutiques, ateliers ou maisons de commerce ou dans les halles, foires ou marchés, soit des poids ou mesures faux, ou autres appareils inexacts servant au pesage ou au mesurage, soit des substances alimentaires ou médicamenteuses qu'ils sauront être falsifiées ou corrompues.

Si la substance falsifiée est nuisible à la santé, l'amende pourra être portée à 50 francs, et l'emprisonnement à quinze jours.

Art. 4. Lorsque le prévenu, convaincu de contravention à la présente loi ou à l'article 427 du Code pénal, aura, dans les cinq années qui ont précédé le délit, été condamné pour infraction à la présente loi ou à l'article 423, la peine pourra être élevée jusqu'au double du maximum ; l'amende prononcée par l'article 423 et par les articles 1 et 2 de la présente loi pourra être portée même jusqu'à 1,000 francs, si la moitié des restitutions et dommages-intérêts n'excède pas cette somme, le tout sans préjudice de l'application, s'il y a lieu des articles 57 et 58 du Code pénal.

Art. 5. Les objets dont la vente, usage ou possession constitue le délit, seront confisqués, conformément à l'article 427 et aux articles 477 et 484 du Code pénal.

S'ils sont propres à un usage alimentaire ou médical, le tribunal pourra les mettre à la disposition de l'administration pour être attribués aux établissements de bienfaisance.

S'ils sont propres à cet objet ou nuisibles, les objets sont détruits ou répandus, aux frais du condamné. Le tribunal pourra ordonner que la destruction ou effusion aura lieu devant l'établissement ou domicile du condamné.

Art. 6. Le tribunal pourra ordonner l'affiche du jugement dans les lieux qu'il désignera, et son insertion intégrale ou par extrait dans tous les journaux qu'il désignera, le tout aux frais du condamné.

Art. 7. L'article 463 du Code pénal sera applicable aux délits prévus par la présente loi.

Art. 8. Les deux tiers du produit des amendes sont attribués aux communes dans lesquelles les délits auront été constatés.

Art. 9. Sont abrogés les articles 173, n° 14, et 379, n° 5 du Code pénal.

Instruction du conseil d'hygiène et de salubrité du département de la Seine.

Des substances colorantes qui peuvent être employées dans la préparation des boissons, pastillages, dragées ou liqueurs.

Pour faciliter les moyens de reconnaître les substances colorantes qu'il est permis d'employer et celles qui sont défendues par la présente ordonnance, il est convenable de les désigner ici sous les divers noms qu'on leur donne dans le commerce.

Couleurs bleues. — L'indigo, le bleu de Prusse ou de Berlin, l'outremer pur.

Ces couleurs se mêlent facilement avec toutes les autres, et peuvent donner toutes les teintes composées dont le bleu est l'un des éléments.

Couleurs rouges. — La cochenille, le carmin, la laque carminée, la laque du Brésil, l'orseille.

Couleurs jaunes. — Le safran, la graine d'Avignon, la graine de Perse, le quercitron, le curcuma, le pastel, les laques alumineuses de ces substances.

Les jaunes que l'on obtient avec plusieurs des matières désignées, et surtout avec les graines d'Avignon et de Perse, sont plus brillants et moins mats que ceux que donne le jaune de chrome, dont l'usage est dangereux et prohibé.

Couleurs composées. *Vert.* — On peut produire cette couleur avec le mélange du bleu et de diverses couleurs jaunes; mais l'un des plus beaux est celui qu'on obtient avec le bleu de Prusse ou de Berlin et la graine de Perse; il ne le cède en rien, par le brillant, au vert de Schweinfurt, qui est un violent poison.

Violet. — Le bois d'Inde, le bleu de Berlin ou de Prusse. Par des mélanges convenables, on obtient toutes les teintes désirables.

Pensée. — Le carmin, le bleu de Prusse ou de Berlin. Le mélange de ces substances donne des teintes très brillantes.

Liqueurs. — Pour la préparation des liqueurs, on peut faire usage de celles des substances précédentes qui conviennent à leur coloration. On peut employer en outre : pour le curaçao de Hollande, le bois de Campêche; pour les liqueurs bleues, l'indigo soluble (carmin d'indigo); pour l'absinthe, le safran mêlé avec le bleu d'indigo soluble.

Des substances dont il est défendu de faire usage pour la préparation des bonbons, pastillages, dragées et liqueurs.

Ce sont les substances minérales en général et notamment : les composés de cuivre, les cendres bleues; les oxydes de plomb, massicot, minium; le sulfate de mercure ou vermillon; le chromate de plomb ou jaune de chrome; l'arsénite de cuivre ou vert de Schweinfurt, vert de Scheele, vert métis, vert anglais; le carbonate de plomb ou blanc de plomb, céruse, blanc d'argent; les feuilles de chrysocale.

Voici d'après MM. Briand et Chaudé quelques considérations importantes sur la **jurisprudence** relative à l'empoisonnement :

Pour qu'il y ait empoisonnement, il faut nécessairement, aux termes de l'article 301, la réunion de ces deux circonstances : attentat à la vie, c'est-à-dire *volonté* (suite d'exécution commencée ou tentée) d'ôter la vie à une personne, et que l'attentat ait eu lieu à l'aide d'une substance capable de donner la mort. Il y a tentative d'empoisonnement dans le fait de jeter du poison dans une fontaine où l'on présume que la personne que l'on veut empoisonner viendra boire. (Cass., 7 juillet 1814.)

Pour qu'il y ait crime d'empoisonnement, il faut que l'attentat ait lieu à l'aide d'une substance capable de donner la mort. Cependant il faut que la substance ait, par elle-même, à un certain degré, une propriété vénéneuse; il n'y aurait pas empoisonnement dans le sens de la loi, lorsque les accidents proviendront non de la nature de la substance administrée, mais de l'excès même avec lequel on aurait fait usage de cette substance; c'est ainsi qu'il a été jugé que le fait de causer la mort d'une personne en la poussant, dans ce but, à boire une trop grande quantité d'eau-de-vie, constitue le crime de meurtre et non celui d'empoisonnement.

Il en est de même lorsque la substance, vénéneuse de sa nature, cesse de l'être par le fait de celui qui l'a employée avec le dessein d'empoisonner, lorsqu'il y mêle par surprise, par mégarde, par ignorance, une autre substance qui en neutralise les effets pernicieux.

Il y aurait de même tentative d'empoisonnement si l'individu empoisonné avait pris par hasard, à la même heure, quelque substance, quelque médicament qui ait neutralisé les effets du poison : le crime, bien que sans résultat, n'en existe pas moins.

Il *faut* et il *suffit* que la substance telle qu'elle a été préparée et donnée volontairement par l'auteur de l'attentat ait pu causer la mort.

On peut résumer la théorie de la loi sur la tentative en disant qu'il ne peut y avoir tentative punissable que lorsqu'elle est le commencement d'un crime ; le commencement d'un fait qui ne peut aboutir à un crime ne pourra donc jamais être considéré comme une tentative punissable quelle que soit l'immoralité de la pensée qui l'a inspiré. C'est ainsi que la cour de Rouen a jugé qu'on ne pouvait poursuivre pour tentative d'empoisonnement un mari, qui, voulant empoisonner sa femme, s'était adressé à un médecin, en avait reçu une potion parfaitement inoffensive, et avait été ensuite arrêté par la justice alors que déjà il avait fait prendre à sa femme la potion qu'il croyait mortelle.

Il y a empoisonnement si la substance vénéneuse, au lieu d'être administrée en une seule fois, est partagée en petites doses et administrée à des intervalles plus ou moins longs, de manière à ne pas compromettre subitement la vie, mais à la miner, à la détruire lentement en simulant les effets et le cours d'une maladie (affaire Lafarge).

Le crime d'empoisonnement implique nécessairement la volonté. Il n'y aurait donc pas crime d'empoisonnement si l'on avait administré une substance mortelle sans le savoir ou dans le but de soulager un malade, il y aurait alors homicide par imprudence ; mais dès qu'il y a intention coupable, « l'empoisonneur est toujours présumé avoir voulu donner la mort, alors même que le défaut de quantité ou de qualité des substances délétères, la force du tempérament, les secours de l'art ou d'autres circonstances étrangères au coupable ont sauvé la victime ». (Montseignat.)

La loi n'a pas dû se borner à punir celui qui commet un empoisonnement ; elle a dû punir aussi quiconque en devient la cause, bien qu'involontairement, par sa négligence, son inattention, l'inobservation des règlements, ou l'ignorance de ce qu'il devrait savoir.

Les dispositions de l'article 319 sont alors applicables si la mort s'en est suivie, et celles de l'article 320 dans toute autre circonstance moins grave, sans préjudice des dommages-intérêts envers les parties civiles. Ces dispositions peuvent être invoquées dans certains cas contre les pharmaciens et contre tout autre débitant de substances de nature à produire l'*empoisonnement*; elles peuvent l'être aussi quelquefois contre les médecins (voy. p. 31). — De même le mot *blessure*, employé dans l'article 320, est un terme générique applicable à toute lésion interne ou maladie aussi bien qu'aux lésions externes; une maladie causée par une boisson imprudemment préparée dans des vases de plomb constitue une blessure dans le sens de l'article 320 et rend le fabricant passible des peines prononcées par cet article (Paris, 20 août 1831).

En résumé, on peut distinguer dans l'empoisonnement trois degrés : c'est un simple délit si la substance, toute nuisible qu'elle est, ne peut par sa nature causer la mort, et si, en fait, elle a occasionné une maladie qui n'a pas duré plus de vingt jours; c'est un crime puni de la réclusion si la substance, toujours sans être de nature à causer la mort, a occasionné en fait une maladie de plus de vingt jours; c'est un crime puni de mort par l'article 302, si la substance pouvait donner la mort, quelles qu'en aient été les suites.

II. Symptômes généraux, diagnostic, traitement.

La classification que nous venons de présenter a montré la variété des effets des différentes espèces de poisons. Les substances toxiques ont cependant quelques traits communs. C'est ainsi que presque toujours les troubles des fonctions digestives font brusquement leur apparition, et ils sont bientôt accompagnés de désordres du côté des grands appareils. La marche dans l'apparition de ces différents symptômes est très variable, mais peut cependant permettre de classer les poisons d'après leur rapidité d'action. Les substances toxiques peuvent d'ailleurs s'introduire dans l'organisme par trois voies différentes : la peau, les muqueuses, le tissu cellulaire. On distingue des empoisonnements suraigus (la mort peut arriver en quelques instants), des empoisonnements subaigus (les symptômes sont moins violents, il y a des rémissions, des alternatives diverses et la terminaison ne se produit qu'après plusieurs jours ou plusieurs semaines), des empoisonnements lents (surtout dans les intoxications professionnelles).

Le diagnostic de l'empoisonnement intéresse le médecin à plusieurs points de vue : il doit reconnaître l'empoisonnement et dire par quelle substance il a été produit, puis il doit connaître les moyens de combattre cet état morbide. Mais ces symptômes variés présentent souvent un ensemble qui rappelle, à grands traits, certaines maladies dans lesquelles il n'y a nullement intoxication. De là un diagnostic différentiel à faire.

Tardieu range les faits en deux séries distinctes : dans une première il admet des cas où la cause de la mort est manifeste, et où il suffit de la constater pour faire tomber tout soupçon d'empoisonnement (faits d'ilæus et d'étranglement intestinal soit interne soit externe ; fièvre typhoïde ; rupture viscérale ; perforation spontanée [1] ; entérite et péritonite tuberculeuse ; péritonite simple ; hémorrhagie ou tumeur sanguine du petit bassin ; apoplexie, méningite ; congestion cérébrale et pulmonaire ; toute maladie caractérisée du cœur ou des poumons). — Dans une seconde série il range des cas de choléra (absolument le tableau symptomatique de l'empoisonnement par l'arsenic), d'entérite inflammatoire, d'hémorrhagie intestinale et d'indigestion.

Martin-Damourette reconnaît quatre sortes de moyens thérapeutiques : 1° les *évacuants digestifs ;* ce sont des vomitifs ou des purgatifs qui font rejeter le poison ; 2° les *contre-poisons ;* ce sont des substances qui détruisent ou neutralisent le poison par action

[1] C'est probablement à une perforation de l'estomac qu'a succombé Henriette d'Angleterre. — M. Grasset a publié quelques exemples d'ulcères latents de l'estomac simulant un empoisonnement. (*Ann. d'hyg.*, 1877, p. 85). Avant Cruveilhier, ces perforations avaient été signalées par Chaussier.

chimique; ainsi la magnésie détruit la propriété caustique des acides sans les altérer, l'albumine ou la caséine rendent insolubles les poisons en formant un caillot non absorbable; 2° les *antidotes* ou substances qui détruisent les effets du poison sur l'organisme en déterminant une action opposée; c'est ainsi qu'on a dit que la strychnine était l'antidote du curare, le café celui de l'opium, etc.; 4° les *éliminateurs* ou substances qui agissent sur les organes excréteurs, par exemple, celles dont l'action porte sur les reins (jamais l'arsenic n'empoisonnerait, d'après Orfila, si l'on pouvait faire uriner l'individu), sur la peau (les sudorifiques). Forget disait avec raison que l'eau était à la fois un bon diurétique et un excellent sudorifique. La magnésie donnée tous les jours, l'huile de ricin, favorisent aussi les éliminations.

III. Résultats anatomo-pathologiques : autopsie, exhumation, etc.

Dans tous les cas, on doit procéder avec une grande prudence, ménager les organes et les tissus, recueillir le contenu des cavités, ne rien faire qui puisse empêcher les différentes opérations d'une expertise plus approfondie et même, si cela devient nécessaire, d'une contre-expertise.

Dans les *Annales d'hygiène publique* de 1882, nous avons exposé, en collaboration avec le docteur Chapuis, agrégé à la Faculté de Lyon, les règles à adopter dans les expertises d'empoisonnement. En voici les conclusions :

1° Appelé dans une affaire de ce genre, l'expert doit se munir de plusieurs vases en verre neufs ou parfaitemen nettoyés à l'acide chlorhydrique d'abord et à l'alcool ensuite. Il y joindra de la cire à cacheter, un cachet, de bons bouchons de liège neufs et du papier-parchemin;

2° Dans une visite domiciliaire l'expert devra porter son attention sur tous les objets de nature à venir en aide à son analyse. Il mettra de côté, avec le plus grand soin, les médicaments, poudres suspectes, aliments, etc., etc., ayant servi à la victime.

3° Si l'autopsie suit presque immédiatement la mort, il devra se renseigner sur la présence ou l'absence de vomissements. Il les mettra de côté, si possible, ainsi que les draps et vêtements qui auraient pu être souillés. Si les vomissements ont été répandus sur le plancher, il devra alors racler avec précaution les parties souillées, ou mieux enlever les planches ou lames du parquet sur lesquelles ils se sont répandus. Il n'oubliera pas non plus de prendre dans un endroit éloigné du premier et non contaminé des raclures, planches ou lames du parquet qu'il conservera à part et séparées des premières.

4° A l'ouverture du cadavre, le tube digestif ne devra jamais être ouvert dans la cavité abdominale, mais en dehors.

5° L'estomac sera séparé de l'œsophage et de l'intestin grêle par deux ligatures doubles, l'une au cardia, l'autre au pylore. L'intestin grêle et le gros intestin réunis seront, comme l'estomac, après examen spécial, introduits avec leurs contenus dans deux vases distincts. L'œsophage sera examiné avec la bouche et le pharynx.

6° Dans un quatrième vase il introduira le foie et le sang. Cependant dans un cas d'empoisonnement supposé par l'oxyde de carbone, et là où l'étude spectroscopique du sang peut avoir une importance capitale, il serait non seulement utile, mais encore nécessaire de mettre de côté, dans un petit flacon de verre, la plus grande quantité du sang du cœur ou des gros vaisseaux.

7° Dans un cinquième vase il placera un poumon ou portion de poumon.

8° Dans un sixième vase, des muscles, environ 500 grammes. L'expert devra les prendre de préférence dans la cuisse, dans la poitrine et un peu dans le diaphragme.

9° Dans un septième vase il placera les reins, la vessie et son contenu. Pour plus de précautions il sera bon de faire une ligature au col de la vessie pour éviter toute déperdition de liquide.

10° Enfin, dans un huitième vase il introduira le cerveau et la moelle.

11° Si l'autopsie est faite après une inhumation plus ou moins prolongée, l'expert devra en outre s'occuper du mode de sépulture, de l'état de la fosse et du sol. Il devra décrire le cercueil et les conditions d'intégrité ou de destruction dans lesquelles il se trouve. Si l'inhumation est récente et le cercueil intact, il n'y a qu'à enlever le corps et le déposer sur la table où doit se faire l'autopsie. Si, au contraire, après un long séjour en terre, les vis de la bière sont disjointes, le bois, les vêtements, le linceul en partie détruits, il importe, avant d'examiner le cadavre, de recueillir quelques-uns des débris qui sont en contact avec lui ainsi qu'une certaine quantité de la terre dont il est entouré et qui adhère parfois à sa surface. Bien plus, l'expert n'oubliera jamais de prendre de la terre à différentes hauteurs de la fosse pour servir plus tard de termes de comparaison.

12° Il peut arriver que dans certaines inhumations, comme celles qui se font dans des terrains argileux, compacts, imperméables à l'air et à l'eau, dans des cercueils hermétiquement fermés, que la putréfaction ne se soit pas effectuée et que l'on trouve à l'exhumation non plus un squelette ou une fermentation putride en activité, mais une masse savonneuse qui adhère de partout aux parois de la bière. Dans ces conditions il est presque impossible de sortir le cadavre de son enveloppe, et souvent aussi difficile de distinguer les organes. L'expert devra donc, bien que la chose soit très pénible et fort incommode, recueillir dans le cercueil même les organes encore visibles, quelque peu de la masse savonneuse, les débris de linceul ou de vêtements et enfin de la terre qui peut souiller les parties périphériques.

13° Toutes ces substances recueillies, terre, portions de vêtement ou de linceul, seront également placées dans des vases en verre.

14° Les débris de cercueils, planches, etc., seront empaquetés soigneusement et eux aussi autant que possible introduits dans des récipients en verre;

15° Tous ces vases seront fermés, ficelés, cachetés et porteront des numéros d'ordre avec la signature des personnes présentes.

16° La fermeture des récipients devra se faire de la manière suivante : un bouchon de liège, recouvert d'un papier-parchemin retenu au moyen d'une ficelle au col du flacon et un simple cachet fixant la ficelle et le papier certifiant le contenu. Dans aucun cas on ne devra goudronner les bouchons servant à la fermeture des bocaux.

17° Jamais l'expert ne devra employer les désinfectants, chlorure de chaux, eau chlorée, sulfate ferreux, acide phénique, etc., etc. Il en est de même de l'alcool, qui doit aussi être proscrit, car sa présence, tout en empêchant la constation de ce composé toxique, peut rendre la recherche de certains poisons beaucoup plus difficile, notamment celle du phosphore.

Voici d'une façon aussi brève que possible comment procèdent les chimistes. On isole les poisons en traitant les organes ou les tissus par de l'alcool étendu afin d'obtenir, dans la majeure partie des cas, un liquide que l'on puisse filtrer ; ce liquide est alors soumis à l'action de l'hydrogène sulfuré (le réactif général de presque tous les métaux toxiques). Si on n'arrive à aucun résultat, on fait bouillir dans l'eau les organes digestifs afin d'isoler les minéraux. Quand le poison s'est déposé dans les viscères, dans le foie, par exemple, on en chauffe une portion avec de l'acide sulfurique qui détruit la matière organique et permet d'isoler le métal.

Pour la recherche des alcaloïdes végétaux, notre vénérable et savant ami M. Stas a, dans l'affaire Bocarmé, fait usage d'alcool et d'éther comme dissolvant. La méthode imaginée par cet éminent chimiste est basée sur le fait suivant : tous les alcaloïdes organiques aujourd'hui connus forment avec divers acides, et notamment avec l'acide tartrique, des sels acides solubles dans l'eau et l'alcool, lesquels étant dissous sont facilement décomposés par les alcalis fixes. Les alcaloïdes ainsi remis en liberté demeurent cependant en solution pendant quelques instants et peuvent se redissoudre dans l'éther, si ce dernier corps est en quantité suffisante.

Le diagnostic de l'empoisonnement a trouvé une nouvelle confirmation dans des expériences physiologiques sur des animaux au moyen des substances prétendues toxiques que l'on a isolées des matières. Ainsi quand un poison est en quantité très faible : le cœur est le réactif vivant de la digitaline (affaire Lapomeraye) ; pour l'atropine, on dilate avec les produits trouvés la pupille d'un chat ; la moindre trace de strychnine, en injection sous-cutanée, convulsionne les grenouilles.

En 1871, M. Selmi, de Bologne, annonçait la découverte d'alcaloïdes vénéneux extraits des cadavres et analogues aux alcaloïdes végétaux. Il donna à ces produits le nom de ptomaïnes. Avant lui, A. Gautier avait attiré l'attention sur les transformations putrides des matières albuminoïdes.

Les ptomaïnes, suivant Selmi, doivent être toxiques ; mais des travaux postérieurs montrèrent que, sur dix ptomaïnes, six seulement ont des propriétés nocives. De plus, Selmi lui-même reconnut que bien des ptomaïnes sont fixes et cristallisables.

Les alcaloïdes d'origine animale ne se produisent pas seulement lorsque les corps sont en putréfaction ; on les observe dans les aliments, près de la limite de leur conservation, on les voit aussi se former dans certaines affections.

C'est ce qui résulte des travaux de Brouardel et Boutmy. Ces derniers, dans une communication à la Société de médecine légale (1880), concluent :

1° Qu'il se forme, au cours de la décomposition cadavérique, certains alcaloïdes qu'on a nommés ptomaïnes ;

2° Que l'existence de ces alcaloïdes est incontestable ;

3° Qu'il existe plusieurs ptomaïnes différentes ;

4° Qu'il n'apparaît pas toujours une nouvelle ptomaïne dans chaque nouveau cas de putréfaction ;

5° Que le nom de ptomaïne, qui signifie « fugitif », semble indiquer que les corps de cette classe s'altèrent et disparaissent acilement. Il n'en est pas moins vrai qu'il peut exister certaines conditions dans lesquelles ils présentent une fixité remarquable ;

6° Que les ptomaïnes sont souvent vénéneuses, et que cette action sur l'organisme affecte aussi bien l'homme que les animaux.

7° Que leur formation peut avoir lieu dans un temps très court ;

8° Que l'action du froid paraît s'opposer à cette formation.

Depuis ces travaux et en conséquence de cette dernière conclusion, on a doté la morgue de Paris de chambres à air glacé dans lesquelles les cadavres sont conservés sans altération nouvelle jusqu'au jour où l'on procède à leur expertise.

M. Armand Gautier, dans un mémoire tout récent (janvier 1886), lu à l'Académie de médecine, constate que les alcaloïdes se produisent normalement dans les cellules vivantes.

L'état actuel de la science permet de donner cette définition Les ptomaïnes sont des alcaloïdes nés des fermentations organiques animales ou végétales, et qui, par leurs réactions chimiques, paraissent différer très peu des alcaloïdes végétaux.

C'est la présence des ptomaïnes dans des aliments altérés qui a causé des accidents bien souvent observés. Brouardel et Boutmy ont eu à statuer sur des cas du même genre.

La présence normale des ptomaïnes dans l'intestin complique singulièrement la tâche du médecin légiste dans les cas d'empoisonnement par les alcaloïdes végétaux. La delphinine, la vératrine, la morphine, etc., possèdent des propriétés presque analogues à celles des ptomaïnes. On conçoit la gravité des erreurs que peut entraîner cette similitude de caractères. Dans un procès jugé en Italie, les experts chargés d'examiner les viscères d'un général avaient conclu à un empoisonnement par la delphinine, et plus tard, Selmi, en contrôlant les résultats obtenus, prouva que l'on se trouvait en présence d'une ptomaïne qui, il est vrai, ressemble à la delphinine par quelques caractères, mais en diffère par son action physiologique.

Malgré les efforts tentés pour trouver des réactifs spécifiques des ptomaïnes, on ne paraît pas être arrivé encore à des résultats définitifs. Disons cependant qu'il ressort des travaux de la commission nommée par le gouvernement italien pour étudier spécialement au point de vue médico-légal la nature des ptomaïnes et leurs différenciations d'avec les alcaloïdes végétaux, que, même en agissant sur de grandes masses, les quantités d'alcaloïdes putréfactifs obtenues sont toujours minimes ; et ajoutons avec Gautier qu'il est à peu près impossible aujourd'hui, dans une expertise légale, de faire confusion entre les minimes quantités d'alcaloïdes cadavériques qui se produisent ou existent naturellement, et ceux qui auraient pu être introduits durant la vie [1].

IV. Conséquences médico-judiciaires.

D'après ce que nous venons de voir il faudra, dans une expertise, tenir compte des symptômes de la maladie, des résultats de l'autopsie, des résultats de l'a-

[1] Consulter *Toxicologie* de Chapuis, les mémoires de Brouardel et Boutmy, ceux de Mosso et Guareschi (*Archives italiennes de biologie*) et les communications de Gautier dans le *Bulletin de l'Académie de médecine*, janvier 1886.

nalyse chimique et enfin de toutes les circonstances extérieures fournies par l'enquête et qui viennent apporter des renseignements sur les différentes périodes de l'accident. Il ne faut pas en effet réduire à un seul moyen les procédés dont on dispose pour arriver à la vérité, et il serait dans beaucoup de circonstances aussi imprudent de tirer des conclusions d'un examen clinique ou anatomique que de restreindre toute appréciation aux résultats d'une réaction chimique.

Aussi comme on ne peut prévoir toutes les questions posées ordinairement par les magistrats aux experts, nous donnerons avec Tardieu les plus fréquentes et les plus importantes.

1° *La mort ou la maladie doivent-elles être attribuées à l'administration ou à l'emploi d'une substance vénéneuse?* — On examine les déjections et les évacuations du malade, la marche des symptômes, et, s'il y a lieu, les résultats anatomo-pathologiques et ceux de l'analyse chimique.

2° *Quelle est la substance vénéneuse qui a produit la mort?* — On fait le diagnostic différentiel de l'ensemble symptomatique et on le compare aux états morbides qui présentent quelques analogies. Quant à la recherche du poison lui-même, sauf pour quelques substances nettement déterminées, il sera très souvent impossible de mettre le *corps du délit* sous les yeux des magistrats.

3° *La substance employée pouvait-elle donner la mort?* — L'expert pourra souvent dire, même dans une tentative d'empoisonnement, si la substance administrée était capable de donner la mort. Il n'a pas alors à tenir compte des différentes circonstances qui ont pu diminuer ou empêcher l'action de cette substance.

4° *La substance vénéneuse a-t-elle été ingérée en quantité suffisante pour donner la mort? à quelle dose est-elle capable de la donner?* — On ne peut souvent répondre que d'une manière approximative et il faut d'ailleurs se préoccuper de l'âge, de la constitution, de l'état général de la victime.

5° *A quel moment a eu lieu l'ingestion du poison?* — Il faut rechercher exactement les symptômes du début, leur marche et noter toutes les circonstances extérieures qui ont pu accélérer ou retarder l'action toxique. D'une manière générale, les substances toxiques ne déterminent pas une succession de symptômes de plus en plus graves. C'est ainsi que le phosphore, l'arsenic, l'opium, la strychnine, présentent après leur administration des rémissions suivies parfois d'exacerbations sans qu'une nouvelle quantité de poison ait été donnée.

6° *L'empoisonnement peut-il avoir lieu et le poison a-t-il pu disparaître sans qu'on en retrouve de traces? après combien de temps?* — Le poison peut avoir été rejeté en partie par les vomissements, les sécrétions en éliminent une certaine quantité. Aussi la réponse devient plus difficile quand on s'éloigne du moment de l'accident. Les toxiques minéraux peuvent être retrouvés dans des parties du cadavre même après plusieurs années.

7° *La substance vénéneuse extraite du cadavre peut-elle provenir d'une source autre que l'empoisonnement?* — Parfois on peut avoir à tenir compte d'une médication, mais il sera alors possible de remonter à la véritable origine du poison.

8° *L'empoisonnement est-il le résultat d'un homicide, d'un suicide ou d'un accident ?* — C'est alors qu'il faut surtout apprécier toutes les circonstances extérieures.

9° *L'empoisonnement peut-il être simulé ?* — Beaucoup de lypémaniaques ou d'individus atteints du délire de persécutions avec hallucinations du goût et de l'odorat se plaignent d'avoir été victimes de tentatives d'empoisonnement.

DES POISONS EN PARTICULIER.

Premier groupe. — Poisons irritants ou corrosifs.

Ce sont les agents médicamenteux dits vésicants, épispastiques et caustiques. Ils provoquent une gastro-entérite violente et des lésions profondes du tube digestif.

Nous étudierons les plus importants des empoisonnements déterminés par les acides concentrés, les alcalis caustiques, les sels métalliques corrosifs.

1° Empoisonnement par l'acide sulfurique.

a. *Étiologie.* — L'acide sulfurique ou huile de vitriol est concentré ou étendu. Il entre dans certaines préparations telles que le bleu des blanchisseuses (sulfate d'indigo), dans les liquides destinés à nettoyer les ustensiles, dans les sulfates acides. Ce sont ordinairement des cas de suicide ou des empoisonnements accidentels. L'acide sulfurique est aussi projeté à la ace pour aveugler ou défigurer. Ce procédé criminel, d'origine assez récente, a, paraît-il, pris naissance dans les districts manufacturiers de l'Ecosse. Ces crimes devinrent même si fréquents à Glascow, que le Parlement ajouta à la loi contre les individus coupables de blessures un article additionnel, applicable à l'action de défigurer avec l'acide sulfurique ou un liquide corrosif, et qui condamnait le coupable à la peine de mort. Nous trouvons 67 empoisonnements criminels, en France, de 1835 à 1880. Les débats de l'affaire Gras ont fourni un exemple de l'emploi criminel de cet acide.

b. *Symptômes.* — Il y a une douleur vive dans la gorge et l'estomac; des vomissements muqueux et bilieux, puis sanguinolents, parfois des coliques et de la diarrhée. Ces vomissements rougissent excessivement la teinture de tournesol. Sur les lèvres et dans la bouche on voit des eschares noirâtres et parfois celles-ci ont la forme du vase dans lequel on a bu. — Le pouls est petit, il y a une tendance à la syncope, puis un refroidissement général. La mort peut arriver en quelques heures.

Si l'acide est étendu d'eau, il y a une inflammation des parties, fièvre, chute des eschares, parfois hémorrhagies, rétrécissement de l'œsophage.

c. *Autopsie.* — Outre les lésions dont nous venons de parler, on constate des eschares jusque dans l'estomac, des perforations et alors péritonite suraiguë. Dans un cas présenté par M. Laboulbène à la Société des hôpitaux, le malade avait vomi plusieurs jours après l'accident une masse noirâtre qui était la membrane interne de l'estomac. On a trouvé le sang coagulé dans les vaisseaux de l'intestin, et Grisolle aurait rencontré un caillot dans la veine iliaque. D'après Liouville, on pourrait observer une forme subaiguë et stéateuse de cet empoisonnement caractérisée par de l'albuminurie, une dégénérescence graisseuse des glandes et des muscles, comme dans l'intoxication par les poisons altérants.

d. *Recherches chimiques.* — Cet acide désorganisant les tissus s'absorbe peu. Il faut le chercher dans le tube digestif, les vomissements, sur les vêtements de la victime (les taches ne sèchent pas). Voici le procédé conseillé par Martin-Damourette : on fait bouillir les organes pendant une heure avec de l'eau distillée, on filtre, on concentre au bain-marie, on sature par hydrate de quinine, d'où production de sulfate de quinine. On évapore à siccité, et par l'alcool on sépare le sulfate de quinine du résidu organique et on reconnaît l'existence d'un sulfate par un sel de baryte.

e. *Traitement.* — La routine conseille de donner de l'eau tiède, de l'eau albumineuse. On administrera les hydrates alcalino-terreux (magnésie), de l'eau de savon, de l'huile. — Il faut employer l'opium à forte dose contre les douleurs phlegmasiques.

2° Empoisonnement par l'acide nitrique ou eau-forte.

Mêmes symptômes et en outre diarrhée et coliques. Les eschares des lèvres et de la langue sont jaunes. Les vapeurs irritantes de cet acide provoquent la toux. Mêmes lésions anatomiques. Les recherches chimiques peuvent se faire avec l'hydrate de quinine ou encore par distillation. Même traitement.

3° Empoisonnement par l'acide chlorhydrique (acide muriatique, esprit-de-sel).

Vive irritation des voies respiratoires. Eschares blanches comme des fausses membranes. Mêmes lésions. Pour les recherches chimiques, on distille ou bien on sature d'hydrate de quinine, puis on traite par l'alcool; le chlorhydrate isolé précipite par azotate d'argent et forme un chlorure d'argent (précipité blanc, caséiforme, insoluble dans l'acide azotique, mais soluble dans l'ammoniaque).

4° Empoisonnement par l'acide oxalique.

Il sert aux teinturiers, aux imprimeurs sur étoffe, aux fabricants de chapeaux de paille, il est employé pour le nettoyage des cuivres. C'est le type de l'empoisonnement par les acides végétaux. A la dose de 15 à 30 grammes, mêmes symptômes gastro-intestinaux, mais pas d'eschares à la bouche et aux lèvres. Dans l'estomac, des matières de couleur brune, ordinairement acides et de consistance gélatineuse. A Lyon, nous avons vu plusieurs exemples de suicide par cet agent.

Pour les recherches chimiques, on traitera les matières par l'alcool, puis par l'acétate de baryte : il y a un précipité blanc, insoluble dans un excès d'acide acétique, mais soluble dans quelques gouttes d'acide chlorhydrique ou azotique.

5° Empoisonnement par les alcalis caustiques : la potasse.

La potasse peut être choisie comme type de ces empoisonnements. Ceux-ci sont assez rares avec la soude, plus fréquents avec l'ammoniaque, par l'eau sédative (eau, ammoniaque et camphre).

Mêmes symptômes d'irritation des tissus; les eschares sont grises et molles, savonneuses au toucher et donnant avec le tournesol une réaction alcaline.

Les lésions anatomiques peuvent présenter tous les degrés de l'inflammation.

Pour les recherches chimiques, on conseille de faire bouillir les matières du tube intestinal avec de l'eau, on évapore au bain-marie, on traite par l'alcool. Si ces alcalis isolés des tissus ne donnent pas de précipité avec le carbonate d'ammoniaque, c'est de la potasse qui, d'ailleurs, précipite en jaune par le chlorure de platine.

Si le liquide a précipité par le carbonate d'ammoniaque, c'est de la chaux, de la baryte, de la strontiane.

Ajoutons que le *chlore*, le *brome*, l'*iode*, sont des irritants. S'il y avait empoisonnement, on se rappellerait que tous trois précipitent par le nitrate d'argent; que l'iode bleuit l'amidon, que le brome le jaunit, que le chlore est sans action.

6° Empoisonnement par les sels métalliques caustiques.

L'empoisonnement par le *nitrate d'argent* est rare. Il est peu caustique : il modifie plus les surfaces qu'il ne les détruit. Dans ce cas, on doit donner de l'eau salée.

7° Empoisonnement par les sels de cuivre : *Sulfate de cuivre* (vitriol bleu), *vert-de-gris* (acétate et carbonate de cuivre).

Si, dans ces dernières années, l'action toxique du cuivre a été mise en doute, personne ne lui a contesté son action nocive sur nos organes. Il est caustique et irritant des parties avec lesquelles on le met en contact, et à ce titre il nous semble nécessaire de le faire figurer parmi les poisons de la première catégorie.

De tout temps, et dès que les vases en cuivre furent introduits dans l'économie domestique, on constata les accidents que ces récipients métalliques pouvaient produire. C'est ainsi que Moïse (Lévitique, chap. VI, v. 28) dit que si le vaisseau dans lequel les Lévites ont fait cuire une offrande est de cuivre, il sera récuré et lavé dans l'eau. Les précautions exigées par le législateur avaient évidemment pour but d'éviter les accidents.

En 1722, Schulze dénonça le cuivre comme un poison, et les travaux de Rouelle et de Thierry (1740) confirmèrent cette opinion. J.-J. Rousseau, dans une lettre à l'abbé Raynal, directeur du *Mercure de France*, insista longuement sur les « maladies mortelles ou habituelles » produites par le vert-de-gris (1755), et Dubois, dans sa thèse, présenta un tableau vraiment effrayant des accidents qui frappaient les ouvriers chaudronniers de Villedieu-les-Poêles, un petit bourg de Normandie. L'opinion publique s'émut, l'autorité prit des mesures, et des ordonnances rendues à différentes époques (1777, 1781, 1791, 1816) interdirent l'usage des vases de cuivre dans beaucoup de cas.

A notre époque, les expérimentateurs ont étudié l'action des sels de cuivre. Pelikan, de Saint-Pétersbourg (1857), et ses élèves Daletzki et Szumowski ont montré que des aliments cuits dans des vases de cuivre et refroidis dans les mêmes récipients ne renferment que des traces insignifiantes de cuivre et ne peuvent occasionner d'empoisonnement. Des expériences semblables, faites par MM. Ducom et Burq, sont venues confirmer les travaux des savants russes.

Enfin, les nombreuses recherches entreprises par M. Galippe ont incontestablement démontré toute l'exagération de l'opinion vulgaire qui regarde le vert-de-gris comme un redoutable poison.

Cependant, dans les statistiques judiciaires, le cuivre occupe le troisième rang comme poison. De 1851 à 1876, sur 967 empoisonnements, nous en relevons 177 par le cuivre qui ont entraîné des condamnations et même des exécutions. Cette question mérite donc un examen spécial.

Disons d'abord quelques mots des *accidents professionnels* produits par le cuivre. Chevallier (*Ann d'hyg.*, 1847) admet que la préparation du vert-de-gris est sans influence sur la santé des ouvriers. C'est aussi l'avis de Boys de Loury. La fabrication du verdet ne présente aucun inconvénient, d'après Pécholier et Saint-Pierre. Beaucoup de médecins qui ont observé les ouvriers en cuivre prétendent que la colique de cuivre n'existe pas.

. Le verdet et le vert-de-gris dont nous venons de parler sont des sous-acétates de cuivre[1] et ils sont employés comme couleurs vertes dans la peinture à l'huile, dans la teinture en noir sur laine et pour former certains liquides comme le *vert d'eau* ou le *vert préparé*.

Le poison vulgaire est obtenu par une macération de gros sous dans du vinaigre. Il se produit de l'acétate de cuivre comme quand on laisse refroidir des liquides ou des aliments additionnés de vinaigre dans des vases de cuivre. On l'a constaté dans les cornichons et les câpres confits dans le vinaigre, dans les prunes à l'eau-de-vie, dans l'absinthe, les conserves de petits pois, l'oseille cuite, dans du pain, etc. Si dans quelques-unes de ces préparations les sels de cuivre ont été introduits comme élément de coloration, il faut dire

[1] Ce sous-acétate de cuivre ne doit pas se confondre avec le *vert-de-gris* qui se forme à la surface des ustensiles de cuivre, des pièces de monnaie par l'action de l'humidité : celui-ci est un hydrocarbonate de cuivre.

de suite qu'ils donnent facilement un goût désagréable aux liquides ou aux solides. C'est ainsi que un centigramme de sulfate de cuivre mélangé à 100 grammes de vin le rend à peu près imbuvable et provoque des nausées. Les sels de cuivre ne sont donc pas toxiques à petite dose. D'ailleurs, dès que le cuivre est en contact avec l'estomac, il provoque aussitôt des vomissements : il faut donc qu'il soit ingéré à doses massives pour produire des désordres graves et même la mort : ce serait à 2 ou 3 grammes d'après Tardieu. Le sulfate de cuivre est donné comme vomitif à la dose de 40 à 60 centigrammes.

Laborde[1] a contesté les conclusions suivantes de Galippe : « 1° Pour nous, sauf peut-être dans le cas de suicide, l'empoisonnement aigu par les composés du cuivre ne doit pas être réalisable, tant en raison de la saveur horrible de ces composés que de leurs propriétés émétiques énergiques qui suffisent à faire évacuer le toxique. 2° Quant à la possibilité de l'empoisonnement lent, nous n'y croyons pas, car il ressort des expériences de Bourneville et des nôtres qu'à petites doses la tolérance s'établit sans influence fâcheuse sur la santé. »

Symptômes. — Un quart d'heure après l'ingestion de la préparation caustique, il survient de violents vomissements, un goût d'encre ou métallique, de la sécheresse de la bouche, du resserrement de la gorge, les vomissements deviennent douloureux, puis des coliques apparaissent et il y a de nombreuses selles, parfois glaireuses, rarement sanglantes. Ce sont tous les symptômes d'une violente gastro-entérite. En même

[1] Voir *Tribune médicale*, 1877 (Le cuivre et ses composés).

temps des phénomènes généraux tels qu'oppression, pouls petit, menaces de syncope, refroidissement des extrémités, crampes et convulsions.

Autopsie. — Les lésions anatomiques ne sont pas constantes. La congestion pulmonaire signalée par Orfila est assez rare. Du côté de l'intestin, des phénomènes d'inflammation à tous les degrés. On a, dans certains cas, trouvé une coloration verdâtre de sels de cuivre sur la muqueuse.

Recherches chimiques. — D'après Martin-Damourette, on isole le cuivre par simple ébullition, ou bien on détruit les organes et on les chauffe dans une capsule avec de l'acide sulfurique qui les carbonise. Les cendres renferment le cuivre. On fait alors bouillir avec de l'eau et de l'acide acétique. Cette solution d'acétate de cuivre donne, avec une lame de zinc, une couche mince qui est du cuivre métallique. Le sel de cuivre traité par l'ammoniaque donne une coloration bleue qui est de l'oxyde de cuivre ammoniacal.

Traitement. — Eaux sulfureuses, albumine, fer réduit.

Deuxième groupe. — Poisons hyposthénisants.

Les symptômes produits par les poisons hyposthénisants se caractérisent par une énorme prostration des forces, une diminution de l'action du cœur : ce sont des poisons de l'hématie et de la fibre musculaire.

Il y a des vomissements glaireux, de l'oppression, une soif vive, de l'anurie, du météorisme et un état syncopal particulier. En un mot, un ensemble symptomatique qui rappelle assez bien l'indigestion grave ou une attaque de choléra.

Tardieu range dans ce groupe le cuivre, le mercure, le phosphore, l'arsenic, l'émétique, le nitre et le sel d'oseille, la digitale, la ciguë.

1° Empoisonnement par les mercuriaux.

Nous ne faisons que rappeler l'*hydrargyrisme profes-*

sionnel (ouvriers qui extraient le mercure des mines ; étameurs de glace ; doreurs au mercure ; fleuristes qui emploient les rouges de mercure (sulfure, biiodure et chromate de mercure) ; empailleurs (sublimé) ; les chapeliers (les peaux sont frottées avec une peau trempée dans une solution de nitrate de mercure). Nous n'avons pas à nous occuper de cette intoxication ni de celle de syphilitiques mal traités.

L'empoisonnement par dose massive est le seul qui nous intéresse, et parmi les sels mercuriaux, le sublimé et le cyanure de mercure.

Dans les statistiques criminelles on compte, sur vingt empoisonnements de toute nature, un cas par le mercure ; ce sont des suicides ou des homicides par le sublimé ou cyanure, ou bien des accidents (médication mal faite, de l'eau phagédénique, par exemple, est prise à l'intérieur).

Symptômes. — Il y en a de locaux qui donnent de l'irritation, de généraux qui produisent l'hyposthénie. Ce sont d'abord les signes d'une gastro-entérite violente ; dans la bouche, une saveur brûlante et caustique, une constriction à la gorge, puis des vomissements douloureux, des coliques, des selles diarrhéiques et même sanglantes.

Puis, dès que l'absorption s'est faite, l'hyposthénie se déclare, le pouls devient petit et lent, il y a menace de syncope, la respiration se ralentit, les extrémités se refroidissant, il y a une insensibilité qui est de la paralysie musculaire. Parfois on observe des crampes et des convulsions, puis la mort à la fin du premier jour. Si les accidents se continuent pendant cinq ou six jours, la prostration persiste toujours et on voit survenir des hémorrhagies, de la stomatite, un eczéma mercuriel.

Autopsie. — Sur la muqueuse intestinale, des rougeurs, des ecchymoses et même des ulcérations. De la congestion des poumons, des ecchymoses sur l'endocarde. Quand l'empoisonnement ne s'est pas terminé par la mort, dégénérescence graisseuse du foie et des reins.

Recherches chimiques. — On fait bouillir les matières gastro-intestinales avec de l'eau, on filtre et on concentre au bain-marie. On détruit le tissu du foie dans une cornue (le mercure étant volatil). La solution donne sur une lame de cuivre une couche grise qui est un dépôt de mercure métallique que l'on réduit en petites gouttelettes brillantes, qui se déposent sur les parois d'un tube en verre fermé dans lequel on aura chauffé la lame.

Traitement. — On fait vomir avec de l'eau tiède; on donne de l'eau albumineuse, du lait, de la magnésie pour purger.

2° Empoisonnement par le phosphore.

Le *phosphorisme professionnel* se montre peu sous la forme aiguë. Presque toujours on observe la forme chronique : symptômes de gastro-entérite, crampes d'estomac, coliques; puis troubles respiratoires, faiblesse dans les membres, affaiblissement de l'intelligence. Il y a de l'amaigrissement, une teinte jaune de la peau. Mais l'accident caractéristique des ouvriers employés à la fabrication des allumettes chimiques au phosphore blanc est la nécrose des maxillaires. C'est le *mal chimique* ou nécrose phosphorée. Dès 1846, M. Th. Roussel avait montré que beaucoup d'anciens malades avaient les dents cariées; plus récemment, Magitot a fait voir que tous ceux qui étaient atteints présentaient une carie pénétrante. D'autres observateurs prétendent cependant avoir observé la nécrose avec des dents parfaitement saines[1].

Les empoisonnements par le phosphore ont augmenté en France d'une façon effrayante en quelques

[1] Voir le Rapport de M. Legouest au Comité consultatif d'hygiène publique.

années. Nous en relevons 556 cas, de 1855 à 1880. Le phosphore, qui ne figure sur le tableau des substances vénéneuses que depuis le décret du 8 juillet 1850, occupe le premier rang dans les statistiques criminelles. Cela tient à l'extrême facilité que l'on a de se procurer des allumettes chimiques au phosphore blanc et la pâte phosphorée ou mort-aux-rats (100 grammes de cette pâte renferment 2 grammes de phosphore, et le phosphore en nature peut déterminer la mort à la dose de 15 à 30 centigrammes).

Symptômes. — Ils varient d'après la forme et les conditions de l'empoisonnement[1]. Il y en a deux formes distinctes : 1° une forme suraiguë, foudroyante, qui a pour caractère de produire des phénomènes d'irritation, peu de vomissements, de l'anxiété respiratoire, des palpitations de cœur, puis un pouls petit et l'asphyxie par arrêt de la circulation. Tels sont les symptômes que l'on observe si le phosphore est pris pur, sans mélange avec des aliments solides ou liquides aérés; 2° une forme ordinaire, nettement caractérisée par des symptômes spéciaux : d'abord de la douleur épigastrique, des vomissements, des coliques, de la diarrhée; la soif est vive, les urines rares. Après ces signes d'irritation gastro-intestinale un peu de mieux se montre, les malades se croient soulagés, il y a une rémission. Mais bientôt la cachexie se déclare et alors apparaissent de l'ictère et des hémorrhagies. Ce sont les signes des troubles de la nutrition interstitielle qui démontrent la diffusion du toxique. L'ictère se montre le troisième jour, le quatrième jour il y a une prostration générale des forces, le cœur bat vite mais faible-

[1] *Étude physiologique, clinique et thérapeutique du phosphore*, par Lecorché (*Arch. de Phys.*, 1868-1869).

ment. La respiration s'embarrasse ou diminue de fréquence, la température s'abaisse et des hémorrhagies se montrent sur la peau et les muqueuses (épistaxis, hémoptysie, hématurie). Le cinquième jour, l'urine est albumineuse, avec moins d'urée et de sulfates, mais beaucoup plus de phosphates et les éléments de la bile. La mort survient du septième au neuvième jour.

Lésions. — Dans la forme rapide ou nerveuse le sang est dépourvu d'oxygène et la mort survient par anoxémie. Aussi ce liquide est noir et il présente à l'analyse spectrale la raie de l'hémoglobine réduite. Il y a parfois une inflammation de la muqueuse intestinale et des congestions dans les organes.

Dans la forme hémorrhagique, il y a de l'inflammation, parfois des ulcérations de l'intestin. Les glandes et les villosités intestinales ont subi la dégénérescence graisseuse. Le foie aussi est stéatosé. Dans les reins, les signes d'une néphrite, avec des tubes graisseux. Les muscles eux-mêmes sont atteints : les fibres musculaires plus pâles ne sont plus striées. On rencontre des hémorrhagies sur toutes les séreuses.

Recherches chimiques. — Martin-Damourette conseille les procédés suivants dans les trois circonstances qui peuvent se présenter : 1° On trouve des fragments ou des débris de phosphore, de la poussière de phosphore. Un de ces fragments est d'une couleur jaune, a une odeur d'ail, luisant à l'air et lumineux dans l'obscurité, brûlant avec un vif éclat. — 2° Il n'y a pas trace de phosphore, mais on en retrouve dans l'intestin. On l'isole par la méthode de Mitscherlich. Dans un ballon on chauffe les matières suspectes. Le phosphore distille avec la vapeur d'eau et est reçu par un tube coudé dans un ballon refroidi renfermant de l'eau distillée. — 3° Le phosphore ne se retrouve pas en fragments et il n'est pas isolé par la distillation; c'est qu'il s'est oxydé en formant de l'acide phosphoreux ou phosphorique. On détruit le tissu du foie dans une capsule, on fait bouillir, on filtre et on a des phosphates qui donnent, par l'azotate d'argent, un précipité jaune. Pour avoir la certitude que le phosphore ainsi obtenu n'est pas celui de l'économie, on détruit le même poids du même tissu d'un cadavre non empoisonné et on compare.

M. Lefort, rapporteur d'une Commission à la Société de médecine légale (janvier 1874) a montré les deux points suivants « La proportion d'acide phosphorique trouvée dans des matières suspectes soumises à l'analyse chimique n'est pas une preuve convaincante qu'il y a eu empoisonnement par le phosphore. Ni la présence, ni la quantité d'acide phosphorique et de cristaux de phosphate ammoniaco-magnésien dans des matières suspectes, ne peuvent être considérées comme preuves d'empoisonnement par le phosphore en nature. »

Traitement. — On fait vomir avec du sulfate de cuivre : il se forme du phosphure de cuivre. — On purge avec la magnésie calcinée, qui sature les acides du phosphore.

Pas de médicaments ni d'aliments graisseux, comme le lait ou l'huile de ricin qui facilitent l'absorption du toxique. Pas de boissons aérées, dont l'oxygène dissout le phosphore.

Le meilleur traitement est l'essence de térébenthine, proposée en 1868 par le docteur Andant, de Dax. L'essence de térébenthine empêcherait le phosphore de s'oxyder. Gubler pensait qu'elle ozonise l'oxygène du sang. On peut la prescrire à haute dose : M. Laboulbène en a donné 30 grammes par jour dans un cas d'empoisonnement phosphoré ; le malade a guéri.

3° Empoisonnement par l'arsenic.

L'arsenicisme professionnel se montre sous la forme aiguë ou sous la forme chronique. La première est rare elle survient quand la chaudière venant à se trouer, l'acide arsénieux tombe dans le foyer et se volatilise dans l'atelier. On observe alors une gastro-entérite très intense, des accidents cérébraux, une grande faiblesse et une altération des traits. A l'autopsie on constate une dégénérescence graisseuse du cœur et des glandes de l'intestin.

Dans la forme chronique, on constate de l'inappétence, de la céphalée, des nausées, parfois des vomissements et des selles abondantes qui peuvent être sanglantes ; un affaiblissement général, de l'engorgement et même paralysie, ordinairement paraplégie. La peau et les muqueuses sont enflammées; ainsi il y a de la conjonctivite, des hémorrhagies et même des ulcérations avec perforations des fosses nasales, de la bronchite. La peau devient terreuse et est le siège de certaines éruptions, les unes (vésicules, pustules, ulcérations) produites par le contact de l'arsenic ; les autres provenant de l'arsenic absorbé et éliminé (érythème, eczéma et taches brunes indélébiles).

Ces différents accidents peuvent se montrer chez les ouvriers qui grillent le minerai ou raclent l'acide arsénieux déposé dans les chambres de condensation, chez les ouvriers qui préparent les verts arsenicaux : 1° vert de Scheele ou arsénite de cuivre ; 2° vert de Schweinfurt, sel double composé d'arsénite et d'acétate de cuivre. Ces verts sont employés par des ouvriers qui préparent les papiers peints en vert, par ceux qui fabriquent des herbes naturelles destinées à parer les chapeaux de dames (ce sont des graminées sèches que l'on trempe dans une solution arsenicale et que l'on saupoudre quand elles sont sèches avec de la poussière arsenicale), et enfin par les ouvriers apprêteurs de toile destinée à la fabrication des feuilles artificielles d'après Vernois, ce commerce emploie plus de 15 000 ouvriers à Paris.

Nous trouvons, dans l'excellent ouvrage de notre savant confrère M. Proust, les renseignements suivants :

Les verts arsenicaux sont encore employés par les peintres, les apprêteurs d'étoffe (pour la teinture en vert). D'autres sels d'arsenic sont maniés dans différentes industries, ainsi pour le bronzage vert, pour le bronzage noir (sulfure d'arsenic), par les peaussiers (pâte composée de chaux et d'orpiment), par les corroyeurs (orpiment pour teindre les cuirs en jaune), par les empailleurs, par les ouvriers qui confectionnent des vêtements en tarlatane verte ou des étoffes colorées par le vert d'aniline picrique ou arsenical, dans les fabriques de fuchsine, dans les verreries.

Les empoisonnements par l'arsenic deviennent rares. Avant cette époque ils représentaient plus des deux tiers des empoisonnements criminels. On employait l'acide arsénieux ou mort-aux-rats, d'un usage assez répandu puisqu'il était adopté pour le chaulage des grains et la destruction des animaux nuisibles. Une ordonnance royale du 29 octobre 1846 a interdit cet usage qui permettait, de tous côtés, la dispersion d'une substance éminemment dangereuse mais sans saveur, ni odeur, ni couleur, n'éveillant par conséquent aucun soupçon.

Dans une première période, 1835 à 1850, nous relevons 457 empoisonnements; dans une seconde période, de 1850 à 1865, il y en a eu 298; dans la troisième période de quinze années, soit de 1865 à 1880, nous en relevons 68. Pour la première fois, en 1884, la statistique ne fait pas mention de l'empoisonnement par l'arsenic.

Symptômes. — On constate, comme avec les précédents toxiques, d'abord des symptômes de gastro-entérite, puis des signes de dépression ou d'hyposthénie générale.

Si l'acide arsénieux est dissous, le liquide a un goût douceâtre; peu de temps après surviennent de la cardialgie, des vomissements bilieux et muqueux, puis des selles nombreuses, diarrhéiques. C'est complètement le tableau d'une attaque de choléra. La gorge se dessèche, la soif est vive, l'individu crachote, les urines sont rares et parfois sont supprimées.

Quand les phénomènes généraux se montrent, on observe une irrégularité de la circulation, le pouls est vite ou bien faible et intermittent, il y a des syncopes, de la détresse respiratoire; le facies est grippé ou cyanosé, les yeux entourés d'un cercle noir, il y a en même temps de la conjonctivite. La ressemblance avec le choléra augmente : la peau se refroidit, elle est recouverte d'une sueur visqueuse, il y a des éruptions pustuleuses ou pétéchiales ; les selles deviennent alors sanguinolentes, puis noires. Des crampes ou des mouvements convulsifs apparaissent et l'individu meurt dans une syncope ou dans les convulsions.

Lésions. — Elles n'ont pas plus de caractères tranchés que l'appareil symptomatique. Sur l'intestin on constate de la rougeur et de l'inflammation, rarement de la psorentérie. Parfois congestion des poumons, des viscères. On a trouvé des ecchymoses sur l'endocarde. M. Cornil a fait un examen histologique de la muqueuse gastrique dans un cas d'intoxication arsenicale suraiguë du service de M. Ferréol. Il dit qu'il a trouvé là un type de gastrite toxique suraiguë (Société des hôpitaux, 1880).

Recherches chimiques. — Elles ont une grande importance, parce qu'elles peuvent fournir la preuve de l'empoisonnement. On distingue les cas suivants : 1° De la poudre blanche d'acide arsénieux, trouvée sur la surface de l'intestin et projetée sur des charbons, répand une odeur d'ail très caractéristique. Pour mieux encore dévoiler la présence de l'arsenic, on emploie un tube de verre effilé, à une de ses extrémités on met la poudre blanche, on la recouvre d'un morceau de charbon ; celui-ci est chauffé à la lampe. Dès qu'il est rouge, on chauffe l'acide arsénieux dont les vapeurs passent à travers le charbon et laissent dans le tube un anneau arsenical. — 2° Si l'arsenic n'est pas libre, mais en combinaison avec certains tissus, comme le foie, les reins, le cerveau, etc., on procède alors à trois sortes d'opérations : il faut détruire les matières organiques, isoler l'arsenic, le reconnaître.

a. Pour détruire la matière organique, on la chauffe dans une capsule de porcelaine avec un tiers de son poids d'acide sulfurique. Le tissu est carbonisé. On laisse refroidir. On ajoute de l'acide azotique, puis on chauffe de nouveau. L'acide azotique oxyde l'arsenic, qui alors n'est plus volatil. On fait bouillir la cendre avec de l'eau aciduléc d'acide chlorhydrique, et on a une dissolution d'acide arsénique qui peut donner de l'arsenic métallique dans l'appareil de Marsh.

b. Afin d'isoler l'arsenic, on le met en présence de l'hydrogène naissant, il se forme de l'hydrogène arsénié. Pour les recherches, on emploie l'appareil de Marsh, modifié par l'Académie des sciences. C'est un flacon à deux tubulures. Le tube, recourbé, est entouré d'une chemise de cuivre qui permet de le chauffer avec une lampe à alcool. Voici ce qui se passe :

$$Zn + HO + SO^3 = ZnO,SO^3 + H$$
$$AsO^3 + H^6 = 3HO + AsH^3.$$

La portion où se trouve la chemise de cuivre étant chauffée, l'hydrogène arsénié se décompose en arsenic qui se dépose au delà de cette portion du tube, et en hydrogène que l'on peut enflammer à la sortie du tube. Pour ne pas perdre l'arsenic, on reçoit le gaz enflammé sur une soucoupe de porcelaine, où il se dépose sous forme de taches.

c. Les anneaux ou les taches sont ternes comme du noir de fumée ou brillants comme de l'acier. Ils disparaissent par l'acide azotique et la solution laisse un résidu d'acide arsénique qui se colore en rouge brique par le nitrate d'argent ammoniacal.

Traitement. — On favorise les vomissements par de l'eau tiède; les selles par des lavements. Comme contre-poison, on se sert de la magnésie hydratée, qui immobilise l'acide arsénieux et est *bien meilleure* que le peroxyde de fer. L'excès de celui-ci ne purge pas comme le fait la magnésie. Pour éliminer le poison, on donne des laxatifs comme la magnésie, l'eau de Seltz vineuse (un litre de vin blanc avec quatre litres d'eau de Seltz), conseillée par Orfila. Ainsi que le recommandait ce médecin, il faut faire uriner le malade.

4° Empoisonnement par l'émétique et les antimoniaux.

L'empoisonnement par l'émétique (tartrate d'antimoine et de potasse) est assez rare. Le procès de deux médecins anglais, Palmer et Pritchard, qui avaient employé ce poison à petites doses, dans un but criminel, a montré toutes les difficultés de l'expertise. Le plus souvent, l'empoisonnement est le fait d'une erreur médicale. D'après Taylor, une dose de 10 à 12 centigrammes, prise en une fois, peut déterminer la mort.

Les *symptômes* sont ceux d'une violente gastro-entérite (saveur métallique, douleur épigastrique, vomissements et diarrhée), puis l'hyposthénie apparaît, le pouls devient petit et lent, il y a des défaillances et des syncopes, du refroidissement, des vertiges, du hoquet, des crampes et des convulsions, puis la mort du deuxième au sixième jour. Dans les affaires Palmer et Pritchard, la mort est survenue après quelques mois.

Pour les *lésions anatomiques*, rien de caractéristique ainsi on n'a rien trouvé chez les deux femmes empoisonnées par le Dr Pritchard. Mais il peut y avoir les signes de la gastro-entérite. Souvent des congestions pulmonaires, d'après Magendie. Dans la forme lente, on trouverait de la stéatose du foie.

Les *recherches chimiques* ont pour but de mettre en évidence les anneaux et les taches d'antimoine, qui, traitées par l'acide azotique, laissent un résidu blanc d'acide antimonique, qui ne devient pas rouge brique au contact du nitrate d'argent. Comme *traitement :* d'abord favoriser les vomissements par l'eau tiède. Le contrepoison serait le tannin, qui forme un tannate d'antimoine insoluble.

5° Empoisonnement par le sel de nitre, par le sel d'oseille.

Les deux sont le fait d'une erreur médicale ou d'un suicide. Nous avons vu à Lyon deux empoisonnements suicides par l'oxalate de potasse.

Avec le premier, pris à la dose de 8 à 12 grammes, on a des vomissements, hyposthénie, puis mort.

A l'autopsie, des signes d'entérite et de néphrite albumineuse.

Le second produit les mêmes symptômes. Tardieu signale

spécialement dans ces deux empoisonnements la couleur vermeille du sang et des tissus.

6° Empoisonnement par la digitale et la digitaline. Il est assez rare, et se produit ordinairement par accident. Les feuilles de la plante sont confondues avec la grande consoude : il en est ainsi pour la poudre, qui est jaune verdâtre. La digitaline tue à la dose de 1 à 2 centigrammes. Elle a été employée par le médecin homœopathe Couty de la Pommerais pour empoisonner Mme de Pauw.

Fig. 55. — Digitale pourprée

Les symptômes sont les suivants : de la douleur à l'épigastre et le long de la colonne vertébrale, des vomissements muco-bilieux, des coliques, de la diarrhée. La gorge est desséchée, la soif vive, il y a une céphalée atroce. Puis de la prostration musculaire et cardiaque, un abattement complet; le cœur se ralentit, devient intermittent et irrégulier, il y a des syncopes, et la mort par arrêt du cœur.

Les lésions anatomiques n'ont rien de spécial. On a noté une putréfaction très lente. Il peut y avoir quelques suffusions sanguines et des points congestionnés disséminés par places dans la largeur de l'intestin. Rien du côté du cœur ou des autres organes.

L'expertise chimique fut confiée, dans l'affaire la Pommerais à MM. Tardieu et Roussin, agrégé du Val-de-Grâce. Voici la méthode suivie par ces habiles experts. L'intestin et l'estomac furent mis à macérer dans de l'alcool concentré pendant vingt-quatre heures, à une température de 50°, puis on a filtré, lavé à l'alcool et évaporé au bain-marie. Cet extrait alcoolique (A) devait contenir le poison. On prépare ensuite un « extrait (B) provenant du traitement par l'eau distillée chaude, de l'estomac et de la moitié des intestins de la veuve de Pauw ».

Il est fait ensuite un « extrait (O) provenant du traitement alcoolique des matières grattées à la surface et dans les interstices du plancher de la veuve de Paw (partie souillée par les vomissements) ». Puis un « extrait (P) provenant du traitement alcoolique des matières grattées à la surface du parquet, dans la partie occupée par le lit et tout à fait à l'abri des vomissements. »

L'extrait O donna une coloration verte par l'acide chlorhydrique, et brune par l'acide sulfurique. MM. Tardieu et Roussin expérimentèrent sur les animaux.

5 grammes de l'extrait O sont introduits dans une incision faite à la cuisse d'un chien vigoureux et dont les battements du cœur étaient de 110 par minute. L'animal a des déjections, des vomissements, de la prostration musculaire, le cœur est irrégulier et se ralentit, les battements tombent à 94, à 90, à 76 (8 heures après), à 40 (18 heures après), puis deviennent intermittents. A l'autopsie, les deux ventricules du cœur sont contractés, tandis que les oreillettes sont dilatées, les quatre cavités pleines d'un sang noir épais et coagulé. La pointe est saillante et rougeâtre. L'extrait du parquet renferme donc un poison qui a agi sur le cœur.

Un lapin sous la peau duquel on a introduit, par le même procédé, 2 grammes du même extrait, succomba avec des symptômes semblables. Mêmes lésions anatomiques.

Sur trois grenouilles on met le cœur à nu ; le cœur de la première est maintenu humide ; la deuxième reçoit, sous la peau du ventre, six gouttes d'une solution titrée de digitaline ; la troisième une injection de l'extrait O étendu. Chez les deux dernières grenouilles, le cœur cesse bientôt de battre, le ventricule se contracte et l'oreille se gonfle.

On procède de même avec les extraits (A) et (B). L'extrait (P) des raclures du parquet non taché ne donne aucun résultat.

Troisième groupe. — Poisons stupéfiants.

Ce sont les poisons qui ont été désignés sous le nom de narcotico-âcres. Ils agissent d'une manière particulière sur le système nerveux. S'ils produisent tous une dépression spéciale de l'activité, quelques-uns y joignent une légère irritation locale, mais qui ne regarde en rien le mode d'action des poisons corrosifs.

Tous déterminent d'abord des malaises, des défaillances, de la céphalée, des vertiges, de la douleur épigastrique avec vomissements, puis survient du délire, de l'agitation, des hallucinations, des troubles de la sensibilité et de la motilité. La face s'altère, souvent les pupilles sont dilatées, la respiration s'embarrasse et la mort arrive assez vite dans le coma ou les convulsions.

Nous étudierons dans ce groupe les empoisonnements par le plomb, la belladone et l'atropine, par les solanées vireuses, par le tabac, la ciguë. Tardieu range aussi dans cette classe les empoisonnements par le curare, les champignons, le chlorolorme et l'alcool.

1° Empoisonnement par le plomb[1].

De tous les métaux, le plomb est certainement celui qui porte le plus souvent atteinte à la santé de l'homme. Ses méfaits sont incalculables et ses moyens d'introduction dans l'organisme sont innombrables.

[1] Consultez : J. Renaut, de l'*Intoxication saturnine chronique* (thèse d'agrégation, 1875). — A. Manouvrier, *Intoxication saturnine locale et directe*, etc. (thèse de Paris, 1874). — René Moreau, *Empoisonnement aigu par le plomb* (thèse de Paris, 1875, n° 452). — Proust, *Traité d'hygiène publique et privée* (1877). — Les ouvrages de Grisolle, de Tanquerel-Desplanches, de Tardieu et particulièrement celui de Gautier (1881).

Chaque jour, une nouvelle application de l'industrie nous montre un nouveau danger.

Nous allons d'abord exposer rapidement le *saturnisme professionnel* pour faire apprécier dans quelles conditions l'homme est exposé à cette intoxication, et nous pourrons ensuite mieux comprendre l'empoisonnement aigu, qui doit être spécialement connu du médecin légiste.

Avec M. Proust nous ramènerons à trois chefs principaux les causes de l'intoxication saturnine :

1° Le travail dans les mines de plomb ;

2° La fabrication de certaines préparations de plomb. On constate des accidents saturnins parmi les ouvriers qui fabriquent le blanc de céruse, le minium, la mine orange, la litharge, le chromate de plomb ;

3° Les travaux professionnels dans lesquels le plomb est employé pur ou sous forme de préparations diverses :

Ouvriers des fabriques de plomb de chasse.
Étameurs.
Fondeurs de caractères.
Imprimeurs.
Lapidaires.
Tailleurs et polisseurs de cristaux.
Ouvriers des manufactures de glaces.
Potiers de terre.
Faïenciers.
Porcelainiers.
Verriers.
Vitriers.
Fabricants de poteries d'étain.
— d'émaux de toute nature.
Ouvriers travaillant à la contre-oxydation du feu.
Fabricants de verre mousseline.
Doreurs sur bois et sur laque.
Teinturiers employant le sucre de plomb.
Ouvriers préparant certains vernis (noir d'imprimerie).
Peintres en bâtiments.
— en voitures.
— en décors, lettres et tributs.
— sur porcelaine.
— et vernisseurs sur métaux.
Broyeurs de couleurs.
Fabricants de papiers peints.
— de cartes d'Allemagne.
— de cartes glacées.
— de bûches.
— de cosmétiques.
— de soldats de plomb.
Dessinateurs en broderie.
Ouvriers en dentelles.
— en soie.
Couturières.
Ouvriers travaillant à l'alpaga anglais.
Ouvriers travaillant aux boîtes de conserves de la marine.

Ouvriers travaillant aux métiers à la Jacquart.
Chauffeurs et mécaniciens.
Cardeurs de crin.
Tisseuses de coton.
Dévideuses de laine colorée en orange.
Pharmaciens.
Gantiers.
Parfumeurs.
Ceinturonniers.
Affineurs.
Marteleurs de plomb.
Fondeurs de plomb.
— de cuivre.
— de bronze.
Ferblantiers.
Bijoutiers, joailliers.
Orfèvres.

Le plomb pénètre dans l'organisme par quatre voies : le tube digestif, les voies aériennes, la peau, les muqueuses. Dès qu'il est absorbé, il se mêle momentanément au sang, une partie est plus ou moins vite expulsée par les divers émonctoires, l'autre se fixe dans les tissus (foie et tissu osseux). Il s'élimine par le foie et surtout par les reins, d'où albuminurie saturnine (Ollivier), il se produit une néphrite interstitielle atrophique qui, d'après Gubler, serait consécutive à l'altération primitive du sang. Les effets constatés dans l'intoxication chronique sont les suivants :

Du côté du système circulatoire : Les globules du sang sont moins nombreux, mais plus résistants et plus volumineux ; le cœur est souvent atteint dans sa fibre musculaire, la systole est modifiée, le tracé sphygmographique montre que la pulsation est tricrote ou polycrote ; la tunique musculaire des petits vaisseaux est dans un état semblable, aussi la peau des saturnins est pâle et anémique, sans sueurs ; peut-être en est-il de même dans les veines profondes des membres, ce qui occasionnerait les douleurs arthralgiques ou myalgiques.

Du côté des voies digestives : Dans la bouche, liséré saturnin, des plaques ardoisées ou noirâtres que Gubler appelle le tatouage des lèvres et des joues ; troubles dans les fonctions digestives, anorexie, constipation, souvent coliques, dyspepsie, action sur le foie (il s'y concentre dès le début, d'après Cl. Bernard ; M. Potain a signalé dans cet organe des variations de volume qui aboutissent à une rétraction permanente quand l'individu est cachectique).

Du côté du poumon : Un asthme saturnin aigu ou chronique (Duroziez, Lewy) caractérisé par une dyspnée extrême.

Du côté de la peau : Teinte plombique, frissonnement prolongé, fourmillements et pas de sueurs, de l'ictère. D'après Gubler, quand il y a ictère saturnin, on trouve alors sûrement une urine hémaphéique. Les accidents qui suivent sont pour ainsi dire secondaires et dénotent une intoxication plus profonde.

Du côté du cerveau et des nerfs : Le plomb s'accumule dans le cerveau, cet organe est comme hypertrophié, la substance grise est pâle et anémique. Encéphalopathie (forme comateuse, délirante, convulsive, mixte), puis des troubles de la sensibilité générale : anesthésie, hémianesthésie, des phénomènes ataxiques.

Du côté des organes des sens : L'ouïe, le goût, la vue sont atteints.

Du côté des mouvements des membres : Les membres affectés sont fléchis (paralysie des extenseurs); rarement les deux membres d'un même côté, sont affectés en même temps; il y a des contractions, des tremblements (thèse de Lafont, Paris 1869); un épiphénomène aigu qui est comme la colique des articulations, c'est l'arthralgie saturnine (douleurs violentes dans les jointures, la peau, les muscles); la tumeur dorsale de la main (Gubler); des accidents du côté du système osseux (périostites, caries, nécroses).

Du côté de l'utérus : Il agit sur les fibres musculaires lisses de l'utérus et provoque l'expulsion prématurée du fœtus (C. Paul), d'où la fréquence des avortements chez les ouvrières qui manient les composés de plomb, principalement les polisseuses en caractères.

Empoisonnement aigu. — *Étiologie.*

Il est connu depuis bien longtemps : Nicander a décrit l'empoisonnement par la céruse un siècle avant Jésus-Christ, mais c'est seulement à notre époque que l'action nocive du plomb a été bien appréciée. Orfila en faisait un poison irritant; Rognetta le rangea parmi les hyposthénisants.

Les sels solubles sont ceux qui produisent ordinairement les empoisonnements, mais tous les composés saturnins, après leur ingestion, peuvent occasionner les mêmes accidents, le plomb en nature même, ainsi que je l'ai observé.

Les composés qui ont le plus souvent déterminé l'empoisonnement sont le sous-acétate de plomb liquide, soit pur (extrait de Saturne), soit additionné d'eau (eau blanche. de Goulard, végéto-minérale), puis l'acétate neutre de plomb, ou sucre de Saturne, et le carbonate. C'est sous ces deux dernières formes qu'il se trouve dans les boissons; dans l'eau, il est à l'état de carbonate (accidents de Claremont sur la famille de Louis-Philippe, décrits par le docteur H. Gueneau de Mussy, en 1848).

Rarement ce sont des crimes (Moreau en cite cinq cas), quelquefois des suicides (avec un ou deux verres d'extrait de Saturne), le plus souvent ce sont des empoisonnements par erreur, par imprudence, par accident; ainsi, ce sont des aliments ou boissons mis en contact avec du plomb (vases vernis ou étamés), des grains de plomb laissés dans les bouteilles ou dans du gibier que l'on fait mariner; de la litharge est mise dans le cidre ou le vin pour les adoucir; dans les bonbons, pains à cacheter, couleurs, jouets d'enfants coloriés par la céruse ou le chromate de plomb; en 1875, M. G. Bergeron a constaté sur vingt-six personnes des accidents graves (deux succombèrent), qui firent d'abord croire à une épidémie de fièvre typhoïde et qui étaient causés par du chlorure de plomb se trouvant dans la saumure destinée à conserver le beurre.

Dans ces conditions, le plomb n'est absorbé qu'en petite quantité et ce n'est ordinairement qu'après un certain temps qu'on voit apparaître des accidents qui sont ceux de l'intoxication saturnine chronique. Mais dans quelques cas on observe des empoisonnements aigus. La dose mortelle serait pour l'homme de 0,50 à 1 gramme d'acétate de plomb.

J'ai observé des symptômes très graves après l'ingestion du plomb en nature[1]. C'était un terrassier de Sétif (Algérie), qui, sur les conseils d'un de ses camarades, avala une charge de grains de plomb (n° 4), sous le prétexte « de se rincer et de se nettoyer comme une bouteille ». Les accidents commencèrent le 5e jour : douleur épigastrique, constipation. Le 7e jour, les coliques furent d'une violence inouïe, le malade se tordait sur des matelas placés à terre; on sentait une tumeur dans l'hypocondre gauche; le visage s'altère, les extrémités se refroidissent, le ventre est douloureux. Le 8e jour, *le liséré se montre à la mâchoire inférieure*, près des petites molaires, la constipation persiste, le ventre est très douloureux, les coliques sont atroces, on craint que le malade ne succombe. Le lendemain le malade eut une selle assez abondante, liséré très marqué, selles moins fortes. Le 12e jour, le malade n'a plus de coliques; on n'a pas trouvé de grains de plomb dans les selles; il quitte brusquement l'hôpital.

Symptômes : D'abord goût douceâtre et sucré, puis métallique, bientôt sensation de brûlures dans la bouche, la gorge et l'estomac; le creux épigastrique est très douloureux; alors apparaissent des nausées et des

[1] Voir une observation à peu près semblable : Empoisonnement par 10 onces de plomb, in *Gazette médicale*, 1858, p. 104, et thèse de Moreau, et intoxication saturnine rapidement mortelle déterminée par l'ingestion de plusieurs balles de plomb, par Potain. (*Ann. d'hyg.*, juillet 1879).

vomissements. Parfois la langue est tuméfiée; il y a du liséré gingival [après 12 heures — 24 heures après (Taylor) — dans mon observation, le 8e jour]. L'abdomen est souvent rétracté et dur, rarement ballonné; coliques et constipation; un peu d'oppression; la figure est pâle, les lèvres livides, les yeux hagards et abattus; les extrémités froides; le pouls petit, puis des convulsions ou du coma avant la mort.

Résultats anatomo-pathologiques : Les autopsies à la suite d'empoisonnement aigu sont très rares (Moreau en relève 7). Rien de caractéristique du côté des voies digestives. Dans l'estomac assez souvent de la bile, parfois le liquide toxique, du sang. Orfila avait indiqué des points blancs formant comme des traînées sur la muqueuse stomacale; mais d'après Moreau, c'est là un signe qui n'est pas constant, ou difficile à reconnaître. Sur la muqueuse gastro-intestinale des arborisations vasculaires, des taches ecchymotiques ou des suffusions sanguines. Pour les reins, surtout dans la forme chronique, les signes d'une néphrite interstitielle atrophique. Rien au cœur; le sang est souvent fluide et couleur lie de vin foncé; aux poumons des ecchymoses sous-pleurales possibles (Moreau). Le cerveau est de consistance dure, d'une coloration blanche mate, avec aplatissement ou effacement des circonvolutions.

Recherches chimiques. — On traite les matières organiques par l'acide sulfurique. Dans le résidu charbonneux est du sulfate de plomb que l'on met en contact avec l'acide tartrique, puis on fait passer un courant d'acide sulfhydrique, d'où précipité noir de sulfure de plomb, avec l'iodure de potassium, précipité jaune. Pour constater le plomb dans un liquide (vin, cidre, vinaigre), on y verse de l'acide sulfhydrique, on recueille le sulfure de plomb; on le traite par de l'acide azotique, d'où azotate de plomb que l'on réduit sur le charbon au moyen du chalumeau (globules métalliques).

Traitement. — Des vomitifs pour faire rejeter la substance toxique; on peut même employer la pompe stomacale. — Puis de la limonade sulfurique ou les sulfates de soude, de magnésie, qui purgent et précipitent le plomb. On a conseillé le lait, l'eau albumineuse, la noix de galle. Dans la convalescence on a donné l'iodure de potassium; il vaut mieux le bromure de potassium (Gubler), qui est d'ailleurs excellent pour combattre les symptômes nerveux.

2° EMPOISONNEMENT PAR LA BELLADONE ET L'ATROPINE.

C'est le type des poisons stupéfiants. Les empoison-

Fig. 36. — Belladone.

nements résultent ordinairement d'une erreur : ce sont des enfants qui ont mangé des baies, des malades qui ont avalé un collyre renfermant de l'atropine, etc.

Les *symptômes* se montrent assez vite. Il y a sécheresse et constriction de la gorge, vertiges, nausées, rarement des vomissements, les pupilles dilatées au maximum. Puis surviennent des défaillances, des sueurs abondantes; la peau est chaude, il y a des démangeaisons et parfois des éruptions; la vessie et le rectum se paralysent. Chez les enfants il y a presque toujours des convulsions. Les adultes ont un délire turbulent, avec hallucinations, parfois une violente agitation, puis la stupeur, des convulsions. La mort arrive en quelques heures ou après deux ou trois jours : il y a paralysie des nerfs moteurs.

Fig. 57. — Jusquiame.

Les *lésions anatomiques* sont peu caractéristiques. Dans l'intoxication chronique on a signalé l'injection de la rétine. Dans les cas aigus, on a parfois trouvé des congestions et des hémorrhagies dans les viscères.

Comme *traitement :* des vomitifs, des purgatifs au début. Infusion de café; tannin.

3° EMPOISONNEMENT PAR LA JUSQUIAME, STRAMOINE, CIGUË.

La jusquiame (*hyocianus niger*) produit à peu près les mêmes phénomènes toxiques que la belladone. Toutefois le délire est moins violent.

Fig. 58. — Datura stramonium.

La stramoine, pomme épineuse, contient de la saturine, qui est un alcaloïde identique à l'atropine. Mêmes symptômes, délire plus accusé. Wirling, décapité à Lyon, faisait boire à ses victimes une solution de datura, les étourdissait par ce breuvage, puis alors les étranglait.

Les *ciguës* sont des ombellifères. On en connaît plusieurs espèces : la grande, la petite, l'aquatique ou vireuse. La petite ciguë des jardins est souvent confondue avec le persil. C'est la grande ciguë qui a fourni le poison que prit Socrate. Les Grecs, paraît-il, y ajoutaient un peu de suc de pavot pour modifier les

Fig. 59. — Ciguë.

phénomènes d'irritation locale. Son alcaloïde est la cicutine ou conicine. Dans un savant mémoire sur les effets de cet alcaloïde, Martin-Damourette a montré que c'était un poison convulsivant et paralysant. La première action est due à des doses massives, la seconde à des doses faibles et graduelles. A l'intérieur, d'après le savant professeur, elle irrite les voies digestives, d'où gastralgie, puis à un plus haut degré surviennent des vomissements, des coliques, de la diarrhée. Sa diffusion, quand elle est donnée à petite dose, produit des effets remarquables de paralysie : il y a un sentiment de faiblesse générale, les jambes fléchissent, la marche est impossible, la paralysie gagne les membres supérieurs et en dernier lieu les nerfs phréniques, la respiration se ralentit, les pupilles sont dilatées. L'action vaso-motrice est aussi remarquable : les battements du cœur sont plus serrés, les artérioles contractées, le pouls petit; la peau est pâle et se refroidit (Socrate se plaignit du froid). Il y a de la diurèse, les urines sentent mauvais; la cicutine s'élimine aussi par la respiration.

Les *lésions anatomiques* sont les suivantes : la putréfaction arrive vite ; sur le cadavre des plaques livides, des pétéchies ; à l'intérieur, des congestions passives dans tous les organes ; sang noir et fluide ; parfois ecchymoses sur la muqueuse gastro-intestinale.

Comme *traitement*, après les vomitifs, Rabuteau a conseillé soit le tannin, soit l'eau iodée ; on pourrait donner la solution d'iodure de potassium iodurée.

4° Empoisonnement par le tabac et la nicotine.

Toutes les portions de la plante renferment la substance toxique. Des feuilles de tabac appliquées sur la peau ont produit les symptômes d'intoxication. Les empoisonnements sont le plus souvent consécutifs à l'administration du tabac à l'intérieur. Quelques-uns sont dus à des crimes. En 1850, l'empoisonnement de Gustave Fougnies par le comte de Bocarmé permit au savant chimiste belge, M. Stas, d'indiquer les procédés de recherche de l'alcaloïde.

Les médecins ne s'accordent pas sur les dangers de la fabrication du tabac[1].

Parent-Duchâtelet et Mélier regardent cette profession comme inoffensive, tandis que Ramazzini et Patissier la croient très dangereuse. Zenker a décrit une pneumoconiose sous le nom de tabacosis. Heurtaux, médecin de la manufacture de Paris, a montré que les ouvriers subissaient un véritable acclimatement : il y a des congestions passives, de la diarrhée, de l'insomnie, des nausées, de l'amaigrissement, une pâleur cachectique. Les avortements seraient assez fréquents chez les femmes; d'après Kostial, le lait des ouvrières nourrices a l'odeur du tabac et les nourrissons meurent fréquemment.

Les symptômes toxiques sont semblables à ceux produits par la belladone ; cependant pas de délire ni de troubles psychiques : le tabac n'est pas délirant. Mais il détermine des contractions violentes qui, lorsqu'elles ont pour siège le diaphragme, peuvent produire la mort comme dans l'empoisonnement par la strychnine. D'après Cl. Bernard, la nicotine fait contracter les artérioles et accélère les mouvements du cœur.

A l'*autopsie*, rien de spécial. Les parties touchées par la nicotine sont pâles et raccornies : les tissus exhalent l'odeur du tabac.

Pour *les recherches chimiques*, il faut suivre le procédé adopté par M. Stas, qui, comme le dit Tardieu, restera comme un modèle de sagacité et de précision. Cette méthode est basée sur le principe que nous avons indiqué ailleurs (page 406).

[1] Accidents causés par le tabac (Société de méd. publ. *in* journal de Vallin, 1883). — Rapport de Lagneau, Académie de médecine, 1881. — Rosé : *Empoisonnement par fumée de tabac*, thèse de Nancy, 1880.

Quatrième groupe. — Poisons narcotiques.

Ce groupe ne comprend qu'un seul poison : l'opium ; ses composés, les diverses préparations qui en dérivent, les principes actifs qu'il fournit.

L'opium est surtout employé dans les suicides, plus rarement dans les empoisonnements criminels. Il est

Fig. 40. — Pavot somnifère.

plus fréquent en Angleterre. On compte un grand nombre d'empoisonnements accidentels, surtout chez des enfants, qui sont très sensibles à l'action de l'opium.

Nous rappellerons que l'opium, qui contient, entre autres substances, six principes actifs spéciaux (la morphine, la narcéine, la codéine, la narcotine, la papavérine et la thébaïne) est le suc épaissi du *Papaver somniferum album*. Les différentes préparations qui en renferment et peuvent donner lieu à des accidents sont la poudre de Dower (avec ipéca, sulfate et nitrate de potasse), l'extrait thébaïque, les pilules de cynoglosse, la thériaque, le diascordium, les sirops de lactucarium, diacode, thébaïque, l'élixir parégorique (alcoolé d'extrait d'opium), le laudanum de Sydenham ($0^{gr},80$ = 0,05 d'ext. d'opium), le laudanum de Rousseau (deux fois plus actif), les gouttes noires anglaises (opium brut dissous dans du vinaigre blanc, deux fois plus actives que le laudanum de Rousseau).

Les *symptômes* d'intoxication sont les suivants : si la dose est faible, il y a somnolence, pesanteur de la tête, affaiblissement musculaire, tremblements. Si la dose est toxique, quelques-uns des symptômes précédents, puis des nausées, un prurit cutané très caractéristique aux extrémités, aux paupières ; la respiration s'accélère d'abord, puis se ralentit ; la face est injectée, le regard fixe, la pupille contractée autant que possible ; la circulation s'accélère ; la peau devient chaude, se couvre de sueurs, les urines diminuent ; enfin le coma devient complet, il y a insensibilité et résolution musculaire générale, la respiration s'embarrasse, le pouls est petit, le malade meurt asphyxié.

La morphine est le moins toxique des principes de l'opium. Elle n'est réellement dangereuse que chez les enfants, d'après Martin-Damourette. Ce médecin a guéri un de ses malades qui en avait avalé dix grammes. Le docteur E. Levinstein[1] a décrit la *Morphiomanie*

[1] La *Morphiomanie*, Masson. Paris, 1877, et Jouet, *Etude sur le morphinisme*, thèse, Paris, 1883. — Ball, la *Morphinomanie*, 1885.

c'est-à-dire « la passion qu'a un sujet de se servir de morphine comme excitant ou comme aliment, et l'état pathologique qui résulte de l'usage abusif de ce médicament. » Il paraît que ce genre d'ivresse produit par des injections sous-cutanées de morphine devient de plus en plus fréquent en Allemagne. D'après Levinstein, on pourrait avoir à tenir compte du *delirium tremens aigu de la morphinomanie*, qui occasionne aux individus un trouble cérébral analogue à celui de l'ivresse. Dans l'empoisonnement par la morphine, on constaterait la présence du sucre dans les urines.

Les *lésions anatomiques* n'ont pas de caractère spécifique. Le cerveau est ordinairement congestionné et parfois il y a des foyers d'apoplexie capillaire; le sang noir, quelquefois fluide; la muqueuse intestinale peut être teinte en jaune par le safran du laudanum; souvent il y a congestion des reins et des organes sexuels.

Comme *traitement* : vomitifs, infusion de café comme boisson, matières tanniques (décoction de quinquina gris), révulsifs cutanés énergiques (flagellation, marteau de Mayor), marche, courses forcées. Telle est la thérapeutique que j'ai suivie dans un cas d'empoisonnement par le laudanum; c'était un marin, qui en avait avalé 250 grammes, à peu près la provision du bord. Il en vomit la plus grande partie, ce malade a guéri.

Cinquième groupe. — Poisons névrosthéniques.

Nous étudierons dans cette classe les empoisonnements par la strychnine, par l'acide prussique, par les cantharides. Tous ces poisons, d'après Tardieu, ont pour caractère essentiel une excitation des centres nerveux tellement violente et si rapide que la mort peut en être la conséquence presque instantanée, et qui se manifeste par l'apparition symptomatique des névroses convulsives.

1° Empoisonnement par la strychnine et par la noix vomique.

La strychnine est le principe actif des Strychnées. Elle se trouve dans la noix vomique (graine du vomiquier), dans la fève de Saint-Ignace (graine d'un arbre de Manille).

Cet empoisonnement est ordinairement, en France, la suite d'un accident ou d'une erreur thérapeutique. Tardieu ne cite qu'un cas d'empoisonnement criminel, qui a été jugé en 1865, devant la cour d'assises de la Seine-Inférieure. Depuis 1825, nous trouvons 13 empoisonnements par la noix vomique et 10 par la strychnine. En Angleterre, il est plus fréquent. M. Gallard, qui a très bien étudié cet empoisonnement (*Ann. d'hyg.*, 1865), en rapporte plusieurs cas, ainsi que des suicides et des accidents survenus grâce à la propagation d'une mort-aux-rats (*Battle's vermin Killer*) que l'on peut facilement se procurer. On connaît les débats retentissants de l'affaire Palmer, en 1855. Devant la justice de Berne, en 1864, le Dr Demme fut traduit pour un empoisonnement par la strychnine.

Les *symptômes* se succèdent rapidement. Ce sont des phénomènes d'excitation générale : des mouvements, de l'horripilation, de la raideur des muscles masticateurs, puis des secousses musculaires et des douleurs fulgurantes. La peau est le siège de fourmillements, il y a des démangeaisons dans le cuir chevelu, des bourdonnements d'oreilles, des éblouissements. Puis des convulsions tétaniques, de l'opisthotonos ; la face est pâle, l'intelligence conservée ; la respiration s'arrête. Après cinq ou six accès, la mort arrive rapidement.

Comme *lésions anatomiques*, congestion du cerveau et de ses membranes, parfois hémorrhagie méningée. On a trouvé un ramollissement et une désorganisation de la moelle congestionnée. Le plus souvent le cœur est vide et contracté ; il y a d'ailleurs persistance et intensité de la rigidité cadavérique.

La strychnine, isolée par l'alcool, se colore en violet par l'action de l'acide sulfurique et du bichromate de potasse.

Traitement. — M. Gallard recommande les vomissements énergiques, puis la teinture d'iode ou le tannin, le chloroforme et les préparations d'aconit. Martin-Damourette a conseillé d'essayer l'injection de chloral dans les veines.

2° Empoisonnement par l'acide prussique.

C'est le type de l'empoisonnement foudroyant. Le

Fig. 41. — Laurier-cerise.

chimiste Scheele a succombé après quelques respirations d'acide cyanhydrique.

Il y a eu beaucoup d'empoisonnements produits par l'acide cyanhydrique médicinal (1 partie d'acide pour 9 parties d'eau), par l'eau de laurier-cerise (0,05 d'acide cyanhydrique pour 100 grammes d'eau distillée de laurier-cerise), par le cyanure de potassium (très toxique).

Symptômes. L'inhalation de cet acide produit la mort instantanée par arrêt du cœur. Quelques minutes après l'ingestion, la mort survient : convulsions toniques et coliques violentes, respiration pénible et saccadée, fortes palpitations, évacuations involontaires, pâleur et refroidissement du corps, pupille dilatée, écume sanglante à la bouche.

Lésions anatomiques. — Ce serait un poison du globule sanguin, d'après Sée: un poison anoxémiant, d'après Gubler. Il y a une rigidité cadavérique remarquable, une odeur d'amandes amères dans les organes qui sont congestionnés. Le sang a été trouvé rouge cerise, et l'*analyse chimique* y a constaté l'acide prussique libre. Dans deux cas nous avons trouvé au sang une odeur spéciale d'amande amère. On l'a recherché en distillant par la méthode de Mitscherlich. Le liquide distillé additionné de potasse donne un précipité bleu par le sulfate ferroso-ferrique.

5° Empoisonnement par les cantharides.

Il est assez fréquent. Dans la statistique criminelle de 1835 à 1880 nous en relevons 59 cas. On peut ajouter à ceux-là les empoisonnements volontaires et accidentels. Les cantharides ont depuis bien longtemps une réputation aphrodisiaque et elles servent en outre dans les tentatives d'avortement.

Les cantharides sont administrées en poudre. (Celle-ci formée par les élytres pulvérisées de l'insecte, entre dans la composition de la pommade épispastique).

Elles servent aussi à préparer les teintures alcooliques (au huitième), éthérée ou acétique, et les pastilles ou liqueurs dites du sérail qui se vendent comme philtres amoureux. La cantharidine, qui est le principe actif, tue à la dose de 5 centigrammes; il faut de 5 à 8 grammes de poudre pour produire des accidents mortels.

Symptômes : Les effets varient avec le mode d'administration. Même avec le vésicatoire, on observe de l'excitation circulatoire et nerveuse, l'irritation des voies urinaires, par où s'élimine la substance, et même de l'irritation de la peau, d'où éruptions.

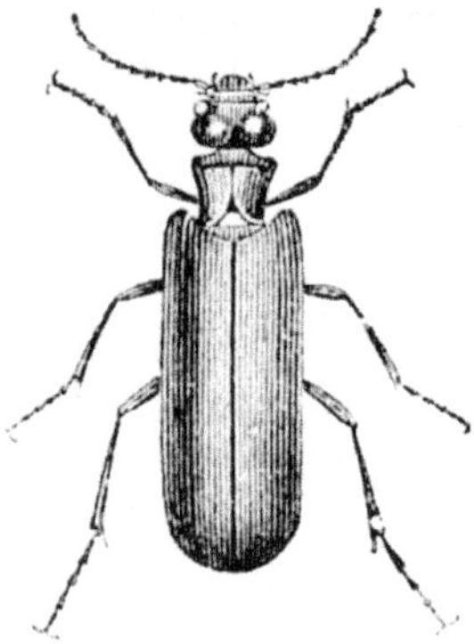

Fig. 42. — Cantharide.

A dose toxique, il y a douleur à l'estomac, sentiment de brûlure, vomissements, gastrite, diarrhée, puis de la céphalée, la face est rouge, les yeux brillants, on constate de la chaleur des organes sexuels, de la dysurie, l'urine est rare, sanglante; il y a du ténesme. Le priapisme est incessant et douloureux ; les phénomènes nerveux augmentent, il y a du délire, des convulsions générales, du spasme du pharynx, de l'insensibilité et du coma.

Lésions anatomiques. — Signes de gastro-entérite; inflammation des voies urinaires, depuis l'urèthre jusqu'au bassinet; pénis, souvent gangréné et corps caverneux gorgés de sang. Cerveau injecté.

Traitement. — Vomitifs, purgatifs, bains prolongés, narcotiques à haute dose. On consultera d'ailleurs avec fruit sur cet empoisonnement la thèse de Galippe, qui a obtenu le prix Barbier.

DU SUICIDE

Dans les chapitres précédents et à propos des différents genres de mort nous avons, pour chacun d'eux, indiqué les signes diagnostiques spéciaux qui permettent de supposer que l'individu s'est suicidé. Nous n'avons pas à les répéter ici. Il nous reste à montrer par quelques résultats statistiques l'importance de cette question dans les expertises médico-judiciaires. Mais d'abord essayons, s'il est possible, d'apprécier les causes générales qui peuvent déterminer un individu à attenter à ses jours, à détruire sa vie.

Détruire, c'est écarter les obstacles qui s'opposent à la réalisation d'un désir. L'instinct qui nous y porte et qu'on peut appeler l'instinct de la destruction, devient chez l'homme l'instinct du meurtre quand l'obstacle est un de ses semblables, et le penchant au suicide, quand il rencontre l'obstacle en lui-même. Poussé par un mobile puissant, ordinairement égoïste, l'instinct destructeur réagit alors contre l'instinct de la conservation personnelle. On se détruit pour échapper à une douleur trop vive, à une blessure de la vanité ou de l'orgueil, aux tortures de la jalousie, quelquefois aux souffrances d'un attachement brisé. En tous cas le suicide est le résultat du désespoir.

C'est ce qu'avait admirablement compris Dante, lorsqu'il plaça les suicides parmi les violents, entre les violents contre le prochain et les violents contre Dieu (*Enfer*, liv. XIII). C'est dans le septième cercle qu'il nous montre ensemble les tyrans et les voleurs de grande route baignant dans le sang, les âmes des suicidés enfermées dans des troncs d'arbre, les blasphémateurs, couchés sur un sol brûlant, la face tournée vers le ciel et exposés à une pluie de feu.

Le suicide a existé de tout temps, mais avec une fréquence différente dans les divers milieux sociaux et d'après l'influence que la collectivité avait sur la vie individuelle. C'est ainsi qu'il a été à peu près inconnu des Hébreux pendant de longs siècles : les juifs n'ont commencé à se suicider qu'au douzième siècle, après les persécutions dont ils ont été l'objet.

En Grèce, le suicide eut ses partisans, et des philosophes, de grands citoyens quittèrent ainsi la vie. A Rome, sous l'influence des stoïciens, on rendit le fameux décret : *Mori licet cui vivere non placet.*

Même chez les anciens, nous trouvons des mobiles semblables à ceux que nous constatons de nos jours. Quelques-uns se tuent pour une grande idée, pour la patrie ; mais c'est que la constitution de la société et de la famille était bien différente de ce qu'elle est à notre époque, où l'on constate, au contraire, l'intervention de soucis personnels et de chagrins domestiques.

Pendant tout le moyen âge et jusqu'au douzième ou treizième siècle, les suicides furent très rares ; mais à cette époque il y eut un réveil et comme une fermentation. Le suicide se montra à l'état épidémique et il frappa même dans les couvents : c'est une maladie que les moines appelaient *acedia* et qui n'était autre que le *tædium vitæ* si bien décrit par Sénèque.

Plus tard, le suicide eut ses approbateurs en France dans Montaigne, Montesquieu, Voltaire et Rousseau. A notre épcque ils augmentent d'année en année, et il semble même qu'à mesure que les suicides sont plus nombreux, ils sont provoqués par des motifs moins graves. Il est certain que nous devenons des délicats, presque des cérébraux, et que la proportion des suicides ira croissant jusqu'à ce qu'une forte éducation morale ait donné à chacun la conviction et le besoin d'accomplir des devoirs sociaux. Quand l'équilibre cérébral vient à se rompre, c'est en général sous l'influence de la prédominance des instincts personnels et au détriment des instincts nobles et généreux.

Les tableaux statistiques que nous allons reproduire montrent les différents côtés de la question : nous emprunterons ces chiffres à la statistique judiciaire[1]. Ils ne renferment que les suicides suivis de mort, officiellement constatés et connus de l'autorité; il faudrait y ajouter ceux qui échappent à ses recherches et les nombreuses tentatives qui se produisent chaque année.

Nous empruntons *à la Statistique de la justice criminelle* les considérations suivantes sur le suicide en France de 1827 à 1880 :

« Des nombreux problèmes sociaux dont la statistique criminelle provoque et facilite l'examen, le suicide est peut être celui qui a soulevé le plus de controverses.

« Notre publication est la seule qui puisse présenter sur les morts volontaires des indications précises et circonstanciées, puisque chaque suicide dénoncé au ministère

[1] Consulter sur ce sujet le remarquable ouvrage de E. Morselli, 1879, et les thèses faites dans notre laboratoire par le docteur Chaussinand, *Statistique criminelle de France au point de vue médico-légal*, 1881, dans laquelle nous avons indiqué la distribution géographique par départements de la criminalité et du suicide et montré l'antagonisme entre ces deux procédés de violence. — Thèses de Mesnier, sur le *suicide dans l'armée*, 1881. — Du docteur Kocher, sur la *criminalité chez les Arabes*, 1883. — De Bournet, sur la *criminalité en France et en Italie*, 1884; et nos publications sur la *marche de la criminalité en France*, 1881 et la *criminalité comparée des villes et des campagnes*, 1882.

public est, de sa part, l'objet d'une enquête dont les résultats sont consignés dans les comptes transmis à mon département. Aussi fait-elle connaître le sexe, l'âge, l'état civil, la profession et le domicile des victimes, ainsi que le mois du suicide, le mode de perpétration et le motif présumé. Malgré cette abondance de renseignements, on a plusieurs fois exprimé le regret de ne pas y trouver le culte du suicidé et l'influence de l'hérédité sur le suicide. Ces données seraient, sans doute, de nature à éclairer les savants sur certains faits physiologiques et moraux, mais, pour les obtenir, il faudrait prescrire une longue et minutieuse enquête sur les antécédents de chaque suicidé, c'est-à-dire, faire procéder à une instruction judiciaire dans chaque cas. Il serait à craindre que ces enquêtes ne rencontrassent un obstacle insurmontable dans la résistance des témoins, parents pour la plupart du suicidé. Les recherches sur l'hérédité porteraient atteinte à la considération des familles; celles sur les croyances religieuses seraient aussi délicates que pénibles, si l'on voulait pénétrer dans la conscience du défunt, ou bien elles resteraient sans valeur si l'on prétendait accorder quelque importance au culte dans lequel le suicidé est né, abstraction faite de l'état de son esprit au moment de sa résolution funeste. Le suicide n'est pas un délit dans notre législation et l'on doit s'arrêter après les premières constatations matérielles et extérieures.

1827 à 1830. . .	1739,	c'est	5	par 100 000	habitants.
1831 à 1835. . .	2119,	—	6	—	—
1836 à 1840. . .	2574,	—	8	—	—
1841 à 1845. . .	2951,	—	9	—	—
1846 à 1850. . .	3446,	—	10	—	—
1851 à 1855. . .	3639,	—	10	—	—
1856 à 1860. . .	4002,	—	11	—	—
1861 à 1865. . .	4661,	—	12	—	—
1866 à 1870. . .	4690,	—	13	—	—
1871 à 1875. . .	5276,	—	15	—	—
1876 à 1880. . .	6259,	—	17	—	—

« Le nombre moyen annuel des suicides a suivi, depuis 1827, une marche incessamment progressive.

« Bien que les suicides accomplis dans le département de

la Seine en 1870 n'aient pu être compris dans les relevés ci-dessus, le chiffre de la période 1866-1870 est supérieur à celui de la période précédente. La tendance à l'accroissement semble s'accentuer encore si l'on en juge par les nombres des cinq dernières années : 5804 en 1876; 5922 en 1877; 6434 en 1878; 6496 en 1879 et 6638 en 1880.

« Au moyen d'une carte géographique on peut faire connaître pour chaque département quel a été le rapport du nombre des suicides à sa population moyenne, de 1830 à 1879. Le département de la Seine y occupe le premier rang, avec 59 suicides pour 100 000 habitants; il fournit du reste régulièrement un sixième des suicides. En 1880, sur 6638 de ces faits dénoncés aux autorités judiciaires, 1146 appartenaient à ce département. En second lieu viennent les départements voisins de la capitale, l'Oise, la Marne, Seine-et-Marne et Seine-et-Oise, pour lesquels la proportion est de 28 suicides pour 100 000 habitants; celle-ci est de 24 dans l'Aisne, de 19 dans l'Aube, de 18 dans la Seine-Inférieure et de 17 dans le Var et Eure-et-Loir : 18 départements ont une moyenne variant de 16 à 12 ; un seul, celui de la Charente, offre une proportion égale à celle de toute la France, 11 pour 100 ; enfin les 57 autres départements donnent un chiffre inférieur à cette moyenne générale ; en Corse, dans l'Aveyron et dans l'Ariége on n'a compté par an, de 1830 à 1879, que 2 suicides pour 100 000 habitants.

« C'est seulement en 1836 que la statistique des suicides a pris un certain développement; jusqu'à cette époque les comptes ne relataient que le nombre total par département. On trouvera dans les tableaux annexes, les chiffres moyens annuels des suicidés par sexe, âge et profession ainsi que ceux des suicides eu égard aux saisons dans lesquelles ils ont été commis, aux moyens employés et aux causes probables. Si l'état civil et le domicile des suicidés ne figurent pas, c'est parce que ces renseignements n'ont été introduits pour la première fois, dans nos comptes, qu'en 1866.

« *Sexe des suicidés.* — Les deux sexes ont concouru à l'augmentation signalée, mais dans une mesure inégale ; la part des hommes y est plus grande. Sur 100 suicides commis annuellement, de 1836 à 1840, près des trois quarts 74 pour 100 avaient été commis par des hommes, et de 1876 à 1880 la proportion atteint presque les huit dixièmes. 79 pour 100. Par rapport à la population recensée en 1876, on compte 27 suicides pour 100000 habitants du sexe masculin et 7 seulement pour 100 000 femmes.

« *Age des suicidés*. Si l'on envisage les suicides de 1836 à 1880 au point de vue de l'âge de leurs auteurs et sans distinction de sexe, on observe ceci : les suicides des enfants mineurs de 21 ans ne sont pas proportionnellement plus nombreux aujourd'hui qu'autrefois ils forment le vingtième de l'ensemble; ceux des individus âgés de 21 ans à 40 ans, au contraire, le sont moins : 16 pour 100 en 1876-1880 au lieu de 36 pour 100 en 1836-1840; la proportion des suicides accomplis de 40 à 60 ans est restée à peu près la même ; 37 pour 100 d'une part et 39 pour 100 de l'autre; mais les suicides des individus âgés de plus de 60 ans, qui formaient à peine un cinquième du tout en 1836-1840 (21 pour 100), constituent en 1870-1880 les trois dixièmes : 30 pour 100. Il résulte des rapprochements avec la population générale que la propension au suicide s'accroît avec l'âge ainsi que le démontre le nombre des suicides que l'on compte chaque année par 100 000 habitants de sexe et d'âge correspondants.

	HOMMES	FEMMES		HOMMES	FEMMES
7 à 16 ans.	1	1	40 à 60 ans.	28	11
16 à 21 ans.	10	6	60 à 70 ans.	41	15
21 à 40 ans.	15	7	70 ans et plus	75	17

« En pénétrant plus avant dans les détails de la statistique on constate avec un profond regret l'augmentation du nombre des suicides d'enfants âgés de moins de 16 ans : de 19 seulement, année moyenne de 1836-1840, il est successivement monté à 50 en 1876-1880. Le chiffre réel de cette dernière période a été de 252, s'appliquant à des enfants qui avaient : 103, 15 ans ; 66, 14 ans ; 40, 13 ans ; 21, 12 ans ; 12, 11 ans ; 4, 10 ans ; 4, 9 ans ; 1, 8 ans et 1, 7 ans.

« Pour les individus ayant dépassé 60 ans la progression est encore plus sensible, 256 pour 100, tandis que pour les mineurs de 10 ans, elle n'est que de 168 pour 100. Elle a été de 160 pour 100 pour les suicidés âgés de 40 à 50 ans. De 90 pour 100 pour ceux qui avaient de 16 à 21 ans, et de 79 pour 100 seulement pour les individus âgés de 21 à 40 ans.

« La précocité de la femme dans le suicide ressort de ce fait que sur 100 femmes qui se sont volontairement donné la mort de 1876 à 1880, on en compte 9 qui n'avaient pas encore atteint leur 21e année, tandis que la proportion correspondante pour les hommes n'est que de 4 pour 100 plus de la moitié moindre.

« *Etat civil.* D'après les chiffres réels et proportionnels pris dans leur ensemble, le plus grand nombre de suicides se trouve parmi les gens mariés; 1803 en moyenne de 1876 à 1880 sur 6065 pour lesquels l'état civil des victimes a pu être connu; c'est 46 pour 100. Les célibataires ne viennent qu'après : 2202 ou 36 pour 100 ; puis les veufs 1060 ou 18 pour 100. Mais ces proportions se présentent en sens absolument inverse si l'on établit le rapport des chiffres ci-dessus à ceux des mêmes classes de la population générale, en retranchant toutefois du total des célibataires les hommes ayant moins de 18 ans, et les femmes ayant moins de 15 ans. Ce résultat s'applique aux deux sexes.

HOMMES

Mariés.	2176 ou 46 p. 100,	soit 29
Célibataires.	1822 ou 38 p. 100,	soit 49
Veufs.	751 ou 16 p. 100,	soit 76

sur 100 000 hommes de même condition.

FEMMES

Mariées	626 ou 48 p. 100,	soit 8
Célibataires	380 ou 29 p. 100,	soit 10
Veuves.	310 ou 23 p. 100,	soit 15

sur 100 000 femmes de même condition.

« Le dénombrement de la population n'indiquant pas si les époux et les veufs ont ou non des enfants, il est impossible de rechercher si la présence d'enfants dans la famille favorise ou prévient le suicide des père et mère. On ne peut, sur ce point, que comparer les deux sexes d'après la statistique criminelle seule : sur 100 hommes mariés ou veufs qui se sont suicidés, 65 avaient des enfants ; parmi les femmes on n'en compte que 59 pour 100.

« *Profession des suicidés.* Toutes les classes de profession ont participé à l'accroissement et leur distribution proportionnelle a très peu varié. Les 6 groupes adoptés par les suicidés sont les mêmes que pour les accusés. Ils se classent dans l'ordre suivant, eu égard au nombre de suicides par rapport à la population de la même catégorie.

Agriculture.	12	suicides
Industrie.	19	—
Commerce..	15	—
Domestiques..	29	—
Professions libérales.	55	—
Sans profession ou profession inconnue. .	255	—

sur 100 000 habitants de même profession.

« Maintenant, laissant de côté le sixième groupe, on apprend par l'analyse des tableaux du compte, que sur 100 hommes qui se suicident, 38 sont cultivateurs, 32 travaillent dans l'industrie, 16 exercent des professions libérales ou sont propriétaires et rentiers, 10 appartiennent au commerce et 4 à la domesticité. En ce qui concerne les femmes, les 3 premières catégories conservent leur rang, mais avec les proportions de 44 pour 100, 28 pour 100 et 12 pour 100 ; les femmes commerçantes ne donnent que 5 suicides sur 100, tandis que celles qui sont domestiques en fournissent 11.

« *Domicile des suicidés,* Le domicile de 6194 suicidés de 1870 à 1880 a été mentionné dans les procès-verbaux ; il était urbain pour 3285 et rural pour 2909, ce qui laisserait supposer que les suicides sont plus fréquents dans les campagnes que dans les villes ; mais comme la population rurale de la France est de 24 954 334 habitants, quand la population urbaine n'est que de 11 971 454 habitants, il s'ensuit que la première ne présente réellement que 13 suicides par 100 000 habitants, tandis que la seconde en offre 24. Ces constatations ne font du reste que confirmer un fait qui se produit partout et toujours.

« *Époques des suicides.* La répartition des suicides par saison est toujours la même; c'est au printemps qu'on en compte le plus 30 pour 100, puis en été et en hiver 25 pour 100 : c'est pendant l'automne qu'on en voit le moins : 20 pour 100. Cette régularité est telle que, de 1836 à 1880, il n'y a jamais eu d'une période à l'autre plus de 2 centièmes de différence. Il est assez intéressant de comparer, au même point de vue, ces attentats sur soi-même avec les attentats sur autrui. De 1830 à 1869 les comptes généraux ont relevé la date des crimes, quand la procédure l'indiquait, ce qui n'arrivait que dans les deux tiers des cas : or, sur 100 crimes contre les personnes, 28 avaient éte commis au printemps, 27 en été, 25 en hiver et 22 en automne. Ainsi l'ordre est le même que pour les suicides et les proportions sont presque identiques.

« *Modes de perpétration des suicides.* D'après la réduction en nombre proportionnels la pendaison, qui est préférée comme genre de mort 43 fois sur 100 de 1876 à 1880, n'avait été employée que 30 fois sur 100 de 1836 à 1840. La submersion et l'arme à feu au contraire sont repoussées plus souvent de nos jours qu'il y a 40 ans; les proportions sont descendues de 33 et 17 pour 100 à 29 et 11 pour 100. Les autres moyens de se donner la mort sont toujours mis en usage dans la même mesure. La femme recourt moins souvent que l'homme à la pendaison, 30 pour 100 au lieu de 46 pour 100, mais elle se noie volontairement, 42 fois sur 100, tandis que l'homme n'use de ce dernier moyen que 26 fois sur 100. Il y a des modes d'exécution des suicides qui sont pour ainsi dire spéciaux à un sexe, comme l'usage d'une arme à feu pour l'homme et l'asphyxie par le charbon pour la femme : la moitié des suicides accomplis à l'aide de ce dernier moyen l'ont été dans le département de la Seine.

« *Motifs présumés des suicides.* Des auteurs et des médecins dont la compétence ne saurait être mise en doute se sont élevés contre la prétention de la statistique d'indiquer les motifs présumés des suicides. Ils pensent, que dans l'espèce non seulement il est difficile de connaître l'absolue vérité, mais que la cause réelle du suicide est souvent cachée par les témoins intéressés. Sans rechercher ce que ces critiques peuvent avoir de fondé, je pense que l'enquête à laquelle procèdent les magistrats est faite avec un soin suffisamment scrupuleux pour que les résultats en soient acceptés avec confiance et qu'il vaut encore mieux les publier sans discussion que de laisser sous silence un élément sérieux d'étude pour ceux qui s'intéressent à cette question. Les difficultés dont il s'agit ne sont pas particulières à la France, et cependant les statistiques de presque tous les pays contiennent un tableau analogue au nôtre sur les motifs présumés des suicides. Le tableau annexe ne reproduit pas la nomenclature complète des causes auxquelles ont paru devoir être attribués les suicides portés à la connaissance du ministère public pendant les 45 années de 1836 à 1880 : il les divise en 9 catégories, présentant chacune un caractère bien distinct. On y retrouve plusieurs des circonstances qui conduisent au crime : la débauche, l'ivrognerie, la misère, les dissensions domestiques, etc. Parmi elles il n'y a que l'amour contrarié qui ne paraisse pas avoir contribué à l'accroissement; proportionnellement même, la réduction est notable : de 11 à 4 pour 100; mais toutes les autres causes ont produit d'année en année plus de suicides. La constatation la plus triste, dans ce sombre tableau, est relative aux maladies cérébrales et à l'ivrognerie. Pour les suicides dus à l'aliénation mentale, l'augmentation de 1836 à 1880 se chiffre par 188 pour 100, et celle des suicides provoqués par l'alcoolisme s'élève à 485 pour 100, près du quintuple. Et ce dernier chiffre serait bien plus considérable si l'on pouvait y comprendre les suicides imputés à l'aliénation mentale et qui en réalité, proviennent de l'abus des boissons. Il résulte en effet des documents les plus autorisés que la proportion des cas de folie déterminée par les spiritueux, qui n'était que de 7 pour 100 admissions dans les hospices d'aliénés en 1838, est actuellement de 14 pour 100.

« La misère et les revers de fortune font plus de victimes parmi les hommes (14 pour 100) que parmi les femmes (6 pour 100); celles-ci sont plus accessibles aux chagrins de famille (17 pour 100) que ceux-là (14 pour 100) ; il en est de même de l'amour contrarié et de la jalousie, qui entraînent 7 suicides sur 100 pour la femme et 3 pour 100 seulement pour l'homme ; les souffrances physiques éprouvant les deux sexes dans une proportion presque identique : hommes 16 pour 100 femmes 15 pour 100. L'aliénation mentale se termine plus fréquemment par le suicide chez la femme (44 pour 100) que chez l'homme (29 pour 100).

« On compte en moyenne par an 400 suicides dont les causes présumées sont restées complètement inconnues. Tels sont les éléments statistiques de nos comptes généraux sur le suicide ; je me suis borné à les résumer sans les commenter parce qu'il ne m'appartient pas de prendre parti dans une polémique qui est plutôt du domaine de la philosophie et de la médecine que de celui de la justice ; je pense, avec mes prédécesseurs, que c'est aux moralistes et aux aliénistes d'en faire ressortir les enseignements. »

Au point de vue du mode de perpétration, il arrive souvent qu'un individu emploie plusieurs procédés. Voici, par exemple, ce que nous avons observé. Un jeune homme entre dans la Saône, et lorsqu'il a de l'eau jusqu'au ventre, il se tire un coup de pistolet au front. Un homme qui venait d'assassiner sa maîtresse, se tire dans la tête sept coups d'un revolver calibre 5, aucune balle ne pénètre, il se pend. Un autre s'attache une très grosse pierre au cou, se lie les pieds et se jette au Rhône. Dans ces conditions, le diagnostic médico-légal est toujours délicat. Nous appelons ces suicides des *suicides doublés*, réservant le nom de *doubles suicides* à ceux dans lesquels deux personnes, d'un commun accord, se donnent ensemble la mort.

Les chiffres que nous venons de donner méritent de fixer l'attention des hommes d'État. Il y a quelque chose à faire contre cette marée montante du suicide. Si, comme on le dit, nous assistons à une épidémie, pourquoi ne pas la restreindre, empêcher sa conta-

SUICIDES		NOMBRES MOYENS ANNUELS										
		1826 à 1830	1831 à 1835	1836 à 1840	1841 à 1845	1846 à 1850	1851 à 1855	1856 à 1860	1861 à 1865	1866 à 1870	1871 à 1875	1876 à 1880
A. NOMBRE TOTAL		1739	2119	2574	2931	3146	3639	4002	4661	4990	5276	6259
B. SEXE	Hommes	»	»	1912	2217	2627	2719	3063	3682	4008	4156	4927
	Femmes	»	»	662	734	819	920	939	979	982	1120	1352
C. AGE	Moins de 16 ans	»	»	19	20	24	29	26	28	31	31	51
	16 à 21 ans	»	»	128	134	126	151	161	167	174	174	243
	21 à 30 ans	»	»	436	441	492	514	516	551	568	558	689
	30 à 40 ans	»	»	460	513	564	607	662	698	743	793	911
	40 à 50 ans	»	»	493	624	719	712	812	925	952	989	1123
	50 à 60 ans	»	»	422	491	612	743	840	963	1053	1082	1253
	60 à 70 ans	»	»	310	392	479	485	615	857	901	933	1099
	70 à 80 ans	»	»	165	188	210	263	284	345	438	531	612
	80 ans et plus	»	»	39	36	49	53	51	77	86	81	117
	Inconnu	»	»	102	109	141	82	37	30	44	101	161
D. PROFESSION DES SUICIDÉS	Agriculture			770	916	1083	1189	1416	1612	1916	1943	2189
	Industrie			574	662	727	790	903	1056	1125	1239	1764
	Commerce			229	277	308	303	326	373	372	390	498
	Domesticité			135	140	151	180	187	183	176	207	503
	Propriétaires, rentiers et professions libérales			453	486	575	601	658	772	801	873	844
	Profession inconnue ou sans profession			411	470	602	576	510	665	570	604	661
E. SAISONS DANS LESQUELLES ONT EU LIEU LES SUICIDES	Printemps			791	917	1051	1105	1205	1414	1557	1577	1922
	Eté			710	790	935	1002	1045	1209	1294	1475	1667
	Automne			505	599	691	734	813	975	982	1050	1241
	Hiver			570	645	769	800	938	1063	1157	1174	1450
F. MODES DE PERPÉTRATION	Submersion			859	1002	1101	1165	1204	1349	1363	1503	1828
	Pendaison			782	984	1191	1326	1633	1981	2282	2318	2689
	Arme à feu			443	445	526	431	427	499	512	606	706
	Asphyxie par le charbon			180	204	266	325	322	351	304	313	465
	Instruments aigus et tranchants			107	125	134	114	160	187	207	188	191
	Poison			69	65	66	63	89	97	105	105	120
	Chute d'un lieu élevé			118	117	138	140	136	139	164	158	179
	Autres			16	15	24	27	29	38	51	55	85
G. MOTIFS PRÉSUMÉS DES SUICIDES	Misères et revers de fortune			401	477	518	485	458	516	503	509	698
	Chagrins de famille			284	348	423	446	477	513	617	723	842
	Amour, jalousie, débauche			242	244	276	289	293	280	253	213	254
	Ivresse et ivrognerie			137	196	211	216	304	459	646	564	799
	Peines diverses. Désir de se soustraire à des poursuites judiciaires			118	153	171	252	261	314	274	273	256
	Peines diverses. Souffrances physiques			228	261	314	367	435	520	635	688	902
	Peines diverses. Autres			180	209	192	225	232	180	152	207	226
	Maladies cérébrales			659	764	917	1049	1201	1410	1544	1583	1901
	Inconnus			525		424	332	346	459	576	516	401

gion? Beaucoup d'individus ne se donnent la mort que par imitation, et, la lecture des suicides dans les journaux fait germer dans certaines têtes une idée qui ne s'y serait pas développée spontanément. Cette publicité est malsaine, nous demandons instamment qu'elle soit interdite par l'autorité. Celle-ci a mission d'empêcher le récit des faits contraires à la morale ou à la santé publique.

DU DUEL

Le duel a son histoire comme le suicide. Il serait intéressant de rechercher pour quelles causes il était inconnu des peuples de l'antiquité. On nous accordera qu'il faut un certain degré de civilisation à une société pour en arriver à cette notion du point d'honneur telle qu'elle s'est montrée au moyen âge et comme elle nous a été transmise. Quelle différence entre ces milieux sociaux : là, un individu lésé ou offensé frappe aussitôt brutalement; plus tard, le simulacre d'un coup, une main levée, un gant qui effleure la face, est considéré comme la plus sanglante des injures, comme un outrage qui demande aussitôt une réparation.

Mais avant d'être un combat fait dans un intérêt exclusivement personnel, le duel eut l'approbation des lois [1].

Il fut un temps où la preuve par combat remplaça la preuve testimoniale. L'Église s'opposa à l'installation de cette épreuve aveugle et sanguinaire et avec saint Louis on en revint aux preuves de droit. En même temps les rois s'efforcèrent de supprimer les guerres privées qui étaient l'apanage exclusif de la noblesse. Quand le

[1] Consulter Cauchy : *du Duel*, etc. Paris, 1863, et du Vergé : *Nouveau Code du duel*, etc. 1879.

combat judiciaire fut aboli et les guerres privées à peu près impossibles, le duel ou combat singulier apparut avec son caractère spécial. Il eut pour but de vider toute espèce de querelle entre ceux « qui faisaient profession expresse de l'honneur ». Le roi seul pouvait autoriser le combat et seulement entre gentilshommes. Après le fatal duel de Jarnac et de la Châtaigneraye, Henri II jura de ne plus accorder le combat; à cette époque, et avec les idées chevaleresques de la Renaissance, il y eut comme une passion ou un enivrement du duel. Le mal fut grand et il décima une partie de la noblesse française. Sous Louis XIV, en huit ans, plus de quatre mille nobles succombèrent dans des combats singuliers. Le roi rendit l'édit de 1679, qui instituait des tribunaux d'honneur et il assura rigoureusement l'exécution de la loi; à la fin de son règne, les duels avaient presque entièrement cessé.

Sous les règnes suivants, le duel perdit son ancien caractère. Les mœurs étaient changées et, avec les idées égalitaires qui allaient croissant, le duel passa dans tous les rangs de la société.

Le code pénal de 1810 ne parla ni de la provocation au duel ni du duel lui-même. Aussi, quand, après les guerres de l'Empire et au moment de la Restauration, la paix générale mit en présence deux noblesses et deux armées, les duels recommencèrent, et avec une telle fréquence que dès 1817 les procureurs généraux attirèrent sur ce point l'attention du ministre de la justice. La cour de cassation intervint pour la première fois, le 8 avril 1819, à l'occasion du duel dans lequel le comte de Saint-Morys avait été tué par le duc de Grammont.

La question fut depuis souvent posée devant les

Chambres législatives et des commissions furent nommées pour préparer un projet de loi. La loi est encore à faire.

La jurisprudence actuelle a été établie par un premier arrêt de la cour de cassation, du 15 décembre 1837. Voici un second arrêt, du 2 février 1839, à peu près conçu dans les mêmes termes que le premier :

Attendu que les Codes des délits et des peines de 1791, de l'an IV et de 1810, en punissant les meurtres, blessures et coups volontaires, n'ont pas fait d'exception pour les cas où ces meurtres auraient été commis, ces blessures faites ou ces coups portés par suite de duel ; — Attendu que l'abolition qui avait antérieurement été faite de la législation spéciale sur les duels a, par cela même, replacé sous l'empire du droit commun tous les actes répréhensibles auxquels les duels peuvent donner lieu ; — Attendu que l'homicide, les blessures et les coups, lorsqu'ils sont occasionnés par ce genre de combat, ne peuvent être considérés comme commandés par la nécessité actuelle de la légitime défense de soi-même ou d'autrui, puisque, dans ce cas, le danger n'a existé que par la volonté des parties ; — Attendu d'ailleurs que les circonstances qui accompagnent les duels ne peuvent rendre le meurtre, les blessures et les coups excusables ; que la convention par suite de laquelle le duel a lieu étant contraire aux bonnes mœurs et à l'ordre public, est nulle de plein droit, et que dès lors aucun fait d'excuse ne peut en résulter ; — Attendu, dans tous les cas, et en supposant l'admissibilité de tels faits d'excuse, que ces faits ne pourront être légalement appréciés que par la Cour d'assises et le jury, et qu'il n'appartient pas aux chambres d'accusation de les prendre en considération ; que ces chambres ne peuvent non plus s'arrêter à des circonstances atténuantes, puisque c'est encore le jury qui a seul le droit de les apprécier.... »

Nous croyons utile de citer encore d'autres arrêts de la cour de cassation sur le duel.

La cour de cassation a décidé qu'il y a lieu de poursuivre comme complice celui qui a prêté les armes sachant qu'elles devaient servir à un duel (22 décembre 1837), et les témoins du duel qui se sont associés au meurtre (6 juillet 1838 ; — 2 février 1834 ; — 11 décembre 1839 ; — 10 septembre-12 novembre 1840 ; — 18 décembre 1848 ; — 14 juin 1849 ; — 12 et 18 avril, 22 mai 1850) ; mais les poursuites s'arrêtent quand il est prouvé que les témoins ont fait tous leurs efforts pour empêcher le duel.

La veuve et les enfants de celui qui a été tué peuvent obtenir des dommages-intérêts contre l'auteur de sa mort, bien qu'il ait été acquitté par le jury. (Cassat., 15 août 1837.)

D'une statistique apportée à la tribune de la Chambre des députés, en 1845, par le garde des sceaux, il résulte que depuis la jurisprudence de la cour de cassation la moyenne du nombre des individus tués en duel est tombée de 26 à 6 par année. « En 1827, ce nombre a été de 19 morts; en 1828, de 29; en 1829, de 15; en 1830, de 20; en 1831, de 25; en 1832, de 28; en 1833, de 32; en 1834, de 25. Je le répète, je ne parle que des duels qui ont été suivis de la mort de l'un des combattants. Depuis la jurisprudence de la cour de cassation, voici quelle a été la progression décroissante : en 1839, 6 duels suivis de mort; en 1840, 5; en 1841, 6; en 1842, 7; en 1843, 6. » (*Moniteur* du 27 avril 1845.) Dans le duel de Massas-Dichard, jugé par la cour d'assises de la Seine, le 26 décembre 1882, l'avocat général a exposé aux jurés que toutes les fois qu'un duel a une issue fatale, la cour d'assises est saisie pour examiner de quelle façon les choses se sont passées. Il est d'avis que, dans la circonstance, aucun cas de déloyauté ne saurait être relevé, et s'en remet à la sagesse du jury pour la décision à rendre. Les avocats renoncent à la parole et l'acquittement est prononcé.

Le médecin-expert, dans le cas de duel, peut être appelé pour procéder à l'examen des blessures ou pour faire l'autopsie du cadavre. Il devra examiner les nombreux caractères des blessures qui lui permettront de déterminer dans quelle position elles ont été produites, apprécier la distance des combattants, tenir compte des armes employées, etc. Ce sont autant de conditions importantes qui autoriseront à penser que le combat a été loyal et régulier. Récemment, devant le tribunal de la Seine, des médecins ont eu à décider si une ceinture portée par un des combattants remédiait à une infirmité naturelle. Au point de vue du secret professionnel en matière de duel on consultera l'ouvrage spécial de Brillat-Savarin: *le Medecin*, de Dechambre et un article de la *France médicale* (novembre 1881).

III

DES QUESTIONS RELATIVES A L'INSTINCT SEXUEL

ET AUX FONCTIONS DE REPRODUCTION

Dans la première partie de ce livre, à propos du sexe (diagnostic du sexe) et de l'état civil (mariage), nous avons exposé un certain nombre de questions générales qui pouvaient trouver leur application dans toute procédure. Il nous reste maintenant à voir une série de questions d'un autre ordre [1]. Si les premières sont importantes ou indispensables pour fixer la limite d'un droit dans la société, les secondes constituent au contraire un attentat à la personne et sont atteintes par les lois pénales. Ce sont des crimes, et les statistiques que nous allons donner prouveront leur grande fréquence. D'une manière générale, ils constituent à eux seuls plus des trois cinquièmes des accusations criminelles contre l'ordre et les personnes.

[1] Consulter à ce sujet : Tardieu, *Etude médico-légale sur les attentats aux mœurs*, Paris, 5ᵉ édition, 1867; notre mémoire : les *Attentats à la pudeur sur les petites filles*, in Archives de l'anthropologie criminelle, etc., 1881, nᵒ 1); l'article *Pédérastie* que nous avons écrit dans le dictionnaire de Dechambre; la thèse de Chevalier : *De l'inversion de l'instinct sexuel au point de vue médico-légal*, Lyon, 1885, faite dans notre laboratoire; celle de P. Bernard : *Des attentats à la pudeur sur les petites filles*, Lyon, 1886.

Dans l'étude de ces différentes questions, afin d'éviter des répétitions, nous suivrons la méthode et l'ordre que nous avons adoptés dès les premières pages de ce livre, nous les exposerons par ordre de leur généralité décroissante. Nous commencerons par l'examen des problèmes les plus complexes. C'est ainsi que nous passerons successivement en revue : 1° les attentats aux mœurs et les questions qui s'y rattachent; 2° la grossesse (ses signes, sa durée, l'accouchement, l'avortement) ; 3° le produit de la conception (l'enfant nouveau-né, la viabilité et, pour terminer, l'infanticide).

I. DES ATTENTATS AUX MŒURS.

Avec M. Tardieu, on peut diviser en trois groupes distincts les faits qui peuvent être rangés dans cette étude : 1° les outrages publics à la pudeur ; 2° la pédérastie et la sodomie ; 3° le viol et les attentats à la pudeur.

Voyons d'abord la *législation :*

Art. 330. Code pénal. Toute personne qui aura commis un *outrage public* à la pudeur sera punie d'un emprisonnement de trois mois à deux ans, et d'une amende de 16 à 200 francs.

Art. 331. Tout *attentat* à la pudeur, consommé ou tenté sans violence sur la personne d'un enfant de l'un ou de l'autre sexe, âgé de moins de treize ans, sera puni de la réclusion. — Sera puni de la même peine l'attentat à la pudeur commis par tout ascendant sur la personne d'un mineur, même âgé de plus de treize ans, mais non émancipé par mariage.

Art. 332. Quiconque aura commis le crime de *viol* sera puni des travaux forcés à temps. — Si le crime a été commis sur la personne d'un enfant au-dessous de l'âge de quinze ans accomplis, le coupable subira le *maximum* de la peine des travaux forcés à temps. — Quiconque aura commis un attentat à la pudeur, consommé ou tenté avec violence contre des individus de l'un ou de l'autre sexe, sera puni de la réclusion. — Si le crime a été commis sur la personne d'un enfant au-dessous de l'âge de quinze ans accomplis, le coupable subira la peine des travaux forcés à temps.

Art. 333. Si les coupables sont les ascendants de la personne sur laquelle a été commis l'attentat, s'ils sont de la classe de ceux qui ont autorité sur elle, s'ils sont ses instituteurs ou ses serviteurs à gages, ou serviteurs à gages des personnes ci-dessus désignées, s'ils sont fonctionnaires ou ministres d'un culte, ou si le coupable, quel qu'il soit, a été aidé dans son crime par une ou plusieurs personnes, la peine sera celle des travaux forcés à temps, dans le cas prévu par le paragraphe 1er de l'article 331, et des travaux forcés à perpétuité, dans les cas prévus par l'article précédent.

Art. 334. Quiconque aura attenté aux mœurs en excitant, favorisant ou facilitant habituellement la débauche ou la corruption de la jeunesse de l'un ou de l'autre sexe, au-dessous de l'âge de vingt et un ans, sera puni d'un emprisonnement de six mois à deux ans et d'une amende de 50 à 500 francs. — Si la prostitution ou la corruption a été excitée, favorisée ou facilitée par leurs pères, mères, tuteurs ou autres personnes chargées de leur surveillance, la peine sera de deux à cinq ans d'emprisonnement et de 300 à 1000 francs d'amende.

Cour de cassation (26 mars 1813, — 5 juillet 1838) : « Les outrages à la pudeur prévus et punis par l'article 330 sont ceux qui, n'ayant pas été accompagnés de violence ou de contrainte, n'ont pu blesser la pudeur de la personne sur laquelle des actes déshonnêtes peuvent avoir été exercés, mais qui, par leur licence et leur publicité, ont été ou ont pu être l'occasion d'un scandale public pour l'honnêteté et la pudeur de ceux qui, fortuitement, ont pu en être témoins. »

A. DE L'OUTRAGE PUBLIC A LA PUDEUR.

C'est la publicité que la loi punit. Par outrage public elle entend des faits et des actions contraires aux bonnes mœurs, mais non les propos obscènes ou les injures par paroles (arr. de la Cour de Cass., 30 nivôse an XI).

Les individus inculpés de ce délit ont été au nombre de :

1868	3,084	1876	3,562
1869	3,019	1877	3,358
1870	1,618	1878	3,294
1871	1,744	1879	3,064
1872	2,781	1880	2,303
1873	3,123	1881	3,016
1874	3,338	1882	3,218
1875	3,671	1883	2,963

Quand le médecin, dans les cas d'outrage public à la pudeur, est appelé à prêter son concours à la justice, ce n'est que pour donner à celle-ci des renseignements qui sont étrangers au fait matériel en lui-même. Le médecin légiste a à apprécier les motifs qui peuvent expliquer un pareil acte. Ce sont ordinairement des hommes. Chaque année on arrête dans les jardins de Paris des vieillards qui ont été surpris se livrant à des exhibitions ou à des attouchements obscènes. M. Lasègue avait attiré l'attention sur ce genre de folie, et il a heureusement caractérisé ces individus en les appelant des *exhibitionistes*. L'expert a donc à apprécier l'état de leurs facultés intellectuelles.

D'autres fois ce sont des individus qui prolongent leur station dans un certain endroit de la voie publique et qui paraissent s'y livrer à des attouchements répétés sur leurs organes sexuels. L'examen médical démontre qu'ils sont atteints de dartres avec démangeaisons de ces parties ou qu'une maladie chronique des voies urinaires les oblige à une émission lente de l'urine ou à un cathétérisme. Ces différentes considérations sont appréciées par le médecin et lui seul peut les faire connaître au magistrat instructeur.

B. DE LA PÉDÉRASTIE, DE LA SODOMIE, DE LA BESTIALITÉ.

La législation ancienne et certaines législations modernes punissent la pédérastie, la sodomie, la bestialité. Nos codes ne font pas mention de ces actes contre nature et ils ne tombent sous l'application de la loi que lorsqu'il y a en même temps outrage public à la pudeur, ou attentat avec violence ou que la victime est mineure.

De nos jours, la pédérastie et particulièrement la

prostitution pédéraste a pris à Paris et dans tous les grands centres de population un accroissement inquiétant. Rien ne prouve cependant que ce vice se répande de plus en plus. Notre société moderne aurait beaucoup à faire pour en arriver sur ce point au degré d'immoralité des sociétés grecques ou romaines. Qu'on le veuille ou non, on est de son siècle. L'humanité devient meilleure au moral comme au physique, et si dans les civilisations antiques les plus grands poètes pouvaient chanter dans leurs vers des amours inavouables, de nos jours ce n'est plus qu'un commerce clandestin. C'est même un sujet d'étonnement pour le moraliste de trouver ce vice aux époques les plus reculées de l'histoire ; c'est surtout dans les sociétés fétichiques qu'il a pris partout, et même de nos jours on peut le constater en Chine, un développement extraordinaire. Le Lévitique le range parmi les infamies ; à Athènes, c'est l'amour grec, il s'étale au grand jour et Hippocrate le flétrit dans son serment.

De nos jours, après les observations de Westphal, de Tamassia, de Charcot et de Magnan, que l'on trouvera parfaitement résumées dans la thèse d'un de nos élèves, M. Chevalier : *Sur l'inversion de l'instinct sexuel au point de vue médico-légal*, Lyon, 1885, la question a changé de face et le sujet à traiter est mieux précisé.

L'inversion de l'instinct sexuel peut se montrer dans les deux sexes : pour l'homme, c'est la *pédérastie;* pour la femme, le *tribadisme*. Dans les deux cas, c'est un individu qui recherche la satisfaction de son instinct sexuel avec un individu de même sexe et de même espèce que lui. Comme dans toutes les associations à deux, l'un a le commandement, la direction, l'autre la subordination, l'obéissance, l'exécution ; l'un est actif, l'autre passif. Les anciens avaient déjà signalé parmi les pédérastes le *cynœdus* et le *pathicus*, l'incube et le succube.

Cette division établie, il faut distinguer les pratiques ou les manifestations de cette inversion de l'instinct sexuel, soit chez les pédérastes, soit chez les tribades. Chez les pédérastes, ce sont des caresses ou manœuvres diverses, la masturbation, le coït anal ou sodomie, le coït buccal ou succion pénienne.

Chez les tribades, ce sont des caresses ou manœuvres diverses, la masturbation, le coït buccal ou succion clitoridienne appelée encore *saphisme*.

D'après ce que nous venons de dire, on voit que nous réservons exclusivement le nom de *sodomie* au coït anal, ce qui permet de donner ainsi des caractères particuliers aux faits de sodomie conjugale et autres dont nous avons à parler. Le terme de *bestialité* doit s'appliquer aux attentats contre nature commis par des individus sur des animaux. Il faudrait créer un mot nouveau pour désigner les aberrations génésiques des individus, de ces nihilistes de la chair, qui cherchent la satisfaction de l'instinct d'une manière antiphysiologique dans la vue d'un objet inanimé, tels que : un tablier blanc, les clous de la semelle d'un soulier, un bonnet de nuit coiffant un homme ou la tête ridée d'une vieille femme, etc., c'est l'*azoophilie* de Chevalier.

De nos jours, la législation fait rentrer la pédérastie dans les attentats à la pudeur ; il n'y a pas de distinction, quant au sexe de l'individu (art 331) ; d'après l'âge de la victime, il y a aggravation de la peine si l'attentat est commis sans violence sur un enfant âgé de moins de 13 ans, ou avec violence sur un enfant au-dessous de 15 ans accomplis (art. 331, 332, 333 du Code pénal). Remarquons à ce propos que l'expression de viol n'est employée dans la loi qu'en parlant des femmes; il faudrait donc dire, dans ce cas, coït anal avec violence. Ajoutons que, dans les affaires de cet ordre, il peut être fait application des articles 33 et 330 du même code.

Dans nos pays, ainsi qu'on l'a fait remarquer, c'est l'école à laquelle se forment les plus habiles et les plus audacieux criminels. C'est un procédé de chantage qui a d'abord été mis en pratique par Lacenaire et son complice Avril dont il avait connu à Poissy la passion honteuse. On trouve la pédérastie comme instrument de crime dans les assassinats de Tessié en 1838, de Ward en 1844, de Benoît et de Bérard en 1856, de Biret et de Letellier en 1857, de l'enfant Saurel, âgé de trois ans, en 1866, de Robin en 1877. On se rappelle, en 1878, les scandales bruyants d'Auch, de Bordeaux, de Béziers, les affaires Gilles et Abadie ou des *cravates vertes*.

Actuellement, outre la prostitution dont nous venons de parler, il semble que l'instinct génésique cherche ses satisfactions dans des procédés contraires aux lois naturelles. Les cas de sodomie conjugale ne sont pas rares. Les prostituées, dans les maisons publiques, se livrent souvent au coït anal. La succion pénienne, les *fellatores* et le saphisme ont atteint une fréquence vraiment inouïe. Le débordement et le succès d'une littérature pornographique (et particulièrement lesbienne) semble indiquer que dans la société actuelle les inversions ou les anomalies de l'instinct sexuel trouvent la perturbation d'un système nerveux mal équilibré. Quelles sont les causes que l'on peut assigner à la pédérastie? M. Chevalier a distingué trois variétés de l'inversion sexuelle : 1° une inversion acquise, par exemple, dans la prostitution pédérastique et saphique; 2° une inversion des agglomérations exclusives : ainsi les pensions, les internats, les armées, les prisons ; 3° une inversion native : ce sont des héréditaires ou des hermaphrodites moraux.

Il nous semble que Diderot a encore mieux précisé l'ensemble de causes qui peuvent produire ces habitudes vicieuses. A la fin de la *Suite de l'entretien du rêve de d'Alembert*, Mlle de Lespinasse demande à Bordeu : « Ces goûts abominables, d'où viennent-ils ? » Bordeu répond : « Partout d'une pauvreté d'organisation dans les jeunes gens, de la corruption de la tête dans les vieillards, de l'attrait de la beauté dans Athènes, de la disette des femmes dans Rome, de la crainte de la vérole à Paris. »

Caractères scientifiques. Dans l'exposition des caractères précis qui peuvent guider le médecin légiste il convient d'étudier successivement l'habitus des pédérastes et leurs différentes pratiques, dont les principales sont les manœuvres diverses de la masturbation, le coït buccal, le coït anal.

De l'habitus des pédérastes. Voici, d'après Tardieu, le tableau de la prostitution et de la criminelle industrie du vol à la pédérastie : « Les hommes qui se livrent au genre d'escroquerie dit *chantage*, ne sont le plus ordinairement que des voleurs d'une espèce particulière qui, sans être toujours adonnés à la pédérastie, spéculent sur les habitudes vicieuses de certains individus pour les attirer par l'appât de leurs passions secrètes dans des pièges où ils rançonnent sans peine leur honteuse faiblesse. » Ces hommes peuvent remplir en même temps le rôle de chanteurs et de leveurs ; d'autres fois ils ont avec eux de jeunes garçons qu'ils dressent à *lever* leur proie dans des endroits bien connus. Les individus qui, pédérastes ou non, font commerce de leurs corps avec d'autres hommes sont appelés *tantes*. Les cheveux frisés, le teint fardé, le col ainsi découvert, la taille serrée de manière à faire saillir les formes; les doigts, les oreilles, la poitrine chargés de bijoux, toute la personne exhalant l'odeur des parfums les plus pénétrants et dans la main un mouchoir, des fleurs ou quelques travaux d'aiguille : telle est la physionomie étrange, repoussante et à bon droit suspecte qui trahit les pédérastes. Un trait non moins caractéristique et que j'ai observé cent fois, c'est le contraste de cette fausse élégance et de ce culte extérieur de la personne avec une malpropreté sordide qui suffirait à elle seule pour s'éloigner de ces misérables. »

Cette description ne correspond qu'à l'extérieur des hommes qui se prostituent. Mais elle ne saurait convenir à tous les individus atteints de cette déviation de l'instinct sexuel; comme nous l'avons déjà dit ailleurs, pour ceux-ci il y a très souvent une tache originelle et ce sont des *hermaphrodites moraux*.

Manœuvres pédérastiques diverses. Elles sont nombreuses et, sans vouloir insister, nous dirons qu'elles consistent tantôt en ce que nous avons appelé le *coït périnéal antérieur ou postérieur*, fréquent dans les attentats aux mœurs sur les petites filles, tantôt en manœuvres de masturbation, et dans ce cas la recherche du *point mammaire douloureux* doit être faite.

Du coït buccal. La succion pénienne ou les rapports *ab ore* étaient, comme nous l'avons dit plus haut, connus à Rome, où il y avait la spécialité des *fellatores*, mais de nos jours ce mode de coït a pris une plus grande extension. Dans ces expertises, l'examen est le plus souvent négatif. Dans un cas cependant où l'examen fut fait quelques heures après un coït buccal nous avons constaté sur la verge de l'individu de fines sugillations pointillées soit entre le prépuce et le gland, soit sur le gland lui-même.

Du coït anal ou sodomie. Il faut avec Zacchias distinguer les signes qui sont fournis par un coït anal récent et ceux qui résultent d'habitudes anciennes.

1° *Du premier coït anal récent ou défloration anale brusque.* Les signes des attentats récents sont assez caractéristiques pour ne pas être méconnus.

Nous croyons utile de donner l'explication du siège anatomique qui a été fournie par le docteur Wilsson Johnston (de Loodiana) et publiée dans l'*Indian medical Gazette* 1866. Notre ami M. le docteur H. Coutagne a bien voulu nous donner la traduction de cet important travail sur les signes de la sodomie. Il insiste et attribue uniquement de l'importance aux lésions de la muqueuse. Son observation sur les cas de pédérastie récente ou ancienne n'a rien de particulier, mais voici la partie relative au premier coït anal qui constitue le côté original de ce travail; la pénétration dépasse rarement plus de 25 millimètres de profondeur et la violence porte sur les plis semi-lunaires qui, quand l'intestin est vide, tombent de chaque côté. Un arc du pli muqueux inférieur de l'anus occupe l'angle gauche supérieur et le plus élevé du rectum; un second occupe l'angle droit le plus inférieur, le plus bas, et pend sous la forme d'un croissant central. Le corps étranger s'appuie sur ce centre lâche, tiraille un point d'attache à l'un ou à l'autre des angles et, dans les cas d'intromission évidente (si l'intestin était sain auparavant), on trouvera une déchirure se dirigeant horizontalement en avant à l'angle supérieur gauche ou à l'angle inférieur droit. Jamais il n'a vu aucune autre portion de la muqueuse atteinte par ces pratiques : la forme de la plaie est *caractéristique* et n'est pas produite par un corps dur quelconque. La vraie plaie sodomique est triangulaire, la base interne des côtés du triangle se dirigeant vers le fondement.

Les quelques observations que nous avons faites nous permettent d'affirmer l'exactitude de l'observation du docteur Wilsson Johnston. Ce sont des déchirures par éclatement tout à fait caractéristiques, et d'après des expériences que nous avons faites sur le cadavre avec M. Debierre, professeur agrégé de notre Faculté, il résulte que l'éclatement a toujours lieu sur la ligne médiane, près du raphé, aux deux endroits où la muqueuse est particulièrement adhérente.

Brouardel dit que l'infundibulum peut être prononcé après un seul acte de pédérastie qui détermine à la fois la contracture du sphincter et du releveur de l'anus ; c'est ce dernier muscle qui attire l'anus en haut et forme ainsi avec les fesses l'infundibulum ou un entonnoir. Ce cornet à sommet anal et la contracture qui le produit ne se développeraient que sur les individus nerveux, jeunes le plus souvent et excitables. D'après nous, de nouvelles observations sont nécessaires pour mieux préciser le siège des fissures ou violences qui déterminent le réflexe.

On peut constater sur la victime d'autres traces de violence. Ce sont des désordres typiques du côté des organes génitaux : des coups d'ongles, des égratignures sur les bourses, à la partie supérieure des cuisses. Le docteur H. Coutagne a constaté la fréquence des rapports sodomiques chez la femme (sur 446 prostituées, il trouve 180 fois des signes suspects). Tout médecin expert, ajoute cet auteur, n'oubliera jamais, dans des affaires d'attentats aux mœurs, de compléter l'examen même négatif des organes sexuels d'une femme par celui de sa région anale.

L'auteur de l'attentat sera aussi l'objet d'un examen. A l'article Tache du Dictionnaire de Dechambre on trouvera l'observation d'un individu sur lequel nous avons trouvé de la matière fécale dans la rainure balano-préputiale; après cette constatation l'individu fut obligé de faire des aveux. Dans d'autres cas, il faut tenir compte de la nature et de la quantité de matière sébacée accumulée entre le prépuce et le gland.

Sur des cadavres, à cause du relâchement du sphincter qui se montre après la mort, il est encore plus difficile de dire la nature des violences qui ont été faites sur cette partie pendant la vie.

Il faut remarquer que la défloration anale n'est pas toujours brusque. Si les tentatives sont lentes, si l'intromission n'est pas complète, si la dilatation se fait peu à peu, les parties étant enduites d'un corps gras, il pourra y avoir commencement de coït sans déchirure de l'anus et de la muqueuse. M. le docteur H. Coutagne a parfaitement insisté sur ce point : il est de règle que les attentats aux mœurs sur les enfants ont presque toujours lieu sans violences physiques exercées. Aussi on peut ne rien constater à la région anale d'enfants victimes de pratiques sodomiques même répétées.

Au bout de peu de temps du reste tout signe physique peut avoir disparu.

2° *Des habitudes anciennes de sodomie*. Il est nécessaire d'étudier à part les habitudes anciennes et passives et d'autre part l'auteur de l'attentat; c'est ce que Tardieu a différencié sous le nom de pédérastie passive et active.

D'après Tardieu, les signes caractéristiques de la sodomie passive sont : le développement exagéré des fesses, la déformation infundibuliforme de l'anus, le relâchement du sphincter, l'effacement des plis, les crêtes et caroncules du pourtour de l'anus, la dilatation extrême de l'orifice anal, l'incontinence des matières, les ulcérations, les rhagades, les hémorrhoïdes, les fistules, la blennorrhagie rectale, la syphilis, les corps étrangers introduits dans l'anus.

Le développement exagéré des fesses cité par Tardieu n'a pas une grande valeur; ainsi que l'a fait remarquer Brouardel, il n'est spécial qu'à quelques pédérastes et il n'est, bien entendu, pas la conséquence d'habitudes sodomiques. C'est un caractère d'infantilisme ou de féminisme, ainsi que disait Lorain.

Il est certain et admis par tous que la déformation infundibuliforme de l'anus n'est pas constante, même chez ceux qui ont des habitudes invétérées.

En résumé la présence sur un même sujet de l'infundibulum anal, du relâchement de l'anus, de la disparition des plis, peut dépendre d'autres causes que de la sodomie. Le diagnostic est facilité dans quelques cas par la saillie de la muqueuse, dont les bourrelets latéraux peuvent prendre parfois l'aspect de petites lèvres. Toujours le toucher rectal doit être pratiqué : seul, il permet d'apprécier l'état de tonicité des muscles, et il a la plus grande importance. M. Coutagne d'abord, M. Martineau ensuite, ont signalé des particularités intéressantes de la muqueuse anale que ce toucher pouvait faire apprécier.

Nous n'avons pas grand'chose à dire sur les maladies communiquées par ce mode de coït.

L'examen de l'auteur de l'attentat doit se faire dans des conditions identiques à la règle que nous avons tracée à propos de la défloration anale brusque.

La pédérastie active n'a pas de signes caractéristiques, ainsi que l'ont affirmé Casper, Maschka, Hofmann, Filippi, Ziino, Brouardel et Coutagne. Ainsi que ces auteurs, nous avons vu sur des inculpés qui avouaient, des signes tout à fait contradictoires à ceux dont nous venons de parler. Comme Brouardel, nous avons examiné à ce point de vue la forme de la verge des hommes visités au conseil de revision ou des malades qui ont passé dans nos salles, et rien ne nous a permis de confirmer les assertions de Tardieu. Nous adoptons au contraire l'opinion de Brouardel, c'est que la forme, le volume de la verge varient beaucoup plus que les traits du visage; il n'y a de comparable à la diversité de l'appareil génital masculin que la diversité des organes génitaux de la femme.

Dans ces sortes d'expertise, on doit apporter la plus grande réserve et la prudence la plus méticuleuse; que l'expert ait toujours présentes à l'esprit ces judicieuses paroles de Pénard : « Il faut bien se souvenir qu'une seule parole accusatrice du médecin suffira à flétrir un homme, que l'accusation soit plus tard soutenue ou abandonnée; rien que le soupçon, la possibilité d'une semblable accusation est une note d'infamie : c'est surtout le médecin légiste, qui n'exerce pas dans un ressort très étendu, qui doit redoubler de soins et de sévérité d'examen. »

L'expert devra d'abord procéder à l'examen des vêtements : sur ceux-ci il peut y avoir des taches suspectes, par exemple des taches de sang, de sperme ou de matières fécales sur la chemise, le caleçon et le pantalon.

On examinera ensuite les parties génitales, la verge, l'état du gland, la rainure balano-préputiale, le scrotum et les parties supérieures des cuisses. On ne manquera pas d'indiquer toutes les particularités, excroissances ou autres tumeurs, qui peuvent être situées dans le voisinage des parties sexuelles. Ce sont des signes précieux d'identité et qui peuvent forcer l'aveu ou démontrer la culpabilité.

Dans l'article Tatouage du Dictionnaire de Dechambre nous avons donné l'observation curieuse de deux petites filles qui prétendaient que l'auteur de l'attentat leur avait montré un gros doigt en leur disant : « Je vais vous faire voir le diable ! » Sur la verge de l'inculpé nous trouvâmes en effet un tatouage représentant une tête de démon.

Pour procéder à l'examen de l'anus, si le pédéraste est couché, on le mettra dans le décubitus latéral, abdominal, ou encore mieux dans la position dite génu-pectorale qui fait saillir les fesses et permet de mieux examiner l'orifice anal. Un aide est souvent nécessaire pour écarter les fesses en plaçant une main sur chacune d'elles et les poussant en dehors. Dans l'attitude donnée à l'individu, surtout si elle est prolongée, les efforts faits pour contracter les fesses et diminuer l'ouverture anale ne sont pas longtemps possibles. Nous n'avons pas à insister sur la manière de procéder au toucher rectal : disons toutefois qu'il est nécessaire de le pratiquer, que lui seul permet bien d'apprécier la tonicité musculaire. Si l'on procède à l'examen dans un poste de police ou à la prison, on place le sujet à examiner dans une chaise sur le siège de laquelle il appuie les mains en baissant la tête et le dos de façon à rendre saillante la région anale.

L'attitude du cadavre peut avoir quelque chose d'assez caractéristique : la victime est couchée dans le lit ou, s'il y a eu lutte, précipitée à terre près du lit, nue ou à peine vêtue.

La question de maladie communiquée par le fait de la sodomie peut être posée. On recherchera d'après la nature des accidents, leur siège, si l'on a affaire à une syphilis.

Dans les expertises de sodomie conjugale, on recherche si une maladie a pu être communiquée par ce procédé et, en outre, on insiste sur le cas de défloration anale brusque. La justice n'a pas à s'occuper des femmes qui se laissent aller à satisfaire les goûts anormaux de leur mari; mais si la femme cède à la crainte ou à la violence, si l'on constate des violences à l'anus ou des sévices sur d'autres parties du corps, il pourra être fait application de l'article 231 du Code civil. La Cour de cassation a d'ailleurs, dans plusieurs arrêts, établi ce principe que le crime d'attentat à la pudeur peut exister de la part d'un mari sur sa femme, lorsque l'acte sodomique a été accompli avec violence. C'est à ce propos que M. le procureur général Dupin disait dans ses conclusions : « Attendu que si le mariage a pour but l'union de l'homme et de la femme, et si les devoirs qu'il impose établissent entre les époux des rapports intimes et nécessaires, il ne s'ensuit pas que la femme cesse d'être jamais protégée par les lois, ni qu'elle puisse être forcée de subir des actes contraires à la fin légitime du mariage; que dès lors il est évident qu'en employant la violence pour les commettre, le mari se rend coupable du crime prévu par l'article 332, § 3. » Dans de pareils cas on comprend qu'il puisse y avoir simulation, exagération, ainsi qu'il arrive dans toutes les affaires de chantage.

Ces simulations peuvent aussi se présenter dans des affaires plus graves, à propos de crime par exemple.

Dans sa Médecine légale, Ziino cite, d'après Celoni, le fait d'un jeune homme de dix-neuf ans qui, après avoir assassiné un religieux, se fit avec les ongles des écorchures à l'anus, voulant ainsi faire croire qu'il avait commis l'homicide pour échapper à une tentative de sodomie.

On s'est demandé si un individu pouvait être victime d'un acte sodomique pendant le sommeil naturel ou provoqué. Les remarques faites par rapport au viol pendant le sommeil peuvent s'appliquer à plus forte raison aux actes de cette nature. Disons pour terminer que le médecin légiste est consulté sur l'état mental et la responsabilité de l'individu inculpé de pédérastie. Nous avons eu plusieurs expertises de cet ordre : l'expert ne se prononcera pas seulement d'après la nature des actes libidineux, mais fera un examen complet de l'état mental du sujet pour arriver à démontrer que l'individu est un malade, un de ces hermaphrodites moraux dont nous avons parlé.

C. DE L'ATTENTAT A LA PUDEUR ET DU VIOL.

Il est fâcheux, comme l'a très bien fait remarquer M. Pénard, que les magistrats et les médecins légistes n'adoptent pas un langage uniforme, intelligible de la même façon pour tous, en acceptant une définition nette et précise de ce qui constitue la nature du délit et du crime. Dans le code pénal, il n'y a pas de définition de l'attentat à la pudeur sans violence. Pour les enfants et jusqu'à la treizième année, la violence n'est pas nécessaire pour constituer un crime. Mais à l'égard des adultes, c'est la circonstance de la violence (emploi de la force, violence quelconque, etc.) qui donne le caractère de crime aux attentats à la pudeur. D'après Tardieu, l'intromission complète avec ou sans défloration caractérise le viol, et la non-intromission est propre au simple attentat. Mais, ainsi que le dit M. Pénard : « Quand y aura-t-il véritablement intromission? à quelle hauteur du membre viril ou de la cavité vaginale s'arrêtera-t-elle? » D'ailleurs, il faut faire remarquer qu'il peut y avoir viol d'une femme qui a eu des enfants et même d'une fille publique. On pourrait donc admettre avec M. Pénard l'attentat à la pudeur, la tentative de viol, le viol.

L'attentat à la pudeur, en ce qui concerne le point de vue matériel, c'est-à-dire la lésion des organes sexuels, est l'ensemble de tous les désordres possibles, en tant, toutefois, que la membrane hymen restera complètement intacte.

La tentative de viol est l'attentat à la pudeur, plus un commencement, peu ou beaucoup, de rupture de la membrane hymen, assez considérable pour s'apprécier sans le moindre doute par les caractères physiques ordinaires, insuffisant cependant pour laisser pénétrer complètement dans la cavité vaginale un membre viril en érection.

Le viol enfin, c'est la rupture de la membrane hymen, assez complète pour laisser pénétrer librement le membre viril dans la cavité vaginale; c'est, en tout cas, rupture ou non-rupture de la membrane hymen mise à part, la pénétration violente, inaccordée, du membre viril dans la cavité vaginale.

La lecture des statistiques de la justice criminelle en France, depuis cinquante ans, montre que de tous les crimes contre les personnes, ce sont les débordements de l'instinct sexuel qui ont éprouvé la plus forte augmentation. Ce qu'il y a surtout de déplorable, c'est la croissance constante des attentats qui ont pour victimes des enfants.

	VIOLS OU ATTENTATS COMMIS SUR DES ADULTES.	VIOLS OU ATTENTATS COMMIS SUR DES ENFANTS.
1859	226	718
1860	180	650
1861	217	695
1862	215	728
1863	171	730
1864	176	764
1865	178	820
1866	160	885
1867	124	805
1868	161	728
1869	146	710
1870	95	558
1871	125	526
1872	124	682
1873	97	785
1874	139	825
1875	140	815
1876	140	875
1877	108	804
1878	84	788
1879	150	812
1880	80	676
1881	90	718
1882	95	752
1883	108	675

C'est en effet dans les départements qui ont pour chefs-lieux de grands centres industriels que l'on rencontre le plus de ces crimes. P. Bernard a parfaitement remarqué que les attentats sur les enfants sont plus fréquents dans les villes, tandis que les attentats sur les adultes ont lieu en plus grand nombre dans les campagnes. Ces différents attentats se produisent surtout pendant les mois les plus chauds de l'année, ainsi que nous l'avons fait voir dans notre calendrier criminel.

Dans une expertise d'attentats aux mœurs, le médecin doit examiner la victime et le coupable. Chez l'une et chez l'autre il faut rechercher les traces matérielles de l'attentat et l'état cérébral au moment de l'acte. Nous allons étudier successivement une série de questions qui permettront au médecin-expert de se diriger dans la plupart des cas.

Examen de la victime : de la virginité.

La virginité est l'état d'une femme qui n'a pas encore pratiqué le coït. Il faut distinguer la virginité physique de la virginité morale. Cette dernière n'a pas d'importance pour le médecin, cependant elle s'accuse souvent par des signes généraux qui ne doivent pas être négligés. L'attitude, le langage, les allures d'une jeune fille sont de précieux indices de ses mœurs ou de son caractère.

On peut aussi prendre note de l'état de la menstruation, des mamelles, du son de la voix, des yeux, de la grosseur du cou.

Mais des signes plus importants sont fournis par l'examen des organes génitaux. Ceux-ci donnent des présomptions ou la certitude.

Parmi les signes probables ou incertains, on trouve souvent chez les vierges des grandes lèvres moins écartées, un clitoris moins volumineux, des petites lèvres plus rapprochées, la fourchette est intacte ainsi que la fosse naviculaire. Chez l'enfant, le système urinaire prédomine, aussi leur vulve est surtout ouverte en haut et on sait que dans la mixtion l'urine est projetée en avant comme chez l'homme. Avec les années, l'ouverture vulvaire s'incline de plus en plus de haut en bas et d'avant en arrière, et les femmes âgées urinent souvent debout, sans mouiller leur linge. Le conduit vaginal suit aussi ce mouvement; ses dimensions varient avec les sujets. Il est étroit chez les vierges avec plis transversaux très accusés. Un coït même fréquent a peu d'influence sur sa dilatation; c'est surtout l'accouchement qui exagère son calibre. L'usage des astringents peut d'ailleurs le resserrer.

Chez les PETITES FILLES nous avons, dans notre mémoire spécial, fait voir que la plupart de ceux qui accomplissent ces attentats ou les violateurs, comme nous les appelons, adoptent presque toujours un procédé de coït qui rappelle celui des peuples primitifs. C'est le *coït externe ou périnéal.* Dans quelques cas, l'enfant tournant le dos au violateur, est placée sur les genoux de celui-ci ou prise à bouchon sur un lit, la verge introduite à la partie supérieure des cuisses, frottant celles-ci et le périnée par des mouvements donnés au corps de l'enfant : c'est le coït *more ferrarum.* Mais, le plus souvent, la victime est mise sur le rebord d'un lit, d'une commode, d'une table, d'un siège; et le coupable, debout ou à genoux en face de l'enfant, introduit la verge à la partie postérieure des cuisses relevées et parfois croisées formant avec le périnée un espace clos. Dans ce cas encore le violateur imprime des mouvements au corps de la victime toujours passive et inconsciente : c'est l'attitude du coït pour certains peuples primitifs, les Arabes par exemple.

La membrane *hymen* est le véritable signe de la virginité. Ce repli muqueux sépare nettement les parties sexuelles en deux sections, une vaginale, l'autre vulvaire. L'existence de cette membrane n'a pas toujours été admise, c'est ainsi qu'Ambroise Paré niait sa fréquence. Aujourd'hui on sait qu'elle est constante, même chez beaucoup d'animaux.

L'hymen présente de nombreuses variétés de forme. Nous en donnons quelques exemples (fig. 43, 44). Chez les fœtus et les enfants on rencontre souvent une disposition labiale, espèce de fente plus large en haut qu'en bas. Ordinairement elle a une forme semi-lunaire, ou bien c'est un anneau, un diaphragme irrégulièrement circulaire avec une ouverture qui peut

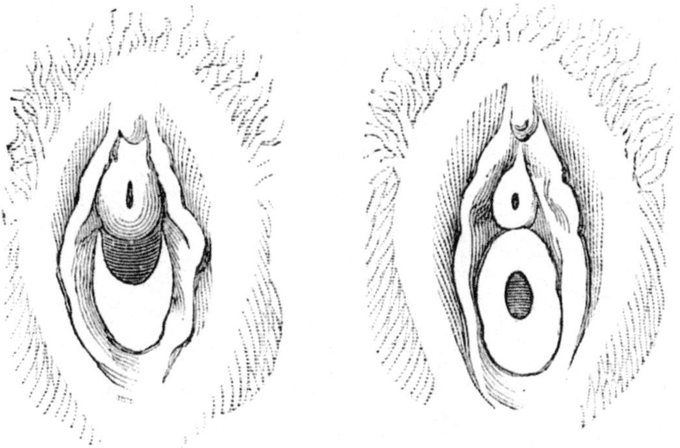

Fig. 43. — Hymen semi-lunaire. Fig. 44. — Hymen annulaire.

être située en haut (type le plus fréquent d'après Tardieu), au centre ou en bas.

L'hymen constitue par sa présence le signe certain de la virginité. Quand cette membrane est déchirée, la cicatrice ne se fait pas, parce que les fragments se rétractent, en général, sur les côtés et en bas pour former les caroncules myrtiformes. Il est vrai qu'on l'a trouvée chez des femmes au moment de l'accouchement, chez des prostituées, et Parent-Duchâtelet l'a vue sur une fille publique qui s'était prostituée pendant trente ans; mais ces différentes conditions prouvent que dans le coït, et dans la fécondation, le pénis peut être incomplètement introduit ou que cette membrane se laisse facilement dilater.

De la défloration.

C'est la perte de l'intégrité de la membrane hymen. Elle est récente ou ancienne.

Signes de la *défloration récente :* l'hymen est déchiré suivant une ou plusieurs lignes régulières ou plus souvent en fragments irréguliers (fig. 45). Les lambeaux restent sanglants deux ou trois jours, suppurent un peu, puis se cicatrisent en formant les caroncules myrtiformes. Après sept ou huit jours, cette cicatrisation s'est produite et les traces d'une déchirure récente n'existent plus.

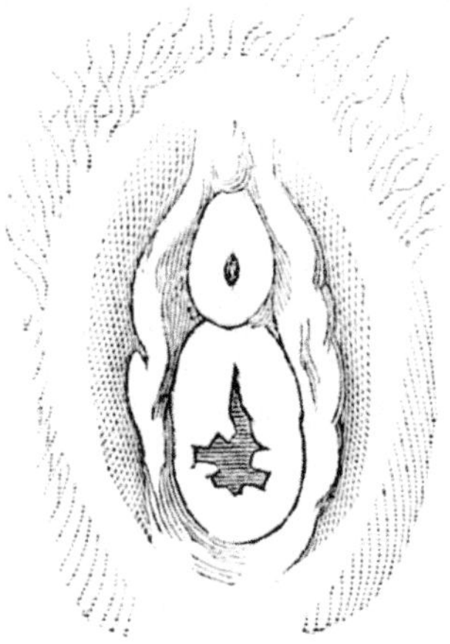

Fig. 45. — Hymen déchiré.

L'écoulement de sang, auquel les anciens ajoutaient une grande importance, se montre en effet assez souvent, mais il peut aussi manquer ou être peu abondant.

Il y a, dans les cas simples, une irritation légère de la vulve avec rougeur et chaleur des parties, mais le plus souvent il se produit une inflammation vulvaire sur laquelle insiste particulièrement Tardieu et qu'il différencie des écoulements pathologiques. « Il y a, sinon dans la forme de l'inflammation et dans les caractères de l'écoulement, du moins dans l'aspect des parties, dans leur turgescence, ainsi que dans le siège de l'écoulement par l'urèthre ou hors de ce canal, des moyens non pas absolument certains, mais d'une incontestable valeur, au moins chez les petites filles, de distinguer l'inflammation blennorrhagique de la vulve de celle qui est produite par une violence directe indépendante de toute contagion. »

Signes de la défloration ancienne : elle est caractérisée par l'absence de l'hymen, la présence des caroncules myrtiformes sur les côtés et en bas, la couleur de la muqueuse vaginale, l'effacement des plis vaginaux, un moindre degré de résistance de l'anneau vulvaire.

Entre ces deux extrêmes, M. Toulmouche a placé une certaine déformation produite lentement et graduellement par la répétition des mêmes actes.

La membrane hymen et la portion vulvaire des parties sexuelles sont refoulées en entonnoir, plus ou moins large, par l'extrémité du pénis. Les enfants de deux à trois ans jusqu'à douze ans n'opposent aucune résistance et laissent écarter leurs cuisses, mais à cause de la disproportion extrême de leurs parties sexuelles et du membre viril il ne se produit qu'une succession de frottements et de pressions de la verge ou contre leurs organes génitaux ou entre leurs cuisses. « Mais, dit Toulmouche, lorsque ces pressions ou tentatives sont fréquemment renouvelées, elles peuvent imprimer des modifications caractéristiques à l'aspect de la couleur de la muqueuse, et à la forme du périnée, de l'entrée du vagin et de la membrane hymen propres à les faire soupçonner. » Cette déformation est très rare, nous ne l'avons trouvée qu'une fois sur deux cents expertises. Le coït périnéal que nous avons décrit ne laisse en général aucune trace.

Quelles sont les causes de la défloration ? On a dit que l'hymen pourrait disparaître sous l'influence de causes pathologiques telles qu'ulcérations scrofuleuses ou syphilitiques, de caillots volumineux au moment des règles, de fleurs blanches très abondantes. On peut mettre en doute ces dernières causes en se fondant sur la souplesse de cette membrane. Mais on s'explique mieux qu'elle soit rompue par une chute, un accident : dans ces circonstances, il existe dans le voisinage des traces du traumatisme. L'onanisme en est une cause plus commune : il y a d'abord refoulement puis rupture de l'hymen. Il paraît que des nourrices, pour calmer ou endormir les enfants confiés à leur soin, les masturbent. Ces pauvres petits êtres se détériorent bientôt et leurs parties sexuelles présentent les signes d'une turgescence provoquée par ces titillations répétées. Disons, en passant, que cette habitude des nourrices est assez fréquente à Paris et que les parents y doivent prêter une grande surveillance. La cause la plus ordinaire de la défloration est le coït. Quand la défloration est ancienne, et surtout chez les femmes qui ont eu des enfants, un seul caractère permet de certifier que le coït a eu lieu récemment : c'est la présence du sperme. Ce liquide (dont nous avons donné page 208 les caractères) doit être recherché sur les vêtements de la femme, sur son corps, dans son vagin, et si l'autopsie a lieu, dans l'utérus et les trompes. Sur le corps d'une femme adultère tuée par son mari, nous avons trouvé des spermatozoïdes vivants, dans le vagin, trente heures après le meurtre.

Examen de l'auteur de l'attentat.

Quand cet examen est possible, le magistrat devra toujours l'ordonner, car il fournit de précieux renseignements.

L'individu sera d'abord examiné au point de vue du fait matériel. On appréciera sa force physique, la forme et les dimensions de sa verge; on recherchera s'il n'est pas atteint d'une cause d'impuissance (voy. p. 87).

L'examen peut être fait à un moment assez rapproché d'une copulation incriminée. Les changements produits dans les organes génitaux de l'homme par le coït sont fugaces. Cependant un certain état de turgescence ou des traces de la congestion qui a accompagné l'érection persistent au moins pendant une demi-heure. Dans le canal de l'urèthre, on peut rencontrer des spermatozoïdes même plusieurs heures après le coït, s'il n'y a pas eu évacuation d'urine, et dans ce cas, on les recherche dans le liquide. Il est bien entendu que ces spermatozoïdes pourraient aussi se rencontrer dans le canal d'individus après une perte séminale.

La constatation de certains signes remarqués par la victime sur le corps de l'inculpé peuvent devenir des charges accablantes pour celui-ci. Il en est de même quand il y a transmission de maladies vénériennes (voy. le chapitre que nous avons consacré à ce sujet p. 158 et suivantes). Il faudra toujours faire comprendre la différence de nature et de gravité qui existe entre une syphilis caractérisée et une maladie non spécifique comme la blennorrhagie. Dans tous les cas, l'affection devra présenter le même caractère chez l'accusé et chez la victime, l'époque de son apparition devant coïncider avec le moment du viol et le siège, la forme, la période d'évolution doivent permettre de rapprocher les deux maladies. L'expert, dans ces circonstances, devra apporter une grande réserve et faire un diagnostic méthodique et raisonné des accidents présentés par la victime.

D'après M. Toulmouche, après des violences exercées sur des enfants, dans la tentative de les violer, il survient parfois un écoulement qui simule la blennorrhagie, bien que le coupable n'en soit pas atteint. De même que certaines ulcérations, de nature nullement syphilitique, se montrent parfois dans les parties génitales des jeunes filles, par suite de défaut de propreté, de frottements, de leucorrhée, d'herpès de la vulve. Ce sont là presque toutes les variétés de vulvites. Quant à la vulvite blennorrhagique outre ces signes spéciaux, elle pourrait encore être caractérisée par la présence du gonococcus. Astley Cooper, Pénard, ont insisté sur l'extrême fréquence des écoulements vulvaires chez les petites filles, surtout au moment de la dentition. Nous rappellerons aussi que les femmes grosses sont sujettes à un écoulement spécial et particulièrement à l'accroissement et au facile développement des végétations.

De l'état de la volonté chez la victime : du consentement.

L'appréciation du consentement est parfois très difficile et cependant de la plus haute importance pour savoir s'il y a eu ou non violence, lutte ou non entre la victime et l'inculpé.

Disons d'abord, avec la plupart des auteurs, que les efforts d'un seul homme ne suffisent pas pour effectuer un viol, quelle que soit la résistance de la femme, à moins cependant de circonstances toutes spéciales, telles qu'une trop grande disproportion de forces, une syncope, des coups sur la tête qui déterminent un évanouissement. On peut admettre, au contraire, que les efforts de plusieurs hommes peuvent être suffisants pour accomplir un viol. Nous admettrons qu'une femme peut concevoir après un viol, et alors même que l'intromission pénienne n'a pas été complète.

Pour reconnaître que la femme n'a pas consenti, il faut établir si le consentement a été forcé, c'est-à-dire s'il y a eu lutte, ou bien si la volonté de la victime ne pouvait se manifester.

Les *violences* sont locales ou générales.

Pour les violences locales, il faut tenir compte de l'âge. Nous avons déjà dit plus haut ce qui se passait chez les petites filles de deux à trois ans jusqu'à douze. Le coït est à peu près impossible à cet âge. Cependant Tardieu dit avoir constaté la défloration complète sur une enfant de six ans, et le docteur Colles a publié un cas d'intromission complète chez une petite fille de huit ans. — Chez une jeune fille vierge et pubère, on constatera la déchirure de la membrane hymen avec les caractères que nous avons donnés, et parfois les dilacérations des petites lèvres, de la fourchette, du périnée. Mais ces signes pourraient dépendre aussi de l'introduction consentie du membre viril. Dans les campagnes, d'après Toulmouche, c'est souvent l'introduction brutale des doigts dans les parties génitales qui donne lieu à la défloration et même à des déchirures de la fourchette.

Chez les femmes ou filles déflorées depuis longtemps

il peut n'y avoir aucune lésion du côté des organes génitaux.

Les violences générales sont plus importantes. Aussi chez les femmes dont nous venons de parler en dernier lieu, chez toutes celles qui sont capables de lutte et de résistance, on rencontre, dans les cas de viol, des meurtrissures aux seins, aux cuisses, aux fesses, aux poignets, au visage. Il peut même y avoir des blessures plus graves et souvent le viol s'accompagne d'assassinat.

L'*absence de la volonté* peut dans certains cas être difficilement prouvée. Nous admettrons que si une femme habituée au coït peut être violée pendant un sommeil profond sans se réveiller, il ne saurait en être ainsi pour une vierge. Comme nous l'avons dit, au chapitre des Anesthésiques, un viol peut être accompli pendant le sommeil produit par l'ivresse, par les narcotiques ou par les anesthésiques. Il en serait de même pendant le sommeil magnétique. On pourrait avoir à tenir compte de l'état cérébral de la victime (délire, coma, nymphomanie, aliénation mentale, idiotie).

L'attentat et le viol sont souvent simulés, c'est un procédé de *chantage* ou une vengeance à satisfaire. L'absence de traces de violence doit déjà inspirer des doutes. Il est vrai que ces violences peuvent avoir été provoquées, mais elles n'ont plus alors le même caractère et d'ailleurs il y a absence de sperme.

De l'état de la volonté chez l'auteur de l'attentat.

Il peut ne pas y avoir eu intention de la part de l'auteur de l'attentat. On recherche l'état des facultés cérébrales et les différentes causes d'excitation de l'instinct sexuel : idiotie, satyriasis, effets des aphrodisiaques.

Des règles de l'expertise et des questions médico-judiciaires.

Ce serait nous exposer à des redites que de donner, avec la plupart des auteurs, le nombre assez long de questions posées ordinairement par le magistrat. Elles se rapportent en général aux signes de l'attentat, à son origine, aux maladies qui peuvent en être la conséquence, à l'examen de l'inculpé, des taches, etc. On trouvera la réponse à ces questions dans les paragraphes précédents.

Pour ce qui est de l'expertise en elle-même, il y a certaines précautions à prendre et que M. Pénard a parfaitement signalées.

L'expert notera exactement l'heure et le jour de la visite.

Si, dès le début de la visite, une femme s'opposait absolument à l'accomplissement du mandat de l'expert, celui-ci se retirerait, non toutefois sans avoir donné connaissance aux intéressés de la partie de la commission rogatoire qui établit son mandat et lui impose un devoir.

La visite corporelle acceptée, elle n'aura lieu qu'en présence d'un tiers, ordinairement la mère ou une parente de la victime. Celle-ci sera placée dans la meilleure position qui facilitera l'examen. L'exploration des parties peut être gênée par l'époque menstruelle et rendue plus difficile, mais avec des précautions on pourra distinguer le caractère de l'exsudation sanguine qui se rencontre sur l'hymen. D'ailleurs plus on retarde le moment de l'examen et plus il est difficile de se rendre compte des traces de violences locales. Chez les enfants, l'examen est encore rendu plus difficile par la crainte, l'agitation, etc. ; il faut procéder avec beaucoup de ménagements pour découvrir l'hymen assez profondément situé. Pour voir nettement cette membrane, le sujet étant placé sur un lit ou un fauteuil, les cuisses écartées, un aide saisit entre le pouce et l'index les grandes lèvres qu'il attire à lui en déterminant une sorte de cône tronqué dont le fond est constitué par la membrane hymen qui apparaît comme étalée. Pour s'assurer de l'intégrité et de la consistance de cette membrane, on introduira délicatement dans l'orifice vulvo-vaginal, non pas une sonde ou tout autre instrument rigide, mais un tortillon de papier trempé dans de l'huile ; c'est avec ce tortillon qu'on soulève les franges et qu'on s'assure qu'elles sont physiologiques ou le résultat d'un traumatisme. Si en toute circonstance judiciaire, ainsi que le dit M. Pénard, il faut peser rigoureusement chaque terme du rapport, c'est surtout à propos des attentats aux mœurs que la netteté, la concision et la sobriété des conclusions sont indispensables.

II. DE LA GROSSESSE [1].

Nous aurons à étudier successivement les signes de la grossesse, sa durée, sa terminaison naturelle ou provoquée, l'accouchement ou l'avortement.

[1] Consulter : Stoltz, article Grossesse du *Dictionnaire pratique;* Tardieu, *De l'avortement*, Paris, 1868; Tourdes, articles Accouchement, Avortement, Grossesse, du *Dictionnaire encyclopédique;* Pajot, Diagnostic de la grossesse, in *Annales de gynécologie*, 1874.

Les expertises médico-judiciaires sont nécessaires dans des procès ou dans des affaires criminelles qui intéressent soit l'auteur de la grossesse, soit la femme, soit l'enfant né de cette grossesse.

La recherche de la paternité n'est pas admise dans nos codes, et cependant on peut avoir à s'occuper de l'auteur de la grossesse dans le cas d'enlèvement ou dans les demandes en séparation de corps, afin de faciliter la réconciliation.

On peut avoir à constater la grossesse d'une femme dans de nombreuses circonstances : comme antérieure au mariage, comme preuve d'adultère, comme argument de réconciliation et dans les cas de condamnation à mort (art. 27 du Code pénal).

Il est de même indispensable, pour faire une donation entre-vifs, de savoir si un enfant est conçu; la loi veut même qu'il naisse viable.

Législation.

Nous avons déjà cité, dans la première partie, à propos du mariage, les articles 144, 145 du Code civil; les articles 312, 313, 340, 341, qui traitent de la filiation; l'article 27 du Code pénal (p. 146).

Voici les articles des codes qui ont rapport à la grossesse :

Art. 185. Code civil. Néanmoins le mariage contracté par des époux qui n'avaient point encore l'âge requis, ou dont l'un des deux n'avait point atteint cet âge, ne peut plus être attaqué : 1° lorsqu'il s'est écoulé six mois depuis que cet époux ou les époux ont atteint l'âge compétent; 2° lorsque la femme qui n'avait point cet âge, a conçu avant l'échéance de six mois.

Art. 272. L'action en divorce sera éteinte par la réconciliation des époux, survenue soit depuis les faits qui auraient pu autoriser cette action, soit depuis la demande en divorce.

Art. 274. Si le demandeur en divorce nie qu'il y ait eu réconciliation, le défendeur en fera preuve, soit par écrit, soit par témoins, dans la forme prescrite en la première section du présent chapitre.

ART. 314. L'enfant né avant le cent quatre-vingtième jour du mariage ne pourra être désavoué par le mari dans les cas suivants : 1° s'il a eu connaissance de la grossesse avant le mariage ; 2° s'il a assisté à l'acte de naissance, et si cet acte est signé de lui ou contient sa déclaration qu'il ne sait signer ; 3° si l'enfant n'est pas déclaré viable.

ART. 315. La légitimité de l'enfant né trois cents jours après la dissolution du mariage pourra être contestée.

ART. 393. Si, lors du décès du mari, la femme est enceinte, il sera nommé un curateur au ventre par le conseil de famille. — A la naissance de l'enfant, la mère en deviendra tutrice, et le curateur en sera de plein droit le subrogé tuteur.

ART. 725. — Pour succéder, il faut nécessairement exister à l'instant de l'ouverture de la succession. — Ainsi, sont incapables de succéder : 1° celui qui n'est pas encore conçu ; 2° l'enfant qui n'est pas né viable ; 3° celui qui est mort civilement.

ART. 906. Pour être capable de recevoir entre-vifs, il suffit d'être conçu au moment de la donation. — Pour être capable de recevoir par testament, il suffit d'être conçu à l'époque du décès du testateur. — Néanmoins la donation ou le testament n'auront leur effet qu'autant que l'enfant sera né viable.

ART. 357. Code pénal. Dans le cas où le ravisseur aurait épousé la fille qu'il a enlevée, il ne pourra être poursuivi que sur la plainte des personnes qui, d'après le Code civil, ont le droit de demander la nullité du mariage, ni condamné qu'après que la nullité du mariage aura été prononcée.

I. Des signes et du diagnostic de la grossesse.

Les signes de la grossesse ont été classés depuis longtemps déjà en deux ordres : les *signes rationnels* et les *signes sensibles*. Cette classification n'est pas logique, car certains signes sensibles (la coloration de l'aréole, le développement de l'utérus) ne sont autres que des signes rationnels.

La classification de Capuron, de Montgomery, adoptée par P. Dubois, ne vaut guère mieux que celle de Devaux.

En effet ces auteurs admettent des signes de *présomption*, de *probabilité* et de *certitude*. Quelle est la ligne de démarcation qui sépare les signes de présomption des signes de probabilité? Il n'y en a pas.

Une classification plus simple et véritablement pratique est celle qui n'admet que des signes de *probabilité* et des signes de *certitude*. C'est celle qu'a adoptée notre excellent ami Pinard. Il nous aurait été certainement assez difficile de traiter convenablement un pareil sujet sans le secours et les savants conseils de ce distingué accoucheur.

Signes probables. — Tous les signes probables, et ils sont nombreux, sont fournis par les modifications plus ou moins profondes de l'*organisme maternel* par le fait de l'imprégnation d'abord et consécutivement de la gestation.

Toutes ces modifications ne sont pas appréciables sur la femme vivante; il en est qui ont pour siège les organes situés profondément et par cela même inaccessibles à tout procédé d'exploration; nous n'en exceptons pas l'hypertrophie du ventricule gauche, qui ne se reconnaît bien qu'à l'autopsie.

Les modifications appréciables qui constituent autant de signes probables sont la suppression des règles, les troubles digestifs : nausées, vomissements; le gonflement des seins, l'augmentation de volume de l'utérus; le ramollissement du col, les modifications de la dépression ombilicale; le dépôt d'une quantité plus ou moins considérable de pigment autour du mamelon (aréole vraie, mouchetée, tachetée), au niveau de la ligne blanche transformée en ligne brune, au niveau de la face (masque), l'hypertrophie des tubercules de Montgomery; la présence de liquide (colostrum) dans la glande mammaire, l'apparition de vergetures sur l'abdomen, les seins et les cuisses; la coloration brunâtre, violâtre de la muqueuse vaginale, le souffle maternel, etc.

Ces signes, que nous ne pouvons étudier en détail ici, sont loin d'avoir la même valeur au point de vue de la probabilité. Nous le reconnaissons, mais il n'en est aucun qui puisse entraîner la certitude, car on peut les rencontrer tous chez des femmes dont l'utérus est en état de vacuité.

Réunis chez la même femme et parfaitement constatés, ils pourraient tout au plus donner au médecin une certitude *clinique*, mais nullement médico-légale. Non, il ne serait permis à personne d'affirmer devant un tribunal après avoir reconnu tous ces signes sur une femme, mais ces signes seulement, que cette femme est enceinte.

Signes certains. — Les signes de certitude sont peu nombreux : ils apparaissent à peu près tous à la même époque et sont fournis exclusivement par l'*organisme fœtal.*

Ces signes sont : 1° les mouvements passifs, perçus par le palper et le toucher (ballottement abdominal et vaginal); 2° les mouvements actifs perçus par la vue, le toucher et l'auscultation (ce signe n'a de valeur qu'autant qu'il est perçu par le médecin lui-même); 3° les mouvements du cœur perçus par l'auscultation immédiate ou médiate.

Ces signes ne sont guère perceptibles avant le quatrième mois.

Ainsi que l'a démontré le professeur Pajot, il est mpossible à un médecin instruit de confondre le ballottement vaginal et le soulèvement fœtal avec la sensation produite par une flexion utérine ou par un calcul, ou par une tumeur quelconque.

L'utérus gravide à partir de la seconde moitié de la grossesse est la seule tumeur abdominale dans laquelle on puisse percevoir nettement la présence de corps solide mobile dans un liquide.

M. Pajot, qui considère ce signe comme aussi probant que les bruits du cœur, rapporte qu'il a vu souvent P. Dubois se contenter du ballottement vaginal seul pour affirmer sûrement la grossesse. Ce signe perçu seul ne peut donner que la notion de présence du fœtus.

Les mouvements actifs du fœtus sont perçus par la vue quand les membres du fœtus soulèvent en un ou plusieurs points la paroi abdominale. Mais c'est le plus souvent en plaçant les deux mains sur le ventre de la femme au niveau de l'utérus qu'on perçoit l'existence de ce signe. Du quatrième au sixième mois, on perçoit de petits chocs, des mouvements saccadés, plus tard les mouvements du fœtus sont plus lents, ce sont plutôt des mouvements de reptation.

Il est rare qu'en déprimant l'utérus légèrement on ne perçoive ces mouvements.

Pour les faire naître, on a conseillé d'appliquer un corps froid sur la paroi abdominale[1].

Ce signe, ainsi que la constatation des bruits du cœur, permet d'affirmer la présence et la vie de l'enfant.

Les battements du cœur de l'enfant entendus pour la première fois par Mayor (de Genève) ne sont guère perçus avant le quatrième mois.

[1] Il arrive assez souvent qu'en écoutant les bruits du cœur on entend les mouvements du fœtus, ce que M. Pajot appelle le choc fœtal. La sensation éprouvée par l'oreille est analogue à celle que l'on perçoit quand, appliquant une main à plat sur le pavillon de l'oreille, on frappe doucement cette main avec un doigt.

On doit les chercher le plus souvent à droite dans la première moitié de la grossesse. Le foyer d'auscultation se trouve le plus souvent, à cette époque, à sept ou huit centimètres au-dessus de l'éminence iléo-pectinée droite. On a comparé les bruits du cœur au tic-tac d'une montre enveloppée d'un linge. On se rappellera que le cycle cardiaque fœtal se compose de deux bruits et de deux silences : le premier bruit, plus fort, un petit silence; le deuxième bruit, moins fort, et le grand silence. Donc pulsations doubles et n'étant jamais isochrones avec les pulsations maternelles constituent un signe absolument certain. La moyenne des pulsations par minute est de 130 à 150.

II. Date de la grossesse.

Ainsi qu'on vient de le voir, il est à peu près impossible d'affirmer la grossesse avant le quatrième mois. A partir du quatrième mois ce diagnostic devient relativement facile.

Dans le premier trimestre, les signes qui ont le plus de valeur, au point de vue de la probabilité, sont la suspension de la menstruation, le gonflement des mamelles avec les changements de l'aréole, la nouvelle coloration de la muqueuse vaginale, le développement de l'utérus. Les signes certains font absolument défaut.

Dans le second trimestre, la matrice est plus volumineuse, les parties génitales externes et internes changent d'aspect, il y a du souffle utérin, du ballottement, et vers le milieu de cette période apparaissent les mouvements du fœtus et les battements de son cœur.

Dans le troisième trimestre, le diagnostic est assez

facile et les signes dont nous venons de parler sont nettement accusés.

Pour savoir à quelle époque est parvenue une grossesse, on pourra tenir compte des différentes indications suivantes, qui, prises isolément, ne donnent pas une assurance absolument certaine. C'est ainsi qu'on peut compter à partir du jour probable de la conception, de l'époque de la dernière menstruation (la femme conçoit très souvent dans les huit ou dix jours qui précèdent ou suivent les règles); ou bien on a noté les mouvements du fœtus. Ce sont des éléments d'appréciation aussi peu certains que le degré de développement de la matrice, l'état de son col, le volume et la force des mouvements du fœtus.

III. Des variétés de la grossesse.

Ce que nous venons de dire s'applique à la *grossesse utérine* ou *normale*. Il faut aussi citer la *grossesse compliquée*, c'est-à-dire accompagnée d'une maladie (le plus souvent une tumeur) qui en rend le diagnostic encore plus difficile, la *grossesse multiple* et la *grossesse extra-utérine*.

La grossesse multiple est assez rare dans l'espèce humaine, ainsi que l'indique le tableau que nous avons dressé d'après la statistique de France et qui a paru dans la première édition de cet ouvrage.

Ce tableau montre qu'il y a un accouchement double sur 91 naissances, un accouchement triple sur 9028 naissances. Sur 13,608,003 naissances qui ont eu lieu en France en quatorze années, on n'a constaté que 8 accouchements quadruples, et 1 accouchement quintuple.

Dans la première moitié de la gestation il n'y a pas de signes qui permettent d'affirmer la grossesse multiple. Toutefois, asssez souvent on constate la rapidité de distension du ventre et de la matrice, et l'exploration du contenu de l'utérus donne quelques indications. Ce sont le palper et l'auscultation qui fournissent le signe certain de grossesse multiple : le palper fait reconnaître la présence de plusieurs fœtus et l'auscultation permet de distinguer plusieurs foyers de battements fœtaux.

La *grossesse extra-utérine* [1] a une grande importance à cause des difficultés dont son diagnostic est parfois entouré. Il est certain que l'œuf fécondé peut se développer ailleurs que dans la matrice. On peut, avec M. Stoltz, réduire toutes les grossesses extra-utérines à deux espèces principales : la grossesse tubaire (avec ses variétés, tubo-ovarique, tubaire proprement dite, tubo-utérine), la grossesse abdominale. Dans cette dernière l'œuf fécondé libre tombe le plus souvent dans le cul-de-sac postérieur du péritoine, près de la matrice, s'y greffe et s'y développe. Cette grossesse extra-utérine est souvent confondue avec la grossesse normale. « Ce qui différencie surtout la grossesse abdominale de la grossesse tubaire, c'est que la première se passe sans provoquer de grands troubles dans l'organisme et qu'elle arrive à terme dans presque tous les cas. » La nature se débarrasse du produit de la conception par des voies différentes : ainsi, le plus souvent par la paroi abdominale, puis par le vagin, par la vessie, par le rectum, etc. Mais, dans d'autres cas de grossesse extra-utérine, le corps du fœtus peut se momifier, s'enkyster. Le fœtus mort a pu ainsi séjourner dans le sein maternel pendant 15, 20, 30 ans et plus. C'est ce séjour indéfini dans le corps de la mère qui a

[1] Keller (Théod.). *Des grossesses extra-utérines*, etc. Thèse, Paris, 1872.

fait croire autrefois à la *grossesse prolongée*. Dans ces conditions, dit Stoltz, la femme peut concevoir de nouveau, accoucher naturellement, allaiter et vivre de la vie commune. Remarquons d'ailleurs, en passant, que la grossesse est fort rare chez les femmes après l'âge de 45 ans.

IV. Des fausses grossesses.

Ce sont les maladies qui simulent la grossesse. Elles doivent être connues du médecin. La méprise est facile, et nous en avons déjà dit assez pour montrer que dans certaines circonstances le diagnostic de la grossesse est des plus difficiles. *Numquam magis periclitatur fama medici quam sibi agitur de graviditate determinanda*, disait Van Swieten.

Les grossesses supposées peuvent être rapportées à trois sortes de causes :

1° Elles sont simulées. Il n'est pas rare de voir les femmes simuler le développement du ventre. Leur supercherie est facilitée s'il existe une maladie qui provoque une augmentation de volume de cette région ;

2° Ce sont : des maladies des viscères abdominaux (embonpoint exagéré et localisé à la paroi abdominale coïncidant avec l'aménorrhée, grossesse graisseuse, surtout l'ascite, la tympanite abdominale accompagnant l'hystérie, l'hypertrophie de la rate, etc.) ; des maladies de l'utérus (telles qu'une métrite chronique avec hypertrophie, la rétention des règles par imperforation du col ou de l'hymen, des polypes, des tumeurs fibreuses, etc.); des maladies de l'ovaire (kystes) et les différentes espèces de môles qui constituent bien plutôt des grossesses dégénérées que des fausses grossesses.

3° Des grossesses nerveuses. Le violent désir d'être enceinte ou la conviction qu'en a la femme lui fait attribuer à la grossesse tout ce qu'elle ressent. Dans ces cas on peut voir survenir un délire particulier, ou bien on constate que sous cette influence cérébrale les règles se suppriment, l'abdomen grossit, et au terme ordinaire il y a un semblant de travail. Cet ensemble ne se présente, d'ailleurs, que chez les femmes qui ont pratiqué le coït.

V. Des rapports de la grossesse avec les facultés psychiques.

Nous avons déjà vu (p. 494) dans quelles conditions le coït pouvait se pratiquer à l'insu de la femme. La volonté de celle-ci n'est pas nécessaire pour concevoir, puisqu'on sait que des générations artificielles peuvent être faites en injectant convenablement du sperme dans la cavité utérine.

Il est donc certain que dans quelques circonstances une femme peut devenir enceinte sans le savoir, de même qu'on en a vu accoucher avec leur membrane hymen. Mais il y a toujours à apprécier en même temps un fait intellectuel et moral. Il faut se renseigner sur l'état de sa santé pendant la grossesse et les symptômes qu'elle a pu éprouver ; s'il est possible, on examinera l'état général de l'enfant. Il est bien difficile qu'un fœtus robuste ne manifeste pas sa présence.

Quant à ce qui est du trouble des facultés intellectuelles que l'on voit survenir à l'occasion de la grossesse, nous dirons que si l'on constate en effet toutes les variétés de folies, la puerpéralité n'engendre jamais, comme on le croyait autrefois, des impulsions irrésistibles, les envies de voler, d'incendier, de tuer. « Il faut reconnaître qu'une femme grosse possède son libre arbitre, absolument comme dans sa condition la plus ordinaire, et qu'elle n'a plus à attendre l'impunité pour des délits de droit commun parce qu'elle est grosse. Aucun médecin ne soutiendra la thèse contraire. Cependant le magistrat devra toujours faire la part de la position exceptionnelle dans laquelle se trouve la femme et qui la rend plus impressionnable, mais sûrement moins hardie que dans les conditions ordinaires de la vie. » (Stoltz.)

VI. Durée de la grossesse.

Cette étude comprend trois subdivisions distinctes : le terme naturel de la grossesse, les naissances précoces, les naissances tardives. C'est d'ailleurs la marche suivie par M. Tourdes dans son savant article Natalité du *Dictionnaire encyclopédique*. Une pareille question devait de tout temps préoccuper les législateurs : elle s'occupe de la constitution et des intérêts de la famille.

Le droit romain fixait la limite de la grossesse à dix mois révolus, et cette doctrine fut en général suivie partout jusqu'à la publication de nos codes. Zacchias, en 1628, s'occupait de cette question : d'après lui, les naissances précoces n'étaient pas possibles avant 182 jours, les naissances tardives ne pouvaient dépasser dix jours au delà de dix mois. Dans la discussion au conseil d'État (14 brumaire an X), Fourcroy proposa le terme de 186 jours pour les premières et de 286 pour les secondes. On adopta les deux termes de 180 et de 300 comme étant des limites entre lesquelles il y a un espace de 120 jours laissé à la possibilité de la conception.

Législation. Le Code civil, à propos de la paternité et de la filiation, fixe l'époque des naissances précoces et tardives dans les articles 312 et 313, déjà cités (voy. p. 87).

Art. 314. L'enfant né avant le cent quatre-vingtième jour du mariage ne pourra être désavoué par le mari dans les cas suivants : 1° s'il a eu connaissance de la grossesse avant le mariage ; 2° s'il a assisté à l'acte de naissance et si cet acte est signé de lui ou contient sa déclaration qu'il ne sait signer ; 3° si l'enfant n'est pas déclaré viable.

Art. 315. La légitimité de l'enfant né trois cents jours après la dissolution du mariage pourra être contestée.

Art 316. Dans les divers cas où le mari est autorisé à réclamer, il devra le faire dans le mois, s'il se trouve sur les lieux, de la naissance de l'enfant. — Dans les deux mois après son retour, si, à la même époque, il est absent. — Dans les deux mois après la découverte de la fraude, si on lui avait caché la naissance de l'enfant.

Art. 317. Si le mari est mort avant d'avoir fait sa réclamation, mais étant encore dans le délai utile pour la faire, les héritiers auront deux mois pour contester la légitimité de l'enfant, à compter de l'époque où cet enfant se serait mis en possession des biens du mari, ou de l'époque où les héritiers seraient troublés par l'enfant dans cette possession.

Art. 228 (voy. p. 113). — Art. 340 (voy. p. 106).

Art. 331. Les enfants nés hors mariage, autres que ceux nés d'un commerce incestueux ou adultérin, pourront être légitimés par le mariage subséquent de leurs père et mère, lorsque ceux-ci les auront légalement reconnus avant leur mariage, ou qu'ils les reconnaîtront dans l'acte même de célébration.

Nous allons emprunter à M. Tourdes les applications médico-légales qui se rapportent à la détermination des limites admises pour la durée de la grossesse, à l'interprétation de l'article 315, au désaveu, aux successions, à l'attribution de paternité, à la manière de calculer les délais. La grossesse la plus courte est de 180 jours après le commencement du mariage. La grossesse la plus longue est de 299 jours après la dissolution du mariage. De même dans les cas de désaveu de paternité (art. 312 et 313). L'illégitimité peut donc être prononcée au-dessous de 180 à 300 jours.

Pour ce dernier terme, après des interprétations différentes, « la jurisprudence s'est prononcée ; en fixant à 300 jours le terme le plus long des naissances tardives, on a voulu faire cesser toutes les incertitudes et tracer au juge une règle dont il ne pouvait s'écarter sous aucun prétexte. » L'article 315 emploie le terme de *contester*, non pas dans le sens de *discuter* ou de *débattre*, mais dans celui de *dénier* ou de *méconnaître*. « Toutes les fois que la légitimité d'un enfant est contestée en raison de sa naissance tardive, le juge saisi de la contestation n'a d'autre question à examiner que celle de savoir si cet enfant est véritablement né hors du délai indiqué par l'article 315; en cas d'affirmative, il doit nécessairement déclarer son illégitimité, sans qu'il lui soit permis de le reconnaître pour légitime, en admettant contre les prescriptions de la loi que sa conception remonte à une époque antérieure à la dissolution du mariage » (Aubry et Rau, t. IV, p. 572). Mais si aucune contestation ne s'élève, l'enfant conserve sa possession; il est protégé par le silence de la loi. Logiquement, on peut dire que la loi couvre ici une illégitimité, puisqu'elle n'admet pas de naissance tardive à 300 jours; mais si la légitimité n'a pas été contestée, c'est que personne n'avait intérêt à le faire, ou que ceux qui y auraient eu intérêt ont eu de justes raisons pour garder le silence, c'est par ce motif que la loi conserve à l'enfant une position qui n'est pas attaquée et qu'elle n'exclut pas de la famille les posthumes de 300 jours et au delà, quand personne ne conteste leur légitimité. »

La date des naissances trouve encore des applications dans les questions de successions, donations, testaments. Pour succéder, il faut exister, être conçu (Cod. civ., 725), de même pour recevoir entre-vifs ou par testament (Cod. civ., 906). Donc l'enfant qui naît 299 jours après ces actes est réputé conçu au moment de ces actes et il peut traiter et recevoir. La jurisprudence a en effet établi que la limite de 300 jours s'applique aussi aux donations et aux successions comme à la légitimité.

« Si l'enfant né avant les 180 jours n'est pas désavoué, il est considéré comme légitime, mais sa légitimité ne date que de l'époque du mariage, bien qu'il ait été conçu auparavant : c'est à partir du mariage qu'il peut se prévaloir de cette légitimité; il ne pourrait réclamer à titre de parent les successions qui se seraient ouvertes entre l'époque de la conception et celle du mariage. Cette légitimité est le résultat d'une fiction légale, qui n'est pas en rapport avec les lois de la nature; elle s'arrête, disent les jurisconsultes, devant un obstacle absolu qui ne permet pas de supposer un mariage valable au moment de la conception. Un homme engagé dans les liens du mariage ne peut être l'auteur d'une conception légitime en dehors de ce mariage. Une femme meurt, son mari se remarie deux mois après, sa nouvelle femme accouche au bout d'un mois; s'il est le père, c'est un enfant adultérin. Les personnes intéressées à se prévaloir de cette situation peuvent contester la légitimité de l'enfant. C'est ici que se présente dans tout son intérêt l'application des naissances précoces. La loi dit (Cod. civ., 312) : L'enfant *conçu* pendant le mariage a pour père le mari, elle ne se sert pas du mot *né* pendant le mariage. La date de la conception peut être elle-même la preuve de l'adultère. Dans l'affaire Beaumesnil, la question fut décidée en ce sens par le tribunal de la Seine, le 13 décembre 1866, par la Cour d'appel de Paris, le 22 novembre 1867, et par la Cour de cassation, le 28 juin 1869. »

La supputation des jours a aussi donné lieu à des difficultés. « Le 8 février 1869 la Cour de cassation a établi que dans le langage du droit comme dans l'acception usuelle le mot *jour*, quand il désigne une division de temps, désigne cet intervalle de vingt-quatre heures qui, compris entre deux minuits, se distingue par son nom dans la semaine et par son quantième dans le mois; que c'est là ce qui constitue le jour civil; que la loi n'admet la supputation par heures que lorsqu'il s'agit de délais très brefs, et que, dans ce cas, elle dispose toujours en termes exprès; que le mode de supputer le temps de la gestation doit nécessairement être identique, soit qu'il s'agisse d'appliquer l'article 315, soit que l'on se trouve dans l'une ou l'autre des circonstances prévues par les articles 312, 313 et 314; que la plupart de ces circonstances sont évidemment exclusives de l'idée qu'il y ait lieu de rechercher l'heure précise à laquelle s'est produit l'événement qui sert de point de départ au délai; que, dès lors, il n'y a pas lieu de tenir compte du nombre des heures qui ont pu s'écouler depuis cet événement jusqu'à l'expiration de ce même jour : que ce nombre d'heures, quel qu'il soit, ne forme pas un jour civil complet, et que le délai légal ne se constitue que par 180 ou 300 jours civils entièrement et pleinement révolus; que, de ce qui précède, il résulte que l'enfant était né avant l'expiration des 300 jours de la dissolution du mariage, et que, par conséquent, sa légitimité ne pouvait être contestée. La cour d'Orléans, devant laquelle l'affaire fut renvoyée, adopta cette doctrine le 3 juin 1869. Le sieur Mercier étant décédé le 19 mars 1866, à 2 heures du matin, le premier jour légal après son décès a dû commencer à minuit, dans la nuit suivante du 19 au 20, et le 300e a dû expirer à minuit, dans la nuit du 13 au 14 janvier 1867. L'enfant étant né le 13 janvier 1867, à 8 heures et demie du matin, est né avant l'expiration du 300e jour, et sa légitimité ne pouvait être contestée. La supputation allongeait le délai de vingt-deux heures, au commencement de la période, et le raccourcissait de onze heures et demie à la fin : c'était dix heures de plus qu'en comptant *de momento ad momentum*. »

Pour la naissance précoce, il faut compter le nombre de jours qui se sont écoulés depuis la célébration du mariage jusqu'à l'accouchement, en excluant le jour du terme *a quo*, et en comprenant le jour du terme, *ad quem*; si le résultat est inférieur à 180 jours, il y a possibilité du désaveu. Les délais ne s'accomplissent qu'avec le dernier jour du terme; celui qui vient au monde avant la fin du 300e jour est encore légitime (Aubry et Rau). « Il faut compter le nombre de jours qui se sont écoulés depuis la dissolution du mariage, en excluant de ce calcul celui du terme *a quo* et celui du terme *ad quem*; si le total est supérieur à trois cents, l'enfant sera réputé conçu après le mariage; s'il est égal ou inférieur, il sera réputé conçu pendant le mariage. » La fraction du jour qui précède minuit ne compte pas. La supputation par jours civils ajoute quelques heures à la durée de dix mois. » (Tourdes.)

A. *Du terme naturel de la grossesse.*

On dit habituellement que la grossesse a une durée physiologique de neuf mois. Mais on s'accorde moins bien sur le nombre des jours. Les uns comptent neuf mois solaires (soit 273 ou 275 jours d'après les combinaisons de mois à trente, trente et un, même vingt-huit jours) ; d'autres, quarante semaines (280 jours) ou dix mois lunaires (soit 295 jours ou par périodes de 28 jours — 280 jours). La durée physiologique varie donc, d'après ces opinions, entre 270 et 295 jours.

Notre calendrier de la grossesse, que nous reproduisons ici, permet de calculer approximativement le terme de celle-ci, en prenant pour point de départ le début des dernières règles.

Mais à quel moment la grossesse commence, et à quel moment finit-elle?

Sans doute, elle débute avec la conception, mais celle-ci peut ne pas coïncider avec le moment des rapports sexuels. Elle peut n'avoir lieu que quelques heures et même quelques jours après le coït fécondant. On préfère calculer d'après l'époque de la dernière menstruation. Voici le conseil de M. Tourdes : « Remonter à trois mois en arrière, à dater du moment de la première suppression, ajouter huit jours et changer le chiffre de l'année en ajoutant un » ; mais ce procédé n'est encore pas à l'abri de tout reproche ; l'ovule peut être fécondé entre deux menstruations : à quelle ponte faudra-t-il le rapporter ? On peut donc se tromper ainsi d'un mois.

Mêmes doutes pour le terme de la grossesse. Est-ce qu'elle se termine au moment de la naissance ou au commencement du travail ? La loi ne parle que de la naissance. Mais cependant il peut se faire que le travail dure 2 jours et même 5 et 6 jours, c'est-à-dire assez longtemps pour changer le caractère légal de la naissance. Dans une expertise de ce genre, dit M. Tourdes, il faudrait préciser le commencement du travail caractérisé par l'apparition des douleurs régulières. « Il ne semble pas juste de faire dépendre la durée de la grossesse et ses conséquences légales d'un obstacle matériel à l'accouchement. »

Le terme de la grossesse coïncide en général avec la neuvième ou la dixième époque menstruelle depuis la dernière qui a paru ; bien rarement la grossesse peut se prolonger jusqu'à la onzième. C'est donc entre les limites de 260 à 280 jours que se trouve sa durée physiologique. Pour la loi française, l'écart entre la plus courte et la plus longue grossesse est de 120 jours.

B. *Des naissances précoces.*

Deux questions se posent, à ce propos, d'après M. Tourdes : la maturité avant terme ou la viabilité avant terme.

La maturité avant terme ne peut être démontrée que si l'on est fixé sur l'époque de la conception. On n'a pas vu des enfants à 6 où 7 mois présenter les ca-

Laboratoire de Médecine légale

de Mr. A. LACASSAGNE Professeur

Mois de la Naissance	Quantième du commencement des dernières règles.				Mois de la cessation des règles	Quantième du commencement des dernières règles		Mois de la Naissance
	15	10	5	1		20	25	
Octobre	30	25	20	15	Janvier	5	10	Novembre
Novembre	30	25	20	15	Février	5	10	Décembre
Décembre	30	25	20	15	Mars	5	10	Janvier
Janvier	30	25	20	15	Avril	5	10	Février
Février	28	25	20	15	Mai	5	10	Mars
Mars	30	25	20	15	Juin	5	10	Avril
Avril	30	25	20	15	Juillet	5	10	Mai
Mai	30	25	20	15	Août	5	10	Juin
Juin	30	25	20	15	Septembre	5	10	Juillet
Juillet	30	25	20	15	Octobre	5	10	Août
Août	30	25	20	15	Novembre	5	10	Septembre
Septembre	30	25	20	15	Décembre	5	10	Octobre

CALENDRIER DE LA GROSSESSE

Le mois de la cessation des règles étant indiqué, on lit dans la colonne correspondante du quantième le jour probable de la naissance. Quant au nom du mois de la naissance, il est placé d'après le quantième, soit à droite, soit à gauche. Par un procédé inverse, la date de la naissance étant connue, on peut trouver l'époque du commencement des dernières règles.

Papeterie P. DELEVAUX, Lyon. 1888

ractères d'enfants à terme. Si l'enfant a tous les signes de la maturité, le médecin doit déclarer qu'il est à terme. Plus tard nous reverrons les signes distinctifs entre la taille, le poids, les diamètres de la tête, le développement ou l'état de certains organes à ces deux époques, et rien ne prouve que la maturité puisse jamais être assez précoce pour confondre deux périodes si distinctes de la vie ultra-utérine.

La viabilité est réellement le fait important. L'enfant peut-il naître viable avant le 180e jour ? Comme dans le cas précédent, il faut tenir compte du jour de la conception et voir à quel âge fœtal correspondent les signes fournis par l'enfant. Pour les mois litigieux, 5e, 6e, 7e, M. Tourdes admet comme poids 250, 500 et 1500 grammes, comme taille 22, 28 et 34 centimètres ; comme moyenne du diamètre bipariétal, 5, 6 et 7 centimètres. En outre, à 5 et 6 mois, les yeux sont encore fermés et les testicules dans la cavité abdominale. D'une manière générale, la viabilité ne se montre jamais avant le 180e jour ; elle est tout à fait exceptionnelle dans le courant du sixième mois et devient plus fréquente au septième.

C. *Des naissances tardives.*

On peut encore distinguer deux cas : l'enfant naît après le terme, soit que sa maturité se fasse plus lentement, soit qu'elle se prolonge au delà des limites normales. Ces naissances tardives sont plus rares et plus difficiles à constater que les naissances précoces. Chez les animaux ou dans l'espèce humaine, la prolongation de la gestation est un fait exceptionnel. Pour M. Stoltz, quelles que soient les circonstances qui peuvent la faire durer, la grossesse ne peut pas se prolonger plus de quinze jours au delà du terme ordinaire.

Notre code civil, ajoute le célèbre accoucheur, a déjà été au delà de l'extrême limite en fixant le 300e jour.

D. *De la superfétation.*

Cette question trouve naturellement sa place après l'étude que nous venons de faire des divers modes de natalité.

On donne le nom de superfétation ou de surconception à la fécondation d'un ovule chez la femme qui renferme déjà un germe fécondé dans une partie quelconque de son système générateur. Presque toutes les histoires de superfétation, d'après Velpeau, paraissent pouvoir être rapportées : 1° à des grossesses doubles, dans lesquelles l'un des fœtus, mort longtemps avant terme, s'est conservé dans les membranes et n'a été expulsé qu'avec celui qui avait continué de vivre; 2° ou bien à des grossesses de jumeaux inégalement développés et nés à des termes différents; 3° ou bien à des cas de grossesses extra-utérines qui n'ont pas empêché la gestation naturelle; 4° dans le cas d'utérus bicorne.

Il faut distinguer la superfétation de la superfécondation. On admet, comme bien démontré, qu'une femme puisse avoir plusieurs ovules fécondés soit à la fois, soit à peu de distance l'un de l'autre, cette double fécondation provenant d'un même coït ou de plusieurs coïts avec des individus différents : ainsi la femme qui accouche de deux enfants, l'un blanc, l'autre noir.

Mais, ce qui n'est nullement démontré, c'est que lorsqu'un produit de conception est en voie d'évolution, une femme puisse être alors fécondée. Il semble que dans cet état la ponte ne soit plus possible. Donc nous n'admettons dans l'espèce humaine *que la su-*

perfécondation, non *la superfétation*. Dans ces conditions, il peut être fort difficile de reconnaître, quand deux enfants viennent au monde à un ou deux jours d'intervalle, s'ils sont jumeaux ou le produit de deux conceptions différentes. Le Code civil date l'âge de la naissance et non de la conception, et par conséquent, dans le cas de jumeaux, c'est celui qui voit le premier le jour qui est l'aîné.

III. DE L'ACCOUCHEMENT

L'accouchement est la parturition, c'est-à-dire l'expulsion ou l'extraction par les voies naturelles de l'enfant à terme ou viable. Si le produit de la conception ne réunit pas une de ces deux dernières conditions, il y a avortement.

Les applications médico-légales de cette question sont nombreuses : elles ont rapport à la constatation de l'accouchement, à sa date, aux conditions ou circonstances qui l'ont accompagné, aux influences que l'accouchement a pu déterminer dans l'état de la mère ou de l'enfant, et enfin à la responsabilité que les médecins ou sages-femmes encourent dans la pratique de l'art des accouchements.

I. Législation.

La recherche de la maternité est admise dans les cas de filiation légitime ou naturelle. Code civil, articles 319, 320, 321, 323, 325. (Voy. p. 115.)

Art. 341. (Voy. p. 106.)

Art. 334. La reconnaissance d'un enfant naturel sera faite par un acte authentique, lorsqu'elle ne l'aura pas été dans son acte de naissance.

Art. 335. Cette reconnaissance ne pourra avoir lieu au profit des enfants nés d'un commerce incestueux ou adultérin.

Art. 339. Toute reconnaissance, de la part du père ou de la

mère, de même que toute réclamation de la part de l'enfant, pourra être contestée par tous ceux qui y auront intérêt.

Pour les questions de survie, article 720 et suivants, voy. p. 195.

Dans le droit criminel, les questions de maternité et d'accouchement sont fréquemment soulevées.

Art. 327. Code civil. — L'action criminelle contre un délit de suppression d'état ne pourra commencer qu'après le jugement définitif sur la question d'état.

Art. 345. Code pénal. — Les coupables d'enlèvement, de recel ou de suppression d'un enfant, de substitution d'un enfant à un autre, ou de supposition d'un enfant à une femme qui ne sera pas accouchée, seront punis de la réclusion. — S'il n'est pas établi que l'enfant ait vécu, la peine sera d'un mois à cinq ans d'emprisonnement. — S'il est établi que l'enfant n'a pas vécu, la peine sera de six jours à deux mois d'emprisonnement. — Seront passibles de la réclusion ceux qui, étant chargés d'un enfant, ne le représenteront point aux personnes qui ont droit de le réclamer.

On peut encore avoir à constater l'existence d'un accouchement comme signe d'identité, dans les accusations d'exposition d'enfant (Cod. pén., art. 349 à 353), d'homicide par imprudence (Cod. pén., art. 319), et surtout dans les cas d'infanticide (Cod. pén., art. 300).

Les rapports nombreux et nécessaires que la profession médicale est obligée d'avoir avec la femme en travail ou en couches soulève de nombreuses questions de responsabilité médicale. Ainsi les *déclarations de naissance* (art. 55, 56 du Cod. civ. et 346 du Cod. pén., voy. p. 107), le *secret médical* (voy. p. 39), les *opérations* ou *manœuvres obstétricales* qui peuvent compromettre la santé de la mère ou de l'enfant (voy. p. 37), la *responsabilité spéciale des sages-femmes et des officiers de santé* (art. 23 et 35 de la loi du 11 ventôse an XI, voy. p. 29 et 35) : telles sont les applications les plus fréquentes de la question.

II. Signes de l'accouchement.

Ces signes varient suivant que l'accouchement est récent ou ancien et d'après l'époque de l'observation. C'est ainsi qu'on peut, avec M. Tourdes, distinguer dans l'accouchement récent quatre périodes :

La première, *période puerpérale*, de la naissance à

quarante-huit heures environ, est caractérisée par la présence d'une partie du délivre dans les organes génitaux, par l'état des parties externes, distendues et dilatées, avec déchirement de la fourchette et quelquefois du périnée; elles laissent suinter du liquide amniotique ou du sang, soit liquide, soit en caillots; le col de l'utérus est ouvert, déchiré, sanguinolent; le corps de l'utérus est volumineux, au niveau de l'ombilic; les parois abdominales sont flasques avec des vergetures rosées; la mamelle est engorgée; il n'y a pas de lait, mais du colostrum; la femme est affaiblie, pâle et sans fièvre.

La seconde, *période fébrile*, dure de trente-six à quarante-huit heures. La peau est chaude, le pouls fréquent; les mamelles sont développées, turgescentes; il y a du colostrum; tous les signes locaux de la première période existent encore, mais moins accusés; l'écoulement, moins abondant, reste sanguinolent; les plaies superficielles se cicatrisent; l'utérus est encore au-dessus du pubis, le col se referme.

La troisième, ou *période lochiale*, s'étend jusqu'au dixième ou douzième jour : il y a un écoulement séro-sanguinolent pendant la première moitié de cette période pour devenir lochial, grisâtre ou jaunâtre, d'une odeur spéciale pendant la dernière; les plaies de la fourchette suppurent ou se cicatrisent, le vagin et le col de l'utérus se resserrent; la matrice ayant accompli son involution est au niveau du détroit supérieur; les mamelles sont turgescentes; le lait est abondant, avec des traces de colostrum.

La quatrième période, ou *période d'allaitement*, commence avec la diminution des lochies et s'étend jusqu'au moment où l'utérus a accompli son involution et repris son volume normal. Elle s'étend jusqu'au troisième mois après l'accouchement et se termine lors de la réapparition des règles chez les femmes qui n'allaitent pas et à la fin de la lactation chez celles qui donnent le sein. On peut tirer d'utiles renseignements de l'état des organes génitaux ou de l'état de la lactation. L'utérus devient de moins en moins volumineux, son col est à demi ouvert; les lochies, non odorantes, tarissent; l'abdomen est flasque; la ligne blanche est encore brune.

Pour la sécrétion laiteuse, voici les conclusions de M. Tourdes : « 1° le lait reste imparfait chez les femmes qui n'allaitent pas; il continue à être caractérisé par l'inégalité des globules et par la présence des corpuscules de colostrum; 2° la diminution et la pauvreté croissante de la sécrétion ne fournissent que de simples indices; la rareté ou l'absence de la poussière globuleuse annoncent un lait plus ancien; un signe d'âge semble résulter de l'atrophie des corpuscules de colostrum. » Ajoutons qu'il faut noter l'influence de l'état général (pneumonie ou maladie quelconque) et de l'état local (abcès des mamelles).

En résumé, et en tenant compte des données précédentes, on peut donc reconnaître un accouchement récent pendant les quinze premiers jours. Du quinzième au quarantième jour on ne peut plus fixer que par semaines la date approximative de l'accouchement récent.

Dans cette appréciation on tiendra compte des influences morbides qui modifient cette marche, comme la fièvre puerpérale, la métrite, la phegmatia alba dolens, etc.

Dans une expertise, on ne négligera pas les *circonstances accessoires* qui peuvent acquérir une grande importance, telles que l'examen des linges, les différentes taches de sang, de lochies, d'épiderme de fœtus, etc., et que nous avons décrites dans un chapitre spécial.

Les signes d'un *accouchement ancien* sont fournis par les traces de déchirure et de dilatation des parties. Les grandes lèvres sont écartées, le vagin est dilaté et moins plissé, le col est déchiré et ouvert, et véritablement partagé en deux lèvres ; l'abdomen, les fesses et la partie supérieure des cuisses présentent des vergetures, il y a pigmentation de l'aréole mammaire, des seins pendants.

D'une manière générale, il est assez difficile parfois de dire à quelle époque l'accouchement a eu lieu. « La date de l'accouchement ancien rentre dans les problèmes que la science ne peut résoudre d'une manière positive. L'effacement graduel des signes, qui par eux-mêmes ont une intensité variable, ne fournit que de faibles indices. » (Tourdes.)

Dans certaines circonstances, on peut avoir à apprécier les traces laissées par certains états pathologiques qui peuvent aussi simuler un accouchement. Ainsi des métrorrhagies, l'ascite qui distend l'abdomen et occasionne des vergetures, la sortie naturelle de môles ou l'extraction des polypes qui occasionnent un traumatisme semblable à celui de l'accouchement.

Quelques mots sur la constatation de l'accouchement *après la mort*. S'il est récent, on reconnaîtra facilement le volume et la vacuité de l'utérus, les signes de distension et de déchirure. Dans les deux premiers mois, les dimensions de la matrice sont supérieures à celles de l'état normal. La muqueuse est rouge, molle et épaisse; la cavité est remplie de sang et de débris de caduque. A l'endroit où s'insérait le placenta, on trouve des vaisseaux à l'aspect vermiforme, une membrane turgescente et sanglante. La tunique musculeuse est hypertrophiée d'une manière caractéristique dans ses cellules contractiles normales ou nouvelles, qui sont devenues sept à onze fois plus longues et de deux à sept fois plus larges qu'à l'état normal en revêtant un léger aspect strié. Trois semaines après l'accouchement, ces fibres infiltrées de graisse tendent à reprendre leurs dimentions normales ; à quatre-vingts ou quatre-vingt-dix jours la muqueuse est redevenue à l'état ordinaire.

L'examen des ovaires pourra fournir des renseignements utiles ; d'une part, l'existence du corps jaune de la grossesse, dont le volume est encore égal à celui d'un gros pois, quinze jours ou un mois après l'accouchement, donnera la certitude d'une parturition récente. D'autre part, l'absence de foyers récents hémorrhagiques (corps jaune de la menstruation) donnera une nouvelle preuve de l'arrêt de l'ovulation. Ajoutons que dans les cas de grossesse gémellaire il n'y a pas toujours deux corps jaunes de la grossesse.

Pour le diagnostic de l'accouchement ancien, on trouve des indices, mais seulement des indices, dans l'accroissement des dimensions de l'utérus, les changements de sa forme, le rapport entre la longueur du corps et celle du col (chez la fille impubère, le col a deux fois la longueur du corps ; à la puberté les longueurs sont à peu près les mêmes ; après la grossesse le corps est plus grand), et l'état du col qui présente des traces de distention et de déchirure (ouverture du museau de tanche, échancrures surtout à gauche, tubercules des lèvres).

III. Circonstances de l'accouchement.

Les magistrats ont souvent besoin de s'éclairer sur les circonstances qui ont accompagné l'accouchement ou sur les influences que celui-ci peut occasionner. C'est d'ailleurs un moyen de défense adopté par les femmes accusées d'infanticide. Ces questions sont ordinairement les suivantes :

L'accouchement a-t-il été facile ou difficile? L'expert tient compte des conditions où se trouvait la femme au moment de l'accouchement. Rarement les femmes sont surprises par la sortie du fœtus. Les primipares peuvent méconnaître le début du travail. Quand le col est largement dilaté, l'expulsion du fœtus peut se faire brusquement. Aussi il faut se renseigner sur la conduite de la femme pendant le travail; celui-ci est d'autant plus difficile à cacher qu'il dure plus longtemps. On examine ensuite successivement la mère et l'enfant. Sur la première on recherche les causes de dystocie (bassin, etc.), les traces laissées ; sur l'enfant, on note ses dimensions, le siège et le développement de la tumeur œdémato-sanguine, qui fixe sur la présentation et la longueur du travail.

L'accouchement a-t-il été assez rapide pour amener la chute et la mort du fœtus? Cet accident est possible, mais, d'après tous les accoucheurs, il se produit bien rarement des accidents quand le fœtus glissant sur les cuisses de la mère, retenu d'ailleurs par le cordon ombilical ou le placenta, tombe à terre. Souvent les femmes prétendent avoir été prises d'un pressant besoin d'aller à la garde-robe, et disent que c'est dans cette situation, alors qu'elles se trouvaient au-dessus d'une fosse d'aisances ou d'une chaise de nuit, que l'enfant a été brusqnement expulsé. On ne peut nier la possibilité de pareils accidents, mais pour savoir si l'allégation est vraie dans le cas spécial, l'expert notera l'état des localités et procédera à l'examen de la femme et de l'enfant en spécifiant particulièrement la présentation : ces accidents ne pouvant guère se produire qu'avec une présentation du sommet. On se rappellera que c'est dans l'axe des parties génitales que l'expulsion s'opère, et que l'enfant tombe un peu avant et non directement en bas.

IV. Influence de l'accouchement.

Une femme peut-elle accoucher sans le savoir? Nous venons de voir qu'il peut en être ainsi, dans le paragraphe précédent; mais ajoutons de suite qu'à moins d'une syncope brusque la femme a bientôt conscience qu'elle vient d'accoucher. Mais elle peut complètement l'ignorer quand elle est idiote[1], quand elle est dans le délire (maladies, intoxications, éclampsie).

Quel est l'état mental de la femme pendant l'accouchement. Très souvent la femme prétend avoir perdu toute possession d'elle-même et dit avoir tué son enfant dans un accès passager de délire ou de folie. Rien de plus rare que ces accès. Stolz n'a pas observé un seul cas de folie ou de délire au moment des accouchements. « Le travail de l'accouchement, dit Tardieu, peut bien troubler les sentiments et les affections de la femme, mais il ne la place pas pour cela sous le coup d'une folie impulsive; soutenir le contraire, ce

[1] Marcé avait d'ailleurs remarqué que les folles en couche devaient être particulièrement surveillées, l'accouchement se faisant chez elle d'une façon inattendue et sans douleurs.

serait confondre l'excitation nerveuse avec le délire et la folie; sur trois cents cas d'infanticide, je n'en n'ai pas vu un seul où une femme eût été prise d'une fureur homicide et transitoire et eût tué son enfant. »

Quelques mots sur la *survie* de la mère ou de l'enfant. D'après la loi française, la question de survie ne se pose que quand l'enfant a vécu et qu'il était viable. Des recherches nouvelles sur l'asphyxie des femmes grosses par les vapeurs de charbon ont produit des résultats intéressants. En effet, il résulte des travaux de Pflüger, Zuntz et Andréas Hoygues que si dans certaines maladies le fœtus meurt avant la mère, dans d'autres au contraire, et en particulier dans l'empoisonnement par l'oxyde de carbone, le fœtus peut continuer à vivre un certain temps dans la cavité utérine après l'organisme maternel.

Disons en terminant que si l'accouchement prématuré artificiel est aujourd'hui accepté, un médecin prudent doit toujours sur ce point consulter un de ses confrères; que l'opération césarienne ne peut se pratiquer qu'avec l'assentiment formel de la mère et que le médecin, après avoir prévenu l'officier de l'état civil, doit pratiquer l'hystérotomie « post mortem » avec les soins et les procédés employés pour une personne vivante. Ces différentes précautions prises, le médecin se met à l'abri des attaques qui nuisent souvent aux intérêts du praticien et compromettent toujours la profession médicale.

IV. DE L'AVORTEMENT

I. Définition, fréquence.

C'est l'expulsion avant terme du produit de la conception, par suite de manœuvres criminelles. Le crime n'est pas constitué par l'état dans lequel se trouve le produit de la conception, mais par son issue volontairement provoquée avant l'époque naturelle. Tardieu le définit : « l'expulsion prématurée, violemment provoquée du produit de la conception, indépendamment de toutes les circonstances d'âge, de viabilité et même de forme régulière. »

Les sociétés primitives se montrent toutes peu soucieuses de la vie humaine[1]. Si les êtres faibles, la femme, l'enfant, sont à peine protégés par les lois, les opinions philosophiques ou scientifiques conduisent à l'indifférence la plus complète pour le produit de la conception. Les individus fétichistes, ne comprenant la vie que dans ses manifestations les plus évidentes et les plus grossières, ne s'imaginaient pas commettre un crime en suspendant le cours de la grossesse. Dans les sociétés grecques, l'avortement est même proposé comme moyen d'équilibre des populations; partout c'est un procédé adopté pour éviter les douleurs de l'enfantement. Le christianisme, qui s'occupe surtout de l'âme, fut conduit à protéger également toutes les enveloppes terrestres de celle-ci et Tertullien put juger ainsi l'avortement : « Homicidi festinatio est nec refert natam qui eripiat animam aut nascentem disturbat; homo est qui futur est. » Les lois ne tardèrent pas à être

[1] Consulter : *Recherches historiques, ethnographiques et médico-légales sur l'avortement criminel*, par le Dr Gaillot (Thèse du laboratoire de médecine légale de la Faculté de Lyon, 1884).

changées, et l'avortement fut assimilé à l'homicide. Avec le droit canon, les lois françaises, jusqu'à la réforme de nos codes, punirent ce crime de la peine capitale.

Ce crime est toujours un des plus fréquents, mais comme il est assez facile de le cacher, à moins qu'il ne provoque des accidents graves, on s'explique le nombre vraiment insignifiant d'accusations auxquelles il donne lieu. Beaucoup d'embryons ou de fœtus non à terme sont trouvés à Paris sur la voie publique, apportés à la morgue, et on reconnaît qu'ils présentent des indices d'avortement provoqué. Les auteurs de ces crimes restent presque toujours inconnus. « Ce crime, dit Tardieu, a dégénéré en véritable industrie; la rumeur publique désigne les noms des personnes qui s'y livrent et les maisons où elle s'exerce. Le personnel médical a fourni malheureusement plus d'un complice à ces odieuses manœuvres. Le crime d'avortement est peut-être de tous celui dont le médecin doit avoir le plus à cœur d'aider la poursuite, parce que c'est celui de tous qui déshonore et souille le plus souvent la profession médicale. »

D'une manière générale, le moment ordinairement choisi pour l'avortement criminel se fait à une époque assez avancée de la grossesse qui favorise les recherches médicales. La femme ne se décide que lorsqu'elle a acquis la certitude de la grossesse et qu'elle ne peut plus compter sur un retard des règles qu'elle croyait accidentel. Les mouvements de l'enfant ne lui laissent pas de doute; mais parfois, et surtout plus tard, quand ils deviennent plus fréquents, ils la font hésiter en lui montrant la gravité du crime. Les statistiques de Tardieu, Tourdes, ont en effet montré que l'avortement criminel se montre le plus souvent du troisième au sixième mois. Devant les tribunaux, les femmes, dans l'espoir de diminuer leur culpabilité, avouent en général une grossesse moins avancée. Dans une statistique de Tardieu portant sur 71 cas d'embryons exposés et suspects, 66 n'avaient pas atteint l'époque de la viabilité.

II. Législation.

Art. 317. Code pénal. Quiconque, par aliments, breuvages, médicaments, violences, ou par tout autre moyen, aura procuré l'avortement d'une femme enceinte, soit qu'elle y ait consenti ou non, sera puni de la réclusion. — La même peine sera prononcée contre la femme qui se sera procuré l'avortement à elle-même, ou qui aura consenti à faire usage des moyens à elle indiqués ou administrés à cet effet, si l'avortement s'en est suivi. — Les médecins, chirurgiens, autres officiers de santé, ainsi que les pharmaciens qui auront indiqué ou administré ces moyens, seront condamnés à la peine des travaux forcés à temps, dans le cas où l'avortement aurait eu lieu.

L'article 317 s'occupe de divers éléments du crime : le *fait matériel*, qui caractérise l'avortement ; de *l'intention* de l'auteu de l'acte ; de la *qualité des personnes* spécifiées par le troisième paragraphe. La loi ne s'occupe pas de la *tentative* d'avortement. En cette matière, il y a dérogation à la règle générale, qui punit la tentative d'un crime comme le crime lui-même (art. 2 du Cod. pén.). La jurisprudence sur ce point est arrivée à ces résultats que MM. Briand et Chaudé qualifient de singuliers : 1° que la femme n'est punie que si l'avortement a eu lieu, et non s'il n'a été que tenté ; 2° que tout individu autre que la femme et les gens de l'art est puni d'une peine égale à celle de la réclusion, qu'il y ait eu avortement ou seulement tentative ; 3° que les gens de l'art sont punis des travaux forcés s'il y a eu avortement, de la réclusion seulement s'il y a eu tentative ; 4° que le complice d'une tentative d'avortement n'est pas puni si c'est la femme elle-même qui a tenté de se faire avorter, mais qu'il est puni si l'auteur de la tentative est toute autre personne ; 5° et enfin que le complice est puni des travaux forcés si, n'étant pas médecin lui-même, il a été complice d'un homme de l'art ou d'une sage-femme qui a procuré l'avortement.

Celui qui, par excès, imprudence, maladresse, etc., cause à une femme des blessures qui amènent l'avortement, ne peut être atteint évidemment par l'article 317, mais il tombe sous l'application de l'article 320 du Code pénal (voy. p. 37) qui punit les blessures par imprudence, ou des articles 309, 311 (voy. p. 240), suivant que la femme qui a avorté a éprouvé une incapacité de travail de plus ou moins de vingt jours.

Un arrêt de la Cour de cassation du 3 septembre 1840 a décidé que si les manœuvres abortives occasionnent la mort, le coupable n'a pas à répondre seulement du crime d'avortement, mais qu'il est encore atteint par l'article 309, paragraphe 4, qui punit des travaux forcés à temps celui qui, volontairement, a porté des coups ou fait des blessures sans intention de donner la mort.

L'avortement médical ne peut tomber sous le coup de la loi lorsqu'il se fait au grand jour, après une consultation[1], et qu'il est accompagné d'une déclaration à l'état civil. M. P. Dubois a victorieusement répondu à ceux qui prétendent que l'avortement était criminel : « L'avortement prévu et puni par le Code, l'avortement criminel est un acte secret, coupable dans la pensée de celui qui l'exécute comme dans celle de la femme qui le sollicite ou le souffre ; l'avortement provoqué par l'art, au contraire, est une opération accomplie au grand jour, une opération qui ne peut blesser ni la conscience de celui qui l'exécute, ni celle de la femme qui s'y soumet ; une opération, enfin, qui a pour but d'éviter un mal plus grand, de conserver l'une des existences compromises, celle assurément qui est la plus précieuse. Il est évident que l'article 317 ne saurait s'appliquer à l'avortement provoqué dans l'exercice régulier de l'art des accouchements ; de même que l'article 316, qui inflige la peine des travaux forcés à toute personne coupable de castration, n'a jamais été appliqué au chirurgien qu'un cas pathologique oblige à retrancher un testicule. »

Les sages-femmes figurent en grand nombre parmi les accusés d'avortement ; et cependant leur nom n'est pas mentionné dans l'article 317. Des arrêts de la Cour de cassation des 26 janvier 1839, 24 juillet 1840, 9 janvier 1847, 16 juin 1833, 13 jan-

[1] Le médecin peut procurer l'accouchement prématuré artificiel dans les cas suivants : 1° Rétrécissement des diamètres du bassin (s'il n'a que 6 centimètres 1/2 ou moins, on a recours à l'avortement provoqué, c'est-à-dire que l'accouchement est pratiqué avant le cent quatre-vingtième jour. — S'il a de 7 centimètres 1/2 à 8 1/2, on provoque l'accouchement prématuré ; après 8 1/2 on peut attendre l'accouchement naturel) ; 2° les tumeurs du bassin exigent souvent l'accouchement prématuré ou même l'avortement. — Aujourd'hui on a recours soit à l'accouchement prématuré, soit même à l'avortement provoqué dans certains cas de grossesse pathologique comme la rétroversion utérine irréductible, les vomissements incoercibles, etc.

vier 1854, établissent que les expressions de la loi, *et autres officiers de santé*, sont génériques et s'appliquent à toutes les personnes qui, d'après la loi de ventôse, exercent une des branches de l'art médical. — La qualité de la personne constituant une circonstance aggravante doit faire l'objet d'une question spéciale posée au jury.

Disons, en terminant, avec Tardieu : « Il faut se résoudre à considérer presque exclusivement les crimes d'avortement comme l'œuvre des gens de l'art, et à rechercher quelles conséquences doivent résulter de ce fait, au point de vue des constatations médico-légales et de la mission de l'expert, soit pendant le cours de la procédure, soit aux débats. »

III. Signes de l'avortement.

Les signes de l'avortement se tirent de l'examen du produit de la conception ou de la mère.

L'examen d'un embryon ou d'un fœtus peut fournir la preuve de l'avortement. Dans les premiers mois de la grossesse, le produit, étant très petit, peut se trouver dans les parties génitales ou dans des caillots sanguins. L'examen fait sous l'eau et à l'aide d'aiguilles fines facilite singulièrement les recherches. On doit surtout s'efforcer de reconnaître si l'œuf est entier ou s'il a été vidé.

En 1876, à la Société de Médecine légale, M. le docteur Charpentier a présenté un remarquable rapport sur les signes de l'avortement pendant les premiers mois de la grossesse. D'après M. Gallard, qui avait attiré l'attention de la Société sur ce sujet, tout avortement qui se fait dans les premiers mois doit se faire en bloc, c'est-à-dire que l'œuf doit être expulsé en entier. Lorsque l'œuf présente des déchirures, et à plus forte raison lorsque les membranes sont retournées, on a une preuve que l'avortement a été déterminé par une main criminelle.

M. Charpentier est arrivé aux conclusions suivantes :

« 1° L'état actuel de la science ne permettant pas de fixer d'une manière absolue l'âge exact de la grossesse, et un écart de trois semaines étant toujours possible entre le début vrai et le début supposé de cette grossesse, il est impossible de déterminer exactement l'âge des produits abortifs que l'on aura à examiner. Les chiffres que nous adoptons ne présentent donc rien d'absolu, tout en étant cependant suffisants pour nous permettre d'établir certaines règles ;

2° Dans les six premières semaines, l'avortement se fait presque toujours en bloc, le volume et la cavité de l'œuf étant à cette époque extrêmement minimes ;

3° De la sixième à la dixième semaine environ, l'avortement peut encore se faire en bloc, mais il se fait au moins aussi souvent en deux temps ; tout dépend de la résistance de l'œuf, de la force des contractions utérines, de la résistance du col, des adhérences de l'œuf ou de ses altérations ;

4° L'absence du fœtus ne prouve pas l'intervention criminelle ; car ce fœtus peut avoir subi la dissolution si l'œuf mort a séjourné encore longtemps dans la cavité utérine ;

5° A partir de trois mois, trois mois et demi, la rupture est la règle, l'avortement se fait en deux temps. Expulsion du fœtus, expulsion du placenta, cette dernière partie de l'avortement pouvant durer plus ou moins longtemps ;

6° Jusqu'à quatre mois, le cordon est beaucoup trop faible pour résister aux tractions qui seraient exercées sur lui dans le but d'extraire le placenta ;

7° La rupture des membranes ne peut donc être considérée à elle seule comme un signe d'avortement provoqué ; on n'est pas autorisé à en faire un signe de certitude d'avortement criminel, même lorsqu'on la constate dans les premiers mois.

M. Leblond a proposé les conclusions suivantes : « 1° Pendant les six derniers mois de la grossesse, l'avortement, même lorsqu'il est tout à fait spontané, se fait habituellement en deux temps comme l'accouchement à terme ; l'expulsion du produit de la conception est généralement précédée de la rupture des membranes et suivie, après un certain temps, de l'explusion du placenta.

2° Dans les trois premiers mois, les choses se passent d'une façon toute différente, et il est de règle de voir l'œuf expulsé en entier, en bloc, sans rupture des membranes.

3° Si donc on trouve, pendant les trois premiers mois de la grossesse, un produit d'avortement dont les membranes ont été rompues et dont l'embryon a été expulsé seul, on doit rechercher quel est l'état pathologique qui a déterminé cette infraction à la règle générale, et si on ne trouve alors ni une maladie de l'œuf ni une maladie de la mère, on est autorisé à attribuer cet avortement à une action traumatique exercée directement sur le produit de la conception. »

En résumé, si l'accord existe pour les premières semaines, il y a divergence d'opinions sur la valeur à attribuer à la rupture des membranes. La Société n'a pas cru devoir trancher la question et elle a ajourné sa décision.

Quant à nous, en raison des observations dues aux hommes les plus justement estimés et considérés, MM. Tarnier, Charpentier, nous pensons que le fait de la rupture des membranes ou de l'expulsion en deux temps n'implique nullement l'idée d'avortement criminel.

L'expert devra donc chercher à déterminer l'âge du produit, les traces de maladie de l'embryon (vices de conformation) ou de ses annexes (hémorrhagies, infiltrations fibreuses ou graisseuses du placenta, hydatides) qui ont pu être la cause de l'avortement.

L'examen de la mère peut se faire pendant la vie ou sur le cadavre; c'est une visite de la femme ou une autopsie.

Si la mère est vivante, on examine l'état général et l'état local. Il y a de la faiblesse, de la pâleur; le pouls est petit; deux ou trois jours après on constate un peu de fièvre. D'ailleurs le séjour plus ou moins prolongé du placenta ou de ses annexes après l'avortement est un fait presque constant (surtout du 3ᵉ au 6ᵉ). Mais ces signes ne se présentent que dans les quatre à cinq jours qui suivent l'accident. Comme signes locaux : une hémorrhagie ou des traces d'écoulement sanguin ; le col est ouvert avec une légère échancrure, en rapport, bien entendu, avec le moment de la grossesse. D'ailleurs les hémorrhagies utérines, les règles, ouvrent le col, mais il n'existe pas alors de développement de l'utérus. Ajoutons que la fourchette peut être déchirée, le ventre flasque, les mamelles développées avec sécrétion laiteuse. Dans certains cas, en pratiquant le toucher vaginal, la femme étant debout et marchant sur place, on pourra sentir, comme d'ailleurs durant la grossesse, le chevauchement de la symphyse.

Notons comme possible la *simulation* de l'avortement : Marc et Tardieu en ont cité des exemples.

Si la femme est morte, ce qui se présente assez souvent, la constatation est plus facile. Les signes se déduisent de la forme, des dimensions, de la texture de l'utérus, de l'état du col, de la dilatation du vagin, de la présence du produit et des traces de son insertion, des maladies ou traumatismes qui ont pu produire l'avortement. Dans la cavité utérine on trouve des caillots de sang et des débris de caduque. Le développement des fibres musculaires et leur examen microscopique sont tout à fait caractéristiques.

D'après M. Tourdes, les dimensions de l'utérus sont les suivantes :

	CHEZ LES FILLES VIERGES.	CHEZ UNE FEMME QUI A ÉTÉ MÈRE
Longueur de	6 à 7 centimèt.	7 à 8 centimètres:
Largeur. . .	4 à 4,5 —	4,5 à 5,5 —
Épaisseur. .	2 à 2,5 —	2,5 à 3 —
Poids. . . .	30 à 45 grammes	60 à 70 grammes.

Pendant la grossesse les diamètres augmentent : à 3 mois ils sont de 8 centimètres, à 4 mois de 10, à la maturité ils ont 32 centimètres sur 20, et la masse utérine est vingt-quatre fois plus volumineuse qu'à l'état normal.

On examine aussi les ovaires. « L'absence de corps jaunes récents et la présence d'un corps jaune ancien, très volumineux, ayant une longueur de 16 à 24 millimètres, serviront à caractériser un avortement survenu au milieu de la grossesse, vers le cinquième mois ; à dater de cette époque, le corps jaune diminue, pour n'avoir plus que 7 à 8 millimètres après l'accouchement. » (Tourdes.)

I. Des causes de l'avortement.

Il faut savoir si l'avortement est spontané ou provoqué.

L'avortement *spontané* est sous la dépendance d'une maladie du produit de la conception, de la mère ou du père :

1° Le produit de la conception détermine l'avortement dans les conditions suivantes : il y a une *maladie de l'œuf* (hydropisie de l'amnios, hydrorrhée, môle hydatiforme, apoplexie placentaire, altération fibro-graisseuse du placenta) ; le *fœtus est mort* (ordinairement, il est alors expulsé ; s'il séjourne plus longtemps, il prend les caractères de la putréfaction utérine avec ses différentes formes : macération, momification, dessiccation) ; le *fœtus est mal conformé* (très souvent les avortons sont monstrueux ; après des coups ou des violences exercées sur la mère, celle-ci avorte d'un fœtus monstrueux).

2° Du côté de la mère, il faut citer les causes qui empêchent la nutrition du fœtus, celles qui provoquent la contractilité utérine ou des hémorrhagies capables de décoller le placenta. Notons encore certaines causes : l'influence incontestable de *diathèses* (syphilitique, cancéreuse), *dyscrasies* (scorbut), d'*intoxications* (mercure, plomb, nicotine), de *maladies des organes génitaux* (vaginite intense, hémorrhagies), de *maladies aiguës ou chroniques* (phthisie, scrofule, fièvres éruptives, pneumonie, péritonite, affections cardiaques). Il y a d'ailleurs à distinguer ces maladies d'avortement de celles qui en sont la conséquence (péritonite, métro-péritonite). Ajoutons encore les coups portés sur l'abdomen, des chutes, des émotions vives, les secousses à cheval ou en voiture, la trépidation du chemin de fer, la danse, les abus du coït.

3° Du côté du père, on a surtout l'influence de la syphilis, du saturnisme, de l'alcoolisme.

L'avortement *provoqué* est la conséquence des pratiques abortives employées par la femme. Les nombreux procédés mis en usage sont de trois ordres : ce sont des moyens préparatoires, des breuvages, des manœuvres obstétricales.

a. Les *moyens préparatoires* sont incertains, mais réputés abortifs. Les femmes les emploient souvent avant de recourir à des procédés plus énergiques. Ce sont des émissions sanguines, des révulsifs, des bains, des fatigues excessives, des violences extérieures. La femme se fait saigner au pied ou au bras, applique des sangsues à l'anus ou aux cuisses, prend des pédiluves ou des bains chauds.

b. Les breuvages. Ce sont des purgatifs drastiques, (aloès, coloquinte), des substances toxiques (acide arsénieux, cantharides), médicamenteuses (iodure de potassium) ; des boissons excitantes aromatiques (tilleul, thé, café, armoise, absinthe), des substances réputées abortives, telles que la sabine, la rue, le seigle ergoté. Ces différentes substances sont des excitants circulatoires et agissant surtout au moment des règles. D'après Danyau, l'ergot de seigle excite les contractions utérines, quand celles-ci sont commencées. Interrogé sur les propriétés abortives de ces substances, l'expert doit répondre qu'elles ont, en effet, la réputation de produire l'avortement, mais qu'il est impossible d'affirmer que ce soit certain.

c. Les manœuvres obstétricales sont les moyens directs et certains auxquels souvent les femmes ne recourent qu'en dernier lieu. Ces manœuvres se pratiquent ordinairement entre le troisième et le sixième mois. Ce sont des *cautérisations* du col utérin, le *tamponnement du vagin*, la *dilatation du col* par l'éponge préparée, les *douches d'eau tiède* sur le col utérin pour le ramollir, ou dans la cavité utérine pour provoquer des contractions (souvent employées, les femmes avortent en quelques heures), le *décollement* du placenta avec une sonde métallique d'homme (mais dans les tentatives d'introduction ou de manœuvre, l'instrument produit des contusions ou des déchirures du col utérin, et même des blessures du fœtus , la *ponction de la poche amniotique* (trocart, sonde à dard, aiguille à tricoter, tringle de rideau, baleine, etc. . Ce dernier procédé est certain, mais il laisse souvent des traces : des hémorrhagies, une péritonite, une piqûre de la lèvre postérieure du col ou du cul-de-sac recto-vésical, des perforations de l'utérus. Nous en avons observé deux cas. Les ruptures produites par le travail ou des maladies sont assez rares [1]. Celles qui surviennent

[1] Henri Coutagne a publié sur ce point spécial un intéressant mémoire, 1884, Lyon.

pendant le travail ne se montrent en général que vers la fin de la grossesse et coïncident avec une étroitesse du bassin et un gros produit. Les perforations abortives sont étroites, les bords sont nets et non amincis, le col est dilaté, la grossesse est un peu avancée.

Nous en avons dit assez pour expliquer le grand nombre d'accidents qui surviennent après les avortements provoqués.

V. Conséquences médico-judiciaires et règles de l'expertise.

L'étude que nous venons de faire permettra de répondre aux questions posées à l'expert et qui se rapportent en général au fait, à la date, aux causes, etc., de l'avortement.

L'expert n'oubliera pas de visiter les localités, il examinera les objets, susbtances médicales et instruments qui auront été trouvés au domicile des prévenus.

V. DU PRODUIT DE LA CONCEPTION

Trois points spéciaux doivent être élucidés dans la plupart des expertises médico-judiciaires. Il faut déterminer l'âge du produit de la conception, rechercher les conditions de viabilité, indiquer les attentats dont il a été victime. Ce sont là autant de chapitres distincts et qui nous permettront de présenter avec méthode les nombreux matériaux publiés sur ce sujet.

I. DE L'AGE.

Nous avons à étudier les caractères de la vie intra-utérine et qui sont spéciaux aux débuts de la vie extra-utérine.

Dans la vie intra-utérine du produit de la conception, on peut distinguer plusieurs périodes : embryonnaire, fœtale, de viabilité, de maturité. Nous ne pouvons consacrer les mêmes développements à l'embryon, au fœtus et au fœtus à terme. Il ne peut entrer dans le plan de ce livre de faire ici l'histoire complète de l'embryologie[1]. Aussi, pour rester sur le terrain exclusivement pratique, nous étudierons spécialement le fœtus depuis l'âge de trois mois jusqu'au terme de la gestation. C'est à cette époque, vers le 90ᵉ jour, que le placenta est distinct, la forme humaine acquise, les organes principaux accusés. Dès lors le produit de la conception aura une existence amniotique et les modifications extérieures porteront sur le volume.

Nous emprunterons la plupart des renseignements spéciaux qui vont suivre au remarquable article Fœtus que notre excellent ami Pinard a écrit dans le *Dictionnaire encyclopédique.*

La vie embryonnaire s'étend du moment de la conception à la fin du troisième mois. Pendant toute cette période, il est peu commode de fixer l'âge du produit. L'œuf lui-même est parfois difficile à trouver au milieu des caillots sanguins qui accompagnent un avortement. Nous avons dit dans le chapitre précédent comment il fallait procéder pour le rechercher.

Pendant le premier mois, l'œuf a un aspect caractéristique. C'est une masse hérissée de villosités ou d'appendices, au centre de laquelle est une partie lisse : l'amnios accolé à l'embryon. Vers la 5ᵉ semaine, l'œuf a plusieurs enveloppes distinctes : la plus interne est l'amnios, qui s'éloigne de plus en plus de l'embryon en

[1] Pour des renseignements plus complets, consulter le *Manuel d'embryologie* de M. Debierre, agrégé de Lyon, 1885.

laissant une cavité dans laquelle s'épanche le liquide amniotique, puis vient l'allantoïde, à l'état de vésicule jusqu'à la 6e semaine; cette allantoïde, d'abord vésiculaire, ne tarde pas à envelopper l'œuf entièrement et à doubler le chorion, constitué alors par la membrane vitelline et la membrane blastodermique en envoyant à chaque digitation une anse vasculaire : ces digitations forment les villosités hérissées qui entourent l'œuf et s'enchevêtrent dans la muqueuse utérine, mais avec tendance à s'accumuler en un point. De cette époque à la fin du second mois, l'œuf humain a le volume d'un œuf de pigeon à celui d'un œuf de poule.

Vers deux mois, dans l'œuf qui a grossi, la cavité amniotique occupe une plus grande place. La surface externe se modifie. Quelques-unes des villosités, celles qui tiennent à la caduque réfléchie, se flétrissent et s'atrophient; tandis que celles qui unissent l'œuf à la paroi utérine s'accroissent en volume. C'est le commencement du placenta.

Vers trois mois, l'œuf est fixé à l'utérus par le placenta. Il y a, comme membranes très minces, le chorion et l'amnios. Dans le liquide amniotique se trouve l'embryon attaché par son cordon. Les signes qui permettent de caractériser l'embryon sont les suivants : au 12e jour il a une longueur de 0,004 à 0,005; le 1er mois il est long de $0^m,02$ et du poids de 2 à 3 gr.; le 2e mois, de $0^m,04$ et de 20 grammes; le 3e mois, de $0^m,08$ et de 50 grammes.

Pendant le premier mois, la tête forme la moitié du corps : on y distingue la bouche, le nez et les oreilles; le thorax et l'abdomen sont réunis et renferment le foie dont le poids égale le reste du corps. Il y a des points osseux dans la clavicule et le maxillaire inférieur.

Vers le deuxième mois, la tête forme le tiers du corps, la membrane pupillaire existe, les membres thoraciques se remarquent, il y a des points osseux successivement dans les premières vertèbres cervicales, dans le frontal, les côtes.

Vers le troisième mois, il y a des rudiments du nez et des oreilles, le cou n'est qu'un sillon, la peau un enduit rougeâtre et visqueux.

Dans toute cette période, le point d'insertion du cordon ombilical, d'abord à l'extrémité coccygienne, s'y rapproche de plus en plus du pubis.

Du 90e au 120e jour. Toutes les parties du fœtus sont distinctes. La tête est encore volumineuse; la peau devient transparente, elle est rosée à la face, aux mains, aux pieds; la face tend à s'allonger; les ouvertures naturelles sont fermées; le sexe peut être reconnu; l'anus est ouvert; le cordon ombilical s'insère un peu au-dessus du pubis et se contourne en spirales; les membres supérieurs sont plus longs que les inférieurs; les ongles sont formés par de petites plaques minces et membraneuses; les muscles peuvent exécuter quelques mouvements; le thymus est visible; le duodénum renferme du méconium de couleur blanc-grisâtre; le foie est volumineux avec une vésicule biliaire filiforme; la protubérance annulaire se distingue; la moelle n'occupe plus tout le canal rachidien; il y a des points osseux dans le corps des métatarsiens des premières phalanges des orteils et de l'ischion; il y a soudure des deux points osseux du corps du sphénoïde.

Du 120e au 150e jour. Les parties se perfectionnent et s'arrondissent. La tête a le quart de la longueur du corps, la face a le même aspect qu'à terme, sur la peau un duvet soyeux (lanugo) et quelques cheveux argentins; les membres inférieurs deviennent plus longs; les ongles prennent une consistance cornée; le cordon ombilical s'éloigne du pubis; le méconium, jaune-verdâtre, est au commencement de l'intestin grêle; il y a des points d'ossification dans l'astragale, les trois pièces supérieures du sternum et l'ethmoïde.

Du 150e *au* 180e *jour.* Le tissu adipeux devient plus abondant, les cheveux sont en plus grand nombre et plus longs, près des bords des paupières se montrent des cils; les fontanelles sont moins vastes; la peau se recouvre de vernis caséeux; la moitié du corps correspond à l'appendice sternal; le méconium est dans l'intestin grêle; dans la vésicule biliaire, un liquide jaunâtre; les testicules et les ovaires sont au-dessous des reins; il y a des points d'ossification dans la quatrième pièce du sternum et dans le calcanéum.

Du 180e *au* 210e *jour.* La peau est moins colorée, elle est uniformément recouverte de duvet et d'enduit sébacé; les cheveux sont moins blancs; les ongles plus longs; le cæcum est près de la fosse iliaque droite; le méconium est dans le gros intestin; les testicules se rapprochent de l'anneau inguinal.

Du 210e *au* 240e *jour.* Les parties prennent de la consistance, les formes s'accusent nettement. La peau est moins lisse; les os du crâne sont isolément plus bombés à leur face externe; la membrane pupillaire a disparu; les paupières s'entr'ouvrent, les ongles recouvrent la dernière phalange; le cordon s'insère à 2 ou 3 centimètres au-dessous du point situé à la moitié de la longueur du corps; les testicules, surtout le gauche, sont descendus dans le scrotum; le méconium est dans le gros intestin; il y a un point d'ossification au niveau de la dernière vertèbre du sacrum.

Du 240e jour au terme de la grossesse. Les caractères de la maturité s'accusent de plus en plus. Il se développe un point d'ossification entre les deux condyles du fémur.

L'*accroissement du fœtus* en longueur et en poids suit une marche progressive. Les auteurs ont fourni des résultats différents. Nous avons donné, dans notre laboratoire, un schéma du développement du produit de la conception et de ses annexes que nous reproduisons ici.

Fehling, qui a très bien étudié les échanges organiques placentaires, a donné une analyse quantitative des parties constituantes du fœtus aux différents mois de la grossesse. On en trouvera un résumé dans l'article de Pinard. Disons seulement que le corps du fœtus est très riche en eau; que c'est vers le 4e mois qu'il a un accroissement maximum en substances albuminoïdes, tandis que les matières grasses augmentent d'une manière rapide et constante à partir du cinquième mois.

Quelques auteurs modernes, tels que Hecker, Matthews, Duncan, Wernich, ont étudié les conditions particulières qui favorisent ou entravent l'accroissement du poids et de la longueur du fœtus. Voici les principales conclusions que Pinard a empruntées à ces auteurs et qui nous semblent devoir être consignées ici :

1° Le poids des enfants nouveau-nés augmente avec l'âge de la mère jusqu'à vingt-neuf ans, et leur longueur jusqu'à quarante-quatre (Duncan).

2° Tout produit d'une grossesse répétée dépasse en poids et en longueur les précédents (Hecker).

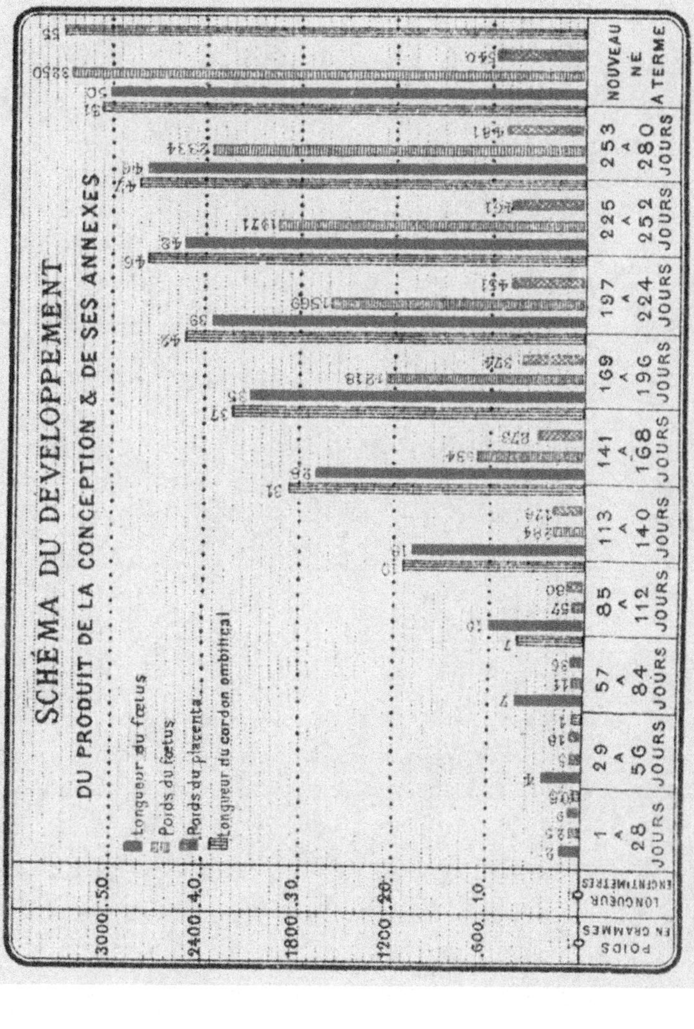
SCHÉMA DU DÉVELOPPEMENT
DU PRODUIT DE LA CONCEPTION & DE SES ANNEXES
Longueur du fœtus
Poids du fœtus
Poids du placenta
Longueur du cordon ombilical
POIDS EN GRAMMES
LONGUEUR EN CENTIMETRES
1 A 28 JOURS
29 A 56 JOURS
57 A 84 JOURS
85 A 112 JOURS
113 A 140 JOURS
141 A 168 JOURS
169 A 196 JOURS
197 A 224 JOURS
225 A 252 JOURS
253 A 280 JOURS
NOUVEAU NE A TERME

3° L'âge aussi bien que le nombre des accouchements détermine l'accroissement de poids et de longueur, et chaque facteur suivant une progression (Wernich).

4° De très longs intervalles entre les grossesses successives troublent la progression des poids, moins que des intervalles très courts (Wernich).

5° La variation des sexes trouble l'accroissement du poids des enfants, au détriment bien prononcé des filles venues plus tard (Wernich).

6° Les premiers-nés, dont les mères ont été menstruées très tard, sont moins volumineux que les enfants d'autres mères, et principalement de celles qui ont été menstruées de très bonne heure.

La statistique faite par M. Tarnier à la Maternité et qui comprend, pendant une période de seize ans, plus de 15 000 accouchements à terme, montre très bien que la multiparité favorise le développement du fœtus et de ses annexes, quel que soit le sexe :

	PRIMIPARES À BASSIN NORMAL	MULTIPARES À BASSIN NORMAL
Poids du placenta. .	527 gr. à 529 gr.	518 gr. à 540 gr.
Longueur du cordon.	0,54 c. à 0.53 c.	0,55 c. à 0,55 c.
Poids.	3161 gr. à 3101 gr.	3372 gr. à 3120 gr.

Il nous reste maintenant à apprécier les caractères distinctifs du *fœtus à terme :* la plupart de ces caractères appartiennent par conséquent à l'enfant nouveau-né.

Le poids peut varier entre 2000 et 5000 grammes, mais rarement ces limites sont dépassées. Le poids moyen est de 3000 à 3500 grammes. Le poids des filles est toujours inférieur à celui des garçons.

La *longueur* moyenne varie de 48 à 51 centimètres.

La *tête* du fœtus n'a pas la forme de celle de l'enfant nouveau-né : celle-ci est déformée par le travail (Budin). Au moment de la naissance, la tête a la forme d'un ovoïde dont la grosse extrémité est en arrière, la petite en avant. Les os de la base du crâne sont solides et unis entre eux, tandis que ceux qui constituent

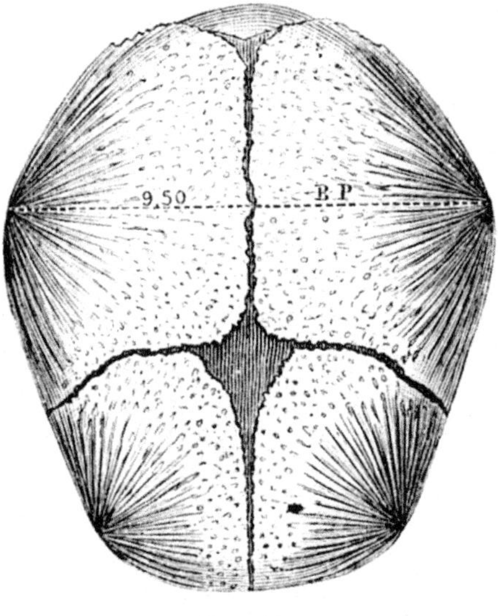

Fig. 46.

la voûte sont minces et flexibles; ces derniers sont unis entre eux par des bandes fibreuses nommées sutures et circonscrivent des espaces que l'on appelle les fontanelles. La figure 46 montre la grande et la petite fontanelle.

Les *diamètres de la tête* du fœtus à terme doivent être connus. Voici les points de repère indiqués par M. Budin et dont il a montré toute l'importance. Les diamètres sont indiqués dans la figure 47, avec leurs dimensions.

L'embonpoint est assez prononcé. La *peau*, d'un blanc-rose, est recouverte de duvet et d'une couche d'enduit sébacé, *vernix caseosa*, qui n'est autre chose que de la graisse pure.

Les *cheveux* sont colorés et longs de 1 à 3 centimètres.

Les *mamelles* contiennent souvent chez les deux sexes un liquide lactescent. L'abdomen est gros, l'in-

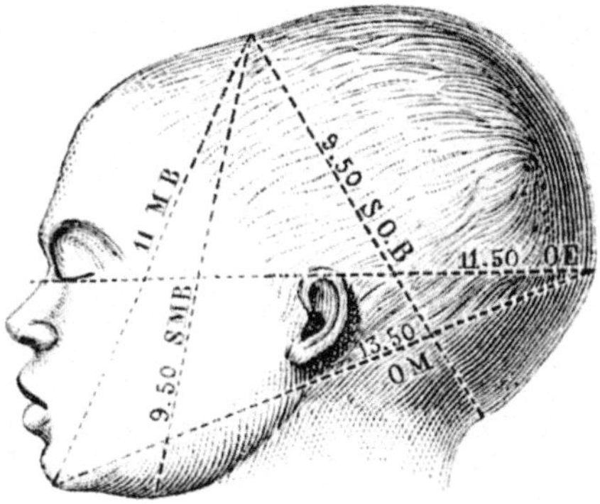

Fig. 47.

sertion du cordon se fait au-dessous du point qui correspond au milieu de la longueur du corps, mais un peu plus près de ce point chez les filles que chez les garçons.

Le *scrotum*, à la peau ridée et rouge, renferme les testicules.

Les *ongles* dépassent l'extrémité des doigts, mais non pas celle des orteils.

Les organes internes présentent aussi certaines particularités importantes.

Le *foie* est très volumineux et remplit presque l'abdomen. Il n'y a rien dans l'*estomac*. Les *poumons*, appliqués contre la colonne vertébrale, sont rouges, et l'air ne les ayant pas encore pénétrés, quand on les place dans un vase rempli d'eau, ils gagnent rapidement le fond.

L'*intestin grêle* a douze fois la longueur de la bouche à l'anus. Le gros intestin est, vers sa terminaison, rempli de méconium et sa longueur est à peu près égale à celle du fœtus.

Voici, d'après M. Letourneau, Hecker et Buhl, le poids des principaux viscères chez le nouveau-né à terme.

POIDS MOYEN DES PRINCIPAUX VISCÈRES CHEZ LES NOUVEAU-NÉS A TERME.

	Letourneau.	Hecker et Buhl.
Poumon droit	35 grammes.	26 grammes.
— gauche	28,5 —	21 —
Cœur	15 —	20,2 —
Thymus	8,5 —	8,42 —
Corps thyroïde	3 —	7,78 —
Foie	81,5 —	125,5 —
Masse encéphalique	338,5 —	352 —
Rate	0,5 —	8,5 —
Rein	11 —	11,45 —

Tous les traités de médecine légale insistent beaucoup, depuis Béclard, qui avait signalé le fait, sur l'apparition et le volume du point d'ossification de l'épiphyse inférieure des fémurs au moment de la naissance. Ce signe n'a de la valeur que lorsqu'il vient s'ajouter à tous ceux dont nous venons de parler. En effet, les recherches de Hecker ont montré que ce point d'ossification pouvait se rencontrer chez des fœtus non à terme et manquer chez des enfants nés à terme. Hartmann a fait des observations semblables;

il l'a trouvé deux fois sur 40 fœtus de 8 mois (de 28 jours), seize fois sur 62 fœtus de 9 mois, et vingt-sept fois sur 45 fœtus de 10 mois. Il ne l'a pas constaté douze fois sur 102 enfants nés à terme.

Pour trouver ce point d'ossification, on incise verticalement la peau du genou et on pénètre dans l'article en fléchissant la jambe sous la cuisse pour faire saillir les deux condyles du fémur. Les deux condyles encore cartilagineux sont coupés verticalement en lames minces. On rencontre alors le point osseux, dont il est facile de trouver le plus grand diamètre, et qui a l'aspect d'une tache à peu près circulaire couleur de sang, ainsi qu'on le voit indiqué dans une de nos planches.

Des travaux récents ont éclairci certains actes physiologiques de la vie fœtale, que nous croyons utile de faire connaître parce qu'on peut en tirer quelques conséquences en médecine judiciaire.

C'est par le placenta que le fœtus se nourrit aux dépens de l'organisme maternel. Cl. Bernard a démontré la fonction glycogénique des annexes du fœtus et du fœtus lui-même pendant qu'il évolue.

Les éléments figurés ne pourraient traverser la membrane placentaire, qui retiendrait aussi les poisons solides ou figurés. Il est donc assez difficile d'expliquer (si l'agent virulent de la variole est une granulation) comment des fœtus ont cette maladie dans le sein maternel.

Aussi les expérimentateurs ont-ils cherché le passage des substances solubles dans les liquides de l'organe. Benicke, Gusserow, Max Runge, ont donné des médicaments à des femmes grosses ou sur le point d'accoucher, afin de pouvoir rechercher les traces de ce médicament dans les urines de l'enfant nouveau-né. Benicke, qui donnait à la mère du salicylate de soude un quart d'heure avant l'accouchement, l'a retrouvé dans l'urine de l'enfant deux heures après. D'après Gusserow, il faudrait administrer l'iodure de potassium au moins pendant quatorze jours pour le retrouver dans l'urine de l'enfant.

En résumé, nous pouvons tirer de ces faits cette conclusion pratique : des médicaments ou des substances dissoutes peuvent passer du sang de la mère dans celui du fœtus.

Les poisons minéraux absorbés par la mère passeraient de même dans l'organisme fœtal. C'est ainsi qu'on a retrouvé de l'arsenic et du plomb dans le fœtus. Des gaz, comme le chloroforme, l'acide carbonique, absorbés par la mère, se rencontrent dans le corps du fœtus.

Les analyses chimiques et spectroscopiques faites par Zweifel démontrent d'une façon incontestable qu'une véritable respiration existe au nouveau des villosités placentaires. Le fœtus absorbe de l'oxygène et se débarrasse de son acide carbonique. Cet échange se fait de globule à globule, mais d'une manière lente et insensible ; aussi le sang du fœtus est-il pauvre en hémoglobine.

Mais il n'y a pas communication directe entre le sang maternel et le sang fœtal. La circulation du fœtus se caractérise par l'absence de la petite circulation, la communication entre les oreillettes et le mélange du sang artériel et du sang veineux. Tous les organes ne reçoivent pas du sang de même qualité. Le foie est spécialement favorisé, puis viennent le cœur, la partie supérieure du corps, le tronc, les membres inférieurs. Ce sont ces derniers qui sont le moins bien partagés, et c'est à cause de cela, a-t-on dit, que la partie inférieure du corps est bien moins développée que la partie supérieure. Ajoutons que les parois des ventricules ont même épaisseur et que l'inégalité ne se montre qu'après la naissance et comme une conséquence du travail fonctionnel plus actif du ventricule gauche.

De l'enfant nouveau-né. — Il est naturel de placer dans ce paragraphe, après les caractères de la maturité du fœtus, les signes qui appartiennent aux premiers moments de la vie extra-utérine.

La naissance est une surprise pour le fœtus qui vient au monde; ses organes sont tout à coup obligés de fonctionner d'une nouvelle manière et il leur faut un certain temps pour s'acclimater à cette vie extra-utérine.

Les médecins légistes ne sont pas d'accord sur la définition et la longueur qu'il convient de donner à cette période de la vie, signalée mais non déterminée par le Code.

Aux premiers temps de Rome, l'enfant après sa naissance était présenté au père de famille; celui-ci le soulevait en l'air (*tollere*), ou le laissait couché; dans ce dernier cas, l'enfant était tué ou exposé. S'il n'avait reçu aucun soin de propreté, il était appelé *sanguinolentus*. L'ancien droit romain avait consacré la même expression, et la signification du *recens natus* la plus usuelle était celle de *sanguinolentus*. Robert Froriep de Berlin, et d'autres médecins allemands, ont voulu réhabiliter cette définition du nouveau-né. C'est, il nous semble, restreindre exclusivement la qualité de l'enfant nouveau-né à celle de l'enfant naissant.

Olivier (d'Angers) et Billard, désireux de trouver un caractère anatomique extérieur à l'enfant nouveau-né, ont proposé de limiter cette période de l'enfance soit à la chute du cordon, soit à la formation de la cicatrice ombilicale.

Tardieu adopte la définition donnée par un arrêt de la cour de cassation de 1835 : « Le nouveau-né est l'enfant au moment où il vient de naître ou dans un temps très-rapproché de celui de la naissance. » Se plaçant sur le terrain clinique, Parrot en a donné la définition suivante : « L'enfant nouveau-né est celui qui, à terme ou non, viable ou non viable, n'a pas dépassé le deuxième mois de la vie extra-utérine. »

D'après nous, si l'on veut tenir compte du terme nouveau-né, qui se trouve énoncé dans la loi, et de notions scientifiques certaines, on doit dire que l'enfant est nouveau-né pendant le temps assez rapproché de la naissance qui permet de constater que cet enfant perd ses caractères fœtaux et s'acclimate à la vie extra-utérine.

D'après Tardieu, les caractères de l'enfant né à terme sont de trois ordres et se déduisent : 1° du développement général du corps de l'enfant ; 2° de l'état du tégument externe ; 3° du degré de l'ossification.

Nous rappellerons les chiffres donnés précédemment pour le fœtus et nous dirons que le *poids* du nouveau-né est de 3 kilogrammes à 3^{kil},500 (les garçons pèsent généralement plus que les filles) ; « si un nouveau-né de 1^{kil},200 à 1^{kil},500 peut quelquefois être à terme, il ne peut pas ne pas y être s'il pèse 3 kilogrammes ». (Tardieu.)

Dans les deux ou trois premiers jours après la naissance, l'enfant perd de son poids (de 0 à 200 gram-

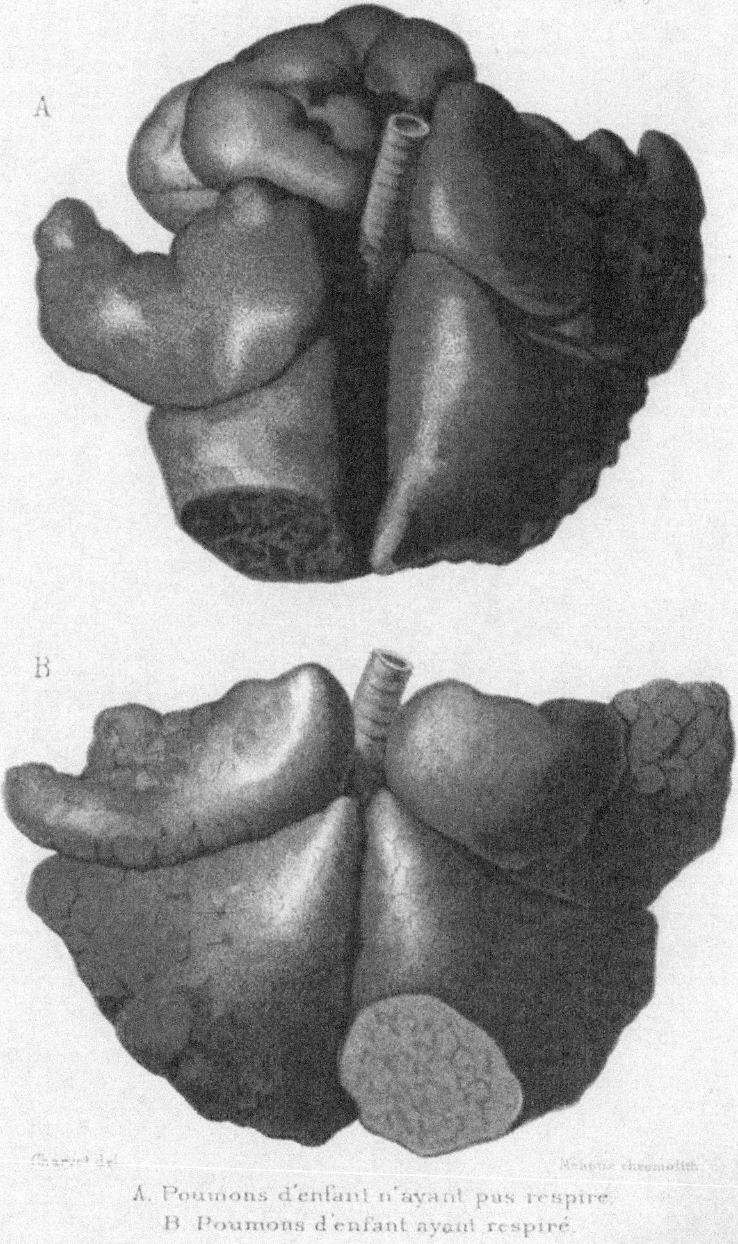

Charvet del. chromolith.

A. Poumons d'enfant n'ayant pas respiré.
B. Poumons d'enfant ayant respiré.

G. Masson éditeur, Imp. Lemercier & Cie Paris.

mes), s'il évacue des urines et du méconium, puis dès le troisième ou quatrième jour l'augmentation de poids recommence.

La *taille* est en moyenne de 50 centimètres.

Nous avons décrit l'état caractéristique du *tégument externe* (peau, poils, ongles); c'est un signe précieux de l'identité du fœtus né à terme.

Pendant une et quelquefois même deux semaines, on constate la teinte rouge-cerise de la peau; cette coloration est d'ailleurs plus manifeste et plus persistante chez les enfants faibles et délicats. D'abord généralisée sur toute la surface du corps, elle s'éteint peu à peu pour disparaître en dernier lieu aux extrémités.

L'exfoliation de l'épiderme qui se produit sous l'influence de ses nouvelles fonctions est un indice de la vie, mais ne peut permettre de fixer l'âge de l'enfant. La peau forme des plis, se fendille et il se détache des pellicules plus ou moins larges comme dans la desquamation furfuracée de la rougeole. Ces changements peuvent commencer, chez les enfants nés à terme, dès le premier ou le second jour, pour se terminer pendant le second mois. Les enfants malades et affaiblis éprouvent ces modifications de l'épiderme plus tard et ils les présentent pendant plus de temps.

Pour ce qui est du *cordon ombilical*, disons qu'après sa ligature et sa section la partie qui tient au corps de l'enfant devient molle, bleuâtre, puis noircit, se contourne en vrille, se ratatine et se dessèche. Elle forme alors un corps étranger qui irrite la peau, et la chute de cette partie du cordon se produit après une légère inflammation. Cette chute se produit à une époque d'autant plus rapprochée de la naissance que l'enfant est plus robuste; ordinairement elle a lieu du quatrième au cinquième jour, parfois le troisième ou le sixième, rarement le second. Chez les enfants nés avant terme, chétifs, atteints de faiblesse congénitale, cette chute peut ne se produire que vers le dixième jour. Après cette élimination, il reste une petite plaie qui met une semaine à se cicatriser.

Pour les *caractères tirés du degré de l'ossification*, il faut tenir compte du point osseux épiphysaire des fémurs, qui au moment de la naissance forme un petit noyau du volume d'un pois, large de 2 à 5 millimètres. Un second signe est fourni par l'existence dans le maxillaire inférieur de quatre alvéoles nettement circonscrits par un cloisonnement complet, et qui, selon les indications de Tardieu, se montrent dès que l'on a enlevé d'un coup de ciseaux la portion cartilagineuse qui forme le bord gingival de l'os maxillaire.

A ces caractères de premier ordre nous croyons utile d'ajouter les signes suivants qui, réunis en faisceau, prennent aussi une certaine importance : l'organisme de l'enfant, dès sa naissance et pendant les quelques jours suivants, éprouve des modifications anatomiques. Le début du fonctionnement pulmonaire s'annonce par un *cri* : il y a une première inspiration comme il y a un dernier soupir. Les premiers mouvements respiratoires de l'enfant sont irréguliers et saccadés jusqu'à ce qu'il ait pris l'habitude de respirer. Aussi la *fréquence de la respiration* est plus grande qu'aux autres âges. D'après Parrot, le nombre des mouvements respiratoires est, pendant le sommeil, de 51,54, et à l'état de veille de 51,16 : il respire donc un peu plus rapidement lorsqu'il dort que lorsqu'il est éveillé.

Sous l'influence de l'activité fonctionnelle des poumons, l'artère pulmonaire apporte une grande quantité de sang. Le *canal artériel* [1] ne recevant plus de liquide, sa lumière

[1] A la naissance, le canal est long de 12 à 13 millimètres, sa lumière est de 5 à 6 millimètres de diamètre. Sa tunique

s'efface vite; après quarante-huit heures, il reçoit à peine un stylet de trousse et le vingtième jour son oblitération est complète. En même temps, le *trou de Botal* qui faisait communiquer les deux oreillettes, chez le fœtus, se ferme par l'accroissement rapide d'une valvule; dans l'oreillette droite se montre une dépression, la fosse ovale.

Le *pouls*, d'après Trousseau et Parrot, serait à peu près deux fois plus fréquent que chez l'adulte; les battements cardiaques diminueraient de nombre pendant le sommeil. D'après Andral, l'enfant qui vient de naître a une *température* plus élevée que celle de l'adulte; cette chaleur lui est communiquée par l'utérus. La température baisse, en général, pendant la première demi-heure jusqu'à 33° chez les enfants débiles et jusqu'à 36° pour les enfants robustes (Lépine). Elle remonte ensuite à son chiffre normal qui est, d'après Wunderlich, de 37°,5 à 37°,6. Ajoutons enfin la sortie du *méconium* et de l'*urine*[1]. Rappelons que nous avons donné plus haut le poids du placenta et la longueur du cordon aux différentes périodes de la vie fœtale. D'une manière générale, à la naissance, les dimensions du placenta sont en rapport avec la vigueur du fœtus. Le placenta présente alors un diamètre de 20 à 25 centimètres, et il pèse de 500 à 600 grammes. Le cordon a à peu près la longueur du corps de l'enfant.

II. DE LA VIABILITÉ.

La viabilité est l'aptitude à la vie extra-utérine. « Être viable, dit Tardieu, c'est être né vivant, avoir vécu d'une vie autre que la vie fœtale et présenter un

moyenne diffère par sa constitution de celle de l'aorte et de l'artère pulmonaire.

[1] D'après Parrot, un nouveau-né bien portant, du sixième au trentième jour, émet en vingt-quatre heures de 205 à 300 centimètres cubes d'urine. Celle-ci est, au début, aussi colorée que l'urine de l'adulte, mais bientôt elle devient incolore, inodore, limpide et fluide. La densité de la première urine est 1005 à 1006, celle de l'urine des enfants de cinq à trente jours varie de 1003 à 1004. L'urine saine est toujours neutre. Plus un nouveau-né se refroidit facilement, moins son urine renferme d'urée.

développement et une conformation non absolument incompatibles avec la continuation de la vie. »

Cette question a en médecine légale une grande importance, puisque, d'après nos lois, l'enfant viable est en possession de la totalité des droits civils. Si l'enfant conçu peut recevoir par testament ou recueillir une succession, il ne pourra exercer ses droits que s'il sort vivant du sein de sa mère et s'il possède l'aptitude à continuer de vivre. La question de viabilité de l'enfant peut ainsi se présenter dans le désaveu de paternité et parfois à propos de l'infanticide, comme nous le verrons plus loin.

Les caractères de la viabilité peuvent être ramenés aux trois conditions suivantes : il faut qu'il y ait une maturité suffisante, un état de santé qui permet l'exercice régulier des fonctions, qu'il n'existe pas de vices de conformation incompatibles avec la vie[1].

Législation.

Art. 314. L'enfant né avant le cent quatre-vingtième jour du mariage ne pourra être désavoué par le mari dans les cas suivants... si l'enfant n'est pas déclaré viable.

Art. 725. Pour succéder, il faut nécessairement exister à l'instant de l'ouverture de la succession. Ainsi, sont incapables de succéder : 1° celui qui n'est pas encore conçu; 2° l'enfant qui n'est pas né viable; 3° celui qui est mort civilement.

Art. 906. Pour être capable de recevoir entre-vifs, il suffit d'être conçu au moment de la donation. Pour être capable de recevoir par testament, il suffit d'être conçu à l'époque du décès du testateur. Néanmoins la donation ou le testament n'auront leur effet qu'autant que l'enfant sera né viable.

D'après Briand et Chaudé, il est généralement reconnu qu'au moins en matière civile (successions, donations) c'est la respiration qui caractérise la vie chez un nouveau-né. D'après l'article 314, le père peut désavouer l'enfant né moins de

[1] Consulter : *Note sur l'appréciation de la viabilité en médecine légale*, par Fochier, *Lyon médical*, avril 1877.

180 jours après le mariage s'il est déclaré viable : « La loi, dit M Vizeille (*Traité des successions*), n'a pas réputé non viable, comme le pensait Toullier, l'enfant né avant le 180e jour du mariage : elle a supposé que la conception était antérieure au mariage. Par les articles 313, 314, 317, le mari est autorisé à désavouer l'enfant né avant le 180e jour ; mais le désaveu est rejeté si l'enfant n'est pas déclaré viable ; la loi ne le répute donc pas non viable ; il peut donc être viable légalement aussi bien que naturellement, malgré l'anticipation, et il faut qu'il le soit dans le fait, pour qu'il y ait désaveu. »

1° DU DEGRÉ DE MATURITÉ SUFFISANTE.

Nous venons de voir que dans les cas de désaveu de paternité l'âge de la viabilité est fixé par la loi ; il est de 6 mois (180 jours). C'est la viabilité légale. Dans les autres questions, la loi n'a pas fixé de règles. Il est difficile de préciser l'époque à laquelle un fœtus né avant terme peut vivre. Cependant, d'après Pinard, à partir du 210e jour le fœtus a assez de chance de vie pour qu'on ait pu donner à l'expulsion le nom d'accouchement et non celui d'avortement. Il ne faut pas faire descendre la viabilité vraie au-dessous du 7e mois.

° DES MALADIES ANTÉRIEURES A LA NAISSANCE ET EMPÊCHANT LA VIABILITÉ.

Les états pathologiques qui compromettent la vie de l'enfant nouveau-né doivent avoir débuté pendant la vie intra-utérine ou lors de l'accouchement. Les maladies excluent aussi la viabilité si elles sont incurables. Il en est donc ainsi dans tous les cas de maladies innées ou mortelles. Il en est ainsi dans les cas de splénisation des poumons, leur tuberculisation, d'œdème pulmonaire ou d'endurcissement lardaciforme (devergie), de ramollissement de la substance du cerveau et de la moelle, d'apoplexies méningées, d'hydrocéphalie ou d'hydrorachis, de sclérème.

« Nous croyons devoir établir comme règle générale, disent Briand et Chaudé, que lorsque le développement de l'organisation est assez avancé pour que les fonctions s'exécutent *régulièrement* au moment de la naissance, lorsqu'il n'existe pas de vice de conformation incompatible avec la continuation de la vie, que l'enfant a poussé des cris pleins et sonores, qu'il a fait des mouvements répétés, il doit être dès lors réputé *civilement* viable, quand bien même sa complexion et son état apparent de santé laisseraient quelques inquiétudes sur la durée de son existence, parce qu'on ne peut jamais avoir la certitude que la maladie dont on le présume atteint soit essentiellement incompatible avec la prolongation de sa vie, au moins pendant un certain temps. Il doit encore être réputé viable, lors même qu'il vient à succomber au bout de quelques jours, ou seulement au bout de quelques heures, parce qu'il n'est jamais certain que la terminaison funeste de la maladie n'ait pas été hâtée ou déterminée par quelque cause inappréciée ou inaperçue. »

Les déviations organiques ont reçu différents noms d'après leur importance ou leur influence sur le fonctionnement physiologique des parties. C'est ainsi qu'on a distingué : 1° des *variétés anatomiques*, qui n'altèrent pas la forme extérieure du corps et ne troublent pas l'exercice régulier des fonctions : un muscle surnuméraire, par exemple ; 2° des *vices de conformation* qui altèrent les formes et gênent l'exercice des fonctions, tels sont les pied-bots, l'hypospadias, le bec-de-lièvre, etc. ; 3° les *monstruosités* qui altèrent en même temps la forme, la structure, les connexions des parties externes ou internes, intéressent un ou plusieurs appareils organiques et troublent la santé ou compromettent la vie.

Ces déviations organiques sont fréquentes chez les animaux (surtout chez le porc, le chat) et chez l'homme. D'après Isidore Geoffroy Saint-Hilaire, il y aurait à Paris une naissance monstrueuse sur 3000 naissances; d'après Riecke, la proportion serait de 1 sur 4618 dans le Wurtemberg, et pour Forster cette proportion serait de 1 sur 139. Il est probable que ces divergences tiennent à ce que ces auteurs n'ont pas adopté une même définition des monstruosités.

Aujourd'hui, les questions soulevées dans les cas de monstruosités peuvent porter sur la constatation du sexe ou de la puissance génitale, sur la viabilité, sur la responsabilité (responsabilité double pour les monstres doubles).

Les causes premières de ces déviations organiques seraient : un état spécial du sperme chez l'homme ou du germe chez la femme, une maladie de l'ovule pendant la grossesse, la fusion de deux produits.

Les anomalies résultent : 1° d'un arrêt de développement : un organe n'apparaît pas; 2° d'un excès de développement : un organe, sans modifier sa forme, se développe au delà des limites ordinaires; 3° un organe persiste alors qu'il ne devrait être que transitoire; 4° il y a union des parties similaires chez les monstres composés.

Des classifications des monstres. Toutes se basent sur un fait essentiel. Buffon avait admis des monstres par arrêt, par excès, par changement de disposition. Breschet divisait les cacogénèses d'après leurs causes, en déviations par défaut (*agénèses*), par excès (*hypergénèses*), en monstruosités doubles (*diplogénèses*) et en déplacements ou erreurs de lieu (*hétérogénèses*).

Isidore Geoffroy Saint-Hilaire a donné une classification que nous adopterons. Elle est basée sur l'ensemble de tous les signes.

Il divise d'abord les anomalies en quatre embranchements :

Anomalies	simples. .	Hémitéries.
	complexes	Hétérotaxies.
		Hermaphrodismes.
		Monstruosités.

I° Les Hémitéries sont des anomalies simples comprenant : 1° les *variétés anatomiques*; 2° les *vices de conformation*. On en reconnaît cinq classes d'après le volume, la forme, la structure, la disposition, le nombre ou l'existence.

II° Les Hétérotaxies sont des inversions organiques ne comprenant qu'une classe divisée en deux ordres : 1° inversion générale; 2° inversion splanchnique.

III° Les Hermaphrodismes, divisés en deux classes : 1° sans excès dans le nombre des parties; 2° avec excès dans le nombre des parties.

IV° Les Monstruosités, comprenant deux classes : *simples* et *composées*. (Chaque classe est subdivisée en ordres, tribus, familles et genres que nous reproduirons plus loin sous forme de tableau.)

I° *Des hémitéries.*

La plupart de ces anomalies sont compatibles avec la vie. Nous allons signaler les plus importantes du côté des différents appareils ou organes.

Le système nerveux est sujet à quelques anomalies, mais à cause de sa grande susceptibilité, ces anomalies deviennent souvent des monstruosités[1].

[1] Comme nous le disions dans notre article *Consanguinité*, c'est le système nerveux qui est réellement *l'être du dedans*, le seul modifiable et perfectible, c'est sur lui seul que portent les transmissions héréditaires. Situé sur la ligne médiane, régulièrement symétrique, il doit présider au développement et à la nutrition des parties. Toutes ces anomalies seraient pour nous des lésions ou désordres trophiques consécutifs à un état anormal des centres.

A la tête, c'est l'hydrocéphale chronique, avec arrêt de développement des circonvolutions. Cet état n'exclut pas toujours la viabilité.

A la moelle, c'est le spina-bifida. Quand celui-ci est situé au dos et à la région lombaire, l'enfant est viable. Il y a non-viabilité, si le spina-bifida occupe la région cervicale.

Aux poumons, les vices de conformation sont rares et souvent compatibles avec la vie.

Au cœur, ces anomalies sont fréquentes et ordinairement compatibles avec la vie. Ce sont :

1° Des *ectopies*. L'ectopie peut être *cervicale*, *abdominale*, *simple*. Avec les deux premières il n'y a pas viabilité. Cependant, comme ectopie ventrale, il faut citer le cas publié par Deschamps d'un ancien militaire, marié et père de trois enfants, à l'autopsie duquel on trouva le cœur occupant la place du rein droit. Dans l'ectopie simple, il n'y aura pas viabilité, si le cœur n'est recouvert que par la peau ; alors il bat à nu. Cependant Ramirez (de Mexico) a publié un cas de ce genre chez un vieillard de 75 ans. Quant à la transposition du cœur à droite, elle ne présente aucun inconvénient.

2° Il y a *absence de cloison entre les cavités*. C'est le cœur des poissons. On a cité quelques exemples d'enfants ayant ainsi vécu jusqu'à l'âge de sept ans. Il peut y avoir une perforation portant sur les deux cloisons, celle des ventricules et celle des oreillettes. Deguise a noté cette coïncidence 17 fois sur 69 observations de communications des cavités droites et gauches.

3° Il y a *absence de paroi entre les ventricules* : la viabilité serait possible. C'est un cœur à trois cavités, comme celui des reptiles. Malgré cette absence de cloison, Zehetmayer a montré que parfois on ne constatait

CLASSIFICATION des MONSTRES	Simples ou unitaires.	Autosites; lésion.	des membres. .	*Ectroméliens.*	
				Symeliens.	
			du tronc . . .	Célosomiens.	
			de la tête. . .	Cyclocéphales.	
				Rhinocéphales.	
				Otocéphales.	
				Anencéphales.	
				Derencéphales.	
				Pseudencéphales.	
				Exencéphales.	
		Omphalosites. .	Acéphaliens.		
			Paracéphaliens.		
			Anidiens.		
		Parasites. . . .	Zoomyliens.		
	Composés. .	Autositaires ou monstres doubles.	*Eusomphaliens.* (Hélène et Judith.— Millie-Christine.)		
			Monomyphaliens. (?) (les frères Siamois.)		
			Sycéphaliens.		
			Sysomiens. (?) (Rita et Christine), crâniens (*épidrome.*)		
		Parasitaires ou monstres triples.	Hétérotypiens : parasites. . .	maxillaires des Polygnathiens.	
				ombilicaux. . .	*hétéropages.*
					hétéradelphes.
					hétérodymes.
			Polyméliens.		
			Endocymiens.		

Les monstres viables sont écrits en lettres italiques.

ni cyanose ni aucun symptôme si les vaisseaux de la base du cœur étaient bien conformés. Ordinairement, la cloison interventriculaire est incomplète.

4° La *persistance du trou de Botal* est compatible avec la vie.

5° Il y a *embouchure anormale des vaisseaux avec les cavités*. La veine cave, par exemple, se rend dans l'oreillette gauche. Il y a non-viabilité.

6° Il y a absence du cœur, *acardie*, mais toujours cette anomalie accompagne d'autres monstruosités.

Du côté de l'*appareil digestif*, on constate des imperforations de l'œsophage (l'enfant meurt par inanition), une absence du rectum ou une imperforation de l'anus. La viabilité dans ces derniers cas n'est possible que grâce à des procédés chirurgicaux.

II° *Des hétérotaxies.*

Nous avons dit que les inversions étaient générales ou splanchniques. Elles n'excluent pas la viabilité. On peut avoir à s'en occuper au point de vue des conséquences des coups et blessures.

III° *Des hermaphrodismes.*

Tous sont viables. — Voir le chapitre consacré à ce sujet, à propos du sexe (p. 92 et suivantes).

IV° *Des monstruosités.*

Dans notre première édition nous avons longuement insisté sur les monstruosités, leur définition et leurs caractères, nous nous contentons d'en donner le tableau avec l'indication de la viabilité (en caractères italiques, page 560).

III. DES ATTENTATS CONTRE LE PRODUIT DE LA CONCEPTION.

Le Code pénal a fait une distinction que nous maintiendrons dans ce chapitre entre les crimes et délits tendant à empêcher ou à détruire la preuve de l'état civil d'un enfant ou à compromettre son existence, et l'infanticide rangé parmi les crimes capitaux.

I. De l'exposition, de la supposition, de la suppression et de la substitution d'enfant.

Les articles du Code pénal que nous allons citer indiquent bien la nature du crime ou délit.

Art. 345. Code pénal. Les coupables d'enlèvement, de recel ou de suppression d'un enfant, de substitution d'un enfant à un autre, ou de supposition d'un enfant à une femme qui ne sera pas accouchée, seront punis de la réclusion. — S'il n'est pas établi que l'enfant ait vécu, la peine sera d'un mois à cinq ans d'emprisonnement. S'il est établi que l'enfant n'a pas vécu, la peine sera de six jours à deux mois d'emprisonnement. Seront punis de la réclusion ceux qui, étant chargés d'un enfant, ne le représenteront point aux personnes qui ont le droit de le réclamer.

Art. 346. (Voyez p. 94.)

Art. 347. Toute personne qui, ayant trouvé un enfant nouveau-né, ne l'aura pas remis à l'officier de l'état civil, ainsi qu'il est prescrit par l'article 58 du Code civil, sera puni des peines portées au précédent article. La présente disposition n'est point applicable à celui qui aurait consenti à se charger de l'enfant, et qui aurait fait sa déclaration à cet égard devant la municipalité du lieu où l'enfant a été trouvé.

Art. 348. Ceux qui auront porté à un hospice un enfant au-dessous de l'âge de sept ans accomplis, qui leur aura été confié afin qu'ils en prissent soin ou pour toute autre cause, seront punis d'un emprisonnement de six semaines à six mois et d'une amende de 16 à 50 francs.

Art. 349. Ceux qui auront exposé ou délaissé en un lieu solitaire un enfant au-dessous de l'âge de sept ans accomplis, ceux qui auront donné l'ordre de l'exposer ainsi, si cet ordre a été exécuté, seront, pour ce seul fait, condamnés à un emprisonnement de six mois à deux ans et à une amende de 16 à 200 francs.

Art. 350. La peine portée au précédent article sera de deux ans à cinq ans, et l'amende de 50 à 400 francs, contre les tuteurs ou tutrices, instituteurs ou institutrices de l'enfant exposé et délaissé par eux ou par leur ordre.

Art. 351. Si par suite de l'exposition et du délaissement prévus par les articles 349 et 350, l'enfant est demeuré mutilé ou estropié, l'action sera considérée comme blessures volontaires à lui faites par la personne qui l'a exposé et délaissé ; et si la mort s'en est suivie, l'action sera considérée comme meurtre : au premier cas, les coupables subiront la peine applicable aux blessures volontaires ; et, au second cas, celle du meurtre.

Art. 352. Ceux qui auront exposé et délaissé en un lieu non solitaire un enfant au-dessous de l'âge de sept ans accomplis seront punis d'un emprisonnement de trois mois à un an et d'une amende de 16 à 100 francs.

Art. 353. Le délit prévu par le précédent article sera puni d'un emprisonnement de six mois à deux ans et d'une amende de 25 à 200 francs, s'il a été commis par les tuteurs ou tutrices, instituteurs ou institutrices de l'enfant.

Art. 327. Code civil. L'action criminelle contre un délit de suppression d'état ne pourra commencer qu'après le jugement définitif sur la question d'état.

« Pour les délits d'exposition d'enfants, leur nombre, après s'être élevé pendant la première moitié du demi-siècle, a notablement diminué pendant la seconde.

De 1831 à 1835. . . .	459	De 1856 à 1860. . . .	722
De 1836 à 1840. . . .	697	De 1861 à 1865. . . .	529
De 1841 à 1845. . . .	735	De 1866 à 1870. . . .	393
De 1846 à 1850. . . .	707	De 1871 à 1875. . . .	333
De 1851 à 1855. . . .	849	De 1876 à 1880. . . .	277

L'augmentation coïncide avec celle qui est relevée pour la criminalité spéciale dont nous nous occupons ; quant à la diminution, il est possible de l'attribuer à la réglementation du service des enfants assistés dans la plupart des départements après le décret du 25 mars 1852 sur la décentralisation administrative et à l'extension donnée au service des enfants abandonnés qui a suivi l'enquête générale de 1862. Les mères, au lieu d'exposer leurs enfants, confient à des tiers le soin de faire aux hospices les déclarations nécessaires et les enfants passent ainsi de la première catégorie dans la seconde. Ainsi, en 1861, le chiffre des enfants trouvés avait été de 42194 ; en 1872 il n'était plus que de 6907 et en 1876 de 3557, tandis que celui des enfants abandonnés est monté de 20239 en 1861 à 31695 en 1872 et

36 294 en 1876. L'organisation des secours à domicile a dû beaucoup contribuer à réduire le nombre des expositions d'enfants.

Ci-dessous un tableau indiquant le rapport du nombre des crimes et délits envers l'enfant jugés à celui des naissances illégitimes. Pour 10000 de ces dernières, il a été jugé en moyenne, par année :

De 1831 à 1835.	56 affaires.	De 1856 à 1860.	71 affaires.
De 1836 à 1840.	55 —	De 1861 à 1865.	66 —
De 1841 à 1845.	57 —	De 1866 à 1870.	66 —
De 1846 à 1850.	59 —	De 1871 à 1875.	75 —
De 1851 à 1855.	74 —	De 1876 à 1880.	67 —

Il y a lieu de remarquer que les départements où le mouvement annuel de la population donne le nombre le plus faible d'enfants naturels sont ceux où il est proportionnel. Appliquant aux délits envers l'enfant le procédé adopté pour les crimes de même ordre, je donnerai ici les chiffres *réels* et non les chiffres moyens annuels. Ces délits sont au nombre de trois : l'homicide involontaire d'enfant nouveau-né par la mère, la suppression de part et l'exposition d'enfant. De 1831 à 1880, il a été jugé 4403 des premiers, savoir :

De 1831 à 1835. . . .	265	De 1856 à 1860. . . .	613
De 1836 à 1840. . . .	377	De 1861 à 1865. . . .	677
De 1841 à 1845. . . .	381	De 1866 à 1870. . . .	505
De 1846 à 1850. . . .	415	De 1871 à 1875: . . .	340
De 1851 à 1855. . . .	545	De 1876 à 1880. . . .	278

Ainsi le premier et le dernier chiffre sont presque identiques, mais ceux des périodes intermédiaires leur sont de beaucoup supérieurs par suite de l'usage qui s'était établi, de 1851 à 1865, de traduire devant les tribunaux correctionnels, sous préventions d'homicide involontaire de leur enfant nouveau-né, les femmes à l'égard desquelles le jury avait rendu des verdicts négatifs sur des accusations d'infanticide. Le retour à la règle *non bis in idem* et à la saine interprétation de l'article 360 du Code d'instruction criminelle a fait redescendre le chiffre au niveau antérieur;

on peut donc dire que dans l'espèce il n'y a eu ni augmentation, ni diminution.

Le délit de suppression d'enfant n'existe que depuis la loi du 13 mai 1863. De cette époque au 31 décembre 1880, les tribunaux correctionnels en ont jugé 1856, dont :

124. . . .	de 1863 à 1865	648. . . .	de 1871 à 1875
487. . . .	de 1866 à 1870	597. . . .	de 1876 à 1880

Comme je l'ai dit en parlant des crimes, il y a une certaine corrélation entre l'accroissement du nombre de ces délits de 1866 à 1880 et la réduction de celui des homicides involontaires d'enfants nouveau-nés par leurs mères, pendant le même laps de temps; les infanticides sont correctionnalisés avant jugement sous le titre de suppression de part plutôt que sous celui d'homicide involontaire. » (Statistique criminelle de 1880).

Les recherches à faire dans les cas dont nous venons de parler sont les suivantes : s'il y a eu exposition et suppression d'enfant, les médecins peuvent avoir à constater :

1° Si l'inculpée a accouché et depuis quand ;

2° L'identité de l'enfant et si son âge coïncide avec la date de l'accouchement ;

3° Si les conditions dans lesquelles l'enfant a été placé (défaut de soins, d'aliments, de vêtements, etc.), ont pu lui procurer des maladies, des infirmités, etc.;

4° Et quand il a succombé, s'il était né vivant et viable, et si la mort est la conséquence du délaissement.

D'après deux arrêts de la cour de cassation (1er août 1836 et 4 juillet 1840) il n'y a pas suppression lorsqu'il s'agit d'un enfant mort-né.

De pareilles questions et des examens semblables peuvent être faits à propos de la supposition et de la substitution. On trouvera la réponse à ces questions dans les paragraphes spéciaux consacrés à l'accouchement, au nouveau-né, à l'infanticide.

II. De l'infanticide.

L'article 300 du Code pénal est ainsi conçu : *Est qualifié infanticide le meurtre d'un enfant nouveau-né.* L'article 302 indique le châtiment de ce crime : *Tout coupable d'assassinat, de parricide, d'infanticide et d'empoisonnement sera puni de mort.*

La loi a donc différencié l'infanticide de l'homicide et elle a voulu protéger l'enfant qui vient au monde et qu'un crime peut faire si facilement disparaître avant que son existence ait été régulièrement constatée. Tardieu, qui a consacré tout un livre à ce sujet, a très nettement posé la question de l'infanticide en la débarrassant des questions accessoires qu'on y a trop facilement introduites.

C'est ainsi qu'il écarte l'avortement et la viabilité, qui ne doivent pas être confondus ou mélangés avec l'infanticide. Il y a avortement, alors même que l'on n'a pas le corps du délit, que le fœtus ait été vivant ou non vivant. « Rien de pareil pour l'infanticide. Il s'agit de constater le meurtre d'un enfant nouveau-né : comment le pourrait-on si l'on n'avait sous les yeux le cadavre de cet enfant et si l'on n'établissait par l'examen direct qu'il est né vivant et qu'il est mort de mort violente ? »

Il en est de même pour la viabilité. Sans doute, la question est souvent posée à l'expert, mais c'est pour connaître la force du nouveau-né et son degré de résistance. La non-viabilité peut amener le bénéfice des circonstances atténuantes, mais ce n'est là qu'une condition secondaire du crime : celui-ci existe, dès que l'enfant nouveau-né est vivant.

« Les infanticides, les avortements et les suppressions d'enfant ont depuis longtemps préoccupé les moralistes par leur progression constante. Il a été déposé au Sénat deux propositions de loi relatives, l'une à la recherche de la paternité, l'autre au rétablissement des tours et à l'abrogation de la loi du 5 mai 1869, qui a enlevé le service des enfants trouvés aux établissements hospitaliers pour le donner aux administrations départementales. La question mérite donc une attention particulière.

Les chiffres afférents à l'ordre du fait dont il s'agit ne sont pas tellement élevés qu'il soit nécessaire de les réduire en moyennes : les chiffres réels nous rapprocheront davantage de la vérité absolue.

Pendant un demi-siècle, de 1831 à 1880, les cours d'assises de France ont jugé contradictoirement 8568 accusations d'infanticide qui se répartissent ainsi par période quinquennale :

De 1831 à 1835. . . .	471	De 1856 à 1860 . . .	1069
De 1836 à 1840. . . .	676	De 1861 à 1865 . . .	1028
De 1841 à 1845. . . .	715	De 1866 à 1870 . . .	932
De 1846 à 1850. . . .	761	De 1871 à 1875 . . .	1031
De 1851 à 1855. . . .	915	De 1876 à 1880 . . .	970

L'augmentation a été continue pendant les 30 premières années ; l'infériorité du chiffre 1861-1865 est peu sensible; je ne parle pas de deux périodes normales, 1866-1870 et 1871-1875, si ce n'est pour faire remarquer que les événements de 1870-1871 n'ont pas produit une diminution notable ; quant à la période la plus récente, elle fournit un chiffre qui les rapproche de celle de 1861 à 1865. Quoi qu'il en soit, la réduction que l'on constate pour les quatre dernières périodes, non seulement n'est pas assez marquée pour calmer les inquiétudes, mais encore elle peut n'être qu'apparente ; en effet, la loi du 13 mai 1863, en réduisant à un simple délit de fait la suppression d'enfant, lorsqu'il n'est pas établi que celui-ci ait vécu ou lorsqu'il est établi qu'il n'a pas vécu, a donné aux parquets et aux juges d'instruction les moyens de déférer à la juridiction correctionnelle des infanticides auxquels les conditions de leur perpétration auraient sans nul doute assuré l'impunité. Et ce qui donne une certaine force à cette hypothèse, c'est que les tribunaux correctionnels ont jugé à partir de 1865 de moins en moins d'homicides involontaires d'enfants nouveau-nés par leurs mères, délit sous la qualification duquel on correctionnalisait auparavant les infanticides. Il convient de ne pas laisser sous silence les meurtres, les assassinats et les empoisonnements d'enfants en bas âge par leurs père et mère. Il en a été jugé 70 de 1876 à 1880. Les parents légitimes, pour se débarrasser de leurs enfants, ont plutôt recours à ces trois crimes qu'à l'infanticide. Sur les 70 crimes dont nous venons de parler, 32, près de la moitié, ont été commis sur des enfants légitimes, tandis que la proportion de ces enfants, victimes d'infanticides, n'est que de 6 pour 100, soit moins d'un seizième du nombre total. »

Ajoutons enfin, d'après les statistiques de Taylor en Angleterre, de Casper à Berlin et de Tardieu à Paris, que dans les capitales, et peut-être dans toutes les grandes villes, les autopsies des nouveau-nés forment à elles seules le quart de toutes les autopsies légales.

Comme nous l'avons déjà dit, l'infanticide étant le meurtre, c'est-à-dire l'homicide volontaire d'un enfant nouveau-né, l'expert aura donc à rechercher des preuves de la vie de l'enfant au moment où il a été homicidé et les blessures ou moyens employés pour donner la mort.

D'après Tardieu, on peut diviser en six groupes les points principaux à éclaircir. Il faut : 1° établir l'identité de l'enfant nouveau-né; 2° montrer qu'il a vécu; 3° établir les causes de la mort; 4° l'époque de la mort; 5° les conditions physiques et morales dans lesquelles se trouve la femme accusée d'infanticide; 6° établir les circonstances du fait.

Nous ne pouvons adopter une pareille division, ayant

déjà, dans de précédents chapitres, répondu à quelques-unes de ces questions. Dans les expertises, nous distinguerons : 1° les *questions relatives à la mère;* nous les avons vues précédemment à propos de la grossesse et de l'accouchement; 2° les *questions relatives à l'enfant;* celles-ci peuvent être réduites à trois :

L'enfant est-il nouveau-né ?

A-t-il vécu?

Quelles sont les causes de la mort?

Nous avons déjà étudié les caractères qui permettent d'affirmer qu'un enfant est nouveau-né; il ne nous reste plus qu'à donner les preuves de la vie de l'enfant et les causes de sa mort.

PREUVES DE LA VIE DE L'ENFANT.

Il n'est pas nécessaire, pour établir l'infanticide, de savoir *combien de temps un enfant a vécu*, mais seulement *s'il était vivant* au moment où le crime a été commis.

Les preuves de la vie du nouveau-né sont données par deux sortes de signes : les uns montrent que l'enfant a respiré, les autres qu'il y a eu circulation du sang et, dans les cas de blessure, coagulation du sang extravasé. Chez des nouveau-nés faibles, la respiration s'établit difficilement et il est alors nécessaire d'étudier la circulation sanguine. La preuve la plus importante est fournie par l'examen de l'appareil respiratoire. Il y a deux sortes de recherches : l'*examen physique des poumons*, la *docimasie hydrostatique.*

Tardieu a montré qu'il n'y avait pas de signes précis à tirer du volume du thorax. En général, si l'enfant a respiré, il est bombé, sonore, le ventre et l'ombilic sont saillants. On procédera à l'examen des poumons, en ouvrant seulement la cavité thoracique et en mettant à nu le cœur, les poumons, les gros vaisseaux de la base du cœur, le thymus, une partie de la trachée-artère et le larynx. L'examen général des parties peut donner certaines présomptions.

Chez les mort-nés, les poumons sont petits et rapprochés des gouttières vertébrales. Chez ceux qui ont respiré, ils sont volumineux et recouvrent le cœur, et dans les cas d'asphyxie on constate que le cœur droit est gorgé de sang, les vaisseaux remplis. Si la putréfaction a commencé, on remarque des bulles de gaz dans les vaisseaux et le thymus.

Pour l'examen des poumons eux-mêmes, après avoir noté leur situation, il faut signaler leur apparence extérieure, leur structure, leur poids, leur volume.

La couleur, ainsi que le montre notre planche, est uniformément d'un brun foncé, ou rouge lie de vin chez le mort-né. Elle est d'un rose vif, parfois rouge, d'une teinte nuancée et comme marbrée chez l'enfant qui a vécu. Le poumon à l'état fœtal a une surface lisse, sans lobules distincts; le poumon qui a respiré présente une surface lobulée et partagée en cellules polygonales distendues par l'air. Dans le premier cas, le poumon est spongieux et compact; dans le second, il est vésiculeux et nacré; à la coupe, le poumon qui a respiré laisse écouler de l'écume et l'on sent comme une sorte de froissement.

Après la respiration, le poids des poumons augmente. D'après Ploucquet, tous les auteurs ont répété que le rapport du poids du poumon avec celui du corps était de 1 à 70 pour le poumon n'ayant pas respiré et double pour le poumon ayant respiré[1] Casper a mon-

[1] Cornil pense que vers le sixième mois l'air ne peut pénétrer

tré que les différences sont bien plus faibles et qu'il n'y avait pas lieu de tenir compte de ce signe.

L'épreuve réellement décisive et importante pour savoir si l'enfant a respiré est l'expérience appelée *docimasie pulmonaire* ou *hydrostatique*. Voici comment on la pratique : après avoir incisé la trachée-artère pour voir si elle contient du sang, de l'eau ou de l'écume, on saisit avec les pinces l'extrémité supérieure du larynx, puis on sépare la trachée de la colonne vertébrale et on la détache de haut en bas avec toute la masse des organes contenus dans le thorax. On les porte aussitôt dans un vase plein d'eau à la température ordinaire, dans un seau ordinaire, par exemple.

On constate alors que la masse va au fond de l'eau ou qu'elle surnage. Selon le cas, on a déjà des présomptions.

La *surnatation* peut être très-nette, ou bien l'ensemble des organes reste entre deux eaux. La surnatation, c'est-à-dire la diminution de densité, peut tenir à la respiration naturelle, à un commencement de décomposition qui a produit des gaz putrides, à une insufflation pratiquée chez un enfant en état de mort apparente.

S'il y a eu respiration normale, les poumons ont les caractères déjà signalés; en outre, des fragments de poumons, pressés sous l'eau, remontent à la surface, car il n'est pas possible d'exprimer complètement tout l'air que la respiration y a introduit,

Dans les cas d'emphysème putride, qui d'ailleurs se produit assez tardivement, à moins que le corps n'ait séjourné dans l'eau, quand on presse sous l'eau des fragments de poumon, on exprime à peu près tous

que dans les bronches, sans pouvoir, à cause de leur structure anatomique, distendre les vésicules.

les gaz, et les morceaux de poumon tombent au fond du vase. Au microscope, on pourrait constater que les gaz se trouvent en dehors des vésicules. D'une manière générale, les poumons qui n'ont pas respiré se putréfient très lentement et ne surnagent que grâce aux parties environnantes gonflées par la putréfaction; débarrassés de celles-ci, ces poumons tombent ordinairement au fond de l'eau.

Quant à l'insufflation naturelle, nous n'en parlons que pour mémoire; il est bien évident que cette opération suppose l'assistance et les soins empressés qu'on ne trouve pas dans les circonstances ordinaires de l'infanticide Les poumons insufflés ressemblent parfois aux poumons qui ont respiré. Mais on constate à la coupe et à la pression sous l'eau que le sang n'y est pas parvenu. Rarement l'insufflation est complète, elle ne s'est faite que par flots pulmonaires et il y a des déchirures de vésicule. Ajoutons, pour éviter toute confusion, que l'état de congélation des poumons ou leur macération dans l'alcool favorisent la surnatation.

Si les *poumons ne surnagent pas*, cette augmentation de densité peut tenir à trois causes : 1° à la non-respiration; 2° au ramollissement putride des poumons, réduits alors à une pulpe putride; 3° à certaines maladies pulmonaires telles que l'hépatisation ou l'atélectasie. Cette hépatisation porte plus particulièrement sur certains lobes, et cette différence de densité permet de trouver la véritable cause.

Mais la non-surnatation des poumons ne permet pas à elle seule d'affirmer que ces poumons n'ont pas appartenu à des enfants nés vivants ou ayant faiblement respiré. Tous les auteurs ont en effet prouvé l'existence de la vie sans la respiration chez des avortons ou des nouveau-nés faibles et débiles, qui restent quelque temps en état de mort apparente. Il faut alors, dans ces conditions, rechercher des signes de la vie dans d'autres fonctions que la respiration.

On peut tirer des *signes de la vie de la persistance de la circulation et de l'état du sang*. Ollivier (d'Angers) a montré que l'absence complète de la respiration sur un enfant nouveau-né n'exclut pas la possibilité de l'infanticide; ce crime se démontre par la coagulation du sang, phénomène qui ne peut se passer que pendant la vie. Donc, si dans les conditions dont nous venons de parler on constate des traumatismes avec sang coagulé, on pourra affirmer que l'enfant a vécu hors du sein de sa mère.

Notre ami le docteur Gellé a insisté sur un signe nouveau tiré de l'inspection de l'oreille et qui indique la respiration du nouveau-né. Dans l'oreille moyenne du fœtus il n'y a pas d'air, mais un magma gélatiniforme. Quand l'enfant se met à respirer, l'air entre dans la cavité tympanique et alors le magma disparaît. Les cris et les efforts de succion de l'enfant favorisent cette entrée de l'air dans la caisse. Il faut pour cela trois heures. Si la respiration s'est mal établie, l'aération des caisses est incomplète et le contenu intra-tympanique montre encore l'état fœtal. Quand l'expert trouve l'oreille moyenne privée d'air et remplie de ce magma gélatiniforme, il peut conclure que l'enfant n'a pas respiré. Si le magma a disparu et que l'air pénètre dans la cavité, c'est une nouvelle preuve que l'enfant a vécu de la vie extra-utérine.

Il est utile de rappeler que Parrot et Budin ont montré que l'existence d'infarctus uratiques ne pouvait permettre d'affirmer, comme le croyait Virchow, que l'enfant avait respiré et vécu.

L'expert est souvent obligé de répondre aux questions suivantes : Combien de temps l'enfant a-t-il vécu? L'enfant a-t-il crié?

L'on trouvera la réponse à la première question dans l'étude que nous avons faite du nouveau-né et des modifications présentées par son tégument externe, le cordon ombilical, les oblitérations vasculaires, les progrès de l'ossification. Tardieu résume d'ailleurs cet ensemble de signes dans le tableau suivant :

De quelques minutes à :	
Quelques heures.	Réplétion de l'estomac par un liquide spumeux et formation d'un caillot de sang dans les vaisseaux du cordon.
Après six heures.	Oblitération des artères ombilicales.
Après le 1er jour.	Commencement du travail d'élimination du cordon.
Après le 2e jour.	Commencement de l'exfoliation de l'épiderme.
Après le 4e jour.	Chute du cordon.
Du 6e au 7e jour.	Oblitération des ouvertures fœtales.
Après le 10e jour.	Accroissement des dimensions du point osseux épiphysaire des fémurs au delà de 5 à 6 millimètres de diamètre.

Quant à la deuxième question, on répondra que l'enfant a crié s'il est prouvé qu'il a respiré. Le cri n'est alors qu'une respiration convulsive.

DES CAUSES DE LA MORT.

Il faut établir que l'enfant n'est pas mort-né et prouver qu'il n'a pas succombé à une mort accidentelle, mais bien à un infanticide.

L'enfant peut-il succomber à une mort naturelle avant, pendant ou après l'accouchement? On en a des preuves fournies soit par l'examen de la mère, soit par l'examen de l'enfant. Nous nous en sommes déjà occupé précédemment. Il nous faut voir les différents genres de mort dans l'infanticide. D'après Tardieu, qui a eu à examiner, par mission de justice, 555 cas d'infanticide, les genres de mort dans l'infanticide sont par ordre de fréquence : la mort par suffocation (281 cas), par immersion dans les fosses d'aisances (72), les fractures du crâne (70), la strangulation (60), la submersion (31), le défaut de soins (14), par blessures (8), par combustion (8), par hémorrhagie ombilicale (6), par exposition au froid (3), par empoisonnement (2). Il nous semble que cette statistique de Tardieu donne bien l'idée des procédés d'infanticide dans une grande ville, mais il ne saurait convenir aux mêmes crimes commis à la campagne.

1° *De l'infanticide par suffocation.*

Nous avons déjà décrit (p. 275 et suivantes) les caractères et les modes de suffocation. Il suffira d'ajouter quelques-unes des questions posées à ce sujet par le magistrat. Dans le cas d'enfouissement, on demande, par exemple, s'il a eu lieu pendant la vie ou après la mort. Quand l'enfouissement a eu lieu pendant la vie, on rencontre des substances étrangères (cendres, son, farine) dans la trachée, l'œsophage et même l'estomac. La suffocation ne saurait provenir du resserrement des cuisses pendant l'accouchement : la femme, comme le fait remarquer Tardieu, a alors une tendance à dilater ses parties génitales et, d'ailleurs, si l'enfant pouvait être ainsi suffoqué, il n'aurait pas respiré.

2° *De l'infanticide par fracture du crâne.*

La fracture se montre avec broiement ou attrition des os, et c'est alors une preuve d'une grande violence. On constate un épanchement de sang coagulé dans le foyer de la fracture, et dans le voisinage des os fracturés de petits caillots sanguins.

Voici quelques questions : la fracture a-t-elle eu lieu pendant la vie ou après la mort? L'existence des caillots démontre qu'elle a été faite sur un sujet vivant.

La fracture a-t-elle pu être produite par un accouchement difficile? Dans certains cas de dystocie, alors qu'il y a rétrécissement du bassin, il peut se produire une fracture étoilée du pariétal avec rupture de l'artère méningée moyenne et mort. Mais on a alors des preuves que l'enfant n'a pas respiré.

Nous avons vu (p. 523) si l'accouchement pouvait être assez rapide pour amener la chute et la mort du fœtus. Ajoutons que, dans ce cas, on constaterait facilement que l'enfant n'a pas respiré.

3° *De l'infanticide par strangulation.*

Si l'enfant a respiré et a été étranglé, on trouvera les signes que nous avons indiqués page 278.

Mais il est utile de connaître les moyens ordinaires de défense adoptée par les accusées. La mère prétend que l'enfant a été étranglé par le cordon. Celui-ci peut en effet laisser sur le cou, la poitrine, le ventre une empreinte ressemblant à un sillon. Mais, dans ce cas, la face est pâle, les organes sont anémiés, il a succombé à l'arrêt de la circulation et par conséquent les signes cadavériques sont inverses de ceux de la strangulation.

La femme prétend aussi qu'elle l'a étranglé en cherchant à se délivrer; mais on sait que quand la tête a franchi la vulve, le reste du corps ne tarde pas à suivre. D'ailleurs, les traces semi-lunaires laissées par les ongles d'une main criminelle auraient leur convexité tournée vers les pieds, ce serait l'inverse dans le cas où la femme aurait cherché à se délivrer.

Nous plaçons ici le tableau de l'examen des organes internes dans les cas de pendaison que, par suite d'erreur typographique, nous avons oublié de mettre à la page 290.

Examen des organes internes.

Trachée et ouverture supérieure du larynx.	Congestion, teinte vineuse, arborisation vasculaire, écume.
Poumons...	Congestion surtout aux lobes inférieurs. Emphysème, œdème pulmonaire. Ecchymoses sous-pleurales *fréquentes*.
Cœur.......	Dans les deux cavités, sang fluide et noir, caillots rares. Taches de Tardieu fréquentes, surtout dans le cul-de-sac postérieur du péricarde.
Estomac....	Arborisations vasculaires élégantes, aspect de vessie à colonnes. Piqueté carmin ou vermillon, tantôt dispersé par îlots, tantôt étendu sur toute la surface de la muqueuse.
Foie et reins.	Congestion presque constante.
Encéphale..	Parfois engorgement des sinus de la dure-mère et des vaisseaux sous-arachnoïdiens. Le plus souvent anémie de la substance cérébrale; dans quelques cas, piqueté hémorrhagique apoplectiforme.

4° De l'infanticide par immersion dans les fosses d'aisances.

C'est un procédé assez usité dans les villes. Il faut

dire si l'enfant y a été jeté vivant ou mort, et comment il a succombé.

Le cadavre exhale une odeur particulière; dans les premiers jours il est d'un blanc verdâtre, plus tard il devient brunâtre. Il présente souvent des excoriations et des écorchures de la face, des fractures du crâne qui sont le résultat de son passage à travers le détroit de la cuvette ou du tuyau de descente. La tête est en général introduite la première. La putréfaction est très-lente (voy. page 194).

Si l'enfant a été précipité vivant, on constate des matières dans l'estomac. Mais la femme prétend qu'elle a été à la garde-robe, qu'elle a fait des efforts et qu'alors l'enfant est tombé. S'il en était ainsi, le placenta se serait détaché et aurait été entraîné avec l'enfant, ou bien le cordon se rompt à une de ses extrémités ce qu'il est facile de constater. Dans tous les cas, on mesure l'orifice de la cuvette et on voit s'il a pu laisser passer la tête de l'enfant sans produire d'excoriations. En outre on recherche si l'axe vulvo-vaginal coïncide avec l'axe de la cuvette, et si la femme était assise ou montée sur le siège.

5° *De l'infanticide par submersion.*

Nous avons donné les caractères de la mort par submersion (page 290)[1]. Tardieu résume ainsi les objections que peut faire l'expert aux assertions d'une femme qui prétendrait avoir accouché dans un bain : « La femme n'est pas accouchée dans un bain ainsi

[1] Dans un cas que nous avons examiné avec le docteur H. Coutagne, l'enfant nouveau-né, après quelques minutes de vie à l'air libre, avait été plongé et asphyxié dans un baquet d'eau de savon. A l'autopsie, nous trouvâmes les signes manifestes de la mort par submersion et de l'eau savoneuse dans les bronches et l'estomac.

qu'elle le prétend si le corps de l'enfant n'a pas été lavé par l'eau et si les poumons ont manifestement respiré. Enfin, en admettant que la femme fût réellement accouchée dans le bain, ce ne serait pas une raison pour que l'enfant fût mort noyé. L'état du cordon ombilical, les traces d'un autre genre de mort violente achèveront d'éclairer la question. »

6° *De l'infanticide par plaies, mutilations, blessures diverses.*

Le plus souvent le cadavre est coupé en morceaux pour en faciliter la dispersion[1]. Les morceaux sont jetés dans une rivière, une fosse d'aisances, ils sont enterrés ou livrés à la coction.

D'autres fois ce sont des blessures faites par des instruments vulnérants tels que des aiguilles, des ciseaux, des poinçons. Des piqûres se rencontrent à la tête, au niveau des fontanelles, à la partie supérieure de la moelle épinière, dans l'oreille, aux organes génitaux, à l'anus. Nous avons déjà dit l'importance des coagulations qui viennent démontrer que la blessure a été faite pendant la vie.

Disons enfin que si certaines blessures peuvent être le fait d'opérations obstétricales, on a alors le témoignage de l'homme de l'art. On n'oubliera pas cependant que des fractures peuvent se rencontrer chez des enfants syphilitiques, alors même que l'accouchement a été normal. M. Polaillon en a montré un exemple intéressant à la Société de médecine légale.

7° *De l'infanticide par combustion.*

[1] En 1884, nous en avons observé un intéressant exemple à Tarare. La mère, cuisinière de profession, avait dépecé l'enfant comme elle découpait les volailles. La tête et un membre supérieur ont ainsi été abattus. La pièce est dans notre collection.

La combustion peut être complète ou incomplète. On peut donc trouver sur le cadavre tous les degrés des brûlures. Si on le suppose réduit en cendres, on tamise très-soigneusement les cendres du foyer pour y rechercher des débris d'os qui ont souvent échappé à la calcination. Orfila avait cherché, par l'analyse chimique, à différencier les cendres végétales des cendres animales. Tardieu et Roussin ont montré qu'il fallait surtout se préoccuper de la proportion de fer retirée des cendres : les cendres végétales et minérales n'en renferment que des traces.

8° *De l'infanticide par hémorrhagie ombilicale.*

M. Budin a indiqué à quel moment on doit opérer la ligature du cordon et prouvé que pratiquer la ligature et la section du cordon ombilical de suite après la naissance c'est empêcher l'enfant de puiser dans le placenta environ 92 grammes de sang et par conséquent le priver d'une quantité de sang qui équivaudrait chez l'adulte à une saignée de plus de 1700 grammes. La mort par hémorrhagie du cordon est rare, mais cependant elle est admise par tous les accoucheurs. Il y a alors décoloration des tissus, les vaisseaux sont vides, le cadavre exsangue, les lèvres pâles. Tardieu insiste sur la décoloration et l'absence du sang dans le foie.

9° *De l'infanticide par défaut de soins, exposition au froid, inanition.*

L'omission des soins qu'il faut donner à l'enfant qui vient de naître peut entraîner la mort. L'enfant est abandonné volontairement, et alors il succombe au froid ou à la faim. Dans le premier cas, on constate les lésions signalées par Laborde et qu'il est possible de rapprocher de celles que nous avons déjà données :

« Le cadavre de l'enfant est en général d'un blanc mat ; au toucher il présente dans les régions atteintes par la maladie une induration qui permet à peine de pincer le derme. Une coupe pratiquée sur les parties malades laisse écouler une assez grande quantité de sérosité infiltrée dans les mailles du tissu cellulaire. Ce dernier paraît hypertrophié et composé de couches superposées et divisées transversalement. Le derme n'est pas épaissi ; en le coupant avec le scalpel, il présente une dureté assez considérable, on éprouve la même sensation qu'en coupant un tissu fibreux dense. Les capillaires cutanés paraissent complètement exsangues. Les poumons sont presque toujours engoués, quelquefois hépatisés. Ils sont gorgés d'un sang noir et fluide. Le cœur droit renferme de gros caillots. Les grosses veines sont remplies de sang noir, surtout les tissus du crâne. Le cerveau offre un piqueté très-abondant, le péritoine est injecté ; le foie n'est pas augmenté de volume, mais il est rouge, hyperémié ainsi que la rate : ils laissent échapper beaucoup de sang lorsqu'on les incise. Les reins sont rouges ; la vessie quelquefois pleine m'a permis de recueillir l'urine, et je n'ai constaté dans aucun cas la présence d'albumine. »

Le nouveau-né peut supporter pendant plusieurs jours la privation d'aliment. Bouchaud, qui a consacré à ce sujet une excellente thèse[1], constate qu'un enfant de 3 kilogrammes perdant en moyenne 100 grammes par jour cesse de vivre lorsqu'il ne pèse plus que 2^k,200, c'est-à-dire vers le huitième ou neuvième jour. Après l'émaciation est extrême et le cadavre présente

[1] Thèse de Paris, 1864, n° 14.

les lésions que nous avons décrites chez les inanitiés ; Dans ces cas, la justice apprécie si l'enfant doit être encore considéré comme nouveau-né.

10° *De l'infanticide par empoisonnement.*

Il est très-rare. Tardieu n'en cite que deux cas, et il insiste à ce propos sur ce point de thérapeutique que les médecins doivent toujours avoir présent à l'esprit : c'est que le nouveau-né ne peut supporter l'opium à quelque dose que ce soit.

Telles sont les causes de la mort et les preuves de la vie de l'enfant nouveau-né, les deux points essentiels, les seuls que l'expert doit s'attacher à mettre en lumière. Que le médecin n'oublie jamais les sages conseils du docteur Guy (cité par M. Penard). « La mission de l'expert est tout autre que celle de l'avocat, du juge et du juré : l'avocat a un client, le médecin légiste n'en a pas ; le juge est l'interprète et le ministre de la loi, le médecin légiste n'a rien à faire avec la loi ; le juré a mandat de décider de la culpabilité ou de l'innocence, le médecin légiste n'a à produire ni innocent ni coupable. La justice peut puiser dans la cause des motifs de sympathie ou de compassion. C'est un droit qui ne saurait appartenir au médecin légiste. Si les lois existantes sont sévères mal à propos, c'est sur la législation que l'odieux repose et c'est à elle qu'incombe le devoir de les modifier ; mais en aucune circonstance le médecin légiste ne peut et ne doit se laisser aller à un mouvement de passion quelconque sans offenser le droit et le juste. »

TABLE DES MATIÈRES

II. — QUESTIONS GÉNÉRALES POUVANT SE PRÉSENTER DANS TOUTE PROCÉDURE ET RELATIVES A LA PERSONNE VIVANTE.

III. — QUESTIONS RELATIVES A LA MORT, AU CADAVRE, AUX TACHES, AUX EMPREINTES.

DEUXIÈME PARTIE

IV. — DES ATTENTATS CONTRE LA PERSONNE.

IV. — DES QUESTIONS RELATIVES A L'INSTINCT SEXUEL ET AUX FONCTIONS DE REPRODUCTION.

13715. — Imprimerie A. Lahure, 9, rue de Fleurus, à Paris.

Printed in Dunstable, United Kingdom

91222336R10348